电视新闻传播

王首程◎著

中国广播电视出版社
CHINA RADIO & TELEVISION PUBLISHING HOUSE

图书在版编目(CIP)数据

电视新闻传播/王首程著. —北京：中国广播电视出版社，2010.9

ISBN 978-7-5043-6231-5

Ⅰ.①电… Ⅱ.①王… Ⅲ.①电视新闻—研究—中国 Ⅳ.①G220

中国版本图书馆 CIP 数据核字(2010)第 172043 号

电视新闻传播

王首程 著

责任编辑 沈楚瑾
封面设计 人文在线
责任校对 李美清

出版发行 中国广播电视出版社
电　　话 010-86093580 010-86093583
社　　址 北京市西城区真武庙二条9号
邮　　编 100045
网　　址 www.crtp.com.cn
电子信箱 crtp8@sina.com

经　　销 全国各地新华书店
印　　刷 北京振兴源印务有限公司

开　　本 787毫米×1092毫米 1/16
字　　数 436(千)字
印　　张 20
版　　次 2010年9月第1版 2010年9月第1次印刷

书　　号 ISBN 978-7-5043-6231-5
定　　价 38.00元

目 录

CONTENTS

第一单元　走近电视新闻

第二单元 电视新闻传播要素

第三单元 电视新闻生产

第五单元　电视新闻创新与发展

第一单元

走近电视新闻

第一章
走近电视

第一节　电视的产品属性与收视特征

1936年8月，第十一届奥林匹克运动会在柏林举行，比赛实况通过电视向柏林的公众电视室和家庭作了转播，引起轰动。同年11月2日，英国广播公司（BBC）播出了第一个电视节目，坐在伦敦奥林匹克展览厅内的几百名观众，第一次看到了电视节目图像。[①] 可见电视并不是因应家庭的需要而诞生的，却在诞生不久就和“家庭”密切联系在了一起。

一、电视是普通家用电器

电视是什么？是普通的家用电器，是商场“家电部”销售的一种产品。“家电”正是电视的产品属性。当然，这里的“电视”指的就是电视机。

电视和电冰箱、洗衣机同属于家用电器，分别满足不同的家用需要——电冰箱满足家庭冷藏食品饮料的需要，洗衣机用来满足家庭快洗衣物、减轻洗衣劳累的需要，电视机则用来满足家庭获得资讯和娱乐的需要。但是和电冰箱、洗衣机所处的位置不同，电视机通常被摆放在客厅最显眼的位置，成为客厅的装饰品。在经历了机械电视、电子管电视、晶体管集成化电视的演变之后，如今数字化、超薄、纯平、液晶、大屏幕电视已经走进一般家庭的客厅。不同规格的电视甚至还是家庭财富和主人品位的象征。[②]

---

① 关于电视的诞生，还有一些不同的说法。例如说美国政府1930年8月将发明电视装置的专利证书授予了1906年8月19日出生在美国西部犹他州克里克印第安部落附近的菲罗·泰勒·范斯沃斯。此举引发了争议。美国广播公司（RCA）的费拉蒂米尔·斯福罗金甚至开始了持续多年的法律诉讼，与菲罗·范斯沃斯争夺电视发明权。

② 1958年天津生产出了我国第一台“北京”牌电视机。1960上海生产出由进口零件组装的“上海”牌电视机。1975年底，全国电视机的总量是46.3万台，到1979年也只有485万台。改革开放之后，电视机从国外成批涌入，生产流水线也开始引进，1982年，全国电视机已经达到2761万台。1984年，我国加快了彩电国产化的步伐。国家通过直接出资或信贷支持，打造出陕西彩虹、北京松下、深圳赛格日立等彩管基地，进而打造了完整的彩电工业生产体系。到2005年，全国家用电视机的数量超过了4亿台，电视人口综合覆盖率达到95.81%，城乡电视观众超过12亿。（林莉君《从黑白电视到梦幻影像》2009年7月1日 科技日报）

二、“全家看”是电视的基本收视模式

电视通常被摆放在客厅里，而客厅是家庭成员共享的空间，电视“全家看”的收视模式就在这个空间里被培育起来。“全家看”既包括家庭全部成员或多位成员同时在同一个屏幕前收看电视，也包括不同的家庭成员在不同的时间段分别选看自己喜欢的节目。①

电视几乎是每个家庭成员的伴侣。无论是成人还是少年，无论是学者还是农民，回到家里经常要打开电视——并非因为真的急需从电视里具体获得什么，而是因为电视已经培养了人们回到家里随手打开它的习惯。随着手机电视、车载电视的逐渐普及，电视的陪伴功能愈加凸显。对那些居住在高层建筑中的“宅男”、“宅女”和经常要独守空房的老人或独生子女来说，也许电视带给他们的陪护才是最多的。有时候尽管并没有人守在电视机前，尽管什么也没有看到或者听到，但是许多家庭的电视机却总是这么开着。

中央台、地方台，
妈妈坐下起不来；
不管节目好与坏，
一直看到“古都拜”。

这是20世纪末期广泛流传的一首歌谣，从中不难感受电视与家庭的亲近。另一个广为流传的幽默故事是：幼儿园的老师拿出一张中国地图问道：“哪位小朋友能告诉我这是什么?”有小朋友抢着回答：“天气预报。”老师又拿出一个地球仪问小朋友：“这是什么?”几乎所有的小朋友都回答说：“是新闻联播。”可见电视的影响无处不在、无孔不入，渗入了当代人的生活。

随着电视的普及和节目内容的丰富，电视渐渐成为家庭的信息中心。许多家庭餐前饭后谈论的话题几乎都是从电视里听来的，电视中的人物形象、故事也成了家人交流的内容。中国科协2003年组织的中国公众科学素养调查显示，在获取科技信息的各种渠道中，有93. 1%的公众选择的是电视。电视每天播报很多有知悉价值的新闻，让家庭成员足不出户而尽知地球各个角落正在发生的事情。马歇尔·麦克卢汉说：“电视使地球变小了。”② 不仅如此，电视还让观众获得了观察重大事件的方法和评价这些大事的立场、态度。人们对政治和社会事务的热情同样由此得到激发，进而更多地参与到社会生活和活动中去。从这个意义上看，电视既把人们留在家里，又吸引了其中的一些人走出家门，走向社会，投入到社会公共服务和政治、经济、文化的变革中去。

---

① 电视节目信号有线传送网络的形成，解放了电视节目的生产力，刺激了电视节目的生产。数字技术在电视节目生产、传送中广泛使用之后，电视频道资源大幅度增加，进一步刺激了电视节目的生产。2008年，我国有292座电视台和45座教育电视台共开办1288套电视节目，年播出时间达到约1400万小时。加上3000多个区县一级电视频道播出的节目，全国的电视节目播出量就超过了两千万小时，其中仅首播节目量就应接近900多万小时，基本满足了城乡家庭的收视需要。

② ［加］马歇尔·麦克卢汉著《理解媒介——论人的延伸》，商务印书局，2000年版。

本书研究的是电视新闻传播，为什么却要从电视的产品属性和收视特征开篇呢？这是因为了解电视的产品属性和电视节目家庭收视特征，对包括新闻节目在内的所有电视节目的生产都至关重要。

三、电视新的收视模式正在开始建立

在科学工作者以及新闻传播业界人士眼里，电视可不像家用电器那样简单。电视是利用光电转换效应传输图像和声音的现代技术，是人类在20世纪收获的最伟大的发明。自从有了电视，人类的文明开始加速进入新的时代。

（一）电视是科学技术发展带给人类的惊喜

从诞生到现在的八十多年时间里，人类的科学事业经历了多次大的跨越，电视技术和电视传播功能也发生了巨大的变化。观众容易感受到的变化主要有：

1. 从黑白电视到彩色电视

黑白电视是指只能接收黑白图像电视节目的电视机，也可以指用黑白胶片拍摄的电视节目。早期的电视采用黑白电视图像发射机、伴音发射机传播节目信号，用户则使用黑白电视机接收节目信号。第二次世界大战的爆发延缓了电视发展的步伐，其间只有英、美、苏等国家建立了黑白电视系统。直到20世纪50年代初，世界各国才开始普及电子黑白电视。

彩色电视的研究始于1925年，第二次世界大战结束后开始蓬勃发展。1973年5月1日，北京电视台正式面向首都观众播出彩色电视节目。同年，上海台、天津台和成都台也先后播出了彩色电视节目。不久，北京电视台通过微波线路向外地传送彩色电视节目。到1975年初，北京电视台改为全部向外地传送彩色节目。1977年，北京台、上海台的第一套节目改为彩色电视节目，标志着中国已经开始向彩色电视时代迈进。1983年以后，彩色电视开始批量进入我国城市的普通家庭。

2. 从微波、光纤到卫星传送

迄今为止，电视节目信号的承载与传送方式分别形成了微波、光纤和卫星传送等几种主要的类型。早期的大多数电视节目都是采用现场直播或实况转播的方式播出的。国家公用通讯网络微波中继干线发展起来后，微波干线成为传送电视节目的主要通道。1964年，北京电视台的黑白电视节目用60路微波线路试传至天津。1969年开始陆续使用600路和960路微波线路由北京向国内其他地区传送。1976年底，中央台的彩色电视节目已经可以通过微波线路传至全国除西藏、新疆、内蒙古3个自治区以及台湾省以外的26个省会、自治区首府和直辖市，一个全国性的电视广播网初步形成。1980年10月20日，中央电视台《新闻联播》开始播出通过微波干线收录地方台的回传新闻，从此中央台和地方台开始通过微波线路定期互传新闻。

但是，模拟的微波设备一个波道只能传送一套电视节目和三路单声道广播节目，远远不能满足观众的需求。利用微波进行长距离通信时，还需要在信号传输路径上设立若干个中继站，对信号进行多次中继转发，不仅成本很高，而且受地理条件的限制，很多地方难以建设中继站。

光纤是光导纤维的简称。在采用光纤传输之前，有线电视是采用电缆加上干线放大器来传输的。电缆传输的介质为铜导线，随着传输距离的增加和频率的提高，其传输信号的衰减量也相应增加，所使用的干线放大器数量也要求增加。而在10公里内，干线放大器的数量不能超过15只，这成了有线电视发展中遇到的瓶颈。

采用光纤传输后，问题就迎刃而解了。光纤的原材料为石英玻璃，来源十分丰富。其优点一是传输频带宽、通讯容量大；二是信号损耗低，且不受电磁波干扰；三是线径细、重量轻、抗化学腐蚀性能好。今天，光纤传输已经成为广播电视传输覆盖的主要形式，为实现高质量的广播电视覆盖奠定了坚实的基础。但是在一些农村、山区、牧区，光纤的普及碰上了电视用户居住分散，网络前期投入大、维护难的困扰。为解决这一难题，人们想到了卫星传送。

卫星传送是指以卫星转发为主要传输方式的电视节目信号承载与传送系统，其特点是覆盖面积大，通信容量高，传输质量好，成本也低。[①] 1991年海湾战争爆发，美国有线电视新闻广播网（CNN）通过卫星对战争做每天24小时的直播报道。当多国部队的第一颗炸弹落在伊拉克境内的同时，CNN的消息也传遍了世界各地。全世界数亿观众通过卫星电视"亲眼目睹了"战争的进程。2001年9月11日，美国遭受恐怖袭击。晚上9点10分，凤凰卫视《时事直通车》第一次插播了有关"美国纽约世贸大楼被袭起火"的消息及现场画面，并且在当晚9点30分《时事直通车》结尾时，再次插播最新消息及现场画面。当晚9点33分《时事直通车》节目一结束，凤凰卫视中文台、资讯台、美洲台并机大联播的特别节目"美国遭受恐怖袭击"正式开播了。观众从凤凰卫视的屏幕上看到了纽约世贸大厦被恐怖袭击后的惊人一幕。当时，第二架被劫持的美国联合航空公司的波音737客机低空飞来撞向世贸中心第二座楼，还没有等从震惊的画面中缓过气来，观众又从凤凰屏幕上亲眼目睹了更为惊人的一幕：纽约世贸大厦这座110多层的"双子座"摩天大楼在浓烟滚滚、火光冲天中倒塌了……接着凤凰卫视在第一时间又报道了一系列画面：位于华盛顿的国防部也被一架飞机撞击，五角大楼发生两次爆炸；另一架被劫持的波音大型客机在宾夕法尼亚州坠毁；华盛顿国务院门前也遭汽车炸弹袭击……上述报道显示了卫星传播的威力。如果没有卫星传播技术的支持，事件现场的片段是无法同步传送到国内的。

我国地域面积宽广，地理环境复杂，致使依靠地面微波和建立差转站的方式来提高节目信号覆盖的努力不能尽显成效。卫星传播就成为解决问题的最有效途径。首先，卫星传

---

① 卫星广播共有三种方式：一是通过普通的通信卫星将模拟电视信号转发到本地电视台，再经有线电视网或集体接收站进入千家万户；二是采用模拟制式的大功率电视直播卫星直接向家庭传送广播电视信号（由于这种电视信号未经数字压缩处理，每台转搭器只能直播一路电视节目，每颗卫星一般只能直播3路电视）；三是20世纪90年代初期发展起来的Ku频段数字视频压缩电视直播卫星，每台转发器可向装有0.45m口径卫视接收天线的家庭直播4—8路节目，一颗卫星可以直播100多路电视信号，这种业务亦称为卫星数字电视直播。

播技术的通讯距离远，通讯覆盖面积大。一颗静止的通讯卫星能覆盖地球总面积的40%左右，在此区域内的地球站都可以利用卫星转发的信号通讯。卫星传播信号的灵活性也比较大，只要在卫星的覆盖范围内，各个角落都可以接收到卫星转发的信号。其次，卫星通讯容量大、质量高，且通讯成本与通讯距离无关。我国从1982年开始用德、法两国联合研制的“交响乐”通信试验卫星进行电视传输试验，到1999年就实现了全国所有省级台全部通过卫星播出。2008年中国发生了一连串重大事件，例如年初的冰雪灾害，“3·14”拉萨事件，“5·12”汶川大地震，以及年尾的世界金融危机等，其间，卫星电视在及时传送信息、引导舆论、稳定社会秩序、动员救援力量等方面均发挥了突出作用。8月，北京第29届奥林匹克运动会盛大举行，全世界有40亿观众收看了卫星直播的开幕式。

然而，卫星传播技术也存在一些缺点。卫星是由非常多、非常复杂的零件组成的，只要有一个零件发生故障就可能导致整个卫星失去功效。而卫星传播的整个系统技术则更加复杂。同时，卫星信号的传送还有较大的传输延时。

3. 从标清电视到高清电视

标清电视是“标准清晰度电视”的简称，是指屏幕宽高比为1.33（4:3），像素分辨率为720×576（即414720像素）的电视。在2008年北京奥运会之前，我国城市绝大多数家庭收看的还都是标清电视。而今天，观众的目光已经悄悄转向了更有诱惑力的高清电视。

高清电视是“高清晰度电视”的简称。[①] 高清电视也有不同的格式标准，我们今天所说的高清电视屏幕宽高比为1.78（16:9），与大部分电影屏幕的宽高比接近，因此在电视屏幕上播放电影时，剪辑或遮幅会相对要少，观看会更舒服。高清电视的最高清晰度可以达到标清的6倍，画面细节更加清晰、生动，色彩也更加鲜艳、亮丽。

与标清数字电视相比，高清晰度电视的制作方式流程并没有改变，二者最大的区别是信号格式发生了变化。列表比较如下：

高清电视与标清电视参数比较表

	清晰度	宽高比	色　域	其　他
高清电视	1920＊1080 （约两百万像素）	16:9	新三基色坐标和基准白坐标	颜色更鲜艳，与数字电视节目关系更紧密
标清电视	720＊576 （约41万像素）	4:3	原三基色坐标	

（二）科学技术发展正引领电视走出家庭

电视从诞生起直到上世纪末均以固定摆放为主。这主要是基于三个缘故：人们习惯在家里看电视；电视机笨重不方便移动；电视节目信号传送技术限制了接收终端的移动。

---

① 国际无线电咨询委员会（CCTR，现已归入ITU）将高清电视描述为：高清晰度电视系统的设计要求是使看者在图像高度的大约3倍距离处观看图像细节时，能达到或接近具有正常视觉锐度的观看者观看原始景物的感觉。

固定摆放的电视机在当代呈现三大发展趋势——

一是主流电视机越做越大，屏幕越做越薄。2009 年，大到 103 英寸的高清晰度等离子彩色电视机已经进入我国大城市的家电市场，并正在成为主力销售机型。这一方面是为了满足家庭多个成员同时收看的要求，另一方面也是因为大屏幕的电视技术更加先进，收视效果更好。例如 2009 年 7 月在南京某商场出售的 103 英寸的电视机，分辨率就达到了 1920×1080 像素。该机还融合了许多最新的影音技术。其中，超级影院模式可以提供更深的黑色画面层次，即便处在暗环境中，仍然有 5000∶1 的对比度。

二是外形越来越美观。“装饰客厅”的属性决定了电视外观的工艺越来越精致，外形越来越新潮。截至 2008 年年底，我国城市居民家庭中外观漂亮的平板电视保有量达到 2800 万台，其中液晶电视占 85%，等离子电视占 15%。

三是收视越来越舒适。主要表现在屏幕清晰度、声音舒适度和操作方便程度三个方面。目前，超高清晰度视频已经处在实验阶段，按照设计要求，实验成功后可实现 16 倍的 1920×1080 像素分辨率，收看时会更舒适。

但是，被“固定在家”的电视天然地减少了和主人相伴的时间，从而导致上午、下午的电视节目出现收视低谷。同时，“固定在家”的电视还有逐渐远离职场“白领”、“金领”等高端观众的危险。于是，在固定电视越做越大的同时，一种体积越做越小的移动电视开始面市，并在试图改变电视单一的“家电”属性，从居室的客厅走向四面八方。

移动电视目前主要有车载电视和手机电视两种，分为广电模式和电信模式两种商业模式。广电模式的移动电视采用广播式节目传送，基本不受带宽和流量限制，用户通过网络技术平台，可以收看到接近于 DVD 的视频效果，听到相当于 CD 立体声系统的音质，即使在时速 150 公里的高速状态下仍然能够稳定、清晰地接收图像画面。电信模式的移动电视通过移动通信网络传输，用户可以在手机上通过定制、点播的方式收看节目。

除了车载电视和手机电视外，基于数字技术发展起来的网络电视也引领电视走出家庭，进入了办公室和大学生的宿舍，行动中的人群通过无线上网的手提电脑就能够看到电视节目。

网络电视的突出优点一是收视方便。在网络信号覆盖的区域内，打开电子计算机就可以收看网络电视台或有关电视网站播出的电视节目；二是对象性强，节目信息的到达率高；三是看电视时不仅可以不受时间的限制自主选看节目，还可以即时互动，参与节目的评议和讨论。

移动电视和网络电视正在弥补固定电视留下的收视空档，并在开始改变电视节目单一的家庭收视模式，推动着家庭收视模式、个体收视模式和社会收视模式互容并进的格局。

早在 1939 年 4 月 30 日，美国总统富兰克林·罗斯福在主题为“明天的世界”的纽约世界博览会开幕式上，就通过电视发表了致辞，成为第一个将电视作为信息传播工具借以扩大政治影响的美国总统。可见电视在当时就并不是家庭的专宠。今天，摆脱单一的家电属性的电视以及电视节目家庭收视模式、个体收视模式、社会收视模式等多种收视模式的形成，将引导电视工业积极调整产品结构，并将推进电视节目内容、电视栏目结构，尤其是电视节目的样态，发生巨大的变化。

读一读 议一议

电视的发展历程

1958 年，我国第一台黑白电视机诞生。

1970 年，我国第一台彩色电视机诞生。

1984 年，实施彩电国产化“一条龙”工程，成立彩电国产化领导小组。

1985 年，彩电国产化被列为全国 12 项重大引进消化吸收项目之一，对彩电国产化的技术引进、技术改造、科技开发，从政策和资金上给予了重点支持。

我国制定第一个彩电标准《彩色电视机总技术条件》（GB10239—1985），提出了彩电声、光、电 59 项参数标准和测量方法，建立了彩电测试环境。

全国首届彩色电视机质量集中检测总结大会在长春召开，发布了 44 个彩电企业 48 种型号彩电质量检测结果，为国家规划布局彩色电视机工业以及发展我国彩电工业体系提供了翔实的数据。

1989 年，全国彩色电视机质量集中检测总结大会在厦门召开，评出长虹 29 英寸、康佳 20 英寸、牡丹 25 英寸、青岛（现海信）25 英寸彩电获得质量优秀奖，当年被授予国家质量奖——银质奖。

1990 年，国家科委（现科技部）正式批准广研所等多家科研单位共同承担“HDTV 软科学研究”项目课题。

国家科委启动“高清晰度电视战略研究”。

1986 年到 1992 年前后，国家制定了不少于 300 项标准的彩电综合标准化。

1994 年，国家科委牵头成立了包括广电部等 11 个部委在内的“高清晰度电视研究开发”协调组，下设 HDTV 专项专家组。

1996 年，长虹向全国发布了第一次大规模降价的宣言——降低彩电价格 8% 至 18%。

国家科委将高清晰度电视列为国家重大科技产业工程项目，分别组织了高清晰度电视战略研究、高清晰度电视“八五”攻关、高清晰度电视功能样机研制 3 方面的研究。

1997 年，我国研制成功 16 英寸等离子显示屏，填补国内空白。

1998 年，我国第一台完全自主开发的高清晰度电视功能样机系统在北京试验成功。

1999 年，国庆 50 年，我国自主研发的第二代高清数字电视（HDTV）实验广播样机系统成功转播了国庆 50 周年“大阅兵”的盛况。

国家成立数字电视研发及产业化专项领导小组，从抓自主制定标准入手，加强研发及开发，瞄准高清（HD），以有线标清（SD）为切入点，启动了国家数字电视专项。

1983 年，全国第十一次广播电视工作会议确立了中央、省、地、县四级办电视，四级混合覆盖的事业建设方针，推动了电视生产力的发展。1978 年，我国只有 35 座电视台，电视机普及率为千人 3 台，电视观众 8 千万人。到 1997 年，我国正式批准设立的无线电视台、有线电视台和教育电视台已达 3000 座。

2002 年，长虹宣布研制成功我国首台屏幕最大（30 英寸）的液晶电视。

2005 年，海信推出自主研发的数字视频媒体处理芯片——信芯，填补国内空白。

2006 年，国家标准委颁布了数字电视地面广播传输国家强制性标准（GB20600—2006），自 2007 年 8 月 1 日起正式实施。

（摘引自林莉君《从黑白电视到梦幻影像》，《科技日报》2009 年 7 月 1 日）

卫星电视

1958 年，前苏联成功发射了世界上第一颗试验通信卫星，开始了通信卫星传送节目的试验。1962 年 7 月 10 日，美国发射了世界上第一颗专门用于传送电视节目的“电星一号”通讯卫星，开始在美、欧之间传送节目。1963 年，肯尼迪总统被刺，这一消息便是通过通讯卫星传播到日本与欧洲各国的。1964 年，东京奥运会的开幕式实况经由“同步三号”卫星传送到北美和欧洲各国。1969 年 7 月 19 日，通讯卫星转播了人类第一次登月活动，全世界 47 个国家约 7 亿观众收看了宇航员登月现场实况报道。

1984 年 4 月 8 日，中国第一颗实验通信卫星（STW－1）发射成功。1985 年，中央台开始长期租用位于东经 57 度印度洋赤道上空第一代国际卫星转发器传送第一套节目，从此改变了电视传输只依靠微波的局面。1986 年 2 月，我国发射第二颗实用通信卫星，定点于东经 103 度的赤道上空。当年国务院批准新疆维吾尔自治区的电视节目通过卫星向全自治区传送，从根本上解决了地旷人稀的这一边缘省份电视节目传送困难的问题。1988 年 3 月，我国第三颗通信卫星上天，卫星携带四个转发器，三个用于传送广播电视节目，定点精度和稳定度都大大提高，且工作寿命长、通信容量大、辐射功率强。1990 年 2 月，我国又发射了第五颗实用通信卫星，此时，中央电视台一、二、三套节目全由国内卫星传送，而教育电视一、二套节目由租用的国际通信卫星传送，卫星成为电视广播的主要媒介，中国的电视覆盖面也因此在 1990 年上升到 78%。1992 年 10 月，中央电视台第四套节目上天，成为中国第一个国际卫星电视频道，覆盖 80 多个国家和地区。1989 年，西藏和四川两家省级电视台的节目上星传送，西藏电视台新闻综合频道成为第一家向全国传送的省级上星频道。1991 年 5 月，“亚洲 1 号”卫星发射成功，云南和贵州两省的省台电视节目上星，并向全国放送。1999 年 10 月，海南电视台的电视节目上星，至此，中国大陆所有省级台节目全部通过卫星播出，卫星、微波和有线电缆光缆相结合的立体传输覆盖网络初步形成。

2001～2002 年，随着 9、10、11 和 12 套的开播，央视卫视频道增至 15 个；2003 年，又增加了新闻频道、少儿频道，央视的上星频道增至 17 个；2004 年，增加西法频道和音乐频道，央视上星频道增至19个；同年，深圳电视台新闻频道、南方电视台粤语频道、湖南电视台金鹰卡通频道获准上星，同时北京动画频道和上海炫动卡通卫视上星；此外，2005年2月1日海峡卫视开播，随后更名为厦门卫视。至此，我国省级卫视上星数量达到37个，加上已有的中央级19个卫视频道，共有56个卫视频道。

2008年6月9日，我国在西昌卫星发射中心用“长征三号乙”运载火箭，成功将“中星9号”广播电视直播卫星送入太空，标志着我国将进入直播卫星时代。“中星九号”是中国卫星通信集团公司向法国泰雷兹阿莱尼亚宇航公司订购的一颗广播电视直播卫星，卫星装载22个Ku转发器，功率为10700瓦，设计寿命15年，是一颗大功率、高可靠、长寿命的广播电视直播卫星。“中星9号”采取不加密方式传输节目，主要针对偏远的、看不到电视听不到广播的农村地区，其接收机体积小、重量轻、安装方便、性能稳定，接收信号强，放在窗边室内，阳台楼顶，以及钉在墙壁上即可免费收看54套高清晰立体声数字电视节目，从根本上改善了偏远地区广播电视节目的收听收看环境。

2009年8月12日，设计使用期为15年的“亚洲5号”卫星发射成功，9月正式接替“亚洲2号”卫星，为亚太地区提供电视广播、电话网络及应用于宽频多媒体传送的私人专用网络等卫星通讯服务。

第二节 电视节目

一、电视节目层次与类型

1958年5月1日，我国第一座电视台——北京电视台开始试播黑白电视图像，9月2日正式播出黑白电视图像。1960年5月1日，北京电视台开始播出彩色电视图像。上述图像都是由一个个画面构成的，许多画面还有伴音。我们把电视新闻媒体播出的由一个个画面构成的有意义的图像单元称作电视节目。

（一）不同层次的电视节目

节目是电视媒体播出内容的基本组织单元。节目又是按时间段划分、按线性传播的方式安排和表现的多层次系统。我们平时所说的“电视节目”有时是指“一套节目”，有时是指“一个节目”，而有时候说的却是“一次节目”。

1. 一套节目

一套节目是一个电视台每天在同一个电视频道中播出的全部内容，是按时间顺序排列的一个个有意义的图像单元群，是最高层次的节目概念。以2008年的有关数据为例，当年我国292座电视台和45座教育电视台共开办1288套电视节目，年播出时间达约1400万小时。

2. 一个节目

即在固定的时间段连续播出的由若干个有意义的图像单元组成的内容整体。这个节目既是“一套节目”顺时链中的一环，自身又由每天在同一时间段播出的多次节目所组成，处于整个节目系统的中间层次，又称作栏目。我国电视节目的制作和播出已经从“一次节目”时代进入了“一个节目”时代，即栏目时代，并将继续向频道时代发展。

“栏目”最初来自报纸媒体。“栏”是报纸版面的基本构成单位，是按性质、内容的不同划分出的版面。性质或内容相同、相近、相关的新闻通常就编排在同一个栏目里，方便读者阅读。电视栏目指的是按照节目题材、类型、播报形式的不同划分出的有特定的节目内容与类型，有固定的名称和栏目头标志，有固定的播出时段和时间长度的节目单元。

3. 一次节目

即在当天某一特定时间播出的具体内容的整体，居于整个节目系统的基础层次，是节目历时链的具体环节。

一套节目、一个节目、一次节目构成了一个电视台播出节目的有机系统。如果一个台有几套节目，那么在同一时间内就有几个节目在播出，这些节目之间又形成了共时链的关系，整个系统形成了梯级构建。而作为节目系统的基础层次的一次节目，本身也是完整的微观系统，往往包含着一系列下属概念，如报道形式、样式、体裁等。

（二）电视节目类型

对电视节目进行分类是一件比较困难的事情，这不仅是由于不同类型的节目其内容和形式上经常存在交叉，还由于对节目类型的认识往往要受体制和文化的影响。美国联邦通讯委员会就曾经把电视节目分为新闻节目、公共事务节目、娱乐节目、农业节目、宗教节目、教导节目、体育节目和其他节目八类。其新闻节目的定义是：关于新近发生的地方、地区、全国和国际事件的报道，包括天气和股市行情报道，以及评论、分析和体育新闻等。在我国，电视节目的种类要更细碎一些。下面是一份电视节目收视率统计中的部分数据，可以帮助我们了解眼下对电视节目分类的认识。

广东省各类节目收视比重

类别	收视比重%			类别	收视比重%		
年份	2004	2007	2008	年份	2004	2007	2008
电视剧	36.8	34.27	30.8	专题	5.26	6.23	6.2
新闻/时事	9	10.38	11.58	青少	1.34	5.23	4.66
综艺	6.13	9.24	8.6	法制	1.12	1	0.9
以上合计	**51.93**	**53.89**	**50.98**	音乐	1.96	1.13	0.74
电影	9.45	6.06	6.43	财经	0.78	0.77	0.69
体育	11.59	5.63	9.09	戏剧	0.09	0.7	0.62
生活服务	1.89	5.08	6.39				

数据来源：CSM媒介研究，2009年1月15日。

表中数据显示，2008年广东省电视节目86.7%的收视比重对应的节目类别已达12个之多。其中，电视剧、新闻与时事、综艺三类节目的收视比重占了总收视的50.98%。同时，观众的选择倾向有多元发展趋势，电视剧收视比重下降，新闻、时事节目收视需求上升，一些分众类型节目，如服务资讯、青少年节目和专题节目的收视比重也有所上升。

表中的体育节目以9.09%的收视比重超过综艺节目的直接原因是北京奥运会的成功举办拉高了体育节目的收视率。就通常情况而言，时下各电视台播出的节目中，电视剧、新闻与时事、综艺三类节目所占的收视份额一般都超过了50%，是三种最主要的电视节目类型。

1. 新闻类节目

电视新闻节目的基本类型是电视新闻消息和电视新闻专题。我国目前有没有独立的、成熟的电视新闻评论节目，学界还有不同的认识。最近几年，中国广播电视协会的新闻节目评奖还开设了一些新的奖项，例如新闻访谈、连续报道与系列报道，还把长度在90秒之内的新闻消息单独分出，名之为“新闻短消息”，以往的教育性节目、服务性节目有些也进入了新闻类节目的阵营，但是这些节目的原始样态还是电视新闻消息或电视新闻专题。

2. 影视类节目

影视类节目时下在各电视台播出的节目中所占比重最大，而且呈持续上升趋势。一些热播的电视剧吸引广告投放的价值十分显著。在许多电视台，收视率最高的节目往往是电视剧，“创收”能力最强的也往往是影视剧栏目。

3. 综艺类节目

电视综艺类节目融音乐、舞蹈、戏曲、小品、曲艺、杂技、游戏等艺术形式为一体，有极强的包容力和鲜明的综合性，且观众有较强的参与感，在时下各电视台节目播出中也占据较大比重。电视综艺类节目经常以舞台演出、联欢会、游戏、问答竞猜等式样出现，编排方式极其灵活。

二、电视节目元素

早期的电视节目一般由画面、声音两大元素构成。近年来，屏幕文字的使用日益增多，尤其在新闻资讯类节目中，屏幕文字已经成为构成“有意义的声像单元”的又一大要素。

（一）画面

电视最大的魅力在于画面。人们对亲眼目睹的事物往往深信不疑。那些真实地再现了现实生活的场景，以及表达人物的喜怒哀乐、悲欢离合的画面，更能触发观众的情感体验。

画面又称图像，由各种造型和具象音响组成。除了实地拍摄的图像外，电视屏幕上所呈现的人物、环境、变动着的事态与物体图像，乃至文献资料、绘画、美工制作、示意图、模型、动画特技以及栏目题花、主持人和播音员的形象等，也都是画面的构成要素。

1. 画面造型元素

电视画面造型元素包括形体、形状、表情、着饰、色彩、空间、图表、特技等，其中形体、形状是最基本的元素。电视画面内的文字本身就是画面的组成部分，是一种特殊的造型元素。各种造型元素的不同组合使画面获得了丰富的表意功能。单个画面一般表达简单的意义，多个图像画面组合起来则可以揭示比较复杂的意义。一个理想的摇镜头画面可同时交代清楚时间、地点、人物、事件、环境等一系列节目要素。

画面中具象的色彩、形象、动态等还具有感染作用，能够将观众带入到画面信号的现场中去，甚至能将观众引入到节目的背景中去。

2. 具象音响

电视节目的具象音响是指随画面的拍摄同期采录的对内容不作直接说明的现场音响以及后期灌制的音乐。

现场音响主要包括：

- 风雨、雷鸣、浪涛呼啸声等自然声响。
- 鸣啼、行走声等动物音响。
- 机器、车辆及船只、飞机发动机的声音等机具音响。
- 现场人物的说话声、哭泣声、呼喊声、身体运动发出的声音。

现场音响的主要作用是：

- 渲染气氛。
- 强化新闻内容的真实感。
- 延伸画面。
- 增强画面之间的联系，使画面语言更为流畅。
- 扩大信息容量。

现场具象音响在电视节目中大多处于背景位置，只表明一种存在，与画面构成“分立”关系。虽然没有播音员、记者或新闻主持人的声音那样突显，但是其作用依然不容忽视。

（二）声音

电视图像虽然富有魅力，但是其内容往往不具备情节的完整性。这一不足需要声音元素来弥补。有了声音语言的加入，电视节目才比从默片走过来的电影具有更为真实的可信度。

电视节目中能准确传达节目内容的声音语言包括播音语言和节目现场语言两类。播音语言是电视播音人员用以传播节目内容的声音符号，用来叙述事实，介绍背景资料，表达抽象的内容；也是构成电视图像单元的主体要素之一。节目现场语言即节目现场用于传播节目内容的声音语言，包括新闻人物的讲话、发言，现场人物与新闻记者的对话，记者的现场叙述等。现场语言具有增强观众的参与感，提高新闻的权威性和客观性以及使节奏富有变化等作用。

（三）屏幕文字

屏幕文字是指电脑控制字幕发生器在电视屏幕上打出的文字信息。传统的“看”电视只是看电视的画面，屏幕文字的加入使看电视成为集看画面和读文字于一体的信息接收方式。在上世纪90年代初，就已经有大约60%的电视新闻使用了屏幕文字，到90年代末，

90%以上的电视新闻都使用屏幕文字。今天，屏幕文字的运用水平已经成为衡量一条电视新闻制作质量的指标之一。

1. 屏幕文字的种类

屏幕文字主要有三种：

一是标题式或提要式字幕。即在图像边幅上打上一行或两行字幕，或点题或提要。电视新闻中的屏幕文字大部分是电视新闻的标题或提要。

二是整屏阅读式字幕。整个屏幕展示一版文字稿，稍长的稿子逐渐向上移动，类似缓缓向上的整版报纸。

三是注释式字幕。即配合图像上人物谈话的内容而叠加上去的同步注释字幕。

独立于电视画面的滚动式字幕多用于报道正在发生的新闻事实，因此也称之为滚动新闻。1996年开播的凤凰卫视中文台把画面下方滚动的电视字幕新闻作为常规的报道形式。2003年开播的中央电视台新闻频道也逐渐将滚动字幕新闻作为常规的新闻播报形式使用。和上述三种字幕功能明显不同，绝大多数滚动式字幕已不再是一个具体的“有意义的图像单元”的构成元素，而已经是和主频图像内容无关的独立的图像单元。其意义在于不需要终止或打乱原有的电视节目，即可在第一时间播出最新的消息，从而提高了电视新闻的时效，并因此而增加了电视媒体的竞争手段，提高了电视媒体的竞争能力。

2. 屏幕文字的作用

(1) 加深记忆

电视新闻声画结合、视听兼备，较之单通道的报纸新闻与广播新闻具有明显的记忆优势。在“看”的这一通道里，屏幕文字是叠加在电视画面上的，构成电视新闻画面的一部分，但它又是抽象的语言符号。两种不同类别的语言符号共时性传播，指向同一传播内容，形成视、听、读三位一体的同向多维感知通道，同时冲击大脑神经中枢，必然加深“记忆痕迹”。

(2) 标注要点

在电视新闻节目中使用的屏幕文字通常是在发挥标注要点的功能。这些文字以名词和数词居多，或者以主题句的形式出现，或以关键词的形式出现，或以提示语的形式出现。无论以何种形式出现，所标注的都是比较重要的关键信息，对观众准确地接收信息、了解图像内容的精华，具有提示、指引的作用。

(3) 即时插入最新信息

滚动式字幕的发明和广泛使用，使电视屏幕变成了“双频”。滚动式字幕强化了电视媒体信息传播的时效，使第一时间向观众传送第一现场的理想初步得以实现。

(4) 美化屏幕

屏幕文字不仅具有表意功能，而且具有美化屏幕的作用。有些电视新闻因画面不足，或由于内容抽象，只能采用口播方式播出。单一的口播方式导致同一景别的播音员人像长时间出现在屏幕上，很容易造成观众视觉的疲惫，且播音员头像如果居于屏幕中央，又容易导致画面呆板，如果偏于一端，则容易形成画面失重。此时，如果将传播内容以文字的形式叠现在屏幕上，效果则大不一样。先进的字幕设备在处理文字的大小、形状、色彩时可以花样迭出，从而有效地改变屏幕构图，制造出美观、大方的观赏效果。

近年来，电视新闻屏幕文字有图像化的趋势。许多电视媒体、尤其是台湾的电视媒体经常在电视新闻中采用大字、变体字营造强烈的视觉冲击力效果。

三、电视节目传播优势

“传播”是传递、输送、沟通、交流信息的意思。和报纸、广播相比，电视节目的传播过程显示出鲜明的个性特征，其传播优势也很明显。对此，一些学者做了专门研究。例如：

田本相强调：“电视的兴起，在人类文化史上也是一次革命，它以强大的传播威力，高度的逼真性和即时性等方面，形成电视时代的一种文化情势和氛围。”①

秦瑜明认为，“电视传播‘与生俱来’地具备以下七大特点，以电子科技进步为依托，直接性与直观性，即时性与现场性，屏幕上展现人际交流，内容、形式的兼容性和综合性，顺时序的连续定期编播方式，电视传播者与接受者之间的特殊互动关系。”②

朱菁把电视新闻的传播特性概况为新闻传播的及时性、传播符号的综合性、事实氛围的传真性、深度涉入的参与性四个方面。③

黄匡宇则认为电视新闻的传播特性包括了“现场的证实价值，画面情节的片段性，现场的制约性，传播的及时性，节目播出的同步性和内容的易受性。”④

从电视传播特性生成的基础来看，电子声像技术——包括节目制作到传输、覆盖、接收的技术和设备是电视媒介所依托的物质手段。借此，电视成为最能有效地突破时间、空间限制的最具传真力的媒体。近20年来技术的进步，让电视获得了更为突出的传播特性。本书着重从传播效果的观察视角，将电视的传播优势归纳为以下几个方面：

（一）符号优势

符号语言学是语言学的一个流派。该流派把表意的声音、图像、文字都看成是符号。根据这一观点，报纸有文字和图片符号，广播有声音符号，电视的符号不仅有文字、声音，还有画面，这使电视在表达手段上超越了报纸和广播。其实，除了画面、声音、文字符号外，记者和节目主持人的肢体语言以及电视特技手法也是电视独特的传播符号，在强化画面信息，体现传播意图，渲染情趣，感染受众等方面具有不可低估的作用。

1. 图像符号

图像是电视的第一传播符号。电视媒体的突出特点在于它消除了文字符号对大众的限

① 田本相：《电视文化学》，文化艺术出版社1990年版，第51页。
② 秦瑜明：《电视传播概论》，人民出版社2002年版，第77页。
③ 朱菁：《电视新闻学》，浙江大学出版社1999年版。
④ 李岩、黄匡宇：《广播电视新闻学》，高等教育出版社2002年版，第9页。

制，使文化得以通过图像的形式广为传播。因为不管是谁，也无论其所受教育程度如何，任何人都可以通过电子媒介的声音和图像与文化接触。高技术与低门槛——这是电视成为有史以来影响最广泛的传播媒介的根本原因。

电视剧《围城》和小说《围城》的传播效果，向我们展示了图像传播的威力。陈刚先生分析说：钱钟书先生的这部小说无论从内容上还是从写作上来看都是非常学者化的，他所描写的抗战时期的中国知识分子在学院高墙内的勾心斗角几乎没有任何大众性可言，其中学者化的幽默机智按理说并不会引起大众的共鸣。但在拍成电视连续剧进入大众传媒之后，借助于明星效应（陈道明、吕丽萍、英达、葛优等影视“大腕”联袂出演）以及商业化的宣传（钱钟书先生的“鸡生蛋”等趣闻一时成为大报小报纷纷炒卖的题目），这部作品居然成为对知识分子特性的展示而引起大众贪得无厌的猎奇欲望，从而被纳入文化市场的网络之中。过去只在知识阶层产生有限影响的小说《围城》，一时在大街小巷的“地摊”上与《裸体女尸》、《婚外恋的悲剧》等书刊并列出售，发行上百万册，并有数种盗版，已经在象牙塔中寂寞了多半辈子的钱钟书老先生一下子成了街谈巷议的大众名人。由此可见大众文化市场的力量。①

钱钟书成为当代大众名人，得益于电视；《论语》、《三国志》为当代社会大众广为传诵，也得益于电视。于丹、易中天分别在中央电视台《百家讲坛》开讲《〈论语〉心得》、《品〈三国〉》，把抽象的文字符号转化为图像符号和声音符号后，大大改善了文化典籍的传媒效果，让《论语》、《三国志》走下神坛，成为当代大众有能力消费的文化。这是图像符号传播优势的又一个生动证明。

2. 声音符号

电视具有双重声音传播符号——现场同期声和电视人的播报声。但是除了部分可预见性的新闻事件外．大多数新闻，尤其是突发性的新闻事件，当记者到达现场时，一些包含重要现场的画面往往已经消失。此时，只能采用两种补救办法，一是采访事件的目击者或是当事人，他们的声音就成了电视新闻内容的一个重要元素；二是记者直接发出声音，从而直接参与现场构建。北京时间7月30日凌晨，在2009年罗马游泳世锦赛男子800米自由泳决赛中，中国选手张琳以7分32秒12夺冠，打破了澳大利亚中长距离之王哈克特在2005年创造的7分38秒65的世界纪录。张琳也成为中国游泳历史上第一个男子项目的世界冠军。中央电视台著名体育解说员韩乔生在解说张琳的比赛时显得特别兴奋。在比赛最后50米，位于第一的张琳开始加速向终点发起冲击。这时，韩乔生在解说席大吼：“中国选手张琳向终点发起冲击，冠军属于中国人，冠军属于张琳，张琳把莫劳利甩开有两个身位，张琳，张琳获得了冠军，打破了世界纪录。7分32秒12，7分32秒12，男子800米自由泳的世界纪录属于中国……”此时，记者的声音加入了现场画面的构建，并一度成为画面的聚焦点。

---

① 陈刚：《大众文化与当代乌托邦》，作家出版社1996年版，第24－25页。

3. 文字符号

文字本是报纸的传播符号，却在电视屏幕上找到了得以大展身手的表现空间。首先，电视可以对文字符号进行图像化处理，让抽象的符号形象化，让静止的符号动起来。有些文字不仅可读，而且还可“看”，除了本身所具有的内涵之外，还有了画面意象，传达着特有的情感。其次，画面文字可以有丰富的层次。在中央电视台新闻频道的节目中，目前多达四个层次的屏幕文字也经常可见。由于四排文字各自传播着不同的新闻事实，在接受它们的时候就需要有画面思维的参与。这就进一步调动了观众与电视互动的潜能。再次，电视可以有以行进方式出现的滚动文字，更让报纸羡慕不已。

（二）覆盖优势

和报纸、广播相比，电视的覆盖优势最大。

从1978年到2008年，我国的报纸数量从186种增加到1942种，增长了9.6倍，从绝对数来看，我国已经是一个报刊大国。但是，从覆盖面和人均占有量来看，情形却又不一样。广播在20世纪80年代以前一直是覆盖面最广的媒介。其后随着有线电视网络的延伸以及卫星传送技术、数字图像传输技术的出现，到上世纪末，电视的覆盖能力终于超越了广播。电视随之成为社会公众“了解国内外大事”的主要信息来源。国家广电总局2009年1月15日通报：2008年全国电视综合人口覆盖率达到96.95%，比2007年增长0.37%。全国有线电视用户预计1.63亿户，其中数字电视用户4501万户，付费数字电视用户452万户，分别比2007年增长6.5%、67.6%、158.3%。可见电视的覆盖能力比报纸和广播都要强大。

（三）接受优势

电视传播首先分别用摄像机和话筒摄录事件现场的图像和声音，然后再通过光电转换系统把电信号还原成景物的图像和声音，形成了特有的接受优势。

电视传播的易受性首先表现在无论是成人还是儿童，无论是学者还是普通市民，都能够看得懂电视屏幕上再现的画面，都能够接受到电视符号语言传送的信息。那些不识字、识字不多或虽然识字多但是倦于阅读的人，都可以通过电视看到比报纸更多的资讯。在有电视卡通频道的地方，包括儿童在内的受众更愿意放下手中的收音机转而走近电视。在电视机前他们才能看到、听到那些自己喜欢的图像。正因为如此，除夕之夜是电视而不是广播将千家万户聚拢在了一起。

接受优势的另一个表现是，电视信号可以“面对面”地接收。譬如电视新闻，无论是看主持人在演播室内播报还是看记者在现场播报，都能产生面对面交谈的亲切感，仿佛一个信息灵通的朋友来到观众的家里，告诉他们国内外已经或正在发生的事情。这种无拘无束的亲切感是报纸和广播难以比拟的，它更能激发观众对新闻内容的注意和认同。

当代电视文化开启了一个品牌、明星加“粉丝”的时代。许多观众定时打开电视机找到自己喜爱的品牌栏目就是为了和自己心仪的明星主持们“面对面”地坐上一会儿。也许还有机会给栏目打个电话，发条短信。

当然，电视媒介传播并非全是优势。有人强调说，文化层次高的受众，主要将电视作为新闻传播媒介引入家庭；文化层次低的受众则主要将电视当做娱乐工具。不少人虽然也看新闻节目，但他们是在“等”新闻节目之后的文体娱乐节目。譬如又有人强调，新闻媒介作用于受众方面的竞争，不仅有时效上的竞争，还有新闻深度的竞争，而深度竞争往往是更高层次的竞争。电视传播覆盖面积虽然大，但仅仅是浅层次消息“量”的领先，在“质”的效果上，它远不如报纸。电视新闻还需要突破“浅”、“薄”的局限。但是，当20世纪60年代电视能够对“阿波罗”号宇宙飞船登月等重大事件作现场报道的时候，当美国哥伦比亚广播公司（CBS）创办新闻杂志节目《60分钟》在“黄金时间”的收视率高过众多娱乐节目并培养了许多观众收看电视新闻习惯的时候，发达国家对电视媒介的功能就已经在重新认识了。在我国，当中央电视台的《新闻联播》《新闻30分》《新闻调查》《焦点访谈》以及杨锦麟的《有报天天读》、王志的《面对面》相继开播之后，关于电视节目“浅”、“薄”乃至电视观众的素质比较低的观点，也已经开始在修正了。

四、电视节目功能

20世纪90年代以来，电视理论探讨的热点移向了电视屏幕中多种节目形态。就本体论而言，电视的发展越来越远离文学，越来越注重纪实特性的发挥，注重主持人与受众的直接交流，其审美方式是直接取材于现实生活，将生活中的真人真事直接搬上屏幕，以及吸引更多的受众直接参与到节目中等。

传播学家们历来重视传播媒介的功能，即传播所具有的能力及其对人和社会所起的作用。美国社会学家拉扎斯菲尔德在1948年发表的《传播在社会中的机构与功能》一文中提出，大众传播有三种功能，即授予地位的功能、促进社会准则实行的功能以及麻醉神经的消极功能。美国传播学奠基人施拉姆认为大众传播具有四项功能：社会雷达（监视和观察社会、环境）、管理、指导（教育）和娱乐的功能。英国传播学家沃森和希尔1984年在其所著《传播学和媒介研究辞典》一书中，较为全面地归纳了传播的八种功能，即工具功能、控制功能、报道功能、表达功能、社会联系功能、减轻忧虑功能、刺激功能和明确角色功能。尽管他们的认识有所差异，但是却都发现了大众传媒所具有的功能并非单一，娱乐只是其功能之一。

（一）传播信息

电视属于大众传播媒体。胡正荣教授将大众传播的功能概括为：传播信息、引导舆论、教育大众、提供娱乐。[①] 居于首位的还是传播信息。电视媒体的信息传播功能是在电视传播实践中不断发掘、强化的。在早期观众眼里，电视资讯可有可无，他们喜爱的是电视上的娱乐节目。上世纪80年代初期，我国的电视媒体被正式明确为新闻机构，而不是娱乐机

---

① 胡正荣：《传播学总论》，北京广播学院出版社1997年版。

构。这一属性的确立，使电视节目新闻资讯传播功能日益得到强化。1993 年，中央电视台将第一套节目新闻播出由 4 次增加到 13 次（包括体育新闻），并实行整点播出、新闻直播和重要新闻滚动播出，新闻播出总量由 65 分钟增加到 150 分钟，单条新闻的平均长度也由不到 60 秒提高到了平均 71.3 秒。同时又创办了大型杂志型栏目《东方时空》，使之与 20 分钟的《早间新闻》构成一个大的新闻节目板块。1994 年，中央电视台在黄金时间开办《焦点访谈》，使之与《新闻联播》构成又一个新闻板块，并且将《世界报道》与改版后的《晚间新闻》同时推出，形成另一个新闻收视高峰。1995 年，央视推出午间新闻《新闻 30 分》，开始占领午间新闻市场。该栏目因贴近生活、反应迅速以及编排灵活，立即得到观众的认同。1996 年，央视创办《新闻调查》栏目，重在对某一新闻进行深度报道。2003 年，中央电视台开办了新闻频道，使电视节目的资讯传播功能得到进一步强化。目前各级电视媒体开播的新闻、信息、知识、服务、竞赛、谈话、读报节目，主要在发挥着资讯传播功能。

境外电视媒体也普遍重视资讯传播的功能定位。以澳门澳亚卫视为例，澳亚卫视中文台是澳亚卫视有限公司开设的卫星电视频道，于 2004 年 3 月 15 日正式开播，节目通过亚洲二号卫星、鑫诺一号卫星覆盖世界 60 多个国家和地区。澳亚卫视的节目定位首当其冲的就是新闻资讯，其次才是娱乐节目和影视剧。

（二）娱乐大众

随着物质需求的不断满足，人们对精神消费的需求日益增长，娱乐也越来越成为当代社会大众的日常需求。另一方面，在社会节奏日益加快、工作压力日益加大的背景下，娱乐也越来越成为缓解社会压力的润滑剂。电视的低门槛、高参与性恰好为大众娱乐提供了理想的平台。今天，看电视已经成为许多人日常必备的生活内容，甚至已成为一种生活方式。电视带领观众四处遨游——去看美国 NBA 篮球赛火箭对爵士队的生死战，去欣赏夏威夷土著人的草裙舞，去品尝夏威夷水果餐，去感受布达拉宫的壮观景色……

电视还给我们送来了春节联欢晚会，让我们享受赵本山主演的小品《卖车》《卖拐》《昨天、今天、明天》。电视节目陪同观众和王小丫一起翻阅《开心词典》，去感受名媛佳丽们的真人秀，去品尝境内外娱乐节目主持人的麻辣八卦汤……无数观众在这一过程中感受到了快乐与满足。

电视屏幕既为我们送上《外地媳妇本地郎》、《潜伏》等优秀剧目，也为我们播放了许多电影。电视媒体为人们提供富有格调和品味的娱乐内容，杨澜主持的《天下女人》，为探讨当下生活中的时尚、美容、家居、两性、社交等热点问题提供了女性视角。李静主持的《超级访问》除了挖掘名人鲜为人知的故事，其插科打诨、机智幽默的风格也让电视观众在轻松娱乐中感受人间真情，品尝人生百味。央视热播剧《闯关东》、《走西口》则更多的是一种对历史现象的再现和民族品性的赞美。

（三）引领文化

传播资讯、娱乐公众是电视媒体的基本功能，调节环境、消解孤独是电视媒体的新生或附加功能。上述功能都是直接的，你只要有需要，只要打开电视机，搜索到相应的栏目，相应的功能就将得以显现。

相比之下，引领文化则是电视节目间接的、隐性的功能。电视作为大众传播媒介具有的文化功能包括承接和传播文化、选择和创造文化、积淀和享用文化三个方面。

媒体的发展大致经历了口传媒体→文字媒体→印刷媒体→影视媒体→网络媒体五个阶段，社会文化由语言文字为主导的文化形态向电子影像为主导的文化形态转变，这也是在影视媒体出现之后才开始出现的社会现象。在口传媒体阶段，文化传播很难超越时空限制，也不是一个可以直接控制的系统。而在文字发明以后，文化传播就进入了一个超越时空限制的新阶段。到了印刷传媒和机械复制的大众传播时代，大规模的社会传播成为可能。直到影视媒体出现之后，空前的大众传播时代才真正到来。

在电子影像媒体出现之前，人类文化对外在世界的把握主要通过语言文字符号中介来实现。此时的传播者和受众一般都享受过良好的教育，文化的传承也因此表现出理性与遵从色彩。电子影像媒体出现后，影视媒体通过电子技术制造了各种“仿像”，并通过“仿像”构造了一种“虚拟现实”，使之成为人们生活的一部分。此时，文字这一符号在传播活动中的中介作用开始削弱，“文人”作为“文字解释者”的社会角色也不再是必不可少的，公众通过高度虚拟化的“仿像”，可以直接加入到文化传播的行列中来。

美国传播学者伯格纳自20世纪60年代后期对电视内容及其影响进行研究，由此发展出“培养”理论（cultivationanalysis）。该理论探讨了客观现实、主观现实与媒介现实的互动过程。[①] 1967年，伯格纳及其同事在美国在宾夕法尼亚大学的安南堡传播学院开始了一系列的有关电视内容的研究。研究发现电视播出的内容具有“涵化”效果，能在潜移默化中影响观众。研究揭示这种效果的出现与电视媒介的特征密切相关。视听兼备是电视的一个基本特点，人们在收看电视时，运用视觉与听觉接受信息，能对所接收的内容有更直观更全面的认识。电视的现场感能让观众有亲临其境的感觉，观众因而产生强烈的参与感。

培养理论在强调电视传播在形成现代社会共识过程中巨大作用的同时，又指出电视所提供的媒介现实与客观现实之间的距离，以及电视传播的暴力、色情等内容带来了不良社会后果。尤其指出，现代人从幼年就与电视生活在一起，很难把电视中的世界与现实世界加以区别；由于电视对人们日常生活的高度渗入，无论多么重大的社会事件和问题，不经电视报道就很难被人们当做社会现实所认知，而一些相对微不足道的事情，一经电视媒介的集中渲染，就会成为引人注目的重大事件。也正因为如此，中央电视台的节目主持人崔永元提醒说，“因为我们在媒体工作，媒体会影响很多人，很多孩子的做人方式、对事物的看法，都是在电视里学到的。我的孩子刚上小学三年级，教育他的时候我就觉得，媒体要是没有责任感不行。”他认为，从个人角度，他当然可以选择不说，但作为媒体人，如果他的坦诚能够帮助大家正确认识这种疾病，他就应该说，“这就是个人选择和媒体选择

① 参见郭庆光：《传播学教程》，中国人民大学出版社1999年版，第224－227页。

的不同。”①

美国传播学者桑德拉·波·罗基奇和社会学家密尔顿·罗基奇夫妇，采用一种“准实验法”，就传媒内容对人们的价值观念的影响做了专门的研究。他们在一个社区的有线电视网上播放他们专门制作的宣扬“平等”等价值观念的电视节目，然后再比较收看这一电视节目的居民与无法收看到这一节目的居民。他们发现，收看过这一电视节目的居民更愿意采取实际行动帮助他人。他们得出了结论：这些观察足以说明电视媒体具有影响人们价值观念的潜力。他们还系统地回顾了22个不同类型的实证研究，发现其中95%的实证检验显示传媒接触导致价值观的变化。②

当代社会正处于人类历史上视觉张力空前强大的时代。这个时代中的人们已经开始习惯于通过电视来感知世界，通过图像、图标和图例来讲解知识，通过电影、电视剧来了解古典名著，甚至通过照片、可视电话、电子图像来交往。那些读书不多的人群——包括儿童和部分少年——得益于电视传播的易受性，正在成为虚拟现实最早的崇拜者。他们不仅自己追随屏幕中的虚拟现实，而且将自身的感受顽强地向外渗透。“电视上是这样说的”甚至成了儿童反抗权威的范例。电视节目信息就是以这样的程序和设计把用精美的图像包装出来的“现实”诉诸公众，并让其自觉地跟着虚拟的“现实”走。

正是上述事实让我们发现电视媒体正在悄无声息地引领着当代社会文化的发展走向。并且，由于电视节目、特别是电视新闻节目可以通过大规模的社会传播来影响公众的意志，因而正日益成为一种权力。网络媒体的加入不仅意味着大众传播方式的变革，也意味着影像媒介“暴力”资本的升级，进而提醒我们有必要更清醒地认识和领会电视节目引领文化潮流的功能，以便建立驯服其暴力倾向的对策，引导其专一地为当代社会的和谐发展服务。

（四）吸引广告

1941年7月1日，美国全国广播公司（NBC）在纽约电视台播出了有史以来第一个时钟广告，电视传媒业从此打开了支持自身持续强劲发展的“芝麻之门”。

电视媒体支持和参与社会经济建设主要有两种方式：一是传播信息，二是播出商业广告。播出商业广告也是电视媒体获得经费收入进而迈向产业化生存之路的主要途径。

我国印刷媒体的盈利模式与国外基本相同，但电视媒体只销售广告（收视率）而不销售电视频道（载体）。据统计，目前国内各电视台95%左右的收入来自广告。例如，中央电视台2000年总收入57.4亿元，其中广告收入为53.6亿元，占总收入的93%以上。

（五）调节环境

电视的陪伴功能可以调节人的情绪。随着老年社会的来临以及独生子女、无子女家庭的增多，当代人的孤独感日益加重。那些居住在高层建筑之中又没有精力或者不愿意饲养

① 《〈艺术人生〉沪上聚 朱军替观众访问小崔》，《新闻晨报》，作者邱俪华 朱美虹，http://www.cctv.com/anchor/compere/0101/20050311/11.shtml。

② 参见童清艳《超越传媒——揭开媒体影响观众的面纱》，中国广播电视出版社2002年版，第154–155页。

宠物的人们，发现守在电视机旁也是一个不错的选择。守在电视机旁的人有时候什么也没有看到或听到，但是电视机却必须开着。电视是他们的伙伴，是他们的宠物。电视节目的环境调节功能由此而凸显。

电视节目的调节功能不仅表现在陪伴孤独上，还表现在以家庭收视为特征的电视传播方式经常在扮演客厅气氛的营造和调节的角色。面对电视机屏幕中传出的欢笑，家庭成员的情绪一般会倾向于快乐；守在屏幕前观看动画片的同时，儿童专注与宁静的认知习惯渐渐开始养成。在坚持以正面宣传为主的政策背景下，电视机屏幕呈现的“有意义的图像单元”从总体上看更多的是把阳光洒向了观众。而这些阳光又正是屏幕前的观众心智发育和人格养成不可缺少的营养。

五、电视节目的消极影响

电视诞生不久，曾经获得过许许多多热情洋溢的赞美之词：“电视进入了社会组织之中，几乎成为现代城市文明生活中的每个人的一部分”；“如果忽视电视在社会中所起的作用，就无法谈论20世纪的社会发展”；“电视培育是现代新人形成的条件”；电视毕竟汇集了自然科学技术和社会科学研究成果。将人类的文明推进到一个新的时代。电视节目催放了一朵朵自由之花，点燃了一束束希望之光……然而人们不久以后就发现，电视向当代社会发出了严峻的挑战。在电视诞生后的第三年，美国的一位名叫 E. B. 怀特的作家就曾经预言：“电视是对现代世界的考验，我们通过这个崭新的机会看到了视野以外的事物，从中我们会发现两种不同的前景，或是破坏安宁，使世人再度陷入煎熬难忍的困境，或是灵光照寰宇，福从天来。电视将使我们屹立不倒或使我们沦落，这是可以断言的”。[①]

（一）电视使观众的生活态度转向消极

20世纪90年代以来，电视理论探讨的热点移向了电视屏幕中多种节目形态。就本体论而言，电视的发展越来越远离文学，越来越注重纪实特性的发挥，注重同期声的使用以及主持人与受众的直接交流，其审美方式是直接取材于现实生活，将生活中的真人真事直接搬上屏幕，以及吸引更多的受众直接参与屏幕节目。于是有人发现，电视催生了“Couch Potato”（即指那些一有时间就坐在沙发上面看电视的人。这些人看着电视一声也不吭，一动也不动，就像一个土豆一样），电视正在培养青年人如此消极的生活态度。电视致命地减少了生活的价值和人们原有的期待。英国一项研究发现，新一代的青少年因为过分地沉迷于看电视，他们的思考能力正在开始下降。他们的视觉被控制在电视媒介的议程里。电视台决定他们看什么和看多少。久而久之，便造成一种假象——他们确信电视图像便是客观图景的摄录，比其他媒体都更真实，其报道内容对客观事实没有任何改变。电视上没有播出的事件似乎就没有发生。即便是那些人为设计的虚假场面，他们也以为是逼真的画面。

现代人从幼年就与电视生活在一起，已经很难把“电视中的世界”与现实世界区别。

---

① 童清艳：《超越传媒——揭开媒体影响观众的面纱》，中国广播电视出版社2002年版，第154－155页。

由于电视对人们日常生活的高度渗入，无论多么重大的社会事件和问题，不经电视报道就很难被人们当做“社会现实”所认知，而一些相对微不足道的事情，一经电视媒介的集中渲染，就会成为引人注目的“重大事件”。

以马尔库斯、阿尔都塞、阿道尔诺等人为代表的德国法兰克福学派曾经警告说：电视所创造和传播的消费型大众文化虽然控制了闲暇时间大众的思想和心理，但是却越来越缺乏深刻的思想内涵和正确的社会价值判断体系，未能担负起提高社会文化水准，完善社会道德修养和培养高尚的审美情操的责任，长期发展下去将导致人类文化精神意义的最终丧失。

（二）电视打乱了原有的社会秩序

在引领先进文化的同时，电视几乎打破了一切旧有的格局。不仅动摇了以往的社会秩序，也开始介入了千家万户原本相对平静的生活。

人类学家玛格丽特·米德认为人类发展的历史将经历三种文化。一是前喻文化，即后代人必须向老年人学习才能生存。二是并喻文化，两代人相互学习才能生存发展。三是后喻文化，老一代向年轻一代学习社会才能进步。① 自从有了电视节目，权贵者开始威风扫地，宫廷的神秘没有了，官场的面纱飘落了，闺房的羞涩守不住了，学生们变得越来越不听话，父母越来越为孩子的不守规矩而忧心忡忡……并喻文化时代就这样来到了。

与此同时，由于受到各种文化观念影响和商业利益的驱动，电视媒体经常将一些低俗的内容传播给社会公众。那些充斥着色情与暴力的电视节目（包括电视虚假广告），严重地侵蚀着人们的思想，污染着人们的心灵，冲击着家庭的伦理规范，成了现代社会的一个公害。为此，电视也遭到了人们的无情斥责：“电视是文化的灾难”；“电视使人沉湎于低下的情思”；“电视是塑造丑陋人的摇篮”……

（三）电视分割了人间的亲情

在欧洲，有妇女组织抗议电视台转播足球赛事。在中国的城市中，电视使夫妻变得陌生，使父母和子女之间隔阂加重的例子也时有所闻。痛恨电视的人甚至认为“电视是家庭中的魔鬼”，是家庭生活中的“第三者”。

电视节目究竟是增加还是减少了生活的价值，我们一下子还找不到让每个人都能接受的答案。但是，无可否认的事实是：无论电视如何“罪孽深重”，今天的人们还是舍不得离开电视。也许这才是电视对人类的真正威胁。

读一读 议一议

电视传播符号的运用

1. 利用多种符号降低信息获取的难度

---

① ［美］玛格丽特·米德：《文化与承诺》，河北人民出版社1987年版。

电视各类符号多是直观、形象、动态的，传送的信息量更大。同时，电视各类符号直接作用于观众的视听器官，不仅降低了观众获取信息的难度，而且有助于获得更广泛的受众注意力，让观众凭借视听结合的信息接受方式，轻松地享受电视。

看电视的环境和心态不同于阅读书报杂志。人们收看电视，或是在即将开始新一天工作的早晨，或是在忙碌了一天的晚上，又或是在享受悠闲业余生活的节假日……看电视是人们工作之余的一种休闲方式，带给人们愉悦的体验，人们总能轻松地接收到电视提供的信息。

2. 通过多种符号构筑立体传播

电视各类符号可以按一定的意图复合使用。如声画分立、画面叠印、声音混录、一屏多画面等。多元符号的合理组合足以形成立体交叉的密集信息“阵”，有助于深化、拓展传播内容容量和空间。同时，电视不断通过嫁接报纸的方式，创新了电视新闻杂志、电视新闻专题、电视评论等节目式样，侵入了报纸深度报道的地盘，提高了自身的竞争力。

电视也继承了广播的优点。美国早期的电视观念认为，电视来自无线电广播，是有声广播的延伸，电视影像不过是广播者话语的图解说明。因此，电视新闻就是广播员的声音加上它的视像。正因为如此，自电视普及以来，广播市场日渐萎缩，广播电台的台均用户日渐减少。在当代的北京、广州等大城市，广播通过开发城市交通台等途径，不断开拓新的生长空间。但是广播开拓的市场总是被电视迅速跟进。例如在广州等地，迅速发展的移动电视正以自身特有的优势强行挤压城市交通电台的市场空间，对广播构成新的威胁。

3. 避免符号之间的互毁

符号都是为了再现或表现特定内容的。该用的没用上，则损耗信息；不该用的用了，不该同时用的同时用了，就形成了噪音，其效果适得其反。

电视新闻传播中现场图像以及伴随图像存在的音响或同期声是首选的符号。具体节目中常常以某种图像和某种声音为主，让其充分发挥其他符号所不可替代的作用。比如当某个人物的情绪变化过程表达得非常真实感人之时，要尽量发挥图像的功能，不需要多余的解说来破坏观众的观赏心境；当人物自己讲述时，需要既有信息又能充分展示心态与个性，不能只见张口不闻其声让解说去“转述”。如果这两类符号不足以反映客观对象，就要设法选取各种资料或绘制形象化的材料加以补充。

各类符号之间应是协调互补的关系，在互补中也还要注意有主有次，互相强化，而不能争当主角，互相干扰。比如常见的解说词过满，同期声和音响时有重叠，字幕过多、过乱则破坏图像的完整，生硬的配乐也会喧宾夺主，使观众的视听不堪负担，以致产生厌烦情绪。

从电视里接受教育

电视正在替代家庭、社会、学校的职能，成为绝大多数青少年接触社会和接受教育的重要工具。最新的统计告诉我们，美国家庭平均每台电视机每天开机时间为6—7小时，美国青少年平均每周看20小时电视，有20%以上的少年儿童每天看5小时或5小时以上的电视。因此，电视使年轻的观众对外部世界投以最初的一瞥。它最初界定了——而且靠图音并茂的影响——引人人胜地界定了幸福生活的含义。它确定了所认为的成就、恪尽职守、趣味高尚和行为正当的标准。它激发了人们的欲望，界定了人们的抱负和期望，并划清可接受和不可接受的行为之间的界线。随着全世界观众越来越多地盯着电视机屏幕，不论是强迫的宗教正统观念的时代，还是在极权主义灌输教育的最高潮，都无法与电视对观众所施加的文化和哲学上的影响相提并论。

电视是罪魁祸首

布热津斯基严厉批评说："西方的电视逐步地越来越成为感官的、性的和轰动性的"。"电视在破坏代代继承的传统和价值观念方面起了特别大的作用。电视的娱乐节目——甚至新闻节目——都拼命渲染现实，使之产生脱离道德支柱的有新奇感的刺激，同时把物质或性欲的自我满足描绘成正当的，甚至是值得赞扬的行为"。"大众媒介所传播的价值观念一再表明，它完全有理由可被称之为道德败坏和文化堕落。在这方面，电视尤其是罪魁祸首"。①

① 参见布热津斯基《失去控制：21世纪前夕的全球混乱》中译本，中国社会科学出版社1994年版。

第二章 走近电视新闻

第一节 电视新闻是最重要的电视节目类型

一、电视新闻的基本特征

近30年来，许多学者投入了对电视新闻特征的研究，并形成了各自有一定影响力的关于电视新闻的定义。例如：

① 电视新闻是一种报道消息的形式，是通过无线电波传递图像和声音，观众通过电视荧光屏收看的一种形象新闻。（刘洪斌：《电视录像与编导》，吉林大学出版社1985年版）

② 电视新闻是利用电视传播工具对新近发生或发现的事实所进行的报道。（任远：《电视编导基础》，海洋出版社1986年版）

③ 电视新闻是以电视屏幕的图像与口头解说相配合为手段的新闻报道。（何光先：《现代新闻学》，云南教育出版社1988年版）

④ 电视新闻，是借助电视传播的视听符号，对变动的事实的及时报道。（黄匡宇：《电视新闻学》，华东师范大学出版社1990年版）

⑤ 电视新闻是以电子技术为采编手段，运用图像、声音、文字等信息符号，对新近发生、发现、或正在发生的事实所作的报道。（赵玉明等：《中外广播电视百科全书》，中国广播电视出版社1995年版）

⑥ 电视新闻是凭借电视媒介传播的新闻。广义的电视新闻是指电视新闻性节目的总称，狭义的电视新闻特指消息。（张君昌：《应用电视新闻学》，中国广播电视出版社1995年版）

⑦ 电视新闻是以现代电子技术为传播手段，以声音、画面为传播符号，对新近发生或正在发生、发现的事实的报道。（叶子：《电视新闻学》，北京广播学院出版社2008年版）

上述定义分别从不同角度揭示了电视新闻的内涵。本书则强调当代电视新闻是由电视新闻类栏目播出的、观众急欲知悉的、有意义的图像单元。

（一）电视新闻是新闻栏目播出的内容

1951 年 11 月 18 日，美国哥伦比亚广播公司（CBS）著名主持人爱德华·默罗创办了电视新闻节目《现在请看》，引发了各家电视网络的第一次新闻大战 。1968 年 9 月 24 日，CBS 推出了一档电视深度报道杂志节目《60 分钟》，每周一期，对社会问题作有深度的调查。今天，《现在请看》、《60 分钟》播出的具体内容已经没有谁能说得清楚了，但是，《现在请看》、《60 分钟》却依然为我们津津乐道，因为它们是新闻栏目。

我国的电视新闻栏目发端于上世纪 60 年代。1960 年元旦，北京电视台开始固定的节目表，设立了每周三次的电视新闻栏目，每次播出 10 分钟。1976 年 7 月 1 日以后，北京电视台开始试办固定的新闻节目，每天 19 时播出，每次 15 分钟，内容全是国内新闻。1978 年元旦，北京电视台开办全国电视台新闻联播节目，标志着我国真正意义上的电视新闻栏目开始出现。同年 5 月 1 日，北京电视台改名为“中国中央电视台”，《新闻联播》进入稳定发展阶段。1980 年 7 月，中央电视台创办了第一个评述性电视新闻栏目《观察与思考》，把报道的触角深入到了社会生活的深处，其间各地方电视台在转播新闻联播节目的同时，也根据本地实际创办了自己的新闻栏目。例如上海电视台开办了《国际纵横》，广东电视台开办了《市场漫步》、《港澳动态》、《国际纵横》等。1987 年 7 月，上海电视台推出《新闻透视》，这是一个新闻杂志型栏目，报道视野更为开阔，节目的知识性开始增强。到 1993 年 5 月 1 日，随着中央电视台《东方时空》正式开播，我国电视新闻栏目开始逐步转向综合性、大型化。1994 年 4 月 1 日，中央电视台推出了以舆论监督为主要功能的新闻栏目《焦点访谈》，至此，我国报道新闻、提供信息、交流意见和观点以及进行舆论监督的电视新闻节目进入栏目化发展阶段。

所谓栏目化即新闻节目的生产、传播、收看、评价均以栏目为基本单元。栏目化的积极意义在于：有利于集纳新闻及其资源，有利于规范电视新闻的生产以及提高产品的质量，有利于聚集新闻节目的收视人群，有利于培育电视新闻节目的品牌。集纳新闻及其资源包括集纳新闻线索，集纳采编播报人才，集纳节目制作工艺和技术，以及集纳报道风格。规范电视新闻生产主要是说栏目化固定了栏目播出时间、播出长度，这样就可以按照具体的时间规范、质量规范和工艺规范制作节目，便于节目形式的标准化建设和节目质量的稳定、提高。栏目的播出时段和播出时间长度的固定，大大方便了观众按时追看自己喜爱的新闻节目，在追着的过程中，观众将逐渐养成稳定的收视习惯，这样就容易聚集相对稳定的观众流，进而为电视新闻品牌栏目建设创造必不可缺的条件。栏目化还让电视媒体对新闻节目的经营、管理、考核、评价变得更加容易操作。

（二）电视新闻传播观众急欲知悉的内容

电视新闻报道或谈论的是新闻事实，这些事实是新近发生或发现的，客观上对观众有知悉的价值，观众主观上有急欲知悉的愿望，这样的内容才是典型的新闻，播出后才有高的收视率。别以为“要闻”版刊登的、“时政新闻”栏目播出的都是新闻，也别再以为

"我说是新闻就是新闻"。新闻必须对公众而不应只对传播者有认知意义。新闻是公众需要的信息而不是记者或媒体所需要的信息。电视的窄播和选播时代正在到来。在这个时代，新闻信息被"截流"后才能到达传播的终点。如果播出的新闻内容对观众没有知悉意义，观众可能会立即换台。如果你的栏目经常播出没有知悉意义的"新闻"，观众可能会把你的整个栏目"过滤"掉。

（三）电视新闻是有意义的图像单元

强调电视新闻是"有意义的图像单元"，首先是强调电视新闻是由图像单元构成的，构成图像单元的元素包括画面、声音和文字。其次是强调由画面、声音和文字构成的图像单元必须是有逻辑的，必须表达清晰的思想并能让观众很容易理解。

早期的电视新闻以口播为主，"观众"靠听声音来知悉新闻的内容。由于一般只能看到播报员的图像而看不到新闻现场的图像，播报员的形象就成了影响新闻传播效果的重要因素，媒体在选拔播报员的时候也就特别强调声音、外貌、气质条件，这种选拔标准直到今天还有较大的影响。口播新闻虽然制作成本低廉，时效性也强，但是由于不能提供"有意义的图像单元"，在和广播节目的竞争中并无太多的优势。随着电视事业的进步，口播新闻中出现的图像、照片、图表、地图、实物、标题字幕等渐渐增多，"听新闻"开始向"看新闻"转变，但是能让观众看到的新闻现场图像还是极少。1958 年 5 月 15 日，北京电视台开播了第一个图片新闻栏目《图片报道》。图片新闻形象直观，对新闻现场的解释能力比较强，且制作方便。但是，图片新闻毕竟是静态的，而且需要和文字解说一起才能报道新闻。1958 年 6 月 1 日，北京电视台播出了第一条自己拍摄的图像新闻，报道了《红旗》杂志创刊的内容。较之以语言为主的口播新闻，图像新闻更能体现电视新闻形象化传播的优势，给观众以身临其境的现场感、真实感。此后，"有意义的声像单元"成为电视新闻的主要形态。

二、电视新闻是观众参与程度最高的节目类型

叶子强调说，电视新闻凭借现代电子技术的传播手段，使新闻的报道已经由昨天的新闻今天看、今天的新闻今天报道，变成了现在的新闻现在报道，真正让观众"身临其境"。而且，电视新闻在报道、传播、接受的同时，实现了报道真正的同步。"这种即时性的同步报道是报纸所不能实现又是广播在图像上的缺陷。正因为这种形象传播，使电视新闻在时效上超过任何新闻媒介。"① 其实还不止于时效的超越。"真正的身临其境"还使观众获得了强大的心理暗示，在不知不觉中把自己的经验和情感融入了正在播出的图像事实中，使电视新闻成为观众情感参与程度最高的节目类型。

（一）观众确信在电视新闻中看到了事实

对观众而言，电视新闻是最重要的电视节目类型。理由是：电视新闻是将新闻现场复

① 叶子：《电视新闻学》，北京广播学院出版社 2008 年版。

制之后加以传播的，其形象高度逼真，纪实性很强，使得受众在观看电视新闻时仿佛成了新闻事件现场的亲历者、参与者、见证人，进而引起情感反应。纸箱馅包子①之类的假新闻为什么令人憎恶，是因为观众知道电视媒体是党和人民的喉舌，传达的是政府的声音，因此他们非常信任电视台，相信电视台播出的新闻不可能是虚假消息——电视新闻有拍摄的画面现场为证，怎么会假呢？观众看电视新闻所得到的就是看真实事件的心理暗示，这与看综艺节目和影视剧的心理准备有很大的不同，一旦发现自己从中央台、省台的新闻节目中看到的新闻图像不是真的，观众就会有强烈的被欺骗的情绪反应。正是因此，虚假报道才被列为媒体“四大公害”之首。

（二）观众了解事实的过程就是情感参与的过程

观众看到的“真实”必须符合观众群体自身的经验。而他们自身的普遍经验来自社会共同执守的价值观，并由此对屏幕上看到的“事实”作出判断。譬如：政务信息应该公开，公务人员应该服务公众，成年人应该爱护儿童，经商必须遵纪守法，买卖应该公平交易……当发现与上述经验相符时，一般会引起两种反映：对典型的“吻合”表示热烈赞赏；对一般的“吻合”表示原则认同。但是，当发现不相吻合时，会不由自主地发表议论，甚至予以强烈抨击。这表明观众在观看新闻了解新闻事实的时候，自身的情感和经验是强烈地参与其中的。而观看非新闻类节目，观众的情感参与一般没有这样强烈。

（三）观众具有从新闻事件中发现自己的本能

观众的情感深度参与缘于其能够从新闻事实中发现自己的本能。这可以通过以下事实加以验证：儿童在电视里看到少儿被虐待会烦躁不安；老人在电视里看到老年痴呆症患者会不由地落泪；弃妇对官员包二奶的报道格外敏感；而对讨薪跳桥秀者，市民因出行受阻而谴责，有被拖欠薪水经历的人则表示理解和支持。由于从所报道的新闻事件中发现了自己，情感的参与就更自觉，情感的表达也更强烈。2002 年 9 月 6 日，美国第一夫人劳拉·布什在接受美国环球电视网西班牙语版节目采访时呼吁美国所有的父母不要让孩子们过多接触去年的那场灾难。要求“9·11 周年那天关上电视，点上一根蜡烛，给孩子们讲故事”，正是基于减少灾难性情感体验对儿童心理健康构成反复伤害的考虑。

三、我国新闻媒体的性质和功能决定了电视新闻节目的价值

在国外，尽管一些媒介经营者宣称电视媒体的主要功能就是娱乐，但是有数据显示自1994 年以来，美国三大广播网、英国 BBC、日本 NHK、俄罗斯电视台、台湾地区三大电视公司及香港地区的两大电视台，几乎不约而同地延长了新闻节目的播出时长，并且毫无例

① 2007 年 7 月 8 日，北京电视台《透明度》栏目以“纸做的包子”为题，播出了记者暗访朝阳区一家个体工商户无照加工“纸箱馅包子”的节目。节目播出后，各大媒体纷纷转播、转载，在社会上造成了恶劣的影响。北京市政府对此高度重视，王岐山市长批示：“如属实要严办，如属虚假，要公开澄清事实！”后经北京市工商局等单位查实，原来是采访人员授意制作包子的个体工商户将纸箱用水浸泡后掺入肉馅制成包子，乘机用 DV 机拍摄了整个制作过程，并随后将其编辑，用欺骗的手段获得播出。

外地都把新闻节目安排在晚餐前后的“黄金”时段播出。在英国，独立电视委员会（ITC）负责颁发电视经营执照。这个组织规定，各电视媒体的主要频道必须履行的新闻传播职责是：周一至周五每天播出至少三档全国及国际新闻，分别是午间20分钟，晚间15分钟，黄金时间30分钟；平均每周一次时事评论节目，时长要求在1.5小时左右。多年来，英国BBC和ITV都严格遵守着这一规定，每天播出三到四档新闻节目。美国有线电视新闻广播网（CNN）早先有8个电视频道和1个广播频道，CNN只是在创办了第一个电视新闻频道后才开始赢利。目前CNN 24小时新闻频道已发展到8个。

在我国，新闻媒体具有“喉舌”的性质，“是教育、鼓舞全党、全军和全国各族人民建设社会主义物质文明和精神文明最强大的现代化工具，也是党和政府联系群众的最有效的工具之一。”这样的定位不仅决定了电视媒体在社会生活中的地位与作用，也明确要求各电视媒体必须把新闻节目放在自身节目经营的突出位置。

电视新闻是电视媒体发挥舆论引导功能的基础，也是电视媒体品牌战略的切入点以及塑造电视媒体社会公信力的手段。无论是电视综艺节目还是体育节目、电视剧，所提供的都是文化消费品，而且往往是一次性消费品。唯电视新闻能够通过在第一时间为观众提供具有知悉意义的新闻资讯、事件真相，进而在观众中形成舆论，并因此产生持续的影响力。因此，电视媒体无论是基于塑造社会公信力、扩大品牌影响力、增强媒介号召力，还是基于争取广告客户与合作伙伴的需要，都经常选择从新闻节目开始突破。

四、“新闻立台”的方针强化了新闻节目的地位

“新闻立台”是我国电视媒体的发展方针。在这一方针的引导下，各电视台纷纷投入优质资源重点办好新闻栏目打造自己的新闻品牌栏目。2003年7月1日中央电视台正式开播了每天24小时不间断播出的新闻频道，一些省级市级电视台也开办了新闻频道。央视综合频道、经济频道、海外频道、体育频道新闻节目的位置纷纷前移，凸显了我国电视媒体新闻本位的发展战略。这在客观上有效纠正了电视主要是娱乐工具的媒介认知，全面提升了电视新闻节目的主体地位。从全国看，收视最好、影响力最大的电视栏目还是中央电视台的《新闻联播》。在广州地区，收视率比较高、影响力显著的优秀电视栏目《今日关注》、《今日一线》、《新闻日日睇》均是地方新闻栏目，而且分别是广东电视台、南方电视台、广州电视台的品牌栏目。广州电视台从1988年1月10日开播起就设置了《广州电视新闻》栏目。目前广州电视台开设的新闻栏目有《广州早晨》、《午间新闻》、《广州政务之窗》、《广州电视新闻》、《晚间新闻》、《今日报道》、《城市话题》、《新闻日日睇》、《沟通无界限》、《时事查笃撑》、《教育时事》等，其中多数栏目为广州和珠江三角洲地区观众所喜爱，收视率位居本地电视栏目的前列。这进一步验证了“新闻立台”的理念已经成为当前我国各级电视媒体的自觉实践。

五、观众需求刺激电视台将新闻节目做大做强

电视新闻节目持续发展的动力来自电视观众的收视需求。新闻节目不仅提供了大量和

观众日常生活密切相关的信息，而且提供对重大新闻事件和社会问题的解读，收视率始终保持在较高的水平。以央视《新闻联播》为例，早在1999年度，我国中央电视台《新闻联播》栏目的日平均收视率就达到了42.7%。按当时有11亿多电视观众计算，每天就约有5亿人收看《新闻联播》节目。

（一）观众需求刺激电视台进一步强化平民视角

电视新闻报道视角经历了由高到低的发展演变。随着新闻报道理念的不断成熟，我国当今的电视新闻越来越注意把镜头对准普通观众，多角度、多侧面地反映普通观众的生活。2002年之后，贴近实际、贴近生活、贴近群众的“三贴近”更是成为我国电视新闻报道所遵循的原则之一。2002年以来我国不少省、市级电视台先后办起了一批以报道“民生新闻”为题材的电视栏目。2002年1月1日，江苏电视台城市频道推出《南京零距离》，打出了“我们就在你身边，我们与南京没有距离”的口号，并率先提出“民生新闻”的理念，反映老百姓的态度、视野和情怀。南京电视台《直播南京》的品牌口号是“替政府分忧，为人民服务”。北京电视台《第七日》的品牌口号是“心疼老百姓，为老百姓说话”。东方卫视《直播上海》的品牌口号是“以平民的视角选取题材，以平民的审美趣味观察生活，取舍镜头，并用平民化的表现方式进行报道”。这些栏目体察民情、关注民生、倾听百姓话语，视角低、姿态平，迅速赢得了观众的信任。2003年10月1日，广东南方电视台经济频道推出新闻栏目《今日一线》，栏目共设置了“封面”、“现场”、“记者跑腿”3个板块。“鞍前马后，记者跑腿”，直接宣示了栏目的民生视角。2005年，广东电视台珠江频道推出了新闻栏目《今日关注》，每天60分钟，用粤语播出。时至今日，《今日一线》和《今日关注》依然在广州地区保持着较高的收视率。

（二）观众需求加速了电视新闻节目市场细分

进入本世纪以来，我国社会群体加快了细分步伐。不同社会阶层的人员在日常工作和生活中对资讯信息的需求不同，从而刺激了电视节目收视市场的细分，年龄、性别、职业、受教育程度、个体收入水平、个体所处的区域环境等不同变量，纷纷对电视节目的细分发挥着巨大的影响力。2008年的广州和珠江三角洲等地电视新闻节目收视走势显示：本地天气情况报道、交通信息、环境和社会安全资讯需求持续上升，并已初步形成电视新闻收视的细分市场。

分类新闻使新闻节目的目标观众群体更加明确，在细分观众市场的同时，也为广告主提供了更精准的投放机会。

（三）观众需求促进了电视新闻节目品种的繁荣

进入21世纪以来，技术进步、媒体竞争，培养了电视观众的审美素养，刺激了电视新闻节目品种的繁荣，一批新的电视新闻节目样式受到观众的好评。例如出现了时间长度在90秒之内的电视短消息、电视新闻现场连线、对象性电视新闻。与此同时，电视新闻节目中的动画演示、现场模拟等表现手法的运用也越来越多。

读一读 议一议

从劳拉呼吁"9·11"关电视说起

"9·11"周年那天，请关上电视，点上一根蜡烛，给孩子们讲故事。9月6日，美国第一夫人劳拉·布什在接受美国环球电视网西班牙语版节目采访时如是说。她呼吁美国所有的父母不要让孩子们过多接触去年的那场灾难。

劳拉的呼吁是针对美国人民的，是针对美国媒体的，但是，对于远在大洋这边的我们，也有不少启迪意义。或者说，我们彼此本来就有很多共通的话题。比如，如何做父母，如何"做"媒体。

"不要让电视上反复播放的恐怖镜头在孩子们心灵留下阴影，特别是11日这天，电视台会重复播放去年飞机撞入世界贸易中心以及两座塔楼倒塌的场面。"劳拉如是说。这是无可避免的。周年纪念，痛定思痛，有许多不该忘却的，不应从记忆中"淡出"，或者遗忘。这是人类对于正义与凶残、和平与恐怖之战应持的正确态度。虽然那是一场噩梦，人们也应有勇气面对——这里说的是成人。孩子则不同："如果家长们想让年纪稍大一些的孩子借助这些节目接受某种教育，那么应当适量地控制11日这天孩子们看电视的时间"，"孩子们需要知道一些事情，需要知道应该记住些什么，需要知道应当悼念什么人，需要知道应当帮助什么人……但孩子们更需要一种安全感"。

美国第一夫人的话是饱含人文关怀的，同时又是负责任的，作为一个母亲，她提出了最好的忠告。

其实，早在去年"9·11"事件发生之后，全球就都会注意到这样一个事实：美国的媒体，一反其一贯标榜的所谓"新闻自由"的西方新闻观，一反过去那种"有闻必录"的传播方式，一反以往那种"人咬狗才是新闻"的所谓"叙事态度"，而是除了那个飞机撞入世贸中心的"经典"场面外，很少播放凄凄惨惨戚戚、易于涣散民心的镜头。相反，更多地播放国民做义工、献血、祈祷等足以激起爱国主义情绪，团结稳定鼓劲的内容。——是"国难"逼使美国媒体做出了这种抉择。在这个意义上，我们说，劳拉的呼吁，其实正是美国这一年对待"9·11"新闻态度的延续。

……

"9·11'，请关上电视"。他山之石，可以攻玉。劳拉的呼吁，不仅是美国第一夫人对美国人民、美国媒体的呼吁，不仅是一位母亲的呼吁，同时，也是对良好人类文明传播方式的呼吁。在这"资讯时代"，这样的呼吁，对众多传媒，都是一记警钟，一个警示。

（摘自《中国新闻出版报》2002年9月17日）

第二节 电视新闻的本质特征是提供现场实证

一、提供现场实证是电视新闻制胜的法宝

电视新闻最突出的魅力就在于它所具有的现场实证性，即电视新闻能够提供观众看得到的新闻现场，让观众身临其境地感知新闻事实的真实存在，并以其证明电视媒体报道内容不容置疑，让观众直观、形象地亲眼看见新闻事实，这是报纸新闻和广播新闻所无法比拟的。

（一）现场实证的价值

电视新闻“现场实证性”的突出价值是：

1. 满足了观众眼见为实的心理要求

眼见为实，耳听为虚。最能证明新闻事实真实存在的手段莫过于提供新闻现场画面，让观众亲眼看见。电视新闻通过镜头观察到的画面去记录新闻现场，并通过记者采访补充现场信息，再运用剪辑手段突出某些重要的现场画面，然后传送给观众。电视新闻收视过程就是运用电视技术还原新闻现场的过程，就是满足观众“眼见为实”的心理要求的过程。

2. 满足了观众亲身体验的感官要求

电视新闻用直观的画面报道把真实的新闻现场原原本本地呈现在屏幕上，让观众直接去认知、感受。观众因目睹了“现场”，感官受到的刺激就尤为强烈，观众的情绪也更容易被现场画面所调动，进而产生对新闻事实不容置疑的情感反应。

3. 可以作为具有法律效力的证据使用

实证性是电视新闻通过传达关于新闻现场的画面与声音来证明新闻内容确实无误所产生的心理认同效应，构成了电视新闻独特的传播魅力。当事人在现场说了什么，态度是什么，持什么看法，摄像机全部记录在案。当事人的声音、当事人的肢体动作，都有电视画面为证，也都可以通过电视屏幕展示出来，是非功过，既不怕被抹杀，也不用担心被抹黑。因此，在必要的时候，电视新闻中的相关画面和声音就可以作为具有法律效力的证据使用。这是电视新闻现场实证性的特殊价值。

（二）现场实证性的要求

1. 不可以“策划”现场

电视新闻的职责是用镜头记录真实的新闻现场，向观众展现新闻事件的原貌。在记录现场的过程中，镜头可以有所选择，但是却不允许“策划”现场，否则不仅背离电视新闻

的宗旨，损害公众利益，也损害媒体自身的公信力。2008年四川汶川地震刚发生不久，某电视台一名女记者被派往重灾区都江堰作现场采访，但在联机直播被发现该记者所在的位置是成都的某酒店，所谓现场采访亦涉嫌播报编造“事实”，新闻播出后支吾以对：“呃……”、“我觉得”、“大概”等，基本不掌握地震现场的实况，和主持人之间的对话也不合逻辑。这就有了策划现场的嫌疑，受到观众的强烈批评。对这样的“策划”，必须坚决反对。

2. 尽可能在第一时间提供第一现场

在第一时间以最快的速度采制播报新闻已成为各电视新闻媒体的共同追求。电视媒体能够灵活地采用直播、插播的播出方式，使新闻发生与新闻播报之间的时间差缩到最小，才能最大限度地满足观众的知悉需求。同时电视新闻还应尽量报道第一现场，第一现场不仅最真实、最可靠，往往也最生动。抓住了第一现场，新闻的时效性也有了保证。

3. 尽可能提供完整的现场

完整的现场包括新闻现场的环境、氛围以及现场各方的反应，这些内容要靠细节画面来反映。因此，善于抓拍典型的细节画面，是报道完整的新闻现场的关键，也是电视新闻发挥现场实证性的重要要求。

4. 利用多种符号证明现场

电视新闻的现场实证性是借助关于现场的画面、声音、文字三种符号来体现的。电视画面的直觉优势在于不通过具象与抽象的感觉转换，就能证明新闻本源的实在。

但是，电视新闻画面也有自身的局限性。例如它无法准确表述事物的内在矛盾和抽象理念，也很难再现过去的时空以及无法准确表达人物的感情和内心活动，而且，由于时间、环境、人物等因素的多重制约，电视新闻画面的真实性也经常遭受怀疑。为此，要善于利用多种符号来证明现场。

用同期声语言符号来实证现场是画面之外的第一选择。同期声是伴随画面形象而存在的声音。合理地运用同期声能够强化“面对面”交流的真实情景。其次文字符号也能够用来实证现场。通过文字说明可补充画面无法表现的内容，让观众对新闻画面有更深入、更全面的了解，可起到释疑的作用。此外，某些非语言符号也有实证现场的价值。包括人物的手势、动作、神态、表情、语气、语调，乃至空间环境、氛围等非语言符号，若运用得当，均能起到加强语言符号传播效果的作用。

二、情节片断性为现场实证预留了报道框架设计空间

观众从电视新闻中看到的新闻现场和实地看到的现场并不完全相同，电视新闻提供的现场画面仍然是媒介的现场画面。这是因为记者在报道新闻事实的时候需要删除大量无用的一般事实和新闻事实中没有价值的事项，选择出具有突出特征的某些事态。这样，所报道的内容情节的片段性就十分明显，只是由于画面之间的衔接非常得体，情节的片断性才不易被觉察。譬如，当摄像机的镜头拉出对新闻现场做全景报道的时候，可能就漏了一些

重要的细节；当摄像机的镜头快速推进去捕捉新闻现场的细节时，细节之外的重要变化却又没能记录下来。结果，电视新闻总是不能完整地记录整个新闻事件，它所提供的画面情节总是断断续续的。这是电视新闻的又一个特征。

黄匡宇先生强调新闻的时间因素是形成“画面情节片断性”特征的重要原因。以中央台《新闻联播》为例，1980 年平均每条新闻的时间长度为 2 分多钟，到 1990 年已减至约 1 分钟，单位时间内播出新闻的条数大大增加。2010 年 4 月 10 日，我们又一次对中央电视台《新闻联播》当日播出内容作了统计，发现中央电视台《新闻联播》当日共播出 32 条新闻，每条新闻的时间长度平均不到 1 分钟，每个镜头平均只有 3 秒钟。例如《习近平会见台湾两岸共同市场基金会最高顾问》新闻在 1 分钟内共有 16 个镜头，其中有 5 个全景、8 个中景、3 个近景；《博鳌亚洲论坛 2010 年年会闭幕》新闻在 1 分钟内播出 19 个镜头，其中有 9 个全景、7 个中景、3 个近景；《上海世博会为长三角经济带来新契机》新闻在 1 分钟竟汇集了 21 个镜头，其中 6 个全景、9 个中景、6 个近景。[①] 黄先生说，感知一个全景画面所包容的景物需要 8 秒钟左右的时间，感知一个中（近）景画面所包容的景物需要 5 秒钟左右的时间，感知一个特写画面所包容的景物需要 2 秒钟左右的时间。电视新闻的画面因交代新闻环境的需要，全景、中景（含近景）镜头运用占整个镜头数的 75% 以上，据此计算，1 分钟左右的短新闻，最多有 8 个画面，[②] 而现在的新闻，1 分钟内播出的画面增加了一倍，画面信息丰富了，但是由于单个画面在屏幕上停留的时间更短，画面的叙事功能反而遭到削弱，画面情节的片段性也就更加突出。关闭声音，只看新闻的画面，观众很难准确理解该条新闻，这就是画面情节具有片段性的缘故。

画面情节的片断性为电视媒体的报道框架设计提供了机会，使之在拍摄和编辑现场画面时有了选择的空间。关于这个话题，本书第二单元第一章还有专题阐述。

三、用多种符号强化现场实证效果

为了获得更为理想的实证效果，电视新闻经常综合多种元素，调动所有的符号，来强化观众对某些现场的记忆。例如用人物的形象神态和现场环境画面为观众作出提示；用图表、漫画、动画以及屏幕文字，突出新闻现场的某些重要而又容易被忽视的内容；用解说、音响、对白、音乐等，使体现了报道思想的某些现场更加吸引观众的注意。

但是电视的信息系统，包括语言符号系统和非语言符号系统之间不是平行的线性结构关系，并非一一相加之后就必然能增强某些信息。实现信息叠加必须做到：

1. 确定基本符号

可以作为基本符号的应该是画面。只有在特殊情况下，才可以选择声音作为基本符号。电视新闻声音的主要作用在于使新闻更具整体感，使具有片断性的画面得到逻辑的缝

① 中央电视台《新闻联播》2010 年 4 月 10 日播出目录见本节“读一读，议一议”。
② 黄匡宇：《理论电视新闻学》，中山大学出版社 1996 年版，第 47 页。

合。譬如，播报语言要达到的目的是为了交代、延伸、补充、解释和升华画面的内容，调动和吸引观众对画面的注意力，或在画面的过渡上起承接作用，引导观众关注画面的潜在含义。

文字在电视新闻中的作用越来越重要。精要的文字能够吸引观众的注意，言简意赅地突出新闻的要点，但是文字依然不可取代画面。文字应该在画面的基础上发挥作用，具体是对画面发挥提要、补充、强化的作用，通过文字把观众“引入”画面，而不是去与画面进行竞争。

2. 防止符号互毁

实现信息叠加就必须实现符号互证，而不允许出现符号互毁。譬如，播报声音说现场人群“热情高涨”，但是提供的画面却节奏缓慢，这就没有实现符号互证。屏幕画面是沉闷的会场和打着瞌睡的人群，而解说的声音却说某领导在会上作了“重要讲话”，这不但没有实现互证，信息没有得到叠加，反而陷入了互毁的尴尬境地。

读一读 议一议

中央电视台《新闻联播》2010 年 4 月 10 日播出目录

1. 《胡锦涛向波兰众议长致唁电》长度为 46 秒
2. 《波兰总统专机迫降俄罗斯坠毁》长度为 1 分 34 秒
3. 《新模式打造春播新亮点》长度为 1 分 16 秒
4. 《珠三角：劳动密集产业升级 现代服务业加速》长度为 2 分 7 秒
5. 《博鳌亚洲论坛 2010 年年会开幕 习近平出席并发表主旨演讲》长度为 3 分 21 秒
6. 《习近平会见出席博鳌亚洲论坛年会的一些国家领导人》长度为 1 分 59 秒
7. 《习近平会见台湾两岸共同市场基金会最高顾问》长度为 1 分 27 秒
8. 《跨国公司看好中国投资环境》长度为 56 秒
9. 《上海世博为长三角经济融合带来新契机》长度为 2 分 8 秒
10. 《世博园区外三座水门正式落成 游客可免费乘船进入世博园区》长度为 1 分 10 秒
11. 《水利部门开展对口援助贵州旱区行动》长度为 1 分 16 秒
12. 《新闻特写：“异地育秧”抢时机 民族互助渡难关》长度为 1 分 41 秒
13. 《我国外贸六年来首次出现月度小幅逆差》长度为 53 秒
14. 《上海世纪出版集团：为图书插上数字化翅膀》长度为 1 分钟
15. 《中国第 26 次南极考察队凯旋》长度为 36 秒
16. 《王家岭矿透水事故获救工人身体恢复良好》长度为 56 秒

(17－24 为国内简讯，总长 1 分 43 秒)

17. 《九部门联合部署环保专项行动 全力整治重金属污染》长度为 15 秒
18. 《北京首都机场通过国际四星标准》长度为 14 秒

19.《西藏近800处文物点成为各级文物保护单位》长度为12秒

20.《首次全国盲人医疗从业资格考试今天开始》长度为13秒

21.《新疆吐鲁番30条坎儿井修复疏通》长度为11秒

22.《39部国产新片亮相第十七届北京大学生电影节》长度为16秒

23.《第二十八届洛阳牡丹花会开幕》长度为11秒

24.《2010年中国拳击公开赛在贵阳闭幕》长度为11秒

25.《“北溪”天然气管道开工 俄输欧天然气首次不经第三国》长度为44秒

26.《英航和西班牙伊比利亚航空公司签署合并协议》长度为39秒

27.《中国原创舞剧〈红楼梦〉在新西兰首演成功》长度为24秒

(28－32条为国际简讯，总长度为1分48秒)

28.《伊朗总统向外界展示新一代离心机》长度为23秒

29.《新一轮联合国气候变化谈判在波恩开幕》长度为24秒

30.《俄海军“克鲁森施滕”风帆训练舰访问古巴》长度为23秒

31.《比利时游乐园飞椅遇障悬空停转》长度为18秒

32.《研究人员发现饮咖啡有助消除炎症》长度为20秒

主持人涉嫌为节目策划九起命案

以下是中央电视台《新闻30分》2009年08月12日播出的一条新闻：

目光投向巴西，华莱士·索萨是巴西一档著名犯罪电视节目的主持人，为追求收视率，他涉嫌亲自“策划”犯罪行为，甚至不惜雇用杀手制造了9宗命案。事件一经曝光，巴西举国震惊。巴西警方11号证实，华莱士和他的儿子已经被捕并且正在接受调查，

现年51岁的华莱士·索萨是巴西著名犯罪电视节目《自由运河》的主持人兼制片人。这档节目以追踪犯罪现场的报道而受到观众欢迎。但是电视机前的观众怎么也不会想到，他们看到的这些犯罪画面，幕后的制造黑手正是这个节目的主持人——华莱士。

据巴西警方介绍，为追求高收视率，华莱士曾经亲自“策划”犯罪，雇佣杀手至少制造了9起杀人命案，然后制作成“第一手”的电视节目播出。

警方证实，华莱士和他的儿子已经被捕并且正在接受调查，华莱士面临策划犯罪、贩毒、恐吓证人和私藏枪械等多项罪名的指控。警方在搜查华莱士寓所的时候，查获了大量现钞和大批枪械子弹。

面对指控，华莱士全部否认。华莱士的辩护律师表示，目前没有任何证据证明华莱士有犯罪事实。

第三节　当代电视新闻的职能

电视新闻节目在电视媒体中的突出地位主要是通过电视新闻节目职能的充分实现来确立的。电视新闻节目的职能是：

一、报道新闻

电视新闻必须及时、客观、准确地报道以下内容：

（一）报道新近发生的重大党务、政务活动

我国新闻媒体的基本属性决定了各级电视媒体要自觉地在新闻节目中积极报道中央和地方政府新近发生的重大活动，成为发布政令的重要工具。在准确传送党和政府声音的同时，电视媒体也分享了人民群众由于对党和政府的信赖伴随而来的对媒体的信赖，并因此在社会大众中获得了普遍的公信力和强大的品牌号召力。

（二）报道党和国家的路线、方针、政策的新动态、新亮点

报道党的路线、方针、政策的新动态、新亮点，目的是为了让这些路线、方针、政策在人民群众中达成共识。近几年，电视新闻传达政令的功能进一步得到强化。如今中央电视台《新闻联播》已经成为名副其实的“要闻总汇”，其第一板块时政新闻传达的是中央政府的最新精神，包括新出台的重大政策，发挥着党、政府和人民的“喉舌”作用。各省市的电视媒体也必然要做本省本市的新闻联播，并用其中的一个板块传播地方政府的意志。

（三）报道领导人的活动

报道领导人的活动，目的是要实现领导与群众的沟通，满足公众知情的要求。通过报道领导人的活动，还可以让观众了解最新的重大事态。因此，无论是中央电视台的新闻联播，还是各省市的新闻联播，都需要安排适当的时段来报道各级领导人的公务活动。让群众了解各级领导人的公务活动还有另外两个方面的意义：一是用以越来越塑造各级政府和主要领导人的正面形象；二是用以作为实施舆论监督的一种手段。

（四）报道重大事件，包括突发的灾害性事件

最近几年，电视新闻在报道重大事件上发挥了突出作用。报道重大、突发性事件，尤其是和人民群众工作、生活息息相关的灾害性事件，不仅可以满足人民群众知情的心理需求，更重要的是能够使公众对事件有一个准确的、全面的了解，以便迅速作出正确的决策——或消除疑虑，或帮助澄清，或参与救援……

（五）报道国际新闻并对外报道新闻

电视新闻对外信息传播能力关系到国家话语权的构建。我国广播电视的发展需要顺应世界文化发展的潮流，用更加宽阔的视野来观察国际社会的发展趋势，及时报道国外境外

的有关信息动向，积极向国际社会传播中华民族的优秀文化，表达我国政府和人民的立场，以进一步拓宽我国的国际话语空间。

（六）报道民生新闻

报道民生新闻是主流媒体接近受众的一个途径，也是电视媒体扩大收视的手段。涉及人民群众衣食住行的诸多事实，都可以成为电视新闻报道的内容，民生新闻尤其应该关注普通百姓的生存状态，帮助他们排忧解难。

此外，对文体娱乐新闻事件以及对观众有知悉意义的其他新闻，都可以也应该进入电视新闻的报道视野。

二、提供信息

广义的信息指所有对象在相互联系过程中呈现出的各自的属性。狭义的信息是指能够消除接触者随机不确定性的物质。新闻学中的信息用的是狭义的内涵，即所谓新闻信息，就是新闻的接受者从新闻传播内容中获得的原先不知道或不确定的具体事务。

信息必须包含新的情况、新的知识、新的内容，这是信息最基本的特点。信息可以共享。正是共享性才使得信息得以传播。信息在传播过程中可以压缩，也可以扩展，还可以组合。两个以及两个以上的信息的有机组合，可以产生新的信息。信息又都是相对的。信息的相对性体现在某个信息并不是对所有人都有用，因为接受者内在的需求存在不同。

传播信息是电视新闻的主要职能。清晰、可靠的信息将有效消除或减少人们认识上的不确定性，因而是科学决策的重要依据。在市场经济条件下，信息资源既是企业用来寻找产品市场、扩展经营领域、实施战略定位的重要资源形式，也是个人形成价值判断、做出合理选择的关键资源。

电视新闻提供信息的职能要求电视新闻工作者首先要在观念上明确提供信息、致力于消除观众的不确定性是电视新闻媒介的基本职能，而且一切宣传都只能建立在提供信息的基础之上。其次要通过变一次性的终端报道为分阶段的连续报道，通过加强深度报道、综合报道、新闻评述，努力提高信息服务的质量。

三、引导舆论

西方国家的一些学者认为“舆论”一词包含有“天然的正当性”，只可“遵从”而不可“引导”。二战后，一些学者虽然认识到“舆论”本身在特定情况下可能包含的危险因素，但这在西方思想家看来还不足以由此构成“引导”舆论的理由。但是西方国家的政府却未必这么认为。引导舆论不仅是他们梦寐以求的，媒体也经常心领神会。至于电视新闻，更是经常充当国家意志和国家利益的传声筒。

我国从不否认新闻媒体通过设置报道话题、突出报道重点、加大某些话题内容的报道量、控制某些话题内容的报道量等方法，在引导社会舆论发展走向上发挥突出效能。1994年1月，江泽民在《在全国宣传思想工作会议上的讲话》中提出，“我们的宣传思想工作，必须以科学的理论武装人，以正确的舆论引导人，以高尚的精神塑造人，以优秀的作品鼓舞人”。2008 年 6 月 20 日，胡锦涛总书记在人民日报社考察时着重就提高舆论引导能力所讲的 5 点意见，不仅将舆论引导的重大意义提到了一个新的高度，而且进一步提出了舆论引导在内容、形式、方法、格局和队伍等方面的具体要求。

电视新闻画面的“现场实证性”使其所传播的对受众具有丰富知悉意义的现场画面极易吸引观众，不仅能够将人群聚集在电视屏幕前，还能直接作用于观众的思维观念，影响他们的生活方式，甚至让他们跟着电视画面设置的议程走。这就使其在按照主流意识形态的要求引导社会公众舆论上占据了特殊的优势，发挥了最广泛的影响。

四、监督环境

这里的“环境”主要是指社会生态环境。电视新闻主要通过公开批评，并通过公开曝光被批评的事实和相关人员来实现监督环境的职能。电视新闻通过录制被批评对象和被批评现场的真实画面，并以直接将其形象在屏幕上曝光相阻吓，在环境监督上发挥了巨大威力。2007 年底，国家统计局组织实施的“第五次全国电视观众抽样调查”显示，在全国观众最喜爱的电视栏目中，《焦点访谈》以 15.71% 的得票率，紧随《新闻联播》之后，成为最受观众喜爱的电视栏目。其原因之一就是这些栏目中许多监督环境的内容得到了观众的认可。广东电视台《社会纵横》是一档新闻专题类舆论监督栏目，“聚焦舆论监督，揭开新闻幕后”的栏目经营方针使其品牌价值历经二十年而不减退。

五、传播科学知识

知识是人类社会实践经验的总结，是对大量信息进行思考和提炼以后形成的。新闻传播的某种信息不仅可以消除接收者的不确定性，而且对不了解该信息的人来说，还可以改变他原有的知识结构，使其增加新的知识。在有些情况下，信息和知识还可以相互转化。

电视新闻形象、直观、通俗。观众借助屏幕，在有意识或无意识间接触了文化，开阔了视野，丰富了生活，获得了一定程度的满足。2003 年 5 月 23 日下午 3 时左右，长沙市世界之窗马戏团 4 岁的东北虎“雪儿”经过 3 天的预产期，成功产下一只小虎崽。湖南经济电视台，在产房架设 7 台遥控摄像机，对“雪儿”产崽进行了两个小时的现场直播。报道说：通过电视画面可以看到，“雪儿”产崽前的一刻十分安静，不停地舔着“产房”的木地板。下午 3 时左右，“雪儿”开始半蹲着身子，腹部剧烈地抽搐起来，大约两分钟后，金黄色的小虎崽呱呱坠地，像是被包在一个薄膜里缩成一团。刚出生的小虎崽全身湿漉漉的，眼睛紧闭，一动也不动，体重大约 1000 克。在这场老虎产崽的直播中，摄像机的镜头延伸了观众的视线，满足了观众猎奇的收视心理，也让观众直观地获得动物生产繁衍的知识。

六、吸引广告投放

电视新闻节目凭借自身的权威性、观众的高端性以及在收视市场上的出色表现对广告产品形成强大的吸引力。电视媒体中广告价格最贵的通常也是新闻标版广告。上世纪末，中央电视台播出新闻节目的综合频道，其广告收入就占全台广告收入的95%。电视新闻节目有相对稳定的收视率和收视份额，加上新闻节目的真实性强、可信度高，为吸引企业投放广告准备了优良的环境条件。除了收视率，媒体品质也是重要的广告资源。新闻节目比其他节目，如电视剧、综艺节目更容易到达高端人群，例如中年观众、白领人群。这些人群也恰好就是广告主的主要诉求对象。

读一读 议一议

《新闻调查》为何吸引我的眼球

《新闻调查》创办于1996年，是中央电视台的深度报道栏目，时长45分钟，每周一期，在电视观众中有着广泛的影响。

《新闻调查》的内容包括新近发生的热点新闻事件，例如“躲猫猫”事件成为全国关注的焦点，《新闻调查》随后就跟进推出专题。《新闻调查》也关注社会问题，例如播出了少女未婚先孕的《堕胎之谜》、《谁动了我的隐私》等等。《新闻调查》的关注的主要内容是社会问题和热点话题，并且是中国国内的社会问题，发生在我们的身边，时效性、地域接近性都吸引了观众的注意力，为我们了解社会现象、认识社会问题开辟了一个很好的窗口，并且提示我们了解其背后蕴含的意义。

《新闻调查》是一档传统型的新闻栏目，它采用的也是传统的通过调查、采访来剖析事件始末的结构形式。在我看来，这最简单的方式，首先让我直观了解了事件的发生经过以及最终的结局，有点置身于其中的感觉，跟着调查走，就跟了事态的发展方向一步步探寻下去。例如在剖析“躲猫猫”事件始末的节目中，主持人首先简单讲述了事件始末，并通过采访网民和法学教授，进而去采访调查此次事件的相关人员，包括公安机关，检察院的人员，然后到发起网民进行相关调查，到最后真相的浮出，一步一步，得出最终的结论。让我们了解了整件事情的发生、经过、结果，李荞明死亡的整个过程，以及网络媒体的相关讨论，都呈现在我们面前。

另一方面以调查采访的形式来结构整个节目，给我一种将调查事件“故事化”的感觉，它是将整个新闻相关事件串联起来，组合在一起，让人更容易被吸引，节目中所蕴含的故事对人的好奇心有着相当的吸引力。45分钟时间不算短，如何让人一直坐在电视机前看完一个新闻类的栏目，没有“故事”是很难的。有故事，这也是我喜欢《新闻调查》的原因。

作为一个深度报道的电视新闻栏目，只是呈现新闻本身是不够的。在整个新闻栏目中，我们经常可以看到理性思维的画面，能接触到令人深思的问题，主持人的提问都是抓取了最能激发人们思考的问题，而被采访者的回答也令人深思。例如“躲猫猫”中，法学教授的一句话足以让人思考好几天。

此外，除了上面内容手法吸引了我，我喜欢这个栏目的原因还有两个：其一，它是央视的栏目，这在潜意识中给我了一种权威性，我觉得这档栏目的背后有着强有力的团队力量，包括从前期策划到中期拍摄到后期剪辑，其人员素质是其他媒体所不能比拟的。因此我愿意去观看这个让我感觉具有公信力的节目，我也感受到它引导了我如何去看待一个热点问题，也引导了我去从它的节目中去思考一些可能被自己忽视的热点、焦点问题。其二，节目主持人给我的形象是非常干练，外在形象上就让人有了一种高信任感。他们对新闻事件、社会问题的讲述，他们对当事者的采访、提问，他们对事件的解释、剖析，总有独到之处。每一期的《新闻调查》都会因上述因素吸引我。

（广州大学广播电视新闻专业学生 李湘晔）

第四节　当代电视新闻传播的整体发展走向

一、传播内容由单一走向多元

1958 年 5 月 1 日北京电视台试播，当天晚上 7 时播出的节目有先进生产者和农业社主任的谈话、新闻纪录影片《到农村去》、科教片《电视》，以及诗朗诵和舞蹈。从那以后，我国电视新闻传播经历了几次大的演变。传播内容逐渐从单一走向多元，舆论监督、民生资讯、市场信息、国际动态，以及专业性、对象性新闻，呈逐渐增多之势。

1976 年 7 月 1 日以后，北京电视台开始试办固定的新闻节目，内容全部为国内新闻。1978 年元旦，北京电视台开办全国电视台新闻联播节目，同年 5 月 1 日正式改名为“中国中央电视台”，全国电视台“新闻联播”进入稳定发展阶段。1980 年 4 月 1 日，中央电视台开始通过国际通讯卫星收集英国维斯新闻社和英美合众独立电视新闻社的国际新闻，并采用新华社每天专为中央台编发的国际要闻简讯。世界各地发生的重大事件，观众第二天就能在中央电视台新闻节目中看到。“新闻联播”从此成为国内、国际新闻俱全的动态性新闻栏目。1980 年 7 月，中央电视台创办了第一个评述性电视新闻栏目“观察与思考”，把报道的触角深入到社会生活的深处，对新闻事件、新闻人物进行深度分析报道，引起了社会的关注。提高了新闻节目的深度，为以后电视新闻评论的发展打下了良好的基础。其间，各地方电视台在转播“新闻联播”节目的同时，也根据本地实际创办了一些新闻栏目。上海电视台 1981 年开办的“国际纵横”节目，便是第一个报道国际新闻的地方台栏目。广东电视台的“市场漫步”“港澳动态”“国际纵横”也是地方台开办的特色栏目。

1968 年，美国哥伦比亚广播公司创办了杂志型节目《60 分钟》，吸引了多个国家电视媒体的仿效。杂志型新闻栏目结构上的显著特点是综合性和栏目化；内容上能对新闻事件的背景、现状、发展及影响进行深入挖掘，有较大的容量，能提供完整、深刻的新闻信息。

1987 年 7 月，上海电视台推出新闻杂志型栏目《新闻透视》，每周播出一期，每期 30 分钟。《新闻透视》在大板块内设小栏目，由播音员主持串联。该栏目的开办标志着我国电视新闻节目迈上一个新台阶。1993 年 5 月 1 日，中央电视台的《东方时空》正式开播。该栏目题材广泛，包容量大，时代感强。有“早间新闻”，还有“东方之子”“东方时空金曲榜”“生活空间”“焦点时刻”等，是一个集新闻性、社会性、知识性、趣味性于一身的大型综合杂志型节目。

1994 年 4 月 1 日，《焦点访谈》开播。该栏目内容定位“时事追踪报道，新闻背景分析，社会热点透视，大众话题评说”，把镜头投向观众普遍关注的社会热点问题，用大量生动的事实予以报道与评述，并进行深入的背景分析。《焦点访谈》评论色彩鲜明，用记者直接主持栏目代替了由播音员客串主持的传统模式，栏目的知识性、趣味性有了提高。

进入本世纪以来，新闻节目形态创新的速度加快，节目结构设置、时间分配、主持人风格、声画元素运用以及节目编排都出现了多样化的发展趋势。新闻节目内容的创新则更多地体现为对新闻资源的深度开发和利用上，新闻评述、深度报道和主题策划类新闻节目深受观众喜爱。新闻节目对受众需求的关注，还直接推动了以本地天气、交通、刑事、社会安全和环境等为内容的区域性民生新闻的发展。在不少区域市场上，地方台的新闻凭借服务性和贴近性，在与中央级和省级卫星频道新闻节目的竞争中健康发展。法制、体育、综艺等分类新闻逐渐形成细分市场，成为了综合新闻的重要补充。

二、节目单元由栏目走向板块

“板块”，本来是地理学的概念，指的是大地构造理论中由地质上的活动地带划分的岩石圈的构造单位。

电视新闻节目板块有大小两个概念。小的板块概念是指栏目的构成元素。在一个具有基本固定播出时段及周期的多元性栏目中，分别集中了若干题材或形式相近的内容。如广东电视台珠江频道晚间民生新闻栏目《今日关注》栏目就是由《今日大件事》（城市新闻板块）、《报料大搜索》（报料新闻板块）、《文娱大广场》（娱乐新闻板块）等三个板块构成的。大板块概念是指若干个具体栏目的集合体。例如中央电视台新闻频道的新闻从播出时间上可分为早间板块、午间板块和晚间板块，每个板块之中可以包含几个栏目；按播出内容划分，“板块”就是电视节目系统中内容或主题相近或相似的节目或栏目的集合体。电视频道根据不同的主题、不同的内容，把自身节目类型分为若干个不同的板块，以满足不同受众的需求。而“新闻板块”在这个“大范围”内，可以理解为电视节目系统中所有新闻类别节目的集合体。中央电视台综合频道的节目就分为新闻板块，电视剧板块和综艺节目板块。

当代电视新闻出现了大板块编排播出的趋势。以中央电视台新闻频道 2010 年的播出流程设计为例，整个上午该频道仅安排两个板块，即早晨 6：00－9：00 的《朝闻天下》和 9：00－12：00 时的《新闻直播间》。《朝闻天下》2006 年 6 月 5 日推出时，整合了早间时段原有的《6：00 早新闻》《媒体广场》《7：00 早新闻》和《新闻早 8：00》等栏目，每天6：00－8：30 时播出，时间长度达到150 分钟。2009 年8 月17 日起，《朝闻天下》的直播时间由8：30 延长到9：00，时长达到了180 分钟。《看东方》是上海东方卫视新闻频道早间6：30－9：00 推出的新闻直播板块。内容包括新闻、气象、专题、谈话、生活服务、观众互动等各种电视元素，长度达到150 分钟。《凤凰早班车》创办于1998 年，周一至周五7：00－8：00 时首播，08：00－09：00 时回放，占据了早间的120 分钟时间。

上述变化还表明，当代电视新闻节目播出流程已经呈现板块化趋势。板块化对栏目的功能有所弱化，板块化还被作为节目播出编排策略使用，对其赋予了捆绑观众的特殊职能。板块化的发展走向、演变趋势及其对电视新闻传播可能产生的影响，都值得密切注意。

三、播出平台由分散走向集中

新闻播出板块越做越大、越做越长，所反映的正是播出平台由分散走向集中的趋势。在大板块下，媒体对收视“黄金时间”的控制能力进一步增强，对优质节目资源和市场资源进一步形成垄断。

和大板块相比，新闻频道的资源集中能力更为强大。1980 年6 月1 日，美国 CNN 开播，在每天的整点时间播出新闻，这是世界上第一个新闻频道。在我国，福建电视台于1999 年5 月23 日推出了内地首家新闻频道。该频道设置19 个栏目，涵盖了国际、国内、省内重大时政、财经、文化、社会、体育、娱乐等新闻信息，既有快讯、现场报道、调查性报道、连续报道、评述、谈话类栏目和纪录片等纪实性栏目，也经常在每两小时一次的直播栏目中插播最新的动态。中央电视台新闻频道于2003 年5 月1 日起试播，以“第一时间、第一现场、第一需要”作承诺，面向全国观众报道他们普遍关心的新闻。随后，新闻频道建立了“整点新闻＋现场直播＋字幕新闻”的传播模式，于7 月1 日正式开始全天24 小时不间断播出。节目传送通过亚太1A 卫星 C 波段12B 转发器覆盖全国。新闻频道在整点新闻之后，分别安排各分类新闻，主要有财经、体育、文化、国际四大类。频道的专题节目还有新闻背景、新闻评论、新闻调查、舆论监督、民意调查、法制等，对整点新闻和分类新闻加以补充和深化。目前中央电视台第一套节目中的《新闻联播》《焦点访谈》《新闻30 分》《晚间新闻》《新闻早8 点》在新闻频道中与第一套节目并机播出。2001 年1 月1 日，凤凰卫视资讯台开播。定位是“向世界发出华人的声音，向华人报道世界的资讯”。其承诺是：可以透过凤凰卫视资讯台全天候24 小时收看到来自全世界和两岸三地的最新消息；总汇全球的财经金融新闻；于第一时间找到世界各大股票市场行情的第一手资料；可以在大事发生时，和一线记者共同体验新闻现场，追踪事件变迁，感受目击的刺激；可以透过凤凰卫视资讯台听到对热点事件和热门话题的评说、解析。东方卫视2003 年10 月23 日改变呼号，以上海东方卫视全新开播，设置三大新闻主打栏目《看东方》、《东方新闻》和《东方夜新闻》，每天6 小时全程直播新闻。加上《东方午新闻》，东方卫视每天四档定点新闻节目已经连成一线。

以中央电视台新闻频道为代表的新闻专门频道的强势发展，迅速集中了全国最优秀的观众资源，并吸引优秀节目资源、优秀广告资源的同时向新闻频道集中。目前，由央视新闻频道主导，凤凰卫视、东方卫视以及各地新闻频道积极跟进的主流话语平台已经酝酿成形。上述集中化的发展趋势已经并将继续对我国电视新闻生产和传播产生重大影响。

读一读　议一议

我国的电视新闻节目发展史上的重大事件

1958 年 5 月 15 日，第一个图片新闻栏目《图片报道》播出东风牌小轿车。

1958 年 6 月 1 日，第一条自己拍摄的图像新闻，报道《红旗》杂志创刊。

1976 年 7 月 1 日，北京电视台第一次试播全国电视新闻联播节目。

1978 年元月 1 日，《新闻联播》正式打出栏目名称字幕，开始定名播出。

1987 年 7 月 1 日，中国第一个新闻杂志节目上海电视台的《新闻透视》正式开播。

1993 年 3 月 1 日，中央电视台第一套节目新闻播出由每天 4 次增至 13 次；到 1996 年 1 月 1 日，改版后的《新闻联播》以直播形式与观众见面。

1993 年 5 月 1 日，中央电视台推出杂志类电视新闻节目《东方时空》，开辟了中国早间电视新闻的收视空间。

1994 年 4 月 1 日，推出时长 13 分钟以深度报道为主、以舆论监督见长的电视新闻评论性栏目《焦点访谈》。

1996 年 3 月 16 日，《实话实说》播出了首期节目，继而在 4 月 28 日正式定期开播，开创我国新式电视谈话节目先河。

1997 年，被称为中国电视直播年，先后直播了日全食、彗星同现苍穹的天文奇观、香港回归、中共十五大开幕式、黄河小浪底和长江三峡水利工程截流，等等。此后电视新闻日渐走向直播日常化。

2003 年 7 月 1 日，中央电视台新闻频道正式开播。

第二单元

电视新闻传播要素

◆ 新闻具有自身特定的自然属性。任何新闻都发生在多重时空中，受具体的时间、具体方位、社会环境、历史背景的制约。这些制约后来被归纳为谁、什么、何时、何地、怎么样及其原因等，简称为五个“W”和一个“H”。这里讨论的电视新闻传播要素是指构成一个完整的传播行为必须具备的那些内容，包括新闻事实、事实的传播者、新闻事实的载体以及电视新闻的观众。

第一章 新闻事实

第一节 新闻事实是电视新闻传播的起点

一、两种不同的传播观

从“谁（Who）”出发与从“事情（What）”出发是两种不同的传播观。1948年，美国政治学家拉斯韦尔发表《传播在社会中的结构与功能》一文，提出了人类社会传播活动的“5W”模式：谁（Who）→说什么（Says What）→通过什么渠道（In Which Channel）→对谁（To Whom）→取得什么效果（With What Effects）。这一模式对电视新闻传播活动也有启示意义。

（一）传播者

北京师范大学王长潇教授将传播者分为两个层次，第一层次是电视组织（电视传播者），即信息的直接传播者，包括电视策划人、制片人、记者、编辑、节目主持人、摄像师等。第二层次为对传播媒体有着重要影响的各类社会制约因素，包括政府、企业、社会团体、法律法规、道德体系等，他们的态度和状况决定着传播信息的数量和质量。其中第一层次中的节目主持人、摄像师是电视传播独有的有别于其他媒体的从业人员。[①] 在我国，传播者是由管理者、经营者、操作者构成的立体群团，且编辑、记者、播音员、主持人并不具有独自进行电视新闻节目生产的能力。

（二）传播内容

包括一个节目、一次节目中提供的事实信息、意见信息、教育信息、娱乐信息等资讯、知识，也可以具体到通过荧屏展现出来的一个镜头所传达的全部内容。

（三）传播渠道

电视属于电子传播媒介。随着电子技术的发展，电视传播方式也在发生着变化。当前

① 王长潇：《当代中国电视文化传播论纲》，山东人民出版社2005年版。

的局面是多种电视传播渠道并存。有线电视、无线电视、卫星电视、数字化电视、网络电视，构筑了主体的电视新闻传播渠道。

（四）观众

电视信息内容的传播是电视媒体有意识的传播行为，信息传播者的主观意图和信息内容的价值取向都要通过观众的接受和理解才能实现。没有电视观众就不能实现电视传播的全过程，也就达不到传播者的预期效果。

（五）传播中的反馈

指传播者获知关于其预期的接收者是否接收和如何真正接收了信息内容的过程。传播者所获得的这种反馈信息有助于其修正当前和未来的传播行为、预期目标。

以上五个基本要素在电视新闻传播中缺一不可，而存在方式却又不尽相同。本书认为，“反馈”不应该是传播链条上的一个独立环节，而应是渗透在一个完整的传播过程各个阶段的行为与活动。面对几大要素，我们的传播活动应该从哪里开始呢？本书主张应该从新闻事实开始。从传播者开始还是从新闻事实开始，是两种不同的传播观。其主要区别是：从传播者开始强调的是传者本位，突出的是“谁”，“她说了什么”。在政党新闻时期，这样的强调具有天然的合理性。从新闻事实开始强调了传播内容本位，突出了新闻事实本身的价值。至于某个新闻事实是谁提供的，哪家媒体报道的，这在当今社会已经越来越不重要。在受众看来，重要的是新闻事实本身的价值，“事实”对他是不是有用。

二、反映事实是电视新闻报道的出发点和归宿

（一）观众关注的是所报道的事实

当代受众的媒介使用观念正在发生重大变化——由选择媒体转向选择信息。是读报纸还是看电视？是相信网络还是相信报纸？某某都市报上的那个观点可靠吗？以上疑问的思维特征是选择媒体，而且特别看重权威的主流媒体。而在今天，这样的选择意识已经并将继续弱化。年轻一代的受众对那些自己关心的、认为对自己有用的信息才会感兴趣，而对那些自认为与己无关的、对自己用处不大的则不感兴趣——无论这些信息出自哪里，是谁发出的。而且，年轻一代的受众逐渐习惯于通过网络来求证事实的真相。

（二）媒体的核心竞争力是发现和报道新闻事实的能力

构成电视新闻频道、新闻栏目、新闻工作者核心竞争力的因素不是别的，而是发掘和报道新闻事实的能力。媒体之间的新闻竞争通常围绕着新闻事实的采制展开，决定各方在竞争中成败的主要因素，也正是各自对新闻事实的把控。发掘新闻和报道新闻能力强者胜，反之则败。因此，小报有机会胜过大报，小台有机会战胜大台，卡塔尔半岛电视台的实践证明了这个道理，广州市花都区广播电视台的实践也验证了这个道理。2007 年前后，广州花都区广播电视台每年均有电视新闻作品在省市获得大奖，例如该台采制播出的电视消息《花都全城停电救一名轻生女子》因事实的新闻价值显著，播出后产生了较大的社会影响，

在2007年广东省电视新闻的评奖中战胜大台提交的作品，获得一等奖。

（三）名记者、名主持是由于对新闻事实的发掘、报道而成名

名记者、名主持、名编辑之所以能够成名，和其出自名门、毕业于名校、工作在名台，以及他们的家庭背景、个人外貌条件的关系并不大。名记者、名主持、名编辑是由于他们对新闻事实的发现、把握、挖掘、解析、跟进的能力与成就而成名。观众希望从电视媒体那里获得更有价值的新闻事实以及对这些事实更科学、更权威的解说。因此，新闻栏目品牌的培育也需要围绕着提高新闻事实的发现、报道能力和水平来进行。

三、事实的复杂性与多变性使新闻传播活动充满活力与魅力

自然界的千姿百态，人类社会中人与自然、人与社会、个体与个体、个体与群体、群体与群体之间纵横交错的关系，决定了新闻事实的复杂性。电视新闻如果善于从不同的角度，用不同的式样去报道这些复杂事实，就能够为观众源源不断地提供无比丰富的新闻节目，从而使电视新闻传播活动充满活力与魅力。

（一）事实的内在联系

电视新闻传播活动的活力来自事实所具有的新闻性。电视新闻采编人员每天都有机会接触新的、有新闻价值的事实，这些事实让采编人员兴奋，进而迸发出把事实报道出去的激情。电视新闻传播活动的魅力是就新闻对观众的吸引力而言的。真正能够吸引观众的是新闻报道的事实与事实之间所具有的内在联系。任何事实的形成，都会有关联因素；事实的发展也会有连环作用。正是某些关联因素和连环作用，促成新闻叙事获得空间上的伸展和时间上的延续。有些关联因素和连环作用比较简单，电视将其报道出来之后，观众借助新闻验证了早先的判断。有些关联因素和连环作用比较隐蔽，一般的观众不容易发现，电视新闻节目（例如中央电视台的《焦点访谈》）通过对一个个新闻现场的牵引与展示，让观众从屏幕上发现了那些一度被隐蔽起来的关联事态和具有因果连环关系的那些事实之间的内在联系，在电视新闻所展示的让他们意想不到的事实内在联系中收获了震撼与感慨。

电视新闻要再现事实的本质，就是要找到事实之间内在联系的特殊形式，从而对事实的发展逻辑做出还原和解释。有些电视台新闻节目不能激起观众的收看兴趣，重要的原因就是只孤立呈现了事实结果，而未能解释是哪些因素导致了结果的形成，未能揭示那些因素之间是如何联系、如何相互作用的。

（二）事实的发展趋势

电视新闻还通过揭示新闻事实的发展趋势，向观众展示新闻的魅力。许多电视新闻报道的是动态的消息，消息中的事实尚处在变动之中，有些甚至处在萌芽状态。这样的消息如果新闻价值比较大，对观众的吸引力也格外大。例如，2009年12月7日，当地时间上午10时40分（北京时间17时40分），联合国气候变化框架公约缔约方第15次会议在丹麦首都哥本哈根正式开幕。本次气候峰会历时13天，比原计划延迟1天，持续到当月19日

落幕。会议开幕当天，我国中央电视台多个频道以及北京卫视《新闻晚高峰》、东方卫视《东方新闻》和《看东方》等栏目就对本次会议的背景、不同利益集团的分歧以及达成协议的难度作了报道，引起了广大电视观众的强烈兴趣。在此后的13天里，各电视媒体跟踪会议进程，围绕发达国家的中期废气减排目标、发展中国家根据自身能力作出的排碳缓和的承诺、发达国家对发展中国家的资金支持和转移技术以及减碳架构的签约方式等内容，连续推出新闻消息、新闻专题、电视访谈、新闻评论等节目，有机地构成每天的报道，多方位立体呈现了欧盟国家、以美国为首的伞形集团国家、发展中国家、小岛国联盟、雨林国家联盟的不同利益诉求。报道内容从意大利总理贝卢斯科尼遇袭受伤，到大会主席康妮·赫泽高被丹麦的首相拉斯穆森替换，前后连贯，持续展示了本次会议的变动进程。在13天的报道周期里深深地吸引了电视观众。

读一读　议一议

传播的基本过程

信息论创始人、数学家香农与韦弗在1949年提出了传播的数学模式，该模式认为传播的基本要素为信源、信息、信宿，并引入噪音这一概念。这些成果对我们思考当代中国电视新闻的传播过程，都有着重要的借鉴意义。郭庆光先生则认为，一个基本的传播过程，包括以下要素：①传播者、信源。传播行为的引发者。②受传者。信宿。讯息的接收者和反应者，传播者的作用对象。可以通过反馈来影响传播者。③讯息。由一组相互关联的有意义符号组成，能够表达某种完整意义的信息。④媒介。又称传播渠道、信道、手段或工具。讯息的搬运者，也是将传播过程中的各种因素相互连接起来的纽带。⑤反馈。是受传者对接收到的讯息的反应或回应，是体现社会传播的双向性和互动性的重要机制。

（参见郭庆光《传播学教程》，中国人民大学出版社1999年版）

第二节　从生活事实中发现新闻事实

平时生活中常见的事实，我们称之为生活中的事实。新闻事实是隐藏在众多生活事实之中的，并为特定的目标受众急欲知悉的那些事实。[①]

① 美国社会学教授盖伊·塔奇曼认为“事实”（fact），是指通过专业而且是可靠的方式所收集的相关信息，信息的内容、获得信息的方式，以及两者之间的关系都能够被明确说明。（盖伊·塔奇曼：《做新闻》，华夏出版社2008年版。

一、生活事实及其特征

生活事实是日常生活中司空见惯的现象。这些现象是客观的存在，能够为人的主观意识所反映。但是，由于反映时间、反映角度、反映动机的差异，即便同样的“事实”在不同人看来也有不同的形态和存在方式。①

生活事实具有以下特征：

1. 可证

无论是新闻事实或是生活事实，只要是事实，就必须是可证实的，可证性是一切事实的基本特征。证实的方式可以有不同。譬如可以亲历证实，也可以从旁证实。事实作为一种客观存在，必然有其存在的方式——具体时间、具体空间方位以及形成该事实的社会原因、历史环境。因此，只要是亲历了这些事实，就肯定了事实产生的真实性。一个真实的事实可以由另一个事实去证实。对没有亲身经历的“生活事实”，需要从身边的人、事、物中去证实这一“事实”的确发生过。如果不能得到证实，那它不仅不能够成为新闻事实，连“生活中的事实”也不一定是。

2. 庞杂

海底发生地震是一件事实，广州交通拥堵是一件事实，今天下雨了，我刚吃完早餐也都是事实。事实庞杂而又无穷无尽，每时每刻都在发生和消亡，新事实和旧事实随着时间的延续不断交替，随着时间的延续，构成世界无限延续的进程。庞杂的事实中有的具有新闻价值，有的就没有新闻价值。

3. 雷同

雷同是生活中经常发生的一般事实的普遍现象。生活事实的发生都具有必然性，但新发生的和已经发生的相似程度比较高，整体上看具有雷同性。例如冬天一到，人们都知道在北方要下雪，下雪就是一般事实，没有新闻价值。一般事实大量重复出现，不会引起人们的注意。前天早上吃了早餐、昨天早上吃了早餐、今天早上也吃了早餐，而且吃早餐的时间、地点、吃的品种几乎全部一样——天天雷同。这样的“吃早餐”就不会有新闻价值。

二、新闻事实及其特征

（一）新闻事实的类型

新闻事实主要有以下几种类型：

1. 重大事实

在通常情况下，重大事实是指那些具有普遍意义的事实。所谓普遍意义是说与该事实

---

① 罗素说，“世界上每一件事物我都把它叫做一件‘事实’太阳是一件事实；凯撒度过鲁比康河是一件事实，如果我牙疼，我的牙疼也是一件事实。……并且如果这句话为真，那么另外还有件使它为真的事实，但是如果这句话为假，那就没有那件事实。”转引自《哲学大辞典》，上海辞书出版社1992年版，第958页。

相关的人群众多，譬如一个城市的空气、水源质量就和在这个城市中生活的人群都有关系，该市空气、水源质量的好转或恶化，对他们来说属于重大事实，因而都能够建构为新闻事实。还有些事实并非和受众普遍相关，但却是事物链条的关键环节，对全局具有现实的或潜在的影响，也属于重大事实，因而也可以建构成为新闻事实。

群众利益无小事。重大事实还应该包括那些和受众、哪怕是和少部分受众有显著的利害关系的事实。譬如某市新建了一条城市快速公交系统，但是没有为下肢残疾的人上下车提供帮助，这样的事实对下肢残疾的人以及他们的家属就事关重大，结果被许多媒体建构成引起舆论广泛关注的新闻事实。

2. 精确事实

生活中的事实允许模糊，新闻事实却必须精确。大多数新闻事实，特别是政治、经济、科技新闻报道的事实，必须由可以证明事实存在的精确时间、空间，以及事实存在的社会背景和环境条件建构而成，来不得丝毫的想象与虚构。事实因精确清晰而可证、易证，因可证、易证而令受众深信不疑。精确事实并不完全排斥情态或意态事实，但是强调情态或意态事实只能用来点缀，而不能代替精确事实本身。

3. 突发事实

突然发生的事实由于具有新鲜性，往往更有新闻价值，更容易吸引受众。例如流行性传染疾病的爆发、群体性跳桥自杀秀、企业突然倒闭、因电煤短缺而导致的限制生活用电通告的发布等等。

虽然突发事实的新闻价值显著，但是突发事实中的灾害性事件比较多，不确定因素也比较多，其中的某些事实要素对社会的影响巨大。因此，并非所有的突发事实都适宜建构为电视新闻事实，即使能够建构为电视新闻事实的，也需要选择报道时机和报道方式。

4. 常态事实

常态事实可以预测，只要条件具备就必然发生。例如春运交通繁忙、端午节划龙舟、年三十的晚上要看中央电视台的春节联欢晚会特别节目，都是常态事实。常态事实有可能转为突发事实。例如，春运交通繁忙本来是常态事实，但是在2008年的广东，由于春运期间粤北发生冰雪灾害，公路、铁路交通中断，导致广州火车站大量旅客滞留，并有旅客被踩死，常态事实就演变成了突发的新闻事实。

5. 情态、意态事实

情态和意态事实多出现在消遣类的软新闻中。许多情态、意态事实充满知识性、趣味性和人情味，可视性强，因而使新闻变得多姿多彩、生动感人。但是用情态、意态事实支撑的新闻必须忠于已经发生的基本事实，并应力争软中藏硬——在用不同的语言风格再现或描述基本事实的时候，要善于把具体事实的要素交代出来。

（二）新闻事实的特征

新闻事实具有客观性、真实性和片段性，包括现时事实、历史事实和将来事实。新闻事实具有“未知性”，能够满足人类的知晓需求，给人提供可知悉的内容。同一般事实相比，新闻事实是稀少的、罕见的，需要记者经过寻觅或辨别才能发现。

1. 公众性

具有公众性是新闻事实的特征之一。新闻事实并不是客观事件本身，而应是客观事实中能够吸引公众注意力的那部分内容。新闻所选择的事情必须是发生在历史或社会上的，其发生发展会对社会、历史、公众产生影响，否则就难以激起广大观众的兴趣。电视屏幕呈现的事实，公众关注度越高，吸引的观众就越多，引起的共鸣就越大，也就越表明其新闻价值显著。例如在北京奥运会退赛398天以后，刘翔终于复出了。他会怎么样，当年的王者之风还在吗，作为社会公众人物，刘翔的复出吸引了广大电视观众的强烈关注。上海电视台五星体育传媒公司的记者采用倒叙手法，以刘翔起跑直指终点线后倒在跑道上这一镜头为切入点，采制了消息《王者归来》，并于2009年9月21日当天播出。新闻内容如下：

【导语】

2009年上海国际田径黄金大奖赛昨晚在八万人体育场举行。北京奥运会因伤退赛398天后的刘翔，终于第一次站到了起跑线上。请看记者从现场发回的新闻特写。

【正文】

【实况】黄金大奖赛110米栏决赛刘翔从起跑到冲刺（现场解说：刘翔倒在了红色跑道上，对他而言，过去的一年实在太艰难了。

【采访】刘翔：作为中国110米栏选手，没想到我能跑出这样的成绩，真的无法想象吧。对自己来说也是一个非常大的惊喜。还是要感谢观众，感谢这么好的气氛，感谢对手特拉梅尔一直带我。

【解说】在家乡的红跑道上，刘翔用足以跻身今年世界前三的成绩，完成了他伤愈之后的第一次复出。而就在跑出这激动人心的13点15秒之前，一个巨大的悬念不仅存在于刘翔心中，更是存在于亿万关心他的中国人心中：北京奥运会因伤退赛398天，刘翔的伤势恢复得怎样？他能否顶住这一年多的压力再创辉煌？起跑前那一刻，刘翔对着镜头做了个鬼脸。这一熟悉的神情让人们相信：那个健康、自信的刘翔又回来了。

刘翔的复出之战终于开始了。面对老对手的左右夹击，刘翔从第五个栏开始奋力追赶，他以13秒15、与特拉梅尔仅仅差之毫厘的成绩获得第二名。

【采访】刘翔：中国110米栏选手很强大，提高了我的自信心。我想这么跑都能跑进(13秒)，那好好练好好跑，能跑多少，这真是令人期待的好消息。

【解说】复出第一战就取得出乎意外的好成绩，这让刘翔找回了孩子般的快乐。随着刘翔的完美复出，398天前国家鸟巢体育场那个黯然离去的背影，也已经渐渐消逝在人们的记忆中。在过去的13个月里，刘翔用他坚强的意志、万分的努力和执著的信念，战胜了伤痛，超越了自我。在这个夜晚，刘翔以出色的表现宣告了他的王者归来。

消息解答了观众一个又一个疑问：刘翔为什么用前所未有的方式庆祝这并非夺冠的成

绩？刘翔的第一个复出为什么引人关注？13 秒 15 的成绩又意味着什么？他是否还能跑得更快？记者通过细心地观察和现场采访，在 2 分 40 秒的报道中一一解开了这些悬念，让人们看到了一个伤愈复出之后更健康、自信，永远追逐梦想的刘翔。

2. 新鲜性

新闻事实是“新近发生的事实”，是新近变动或正在变动的事实。新闻事实必须具有新鲜性，新闻事实与生活事实的区别之一就在于新闻事实不是“雷同”的事实，而是新鲜的事实。“没听说过”、“还会有这样的事情?”、“真滑稽”——这些可能正是新闻事实。没有新鲜性，那就可能不是新闻事实。

下面是山东电视台播出的《女举赛场演绎“螳螂捕蝉”》的正文，所报道是事实就具有新鲜性。

女举赛场演绎“螳螂捕蝉”

【记者出镜】“山东的奥运冠军唐功红赛前因伤退赛，吉林老将穆爽爽似乎已经是稳操胜券，然而在比赛中却接连杀出了两匹黑马，让现场观众和媒体记者目瞪口呆。她们就是湖南选手祁希慧和来自山东烟台的解放军小将周璐璐。”

【配音】今年 25 岁，体重达 150 公斤的穆爽爽不仅是该级别中体重最大的选手，同时也是全国纪录的保持者。穆爽爽在比赛中的抓举成绩是 140 公斤；此时解放军选手周璐璐半路杀出，令人惊叹地抓起了 148 公斤，将全国纪录提高了 3 公斤，这一成绩领先穆爽爽整整 8 公斤。挺举比赛是穆爽爽的强项，但周璐璐毫不示弱，强势举起了 180 公斤；别无选择的穆爽爽直接要了 184 公斤意在冲金，但却试举失败，并因此导致脚部受伤而被送往医院。现场观战的国家体育总局举摔柔中心主任马文广不禁为之动容，在新闻发布会上潸然泪下。

【采访】国家体育总局举摔柔中心主任马文广：“（穆爽爽）在国家队那么多年，最后你看，受伤了。这种精神状态，为推动举重的发展付出的牺牲和代价，要赞美她们。”

此时场上只剩下 22 岁的湖南选手祁希慧，她的总成绩落后周璐璐达 5 公斤，要想夺取金牌，祁希慧必须挺起 186 公斤，这一重量超过全国纪录整整 3 公斤，也是难以逾越的高峰，祁希慧能行吗？

【现场同期】祁希慧挺举 186 公斤成功

【采访】女子 75 公斤以上级冠军祁希慧：“只是想拼一下，就是把自个儿的最好成绩发挥出来，把平时训练的最好成绩发挥出来，自个儿就满足了，没有想太多。”

祁希慧的惊天大逆转让金牌在望的周璐璐切身体会了一把“螳螂捕蝉黄雀在后”的滋味，年轻的璐璐难以抑制内心的失落与懊悔，泪水一直在眼眶中打转。

女子 75 公斤以上级亚军周璐璐：“主要还是有点失望吧，挺举主要是不太满意。”

记者：挺举时你是不是光考虑到穆爽爽没有考虑到祁希慧呢？

周璐璐：“嗯，对！挺遗憾的，对这块牌。谢谢！”

新鲜的事实是刚刚发生，或是即将发生，或是正在发生的事实。山东电视台的这条新闻讲述的是在2009年举行的第11届全运会女子举重75公斤以上级比赛中刚刚发生的事实。比赛中接连杀出的两匹黑马周璐璐和祁希慧的精彩表现令整场比赛起伏跌宕，也即不断为事实增加着新鲜的元素，生动演绎了一幕现实版的“螳螂捕蝉黄雀在后”。而吉林老将穆爽爽的受伤和国家体育总局举摔柔管理中心主任马文广的当众落泪是更新鲜的事实细节。新闻因此而变得更加好看。

3. 知悉意义

新闻事实应该是对多数受众有知悉意义的事实，是一定区域、一定范围内的目标受众希望了解、需要知道的事实。观众如果不知道这些事实，生活或工作中会出现不便，甚至造成损失。而看了新闻之后，观众对新闻所报道的事实由不清楚到清楚，由不了解到了解，由不相信到相信，由不确定到确定，由不知道如何应对到知道了应该如何应对，表明新闻对观众的知悉意义非常显著。知悉意义包括知识价值、教育价值、信息价值、娱乐价值。观众能够被正在播出的一条新闻所吸引，就表明这条新闻对他们有知悉价值。观众看了一条新闻后还有兴趣去谈论新闻的内容，表明该新闻对他们有比较大的知悉价值。相反，如果观众没有看、没有听、没有读过某条新闻，但是也没有现实的、或者潜在的任何损失，表明该事实可能不是新闻事实，对受众本来就没有知悉意义。

4. 相对性

新闻事实具有相对性。一件事实能否构成新闻，是由各种条件决定的。如果广州的冬天下雪了，那就是一件大新闻，而在哈尔滨，冬天下雪根本就不是新闻。

新闻的相对性程度和该新闻与目标受众的接近程度成正比。2010年1月当地时间12日下午，海地发生里氏7.3级地震时，正在总部大楼与联合国秘书长特别代表赫迪·安纳比会见的8名中国维和警察被倒塌的大楼掩埋。至海地时间16日14时58分，8人的遗体全部被中国国际救援队找到。其间，全国亿万人民在电视机或电脑屏幕前关注着地震救援的消息，其中有关8名中方被埋人员的点滴信息都是中国观众急欲知悉的重大新闻。

5. 不可藏匿性

记者对新闻事实只能够如实报道，不允许隐藏、改变。新闻事实必须有来源，说明是记者亲眼所见、现场采访、还是转述他人的见闻，或转载其他媒体的报道。在报道的开头一般都要交代何人、在何处报道的新闻事实。譬如，“本台记者张进伟、王俊山东济南报道”就交代了新闻事实的来源，告诉人们这条消息是由哪家媒体发布的，谁应该对这条新闻的真实性负责。

在特殊的情况下，媒体出于新闻伦理或新闻道德的考虑，也需要对电视新闻的消息源做一些“藏匿”处理，譬如对事实转述者的图像、声音进行技术处理，使其不易被熟悉的观众认出，以保护转述者不受伤害。有时甚至需要用一些模糊语词代替某些新闻要素。但是一定要注意这样几个问题：一是要注意手中必须确实有被临时“藏匿”了的那些事实元素；二是在必要的时候能够拿出被“藏匿”的那些元素；三是类似的“藏匿”手法一定不能滥用。

三、电视新闻事实的价值

新闻事实并不是客观事件本身。新闻事实是体裁化的事实，是客观事实与片段性画面的集合。电视新闻集声、画、文字于一体，在选取电视新闻的传播内容时，除了应严格遵循新闻真实、新鲜的原则外，还需要根据电视媒体特有的优势来作出判断。例如应多选择那些比较适合用电视媒体的传播符号来表达的事实，多选择富于表现力和感染力的画面进行报道。

（一）现场价值决定事实价值

在第11届全运会期间，河北电视台播出了一条新闻，标题是《百米女飞人缺席女子200米决赛》，内容如下：

【片花】

【解说】主持人徐氦：昨天在田径场发生了令人费解的一幕。当人们把关注的目光都集中在飞人刘翔的时候，所有的长枪短炮都期待着刘翔的爆发，然而，具有高度新闻敏感性的本台记者，却在第一时间捕捉到了这样的画面。

【配音】在昨天晚上进行的女子200米决赛争夺中，100米铜牌获得者，江苏名将陈珏在最后冲刺阶段逆转队友蒋兰，以23秒45的优异成绩摘得金牌。蒋兰则以23秒48屈居亚军。获得铜牌的是福建选手王英菊，她的成绩是23秒79。夺冠大热门本届全运会女子100米冠军，福建选手王静不知什么原因没有参加女子200米决赛，成为了众多媒体关注的焦点。我们的记者也及时拍到了她退赛的全过程。

【同期声】你不要下去，站在（跑道）上面，站在这个（跑道）上。

王静上去！问他一下为什么？

我在看台上，我在200米起点，赛后就来不及了，她马上要比赛200米决赛呀！

他不让我上场！

不行呀！什么问题啊！

什么事情？和大家解释一下！

找我 找我 找我……

怎么回事呀！怎么回事呀！

不让我跑！

你这个兴奋剂不是还没报吗？

【字幕】第十一运会组委会通报 福建省代表团女子田径运动员王静，在第十一届全运会兴奋剂检查部于10月22日实施的赛内兴奋剂检查中，A瓶检测结果呈外源性表睾酮及睾酮代谢物阳性。

【字幕】把透明还给天空 赛场呼唤净土。

在第11届全运会女子200米决赛开始之前，夺冠大热门选手王静却退出了200米决赛。河北电视台记者抓到了宝贵的第一现场画面，播出了独家新闻。

由于第一现场是新闻事件正在发生的现场，事件本身的发展变化充满着突发性和不可预见性，有自身的逻辑和规律，因而比人为的现场更具有真实感和吸引力。至于新闻事件已经发生了，记者刚刚到达并且参与、报道出来的第二现场，以及追述过去发生了的新闻事件的第三现场和采用模拟手法复制的第四现场，尽管可以在一定程度上弥补没有第一现场的不足，但是其价值均无法和第一现场相比。

（二）接近性决定事实的收视价值

电视新闻的传播效果，最终取决于观众对传播内容的接受程度。观众总是关心那些与自己的生活密切相关的人和事，电视新闻中最易引起观众共鸣，最能打动人心的，也往往是展现观众身边的那些事实的报道内容。这就是把新闻报道的“接近性”作为一个原则提出的原因。但是，接近性是相对的，中央电视台的综合频道要接近全国的观众，各省市的地面频道要贴近当地的观众。同时，接近性又是有限的，广州电视台的粤语新闻栏目最能够接近的是广州本地的能够听懂粤语的观众，难以接近听不懂粤语的观众；一个中小城市电视台的新闻栏目，也很难去接近全国的电视观众。认识了新闻事实接近性的相对性与有限性，有助于准确地了解和实施接近性原则。

（三）细节蕴含价值

2009年10月22日，中央电视台播出电视消息《无法“舍得”奥运冠军首战出局》，画面记录的是北京奥运会女子摔跤冠军王娇在全运会摔跤比赛失利的全过程。在长度为4分47秒的新闻中，全部解说仅有以下173个字：

> 去年的北京奥运会上，王娇为中国代表团夺得唯一的一枚摔跤金牌，她是所有人关注的焦点，她是很多人心中理所应当的冠军。然而首轮轮空的王娇，在本届全运会第一次出场，就输给了东道主选手刘欣宜，对手犹如一座大山让王娇根本无法撼动。此时奥运会的光环只有金的沉重，失去了金的闪亮。奥运冠军是个无法舍去的头衔。但我们的运动员可以舍去它的沉重，再次轻松地站在赛场上。

记者用近景画面跟踪王娇的面部表情变化，及时抓拍了处于劣势的王娇在激烈比赛的短暂间隙急切地寻找教练、渴望得到指点的眼神，十分生动地记录了王娇的心理变化。正是细节赋予这条新闻强大的生命力，让观众看了还想再看。

读一读　议一议

硬事实与软事实

硬事实是新闻中时空界限清晰、不能任意改变的事实。包括新闻事件中的人物、地点、时间、数据、事件经过等。一篇新闻可以没有软事实，但不可缺少硬事实。

软事实是新闻中难以确定具体时空界限、表达情态或意态的事实。情态事实是指事实声息的细节，通常表现为现场气氛和人们的情感；意态事实是新闻中的议论，对事实的性质、意义和作用作出阐释，揭示记者对事实的评价。软事实仍然是客观事实，但较为模糊、含蓄，可以用不同的方式表达。

硬事实和软事实把新闻的主干和枝叶完美地组合起来，使新闻的脉络既丰满又清晰地呈现出来。这两种事实在新闻中出现，呈现出具体与含蓄、真切与模糊、可把握性和游移不定性的色彩。

（参见刘建明《现代新闻理论》，民族出版社1999年版，第85页）

第三节 建构新闻事实

一、价值观决定新闻事实建构

生活中并非缺少富有新闻价值的事实，只是缺少敏锐的新闻发现力。影响和制约新闻发现的主要因素是媒体和记者所认同的价值观以及所确立的报道思想。价值观蕴涵新闻事实建构的方向，决定新闻事实建构的性质。

新闻价值是客观事实本身所具有的足以构成新闻的特殊素质。新闻价值的衡量标准主要是重要性、显著性、时新性、接近性和趣味性。新闻价值在于发现，没有发现就没有新闻。

在一般情况下，政府会倾向那些有利于把受众引导到主流舆论的框架内的新闻，而普通观众则认为关注民生的新闻内容更有价值。出现这样的分歧在于各方的价值观不同。在美国，有线新闻网CNN和传统大报《纽约时报》、《华盛顿邮报》支持的是民主党，福克斯新闻网FOX、《华盛顿时报》及众多广播电台则拥护共和党，它们不仅为各自支持的总统候选人卖力推销，还积极介入各项争执，并在争执中坚持为自己所支持的政党说话。被认为是自由派旗舰的美国哥伦比亚广播公司（CBS）在2004年9月8日晚的“60分钟”时事杂志节目中，由主持人丹·拉瑟公布了4份据称由已故德州空军国民警卫队少校、曾担任布什所在飞行中队指挥官的杰里·基利恩撰写的备忘录文件。基利恩在文件中说，在布什服役没有达到要求而停飞后，他的上司强迫他“美化”布什的服役记录。但这份文件很快被证明是假的。其实，CBS和拉瑟应该很清楚提供文件的比尔·伯克特与布什过去的嫌隙，却仍然出于“抹黑”布什的目的而播出新闻，造成了一大丑闻。

可见有时候并非传播者没有能力去发现客观事实中的新闻价值，是传播者自身所坚持的价值观导致他们只能发现他们感兴趣的“新闻”，而发现不了另外一些“新闻”。“焦点访谈”强调的是重大题材，“今日一线”青睐的是家长里短。联播性的栏目并不以为被老板拖欠了工资的民工爬到桥上或者高压电线铁塔上以招引舆论关注的事件有什么新闻价值，但是一些民生新闻类的栏目却认为这样的事件正是他们所需要的“新闻”。

更有甚者，有些事实并非是沿着客观事实本来的逻辑发生、发展的，而是在摄像机镜头和记者身影的引导、催促下发生的。以一个关于民工讨薪的报道为例：2008 年 1 月，广州一家电视台播出了新闻专题节目《讨薪》。内容是两个保洁工一个向公司追讨 700 元欠薪，另一个追讨 900 元欠薪，记者跟拍了追讨的全过程。在保洁公司拒付欠薪时，记者向政府劳动部门反映了此事，劳动部门的工作人员当即向保洁公司询问此事。接着是劳动部门的工作人员现场向保洁工作了调查。最后，在摄像机的镜头前，保洁公司人员当着记者的面把欠薪付给了两名讨薪者。这个事实因记者的参与而发生了变异。如果没有记者在场，如果不是面对着摄像机的镜头，事实很可能将按照另外一个逻辑发展着。在同一种类的题材中，那些做跳楼状、跳河状、登高压铁塔触电状的“秀”者，往往等到人聚集得多了，等待记者到达了现场并架好了摄像机，才开始他们的表演。有些扬言自杀的人甚至提前把实施自杀计划的时间、地点告诉新闻媒体，乃至出现过记者到了现场等候而自杀秀者还迟迟没有到达的场面。是某些电视栏目的风格以及支撑其风格的新闻价值观念选择了上述题材和作秀者达成了默契，共同制造了“新闻”。

即便确定了报道内容，在具体报道时“价值观”仍然在发挥着重要的影响。譬如拍摄一个会议，如果电视记者和摄像师执意表现会议的成功，就会利用情节的片段性构建报道框架，回避一些场景，抓住另外一些场景，或者给无精打采者一个远景镜头，而给那三两位精神好的与会者一个近景镜头来营造与会者认真积极的气氛，同时用声音语言强调会议取得了圆满成功，甚至会给新闻配上热烈的掌声效果，构建一个“会议很成功”的新闻事实。

我们并不鼓励上述构建。相反，我们强调传播者必须遵循在尊重客观事实的基础上建构新闻事实的原则。

二、媒体倾向参与新闻事实建构

构建新闻事实带有一定的倾向性。下面是在同一个事实的基础上构建的两个新闻事实：一个是江苏电视台播出的《无奈的牵“绊”林向前 3000 米被“障碍”》，另一个是山东电视台播出的《王者归来，以实力正名》。先来看江苏台的报道：

无奈的牵“绊”　林向前 3000 米被“障碍”

记者：张进伟 王俊　山东济南报道

【解说】昨天男子 3000 米障碍赛中，山东选手孙文利获得了冠军，但紧随其后的江苏运动员林向前在赛后却突然拉住了一名队员的手迟迟不肯放开，此时，山东队孙文勇上前想把两人拉开，无奈的林向前左右张望显得孤立无助的样子。

【同期】记者：刚才是怎么回事？

林向前：刚才因为他们跑第四圈的时候在后面绊我，差点把我绊倒，然后我上来的时候用肘顶我，山东是东道主怎么可以这样做呢？

同期：林向前：他们交流到外省的新疆一名山东运动员，他们是一个队的，采取这样的犯规手段。

【解说】林向前拉住的那名运动员是新疆队1837号运动员綦家泰，对于林向前的不屈不挠，綦家泰显然不愿接受。

【同期】綦家泰：他瞎说的，没有的事，就是上那个栏稍微，都过栏嘛，肯定有点接触是吧，因为这个项目吧，碰碰磕磕都很正常，过栏嘛，肯定会碰到，他就是没有拿到第一，拿这个当借口，那没办法，都碰，谁都碰，我们的也碰。

记者：你的原籍是哪儿的？

綦家泰：我的原籍是山东。

【解说】针对林向前的描述回到当时的赛场，第一圈当所有人都在注意跑步节奏的时候，只有綦家泰不停地回头张望，而当比赛进行到第四圈的时候，林向前顺利超越了1837号运动员綦家泰，但这时，落在身后的綦家泰在平地上绊了林向前一下，使得林向前差点摔倒。

【同期】綦家泰：就是上那个栏稍微，都过栏嘛，肯定有点接触是吧。

这和綦家泰说的过栏时的冲撞根本无法对应，更何况一些更细微的小动作，田径运动员都知道，3000米障碍赛的跑步节奏非常重要，这个不太正常的动作也打乱了林向前的节奏，而这样的失利对于拼搏了四年的田径运动员来说是那么的残酷，难以忍受。

【记者出镜】四年一届的全国运动会对于每位运动员来说都是一次难得的机会，但作为运动之母的田径赛场却出现了这样的一幕，实在让人不禁扼腕叹息。在我身后熊熊燃烧的圣火面前，我们也希望每位运动员将公平公正的精神放在自己的心中。江苏体育频道记者发自山东济南的报道。

江苏电视台认为本条新闻真实细致地报道了十一运会赛场引起轰动的林向前“黑脚门”事件。作者赛后第一时间抓住了事件的两位主角进行了独家采访，摄像在比赛中仔细抓拍了绊脚的整个过程，让整个事实极具说服力。

再来看山东电视台播出的《王者归来 用实力正名》。

孙文利：王者归来 用实力正名

程纪文、蒋仲霖 济南报道：

【导语】在第十一届全国运动会田径男子1500米决赛中，前两天刚刚获得男子3000米障碍赛金牌的山东老将孙文利以3分44秒98的成绩再度夺冠，捍卫了自己男子中长跑无可争议的霸主地位。这是孙文利的第四枚全运会金牌，也是孙文利运动生涯中最重要的一枚金牌。

【现场同期】老将孙文利冲到了第一位，非常放松，孙文利第一个冲过了终点，他是本届田径比赛第二个双冠王。

男子1500米和3000米障碍赛冠军孙文利："今天我很激动。因为障碍比赛的时候，他们有些队员无事生非，说我们用什么战术，踩、挤什么的。我理解他们没有拿到成绩没有拿到金牌，心情我能理解他们。他们想利用我做什么新闻，我没什么话说，但是我只想说一句：我用实力证明自己！"

【配音】第一个冲过终点的山东名将孙文利激动之情溢于言表。在两天前的3000米障碍决赛中，孙文利以绝对实力战胜了包括自己的孪生哥哥孙文勇在内的其他选手，实现了全运三连冠的伟业。然而文利并没能开心多久，获得第二名的江苏选手林向前赛后指责山东交流到新疆的一名选手对自己进行了阻挡，并以此攻击孙文利的金牌来路不正。尽管裁委会研究录像后驳回了江苏代表团的上诉，但孙文利的心中却留下了难以抹去的阴影。32岁的孙文利在我国男子3000米障碍比赛中称雄多年，堪称该项目的绝对霸主，但由于年龄和伤病的原因，文利已经决定将在本届全运会后退役。因而两天后的1500米决赛成了这位老将洗刷屈辱的唯一机会。主攻3000米障碍的孙文利已经多年没有参加过1500米项目的角逐，并没有取胜的把握，然而对于文利而言，比金牌更重要的是名誉，没有什么比证明自己的清白更重要。

在看台上母亲和哥哥的关切注视下，文利义无反顾地站在了起跑线上。发令枪响，文利夹在队伍中间丝毫不显山露水，最后200米，孙文利从外道快速赶超，利用强有力的后程冲刺超越了所有对手，无可争议地赢得了自己在本届全运会中的第二枚金牌。

男子1500米和3000米障碍冠军孙文利："我是在多年没有参加1500的时候，放弃1500米，主要攻3000米障碍；今天我用实力证明自己，我在1500米也是最棒的！"

【记者出镜】程纪文："连续三届全运会夺得冠军，又在家门口举行的十一运会上包揽了双冠，32岁的孙文利不断书写着自己的人生传奇。也许他将就此退役，也许他又会给我们带来新的惊喜，谁知道呢？在这位32岁的老将身上，似乎一切皆有可能。这是全运频道和CSPN记者发自济南奥体中心的报道。"

山东电视台认为孙文利在3000米障碍比赛夺冠后受到对手不负责任的言语攻击，但他没有做出口头回应，而是默默下定决心，用第二枚金牌来证明自己的实力，让谣言不攻自破。认为孙文利在本届全运会上的"双冠王"不仅捍卫了自己在国内男子中长跑界无可争议的霸主地位，同时也为自己的运动生涯画上了一个圆满的句号。山东台还认为本片生动地刻画了一名优秀运动员坚忍不拔顽强拼搏的气质和个性。山东台的报道中还使用了诸如"无可争议的霸主地位"、"以绝对实力战胜"、江苏选手林向前"攻击孙文利的金牌来路不正"、孙文利"堪称该项目的绝对霸主"、"文利义无反顾地站在了起跑线上"等语词。

事实的本源只有一个，两家电视台分别让观众看到的却是不同的新闻事实，这是媒体倾向的生动写照。类似的倾向不仅电视媒体有，报纸新闻中也经常可见。众多的"倾向"显示出以下意义：

其一，一般来说，对那些事态明朗、是非善恶分明的新闻事实，传播者多会选择公开表达的方式表明自己的倾向；对那些一时动向不明，真相难以辨清的新闻事实，传播者即使内在倾向明显，也多选择隐蔽表达的方式。例如在“5·12”汶川大地震的相关新闻报道中，出境记者带着悲痛的语调向观众传递了震灾现场的消息，节目主持人也公开地表达了对这次灾难的悲痛之情。

其二，出现明显的倾向，很可能是由于建构者和客观事实之间具有利害关系——或者是媒体和事实之间有利害关系，或者是记者和客观事实之间有利害关系。涉及政治态度、宗教观念，以及群体和个人利益的新闻都有、也都应该有明显的倾向。许多事实如果不涉及利害和信仰，就派生不出倾向。江苏电视台认为林向前3000米“被障碍”，山东电视台认为孙文利受到对手不负责任的言语攻击；前者维护的是江苏代表团的利益，后者维护的是山东代表团的利益。如果没有利害关系，那么“倾向”可能和建构者的认识水平密切相关。

其三，电视新闻中的倾向采用隐蔽的方式表达，容易收到预期效果。例如江苏台的记者问：“你的原籍是哪儿的?”綦家泰回答：“我的原籍是山东。”再如江苏台的新闻中多次播放“落在身后的綦家泰在平地上绊了林向前一下，使得林向前差点摔倒”的近景画面。虽然不着一字，也已不露声色地表达了倾向。在山东台的新闻中，记者出镜报道也采用了隐蔽的手法表达倾向，但是在画面“配音”中却出现了这样的声音：“两天前的3000米障碍决赛中，孙文利以绝对实力战胜了包括自己的孪生哥哥孙文勇在内的其他选手，实现了全运三连冠的伟业。然而文利并没能开心多久，获得第二名的江苏选手林向前赛后指责山东交流到新疆的一名选手对自己进行了阻挡，并以此攻击孙文利的金牌来路不正……”这样的表达，则未必能收到预期效果。

其四，上述倾向、立场和角度有可能深化报道主题，指引观众深刻认识新闻事实的意义，也有可能导致对事实的片面报道甚至歪曲性报道。

为了避免对事实片面或歪曲报道情况的发生，电视记者在构建新闻事实的时候必须首先还原事实的真面目；在表达观点之前，应该先把现场呈现给观众。许多时候当摄像机打开时，第一现场已经没有了，这时摄像机的镜头只好对准了那些转述者、“证人”、或者某些“权威”人士以及专家，并且也可以选择用以上人士的叙述来表达记者的或者媒体的倾向。但是一个理性的记者和负责任的媒体必须警惕：此时正是最容易导致事实被片面理解甚至受到歪曲的时候。如果真的希望避免事实被歪曲，那么就应该多访问几位证人、多请教几位“专家”、多比较几个不同的报道角度。新闻事实只能在尊重事实的真实性和客观性的前提下建构。

三、报道角度影响新闻事实建构

（一）主观角度与客观角度

角度是观察事物的切入点和注目方向。事实的角度是客观的，而记者观察事物的角度却具有自己的选择性。原因一是由于许多事实不仅庞大，而且繁杂，难以站在全局的高点上加以观察，例如2008年的北京奥运会、2009年12月召开的丹麦哥本哈根世界气候大会，记者认识这些事实只能从一个角度切入。另一个原因是更多的新闻事实是突发的，像2008年广东九江大桥被撞断、2009年成都公交汽车燃烧事件等，记者要在第一时间以最快的速度从客观事实中分辨、筛选出新闻事实来，就必须在第一时间选择角度，所选的角度往往就难以十分恰当。更何况大量的新闻事实和一般事实经常混杂在一起，新闻价值突出的事实往往隐藏在琐碎的细节中，需要记者深入采访、细心甄别，从浩瀚的琐碎细节中抓住最有价值的内容建构成新闻事实。在这个过程中，记者需要有主观角度的参与，但是，却不能把主观角度强加给新闻事实。认识的局限，权力的影响，利益的诱惑乃至情感的因素，都有可能导致主观角度偏离客观事实。在尊重事实固有指向的基础上，主观角度才有价值，经得起客观事实的检验，主观角度才是可靠的，准确的。

（二）主要角度与次要角度

建构新闻事实的角度有主要角度和次要角度之分，每种角度都是事实本身的向度，由不同角度所获得的是事实的不同意义。主要角度能够涵盖事实的基本意义，次要角度则只能代表事实的某一特点，记者从主要角度介入才能发现本质进而揭示出事实的整个性质。如果记者抛弃主要角度而选择次要角度，就有可能导致歪曲事实的性质。同时，为坚持平衡、公正的报道原则，在新闻的内容涉及两个对立的人或社会群体时，记者在选择主要角度时，也需要再现次要角度，以全面地报道事实。

（三）多个角度与单一角度

一个事件往往包含各种动态，从不同的侧面观察它，可能显露出不同的动感，呈现出不同的角度。一个事实往往是由许多个单一特征构成的完整的事态链，认识完整的事态链才能真正抓住事实的本质。从这个意义上说，记者仅通过一个角度去认识事实、报道新闻，仅根据一个报料电话，或者一个目击者的陈述就发表议论，是很危险的。摄像机镜头多抓住事实的若干个“单一特征”，所报道的事实才更加接近客观真理。

四、报道框架为新闻事实的“单一特征”划定边界

框架含有界限的意思，有界限就必然有取舍。对电视新闻报道而言，所谓确定报道框架就是在分析新闻事实所呈现的全部“单一特征”的基础上，就如何报道、突出怎样的报道重点、建立怎样的报道结构作出选择。选择的方式之一是为所呈现出来的全部“单一特征”划定一个边界，边界之内的是需要重点报道的内容，这个边界就是框架。

（一）情节的片段性为报道框架设计提供了机会

电视新闻具有情节片段性的特征，这为新闻事实报道框架的设计提供了良机。如果采编环节镜头运行流畅，画面陈述得体，在情节片段性的掩护下，所设计的框架就不容易被觉察。如果“框架”一下就被观众发现了，那么新闻也就变成了宣传。

电视新闻报道不可能按照不偏不倚的客观标准进行，事实上也根本不存在那样的“客

观”标准。相反，新闻事实的报道应以不损害国家利益和公众利益为原则，并应在政府利益和公众利益出现偏差的时候力求理性与平衡。例如，2009 年初，广州连续发生多起“跳桥秀”事件。起初有的新闻媒体从当事人的角度设计报道框架，结果问题不但没有及时解决，新的“跳桥秀”反而接踵而来，引起交通阻塞和市民的强烈不满。随后，主流电视媒体从警方对当事人积极劝阻、有关部门采取相关措施、广大群众强烈谴责的角度重新设计报道框架，提醒当事人采用调解、诉诸法律等手段解决纠纷，促进了事件向积极的方向转化，因而受到了市民的好评。

（二）报道思想是框架设计的指导原则

如何设计框架，那要看报道思想。报道思想是新闻媒体在一定时期内组织新闻报道的指导思想，体现着新闻报道的方向和意图，表明报道的目的、内容、范围、重点和要求，是具体的报道框架设计的依据。在构建新闻事实的时候，记者会有自己的倾向，媒体也会选择自己的立场，记者和摄像师也将主动或被动地选取一个或多个报道角度，但是这些倾向、立场、角度都应该是报道思想派生的。媒体的报道思想决定了报道的选材范围，并在采访、写作、编辑、播发的全过程产生影响。

当然，媒体的报道思想并非凭空而来，也不可随性而生。作为主流媒体，电视台的新闻报道思想的形成以及时、真实、客观、公正地报道新闻为基础，通过对社会时局和观众需求的科学判断，并在主动适应当时、当地的形势、政策和宣传工作要求之后才能最终确立。

（三）无设计是设计的最高境界

在选择新闻事实特征的时候不可以没有报道框架，也不可以脱离客观事实僵硬地去设置报道框架。报道框架设计的操作规则是用整体的“框”去选择体现客观事实本相和报道意图的那些事实的特征。在这个过程中，记者可以用自己的框架去“框”所有的事实特征，却不可以把其他事实的特征转移到框架里面来。框架可以运动，而一个一个的具体的事实特征却不可以跳跃。框架的运动达到匀速的水平，框架设计就达到了无设计的自然流畅状态。

五、报道时机的选择

新闻要讲究时效性，但讲究时效性的新闻未必就能够获得理想的传播效果，对事实的报道还一定要选择最佳时机，时机恰当，新闻信息容易和某些信息形成互动，新闻的影响力会增强。时机选择不当，不仅有可能降低传播效果，甚至会产生消极作用。因此，在决定报道事实之前，先要研判大局，区分轻重缓急；要综合考虑哪些选题最好先搁一搁，哪些需要立即采访播报。

新闻播出的最佳时机是报道内容能够发挥最大新闻价值的那个时间。大多数报道，特别是突发性事件报道，能快则快，一秒钟都不应耽误。而对问题性报道，则要捕捉良机

——早了不行，那时矛盾正处于白热化，问题正值扑朔迷离之时，说了可能会“添乱”；晚了也不行，矛盾已经冰释，问题已经解决，这时再播，可能会重新挑起是非，或者是“马后炮”而已。

读一读　议一议

福克斯新闻台“死磕”奥巴马新政府

上周，白宫通讯联络办公室主任安妮塔·邓恩在接受美国报纸采访时说，福克斯电视台“不是共和党的调查工具就是传播工具”，称其“对总统奥巴马和白宫发动战争……我们没必要仍假装认为这是合法新闻机构的行为”。这句话成了这场“口水仗”的导火索。邓恩还指责福克斯电视台“以新闻伪装观点”，声称“我们将用待敌之道对待他们”。

18日，白宫办公厅主任拉姆·伊曼纽尔又在美国有线电视新闻网（CNN）的《国情咨文》节目中说，福克斯新闻台“立场明晰，表现得不像个新闻机构”。奥巴马的高级顾问戴维·阿克塞尔也公开表示，福克斯新闻台不应被当做一家新闻机构来对待。

作为回应，福克斯新闻频道高级副总裁迈克尔·克莱门特当天则表示，白宫没有将注意力放在如何解决就业及医疗卫生等问题上，反而继续“对一家新闻机构宣战”。克莱门特在一份书面声明中表示：“（对话的）大门仍然敞开，我们欢迎对于此事背后的真相展开讨论。”

邓恩表示，是福克斯新闻台，而非白宫，挑起了这场“口水仗”。她说：“政府正在遭受抨击，这个政府内部的成员在受到抨击，政府的决策在遭到错误报道。事实是，从某些方面来说，政府必须为自己辩解。”

对此，克莱门特则表示，白宫不能将新闻节目和评论性节目中对政府的批评意见区别开来，这“令人震惊”，“白宫看起来有点自私”。

18日，奥巴马3名助手把政府关于阿富汗、医改和经济问题的信息奉送给美国广播公司、哥伦比亚广播公司（CBS）、美国有线电视新闻网和全国广播公司（NBC），却唯独不给福克斯。

上个月中旬，奥巴马参加美国5家主要新闻媒体的早间访谈节目，独将福克斯排除在外。

白宫官方博客上一篇最新的博文则将福克斯评论员贝克称为“骗子”，以回应他对奥巴马是个“种族主义者”的批评。除此之外，白宫还希望“联手”美国的其他新闻机构孤立福克斯新闻台。福克斯新闻台还表示，该台高管已被告知，直到今年年底都不会再有政府官员作为嘉宾亮相该电视台的访谈节目。邓恩却否认了白宫将“封杀”福克斯新闻台。

福克斯新闻曾是小布什政府时期白宫最喜欢的媒体。据悉，奥巴马阵营内部向来都将福克斯新闻称为共和党的代言人。

一般认为美国几大传媒机构中，除福克斯新闻属于保守派之外，其他七个都是自由派。福克斯新闻总是在新闻节目中抨击NBC是奥巴马在媒体领域最大的支持者，每当提起NBC

和奥巴马时，二者之间的连接词都用“和（and）”，而论及自己与奥巴马时，习惯用词却是“对抗（vs.）”。

在医改、增兵阿富汗、芝加哥申奥以及奥巴马获诺贝尔和平奖等问题的报道上，福克斯近期对白宫也是批评声不断。在奥巴马政府当前遭遇的最大国内问题医疗改革的问题上，被认为是“右倾保守派媒体”的福克斯就是立场坚定的反对派。

福克斯新闻台的评论员格伦·贝克和肖恩·汉尼提都是奥巴马尖锐的批评者，另一名主持人比尔·奥瑞利也经常痛批奥巴马政府。

奥巴马竞选总统期间，福克斯电视台一名女主持人希尔就在节目中把奥巴马的一个手势同恐怖分子相联系。今年7月，福克斯新闻台主持人格伦·贝克又在一档节目中批评奥巴马是种族主义者。

（摘自《广州日报》2009年12月17日）

第二章 传播者

电视新闻传播的是新闻事实，采集新闻事实的是记者、摄像，决定事实如何播出的是编辑，将事实具体播报出去的是播音员、主持人，他们对电视新闻传播的质量与效益承担着直接的责任，是新闻内容的守门人①。除此之外，决定新闻传播的质量与效益的还有媒体的管理者和经营者也是重要的传播者，在我国电视新闻传播过程中，他们具有不可替代的作用。

第一节 电视媒体管理者、经营者

一、党管媒体

中国共产党历来十分重视新闻工作。例如1950年4月19日，中共中央作出《关于在报纸刊物上展开批评与自我批评的决定》，其中规定："在一切公开的场合，在人民群众中，特别在报纸刊物上展开对于我们工作中的一切错误和缺点的批评与自我批评。"1954年7月17日，中共中央发出《关于改进报纸工作的决议》。1981年1月29日，中共中央发出《关于当前报刊新闻广播宣传方针的决定》。1988年2月6日，中共中央宣传部发出《关于新闻报道工作的几点规定》。2001年8月，中共中央办公厅发布了《中央宣传部、国家广电总局、新闻出版总署〈关于深化新闻出版广播影视业改革的若干意见〉的通知》（中办发［2001］17号）。2005年3月，中共中央宣传部、国家广播电影电视总局、国家新闻出版总署发出《关于新闻采编人员从业管理的规定（试行）》，上述决定、决议、通知、规定都是"党管媒体"思想的具体体现。

① 库尔特·卢因在1947年撰写了一篇关于如何决定家庭食物购买的文章《群体生活的传播渠道》，文中认为信息总是沿着包含"门区"的某些渠道流动，或者根据公正无私的规定，或者根据"守门人"的个人意见，决定信息或者商品是否允许进入渠道或者继续在渠道里流动。库尔特第一次提出了学理意义上的"守门人"概念，成为美国社会心理学、传播学的奠基人之一。巴斯在1969年提出了新闻流动的"双重行动模式"，将新闻传播分为新闻采集与新闻加工两个阶段，并注意到了"守门人的差异"。参见：陈霖，《当代新闻传播原理》，上海三联书店，2006年版，第32－33页。

“党管媒体”思想也在组织制度上得到了具体落实。中共中央宣传部设有新闻局，各省市宣传部门通常都设有新闻处（科），负责对报刊、广播、电视等新闻媒体的传播活动进行规范和指导。其管理的重点是保证新闻媒体正确的舆论导向。此外，党的各级宣传部门还通过对所属新闻媒体领导人的任命，把党对新闻媒体的领导落实在使用干部上。

党和政府的有关部门还就一定时期电视新闻媒体的报道重点以及重大事项的报道原则发出指示，要求电视媒体执行。

二、政府行政管理

在我国，新闻媒体同时也是政府的喉舌，中央政府和各省市政府也都设有广播电视新闻主管部门。国务院广播电视行政管理部门负责全国的广播电视新闻媒体的管理工作。县级以上地方人民政府的相关部门或机构负责本行政区域内广播电视新闻媒体的管理工作。

政府对广播电视新闻媒体的管理主要是通过制定相应的行政法规和规章，并要求电视媒体执行来实现的。例如国务院发布的重要的相关行政法规就有《外国记者和外国常驻新闻机构管理条例》（1990 年）、《卫星电视广播地面接收设施管理规定》（1994 年）、《音像制品管理条例》（1994 年）、《电影管理条例》（1996 年）。1997 年 8 月 1 日国务院第 61 次常务会议通过的《广播电视管理条例》已自 1997 年 9 月 1 日起施行。这是政府迄今出台的管理广播电视媒体的最高行政法规。2000 年 9 月 20 日，国务院第 31 次常务会议通过并公布实施了《中华人民共和国电信条例》和《互联网信息服务管理办法》。《电信条例》规定互联网信息服务为电信增值业务，《管理办法》规定“从事新闻出版等互联网信息服务，在申请经营许可或履行备案手续前，应依法经有关主管部门审核同意。”此外，国家广播电影电视总局还根据宪法和有关法律制订发布专门的规章，来具体实施行政管理。例如 1996 年，当时的广播电影电视部第 19 号令发布了《关于广播电台电视台设立审批管理办法》。发布以上法规和规章，重点是为了监督广播电视新闻机构是否依法设置，传播内容是否符合法规要求，节目信号质量是否符合行管技术标准，传播活动是否侵犯他人权益，等等。

政府主管部门还采用评奖手段，来引导电视新闻媒体健康发展。例如广播电视新闻奖作为国家广电总局的政府奖，由中国广播电视学会组织评选。其中设有中国广播电视新闻奖、中国播音与主持作品奖、对外宣传节目奖等等。同时，政府主管部门还通过组织专家对电视节目进行“收看阅评”，及时发现电视节目中存在的问题，责令其整改，或对违规行为进行处罚。

三、媒体经营管理

上级党委和政府主管部门不直接插手广播电视媒体日常的具体采编业务，也不直接干预媒体日常的经营管理活动。电视台根据上级党委和政府主管部门的要求，具体指挥节目的生产、购销、播出，自主实施媒体自身的文化建设。

（一）电视媒体经营观念

在我国，广播电台、电视台是指采编、制作并通过有线或者无线的方式播放广播电视节目的机构。按照《广播电视管理条例》第九条的规定，设立广播电台、电视台，需要有符合国家规定的广播电视专业人员；有符合国家规定的广播电视技术设备；有必要的基本建设资金和稳定的资金保障；有必要的场所。而且，除具备条件外，还应当符合国家的广播电视建设规划和技术发展规划。目前国家的广播电视建设规划规定每个地级市原则上只设一家电视台，社会资本还不能通过市场获得广播电视媒体的经营权，广电媒介的资源配置和市场结构均未能打破行政级别和行政区划的限制，在相同的行政区划中也基本上不存在相同行政级别的广电同类媒体的竞争。

电视媒体的经营观念形成于对电视媒体属性的科学认识。目前对电视媒体属性的认识主要有以下三种：

1. 喉舌与工具

从1958年到1978年，这期间我国的电视媒体完全是“工具”和“喉舌”。按照列宁的观点，报刊具有三大功能，分别是宣传、鼓动、组织功能。同样电视也必须具有这样的三大功能。这样的媒介观必然要求新闻媒体遵循党性原则，引导正确的舆论导向，做党和人民的“喉舌”。

“喉舌”媒介观和“权力”媒介观在本质上十分接近。几乎在所有的新闻体系中，新闻媒介都是掌握政治和经济权力者的代言人，经济、政治的力量必然干预新闻。改革开放以后，我国新闻媒体的基本属性并无变化，新闻工作的根本任务依然是以正确的舆论引导人，新闻媒体依然必须要充当党、政府和人民的喉舌。性质决定职能定位，进而决定媒体的价值观和选择尺度。所不同的是随着改革开放的深入，特别是在进入21世纪之后，我国电视媒体的属性开始变得丰富起来，在保持“工具”和“喉舌”属性的同时，我国当代电视媒体的公共属性已经有了明显的增强，产业属性也在开始快速成长。

2. 娱乐机构

当代电视节目的娱乐化倾向并不是单一的个别现象，而是整个电视媒体娱乐功能升级的一种表现。与之相呼应的是，影视剧和综艺节目在电视媒体播出的节目中所占的比重持续加大，收视率往往占据各类节目之首。以广东南方电视台为例，该台从2001年购买电视剧改编权联合制作《亮剑》，到2009年投资出品《潜伏》，依靠电视剧形成了媒体巨大的品牌影响力。2000年7月，国家广电总局在甘肃召开的全国广电厅局长会议明确提出了中国电视体制集团化的要求，不久下发了2000年284号文件，提出了广播、电视、电影三位一体的发展思路，进一步刺激了电视媒体娱乐功能的发挥。但是，就我国现阶段的媒体发展政策来看，在电视媒体娱乐功能增长的同时，新闻立台的基本方针仍然不能变。

3. 电视产业

1978年底，《人民日报》等首都8家新闻单位要求对报社实行“事业单位、企业化管理”并获得批准。由此，“事业单位、企业化管理”开始试行。1985年国家在统计分类上第一次把广播电视列入第三产业。1992 年，中共中央、国务院在《关于加快第三产业发展的决定》中指出，随着经济的发展和收入水平的提高，人民群众不仅在衣、食、住、行、通讯、卫生和生活环境等物质生活的各个方面提出了更多、更高的要求，而且在文化娱乐、广播影视、图书出版、体育康复、旅游等精神生活方面也提出了更多、更高的要求。只有加快发展第三产业，才能适应人民群众日益增长的物质和文化生活的需要。1996 年江泽民在视察人民日报社时强调说："过去我们的传媒只讲宣传，如今，在市场经济条件下，新闻传媒既要宣传，又要经营。"

1988 年，广东电视台获得了中央给予试点的"事业单位，企业化经营"政策，开始了公益性事业和经营性产业"两个轮子一起转"的征程。2001 广东南方电视台成立后，继续沿着产业化经营之路迈开大步。在 2001 年 4700 万元的基础上，2002 年广告营销额达到 1.4 亿元，2003 年增长到 2.2 亿元，2004 年上升到 3 亿元，2005 年广告营销额超过了 4 亿元。到 2007 年，广东南方广播影视传媒集团经营总额越过了 50 亿元大关。产业化之路也使电视新闻媒体获得了强大的舆论引导能力。

宣传与经营两分开说的是分开，有分开就必然有融合。把以上三种观念区分开来，是管理者应有的思维，而把三者融合起来，则是电视媒体必须要具备的经营智慧。

（二）电视媒体经营内容

电视媒体经营内容是在媒体观念和办台宗旨的指导下确定的。重点是组织节目的生产，安排节目的播出，组织节目的包装与推介，进行节目的交流和购销等。电视台通过完善制度建设，例如制定并实施频道责任人上岗责任制度、记者工作量定额与稿酬制度、绩效考核制度、奖罚制度、广告销售激励制度、收视率激励制度等，来实施对所属各频道、各部门的日常管理，以保证经营管理各项指标的落实。

1. 节目生产

电视媒体经营的首要内容是组织电视节目的生产。即便在实现了制播分离的情况下，电视新闻节目的生产也依然是电视新闻媒体经营的首要内容。

就电视新闻节目而言，其生产的依据和必须要考虑的因素主要有：

- 上级组织下达的报道任务；
- 目标观众的收视需求；
- 竞争对方的长处和弱点；
- 广告客户的兴趣；
- 自身的资源条件。

各级电视媒体都有专职负责电视节目生产的部门，承担节目的策划、组织、执行与控制职能，最重要的是要承担节目策划与组织职能。

节目策划包括本台和本频道、本栏目的短期、中期、长期的节目策划。电视节目策划的过程一般表现为节目的组织、评价、挑选以及节目播出档期的安排。其间，策划者的主要诉求是：

• 如何做一档让观众爱看的节目；

• 如何让广告客户满意这档节目；

• 如何让所策划的节目与本台的其他节目形成互补，而又能从竞争台那里吸引一些观众过来。

节目组织的重要内容是整合节目资源，将策划方案变为具体的节目。电视台的新闻节目一般应自己制作，如果自己做有困难可以和外部力量合作，但是，电视媒体承担着舆论引导的重要职能，新闻节目生产的主动权必须牢牢抓在自己手中。

2. 节目购销

电视媒体经营一要抓节目生产，二要抓节目购销。节目购销工作包括购销策划、节目购买、节目交流几个环节。

策划是购销的基础。节目购销策划的主要目标是发现或培育能够吸引更多观众观看的节目，并在最适宜的时间里安排播出这些节目。节目购销策划方案需要由节目负责人牵头，和节目购销负责人、频道总监一起商讨确定。

电视节目购买的对象主要是电视剧、电视综艺节目和一些专题节目。影响节目购买的因素主要有：观众的直接反馈，管制的规则和标准，节目收视率反馈数据，生产人员的意见、个人基于直觉或感觉和判断，支付能力与财务计划、时机选择等等。上海、四川、北京三个电视节已经开办多年，目前上述三个城市已成为全国电视节目的主要采集地。

节目交流是电视媒体相互之间开展的一种节目交换活动。用于交流的节目通常是具有鲜明特色的地方性节目、公益性节目。目前国内一些省级台、城市台之间开展了许多合作项目，有些合作项目就包括新闻节目的交换。通过节目交流，可以增加节目来源渠道，扩充节目内容，增加节目品种，延长节目播出时间，扩大优秀节目的传播范围。目前我国广播电视节目在境外落地范围持续扩大。CCTV－9、CCTV－4、CCTV－E&F（西班牙语法语频道）三个国际频道的节目已在世界一百多个国家和地区落地，总用户数超过6000万。

3. 节目播出

播出是节目生产、交换价值的实现方式。它既是电视媒体经营的终端，又贯穿于节目生产、交流的全部过程。节目播出环节最重要的经营目标一是要确保播出安全，二是要努力争取最好的播出效果。

确保安全播出是电视新闻传播的生命和重要保障，是一项艰巨而又长期的任务。安全播出的最大挑战主要来自卫星电视。保证播出安全的措施，除了落实责任到人外，还要利用高新技术手段，保证设备安全及渠道（网络）安全。

播出效果的数量评价指标就是收视率。没有收视率的节目生产，其价值就无法实现，没有收视率的新闻栏目所播的内容可能就不是新闻。没有收视率就吸引不了广告客户，也就没有了节目生产的经费来源。但是，播出效果是否好，还不能仅看收视率指标，还要看质量指标。收视率高的节目，质量不一定高，精神产品的生产在有竞争的压力下可能会越来越走向低质化。既有高收视率，又完全保证节目质量，是电视媒体经营者的崇高理想和不懈的追求。

（三）电视媒体文化建设

媒体文化建设也是电视媒体经营的重要内容，其目标是培养媒体团队，打造传媒品牌，提升媒体的核心竞争力。

媒体文化建设是围绕着媒体人展开的，其具体目标是吸引人、发现人、培养人、成就人。电视媒体具有高关注度的先天优势，吸引普通人群并不困难，在传媒竞争日益加剧的今天，要吸引高素质的专业优秀人才却很不易。电视媒体主要通过两个途径发现人：一是社会途径，例如举办“明日之星”大赛、“未来主播”大赛，以此来发现一些优秀人才。二是内部途径挖掘人才。不少电视媒体都有这样的情况：摄像成了记者，记者成了名主持人，编导当上了总监……人才能够脱颖而出和媒体内部的人才发现机制关系密切。媒体是高素质专业人才聚集之地，电视媒体又是技术、知识乃至品牌更新很快的行业，加上快捷的生活节奏、紧张的工作气氛，电视媒体的员工极易身心疲惫。因此，定期让员工获得进修学习的机会是主流媒体不应忽视的战略问题。高薪酬并不是电视新闻人追求的唯一目标，也不是一些优秀的编导、记者、主持人追求的主要目标。让编导、记者、主持人获得良好的工作环境，为他们组建优秀的工作团队，让他们享受到媒体的品牌形象、竞争力、影响力带给员工的尊严，让他们看到能够成为名记者、名主播、名主持、名编导、名经理的希望——这才是电视媒体经营管理的核心内容之一。

读一读 议一议

提高舆论引导能力

2008年6月20日，胡锦涛总书记在人民日报社考察时，进入人民网强国论坛和网民聊天，并着重就提高舆论引导能力提出5点意见：

——必须坚持党性原则，牢牢把握正确舆论导向。要牢固树立政治意识、大局意识、责任意识、阵地意识，把坚持正确导向放在新闻宣传工作的首位，

——必须坚持以人为本，增强新闻报道的亲和力、吸引力、感染力。激励全体人民信心百倍地创造美好生活。

——必须不断改革创新，增强舆论引导的针对性和实效性。不断提高舆论引导的权威性、公信力、影响力。

——必须加强主流媒体建设和新兴媒体建设，形成舆论引导新格局。以党报党刊、电台电视台为主，整合都市类媒体、网络媒体等多种宣传资源，努力构建定位明确、特色鲜明、功能互补、覆盖广泛的舆论引导新格局。

——必须切实抓好队伍建设，增强凝聚力和战斗力。要坚持马克思主义新闻观，引导广大新闻宣传工作者不断提高思想政治水平、增强业务本领。

第二节　电视新闻编辑、记者

本节对电视新闻编辑、记者的品质、素养、能力要求加以归纳，其内容同样适用于电视新闻摄像人员。电视新闻摄像人员需要增强新闻意识，提高新闻采编素养；同时，记者、编辑人员也需要具备摄像人员应有的画面构图技能。从发展趋势看，电视新闻的采访、拍摄、编辑需要走向一体化，其中电视新闻的采访、拍摄一体化的进程尤其需要加速。

一、编辑、记者的身心品质

1. 体魄

电视新闻采访不仅是高智能主导下的信息产品生产环节，也是需要有强壮的体能参与的劳动过程。电视新闻采访需要负重、追随、对抗，有时还需要长时间蹲守。因此，电视新闻记者、摄像乃至编导都需要有健康的体魄。以便在较长的工作时间内保持饱满的工作热情和良好的精神状态。

2. 好奇心

好奇心是新闻敏感的人格基础。电视新闻编辑、记者应该是触角最敏锐、反应最快、眼界最宽阔的人。一名优秀的电视新闻记者应该永远不失好奇之心，永远保持对身边的一切饶有兴趣的心态。如果有一天对周边发生的一切都不再有新鲜感了，也就预示着其记者的职业生涯行将结束。

3. 敬业精神

敬业精神并非因一时、一事迸发出的热情，而是在追求理想、完善人格的进程中陶冶的人格倾向，是在对本职工作深刻了解和诚心喜爱的基础上形成的热情、活力和责任感，其行为特征是主动、积极、执著和进取。因而是各行各业从业者能够取得事业成功的必备条件。电视新闻工作者，经常面对复杂多变的形势，所以更需要有良好的敬业精神。

敬业首先必须爱业。爱业才能以饱满的热情投入工作。著名报人邹韬奋曾经说过："我深信无论什么事业，非干到'痴'的程度，决干不好"。爱业还表现为高度的责任感和使命感。电视新闻事业的意义在于记录时代风云，为后人留下关于今天的真实资料；在于作为人民大众的代言人和真理、正义的守护神；在于能够满足观众的需求，促进民生的幸福和社会的进步。正是这样的责任感和使命感，支持着电视新闻采编人员在新闻实践中勉力前行。2008 年 5 月 12 日 14 时 28 分，汶川地震发生后 17 分钟，新华社向全世界发出第一条英文快讯；15 时，中央电视台一条关于汶川地震的口播新闻传遍全国各地。随后《绵阳晚报》的总编辑助理刘文定带领记者挺进北川。临出发前，妻子哭着对他说"要死一起死"，并坐在车里不下来。但刘文定却说，"你哭也没有用，我做的是媒体，这是记者的天职！如果我们离重灾区最近的媒体都没有在第一时间里报道，以后我们还咋办报？今天，我就是翻山越岭，也要走到北川!”《绵阳晚报》成为第一个进入北川的新闻媒体，北川的灾情得以迅速传出。那张感动无数国人的“敬礼娃娃”照片就是出自刘文定带队的摄影记者之手。

4. 求实

新闻的生命在于真实。一个记者必须坚守实事求是的思想路线，用求实的心态和行动捍卫新闻的尊严。

2008 年 8 月，《瞭望东方周刊》记者孙春龙在网上看到了山西溃坝事故后，职业的敏感告诉他事情绝不那么简单，“当时山西报的死亡人数是 9 个，太接近 10 这个坎儿了，很可疑。10 个以上就属于重大安全事故。”于是，他乔装成工地的工人，只身前往山西。为了不引起注意，他没敢住宾馆，而是在建筑工地上和一名装修工人一起住了两天。终于了解了事故的真相。随后，孙春龙把银行卡密码全告诉妻子；嘱托几个知己朋友日后帮忙照顾妻儿，处理完手头上的一些事务，果断向媒体发出了稿件，让山西溃坝这起“自然灾害”露出了“重大责任事故”的真相。

5. 坚韧

坚韧是百折不回，不达目的不罢休的心理品质。电视新闻工作者经常需要携带笨重的采访设备，紧张地工作在水火灾害、地震事故的一线，穿行于瘟疫、疾病流行的区域，坚守在蹲点守候的采访现场，甚至要走街串巷、上山下乡，去发掘新闻。因此，必须具有坚韧的毅力，

不仅艰难的自然条件要求电视新闻工作者必须有坚韧的毅力，在面对某些特殊的社会条件时，要完成采访报道的任务，就更需要有百折不挠的坚韧毅力。例如，在调查性报道和舆论监督类的报道中，采访的阻力往往来自四面八方，记者经常会遇到各种刁难和威胁，有时还要面对被收买的圈套，没有 坚忍不拔的意志品质，一些采访活动就很难如期进行下去。

二、编辑、记者的职业素养

职业素养是在职业实践要求的规范下，经过积极的学习和锻炼而达到的一种心智水平与行动能力，包括政治素养、职业道德、沟通能力以及具体的业务素养等内容。

（一）政治素养

尽管电视新闻媒体的公共属性已经有了很大的增强，但是当代电视新闻事业的意识形态色彩依然十分鲜明，仍然反映着一定阶级、集团的意志，并继续充当着维护一定阶级、集团利益的工具。不仅我国当代的电视新闻事业是这样，以商业媒体著称的美国电视业也是这样。对此要有清醒的认识。

我国的电视新闻事业对编辑、记者素养的具体要求是：

1. 坚定的新闻立场

在中国，新闻媒体是党、政府和人民的喉舌。“教育、鼓舞全党、全军和全国各族人

民建设物质文明、精神文明”是广播电视工作的根本性质和任务。电视新闻事业的属性，决定了它必须坚持社会主义新闻的党性原则，在新闻 报道中体现国家意志，维护国家利益。国家对电视新闻编辑、记者新闻立场的具体要求是：一方面要学习和领会党的路线和各项方针政策，同时注意在实践中认真执行。另一方面从媒介自身的特性出发，努力提高宣传技能、技巧，通过群众喜闻乐见的宣传形式使他们能够理解有关的方针政策。电视新闻报道还要反映群众的意志、愿望、要求和呼声，反映他们在壮阔的社会实践中的新创造、新经验以及遇到的新问题。

2. 舆论导向正确

舆论就是公众意见，是社会上的大多数人对某种事物持有的大体相近的认识。舆论具有明显的主观倾向性，反映人们对特定社会现象的赞成或否定，支持或反对。因而舆论也被称为“民意之舟”，对社会生活有着巨大的影响力。

新闻和舆论的关系十分密切。舆论的形成需要一定的信息基础，新闻媒介可以通过全面真实的报道，促成正确的社会舆论的形成。另外，新闻媒介还可以通过对公众关注的问题进行解释和评论，直接引导舆论的形成。因而，“以正确的舆论引导人”，是我国是新闻事业的历史使命。

关于如何坚持正确的舆论导向，江泽民同志曾经在 1994 年 1 月召开的全国宣传思想工作会议上作过具体说明：“坚持正确的舆论导向，就是要造成有利于进一步改革开放，建立社会主义市场经济体制，发展社会生产力的舆论；有利于加强社会主义精神文明建设和民主法制建设的舆论；有利于鼓舞和激励人民为国家富强、人民幸福和社会进步而艰苦创业、开拓创新的舆论；有利于人们分清是非，坚持真善美，批判假丑恶的舆论；有利于国家统一、民族团结、人民心情舒畅、社会政治稳定的舆论”。可见导向正确的具体要求具有一定的时代性。坚持正确的舆论导向是编辑、记者政治素质的核心内容之一，体现的是媒体管理者对编辑、记者的原则要求。

3. 具有大局意识

大局就是人们权衡利弊估量得失的大的背景。具有大局意识就是要求跳出一人、一台、一个节目的视野局限，考虑所要报道的内容对国家利益，对整体利益可能带来的影响，以便制定适宜的报道框架，选择恰当的报道时机，准确地报道新闻。在许多时候一个编辑、记者只能凭借自己的知识和经验去研判大局，却并不能够尽知各方面的“大局”。正因为如此，强调“新闻有自由，宣传有纪律”，强调和媒体管理层建立良好的互动，才更有现实意义。

（二）新闻职业道德

道德是用来调整人与人之间、人与组织之间、组织与组织之间关系的行为规范的总和。道德属于上层建筑和社会意识形态，由经济关系所决定，用善恶标准去评价，依靠社会舆论、传统风俗和内心信念来建立和维系。电视新闻的道德素养是电视新闻编辑、记者根据职业道德的原则和规范，不断进行自我教育、自我学习、自我锻炼而达到的自我约束能力，是帮助电视新闻编辑、记者正确处理与社会、采访对象、消息来源、观众和同行关系的一系列行为规范和准则。

1. 处理好与采访对象的关系

记者和采访对象的关系要围绕着“新闻事实”加以构建。有三种关系模式：

（1）合作关系

没有采访对象的配合，电视新闻采访就难以进行，报道更无从谈起。记者与采访对象的合作关系有三种情况：一是密切合作。正面报道，对采访对象有利的事实，采访对象会积极地与记者合作，甚至声情并茂地主动向记者介绍事实。二是有限合作。被采访者和事实无利害关系，对记者采访持无所谓态度，既不积极也不拒绝，对这类对象记者要善于追问、抓拍。三是不合作。舆论监督对象，被调查者，不愿管闲事的人，通常都对采访持不合作态度。

（2）斗争关系

有偿新闻的实质是借新闻报道之机以权谋私。采访对象为了达到宣传自己，扩大知名度，或者掩盖自身的问题不为公众知晓的目的，采用各种各样的方式收买贿赂记者，目的在于“激励”记者进行有利于自己的报道。在记者一方，由于拜金主义和享乐主义的腐蚀，有些记者见钱就收，见利益就沾，有的甚至到了没有钱就不去采访报道的地步。结果“吃人家的嘴软，拿人家的手短”，产生了当前中国新闻界令人憎恶的有偿新闻现象：“出钱就报道，不好也说好”，“大钱大报道，小钱小报道，无钱不报道”。2008 年 9 月 20 日，山西霍宝干河煤矿发生一名矿工死亡事故，该矿负责人为隐瞒事实真相，向媒体记者及相关人员发放“封口费”阻挠采访，引发了“封口费”事件。《现代消费导报》、《山西科技报》以及中国教育电视台《安全现场》栏目、山西广播电视总台公共频道《经济与法》栏目均有人收下了“封口费”。着一事件是该矿领导违反事故报告和信息公开制度、隐瞒事故真相，少数媒体记者、媒体从业人员违反新闻采访规则、丧失职业道德而造成的恶性事件，引起了社会公众的关注。涉案金额 31.93 万元，绝大部分已经追回。新闻出版总署通报封口费事件处理情况。涉案记者和媒体最终受到了应有的处罚。

收了“封口费”，记者和采访对象之间就构成了同盟关系——共同隐瞒某些真相。只有坚守新闻的职业道德，才能既坚决拒绝诱惑，又巧妙地完成采访。这样，记者就应该和收买一方构成斗争关系。

（3）责任关系

责任关系有两种情形：一是国家机关和公职人员有责任和义务接受电视媒体采访。二是媒体有责任保护采访对象的人格权和其他权利不因接受采访而受到侵害。此外，正确处理与采访对象的关系还需摆正位置和心态。无论采访对象是何种身份，都只应以普通人的地位和平常的心态面对他，从而使自己的报道尽可能地公正客观。记者并非政府执法人员，无权对采访对象指手画脚甚至训斥，相反，采访对象有权拒绝采访。记者不能因受到冷遇而失去冷静，记者应该清楚，新闻工作者与采访对象之间也是一种自由的、非强制性的关系，要学会承受无人理睬时的寂寞。当采访对象需要帮助时，记者应该以普通人的身份伸出援手，而不能以一副记者的职业面孔冷眼旁观。

2. 处理好和观众的关系

观众是新闻传播的目标指向，是传播活动的归宿。正确处理与观众的关系，关键是处理好新闻的宣传性与服务性的关系。

电视新闻承担着舆论引导的重大使命，在指导思想上，编辑、记者既要视观众为“上帝”，又应该比观众站得高一点，看得远一点，敢于批评观众中的不良倾向，善于积极地说服观众，引导他们奔赴主流意识形态设计的既定目标。为此，一味地迎合受众的倾向是不可取的。

服务性是赢得观众的基础。服务性强，才会有理想的收视率，宣传和引导的设计目标才能够实现。为提高服务性，首先要清除“布衣宰相、无冕之王”的旧的新闻人观念，树立“代理人”的意识，代表观众到现场去采访调查，然后把事实的真相告诉观众。其次要在此基础上积极研究观众所需要的新闻内容，并努力满足观众的实际需要。再次是应该选择观众喜闻乐见的形式报道新闻。

3. 处理好与同事的关系

电视新闻需要记者、摄像师、编辑、播音员、导播及其他工程技术人员在各自的岗位上恪尽职守，勤勉努力，才能顺利制作并播出。任何一个环节出现了差错，整个新闻传播过程将难以为继。正确处理与同事的关系，首先要放下自己的架子，尊重他人的劳动。其次，团队人员要彼此增进了解，相互关怀，以形成平等、友爱、互助的氛围，争取达到心领神会的合作境界。第三，记者、主持人尤其要在团队中采取主动，格外尊重团队中的其他成员，在工作中起表率作用。

三、编辑、记者的传播能力

我国当代电视新闻传播呈现出多样化、立体化、网络化的趋势。传统媒体与新媒体既各自独立发展，又渐渐交叉融合，形成了新闻的多渠道流动、多媒体报道、网络化发布、全方位覆盖的新格局。这一变局要求记者、编辑不仅要能够提供文字和图片，还要能够提供录音和视频；不但能写稿，还要能拍摄、录音、编视频，成为“全媒体编辑、记者”。这就对职业新闻记者、编辑的 传播能力提出了新的、更高的要求。

（一）理论素养

电视新闻编辑、记者一定要有良好的理论素养，精通媒体政策和宣传工作规律与规范，通晓相关的专业理论，以之作为政治鉴别力和洞察力的基础，以保证在任何时候、任何情况下都能够及时、准确地做出判断，并采取妥当的处置措施。电视新闻编辑、记者还必须掌握扎实的新闻学与传播学理论，对马克思主义新闻观、舆论引导、议程设置、框架设计以及电视新闻理论，亦必须有深刻的认识。

（二）知识素养

要求记者具有所有采访领域的广博知识是不切实际的。但是，在知识爆炸、学科繁衍、文理渗透、软硬学科相兼的今天，电视新闻工作需要拥有一批精通专业、熟知百科的“通才”，也需要全体从业者努力扩大知识面，通过多种知识的交叉、迁移、碰撞，引发新灵感，创造新思维。

一般说来，只有在与采访对象拥有一定的共同知识背景的情况下，采访才可能不流于简单枯涩的一问一答，而达到深入自然的交流。拥有宽广的知识面还有助于电视新闻工作者掌握新闻背景以适当准确的方式将采访到的新闻事实表达出来，增加报道的知识性和趣味性。为此，电视新闻采编人员既要当“杂”家，具有广泛丰富的知识，同时也要争做“专”家，即根据自己工作所主要涉及的范围，专门潜心研究一两个领域内的问题，逐步成为该领域内的专家。如果从事经济报道的不懂股票交易，从事政法报道的不懂法院审判程序，从事体育报道的不懂足球比赛规则，很难想象他们能顺利进行采访报道。在受众的眼里，新闻记者掌握了较多的信息资源，这些信息资源就包括许多与新闻事实有关的知识。只有当知识积累超过一般受众的知识水平时，记者才有能力进行深入报道，才能够告诉受众许多他们欲知应知而未知的内容。另一方面，当观众发现电视媒体的确能够提供自己所需要的专门知识时，他才会对媒体产生信赖。

电视记者被称为“社会活动家”，足迹的无所不在，这决定了记者在丰富自己的书本知识的同时，应该装备相当多的关于社会的知识，既要读有字之书，也应读无字之书。对“活”的知识的学习掌握，一方面可以检验某些书本上得来的知识，促进理论与实际结合，另一方面可以深化自己对于社会的认识，提高自己的社会活动能力。

做专家是相当困难的，但它的确是新闻工作者谋求事业成功所应该具备的一个条件。长期遭受“浅薄”等评价的电视媒体，更需要其从业人员以此为目标。

（三）采编能力

1. 发现能力

发现能力以新闻敏感为基础，是记者发现和辨别新闻价值的能力，也是记者业务水平的具体表现。新闻竞争从新闻发现开始，发现新闻，才能报道新闻。

没有发现新闻，或自以为发现了新闻但是播报之后不能引起反响，都可能是由于对新闻的敏感较弱。新闻敏感主要是后天培养的。从根本上说，新闻敏感就是以旧事实作为背景来寻找到新事实的能力。新与旧相对而言，不知道哪些事实是早已发生过的或者是司空见惯的，就无法映衬比照出哪些事实是新鲜的、反常的，也就难以判断何为新闻，何为旧闻。因此，要培养过人的新闻敏感，就必须扩大自己关于旧事实的背景资源。这些关于“旧事实的背景”，其实就是知识。没有足够的知识积累当然就不能通过新旧对比获得更多的发现。不善于发现新闻还有另外一个可能的原因——新闻源不足，没有独家线索，没有报料大军，不能在第一时间找到当事人的电话，发现新闻的能力当然不足。为改变这种被动局面，记者必须在平时做足功课，就是要做生活的有心人，多观察，多积累，然后多思索，炼就捕捉新闻事实的“火眼金睛”。

2. 画面思维能力

一条新闻的优劣成败，很大程度决定于它是否有独具魅力的画面，而这种画面的获得，往往又取决于电视记者的画面思维能力。画面思维能力是电视新闻编辑、记者表达能力的基础，是对客观事物直接反映和概括反映的能力。所谓“直接反映”，是指记者对事态现场的直接观照、判断和选择；“概括反映”是记者具象观照的归纳与浓缩，是画面趣味的本质显现。画面思维以“画面”为依托而展开，一般意义上的思维则以“词”为依托而展开。画面思维的基本特征表现为综合性、现场性、概括性和跳跃性。加强画面思维能力培养，强化镜头意识，是提高电视新闻从业人员素质的重要手段。

有些电视新闻不受欢迎，重要的原因之一就是记者在新闻现场不是自觉地进行“画面思维”，而是习惯性地运用文字采访的思维方式指导拍摄，为了印证文字稿而寻找画面。这种寻找是在“词”的概念诱导下进行的，往往忽略新闻现场的动人细节和现场灵感的诱发与保持。[①] 因此，电视新闻记者必须提高画面思维能力。

3. 图像采编能力

“图像采集是摄像的事情，图像编辑是编辑的工作内容，都不是记者要干的活”——要是以前这么说或许真是对的，但现在不了。在当代数字技术的推动下，不仅采编播一体化的趋势已经日益加快，仅仅从保证采写编播各环节的有机性考虑，记者和编辑都应该具备新闻图像的采集、编制能力。

“摄像不难，不用什么理论，电视台的摄像人员也没有多少高学历的，有点摄影知识就行了”——本书也不同意这样的观点。会点儿摄影的人或学艺不精的人来做新闻摄像采访，仅能按一般的构图理论拍些画面，由于缺乏系统的新闻理论知识，很难抓住或建构有典型新闻意义的镜头，因为他缺乏由系统知识而形成的新闻敏感。系统的专业知识是从事专业活动的基础。一技之长仅能支撑某些场面，有志向献身于电视新闻事业的人，一定要具备系统的新闻学理论知识。

无论是新闻基础知识，还是电视专业知识，运用这些知识的目的都是为了获得最佳的传播效果。精深而实用的电视新闻采编知识能够培育出职业技能，以手脑并行的方式出现在平时的工作之中。例如，采访中对重点内容的把握和将关键细节摄入画面；编辑中使平庸的画面焕发出新闻趣味等，这些出奇制胜的效果都得之于精深实用的专业知识与技能的结合，通常所说“心灵手巧”就是这种结合在实践中的完美显现。很难设想一名不谙新闻声画关系的摄像能采集到有较高表现力的新闻图像来；也很难设想对同期声的特殊魅力不甚了解的记者会有采录同期声的灵感与追求。“图像采编能力的提高靠实践，干的时间长了自然就有能力了”——这个认识对了一半。能力的提高靠实践是对的，说时间长了自然

① 参见黄匡宇《浅论电视记者的画面思维》，《暨南学报》1994 年第 4 期。

就有能力则不可靠。有的人干了一辈子还是那么平常。

本书所倡导的采编实践一是系统实践而不是将采写编割裂开来的实践；二是理论指导下的实践，而不是摸索性实践；三是按照新闻图像的技术标准、结构要求有针对地实践，而不是自我认知式的实践。

4. 侵权规避能力

在实施舆论监督的过程中，一些记者的精英意识、权力意识、无冕皇帝的意识得到了强化，加上人文关怀欠缺、技术手段的限制，往往导致新闻报道中的侵权案件上升，并由此造成媒体公信力下降。

新闻侵权的主要类型有六个方面：

一是新闻报道内容失实，这是最主要的新闻侵权类型。

二是新闻报道评论不当。包括在语言上使用了侮辱、谩骂或其他具有人身攻击性的言词；随意评论，造成对他人社会评价的贬损。

三是未经核实转载其他媒体的报道，事后发现报道的内容不实。

四是在报道中采用与报道内容无关的照片，或者未经同意采用照片，构成侵权。

五是过实报道或暴露他人隐私导致侵权。

六是褒扬性的新闻报道含有不实的或过于夸大的溢美之词，不但未必能抬高当事人的声誉，反倒可能引起舆论的非议，给当事人造成精神痛苦，也会导致侵权。

新闻侵权预防、规避和应对的能力也是一种重要的采编能力。预防新闻侵权，就要加倍尊重他人的权利，就要加强自我约束，提高新闻职业道德素养，锤炼严谨的采编作风，并善于多方查证新闻事实，坚持重大新闻稿件送审制度。

发生了新闻侵权纠纷，要及早听取专业人士意见，迅速停止侵害并更正失实报道。对失实报道所造成的影响要及时道歉，并应与争议对方寻求和解。诉讼无法避免时应选择有专业经验的优秀律师出庭支持诉讼，并善于利用归责、免责条款维护自身和媒体的权益。

读一读　议一议

中国广播电视编辑记者职业道德准则

（国家广播电影电视总局二〇〇四年十一月二十三日发布）

广播电视是当今最具影响力的大众传媒之一，是党、政府和人民的喉舌。为加强广播电视队伍建设，倡导良好的职业精神和职业道德，规范广播电视编辑记者的职业行为，特制定本准则。

一、责任

第一条　广播电视编辑记者所从事的事业，担负着传播先进文化，弘扬民族精神，维护国家利益，促进经济社会发展，推动人类文明的崇高使命和社会责任。

第二条　热爱祖国和人民，珍视国家和人民赋予的权利，全心全意为人民服务，为社会主义服务，为党和国家工作的大局服务。

第三条　忠诚党的新闻事业，坚持党性原则，坚定执行党的路线、方针、政策。

第四条　自觉遵守宪法和法律、法规。

第五条　保守国家秘密。

第六条　真实报道新闻，正确引导舆论，努力传播知识，热情提供服务，不断满足广大人民群众的精神和文化需要。

二、真实

第七条　广播电视编辑记者应该对报道内容的真实和准确负责，报道必须以事实为依据，不编造新闻，不歪曲、夸大事实。

第八条　消息来源必须真实可靠。应深入新闻现场采集第一手信息，保证新闻要素准确无误；未经证实的消息，应加以说明；除需要对提供信息者保密外，报道中应指明消息来源。

第九条　认真核实报道内容，包括基本事实、背景资料、引述转述语言等。对稿件中采用的声音、图像、数据、文件摘录及其他材料，做到真实、准确、科学、统一。

第十条　报道中的细节必须真实，不加以拔高、想象和夸张。报道所采用的声音、图像均应来自新闻现场或与报道主题相关的采编活动，而非个人编造或拼接。

第十一条　在报道、说明、解释和评论事实时，要全面把握和正确反映社会生活的本质和主流，避免因为报道肤浅、片面而导致公众对事物的判断产生偏差或错误。

第十二条　报道一经发布，如果发现错误，应立即公开更正。

三、公正

第十三条　广播电视编辑记者应坚持客观公正的职业理念，坚持深入实际，调查研究，忠于事实，追求真理的职业精神。

第十四条　坚持准确、公正、全面、客观的报道原则。不从个人或小团体利益出发进行影响公共利益的报道。

第十五条　区分报道事实和评价事实，不将评论或猜测作为认定的事实发表。

第十六条　不参与任何可能有损于自身公正和信誉的组织及活动；不在自己服务的媒体上发表本人及亲属涉诉事件的报道和评论；不阻挠正当的舆论监督。

第十七条　正确行使舆论监督职能，勇于批评和揭露违法违纪行为、消极腐败现象和违背社会公德的不良风气，弘扬社会正气，捍卫社会公正，维护社会稳定。

第十八条　批评性或揭露性报道要有利于问题的解决。不追求所谓“轰动效应”、哗众取宠；不以个人情绪代替政策法律、发泄私愤、中伤他人。尊重被批评者申辩的权利。

第十九条　案件报道不应影响司法公正和法律判决。不偏袒诉讼任何一方；案件判决前，不作定罪、定性报道；不针对法庭审判活动进行暗访；报道公开审理的案件，应遵守相关法律规定。

第二十条　报道中避免对种族、性别、年龄、职业、宗教信仰、教育程度、居住地等的任何歧视。

四、导向

第二十一条　广播电视编辑记者必须树立政治意识，大局意识，责任意识，坚持正确的舆论导向。

第二十二条　把好政治关、事实关、安全播出关。杜绝政治导向问题和政策性错误，不给不良言论、有害信息提供传播渠道。

第二十三条　坚持正面宣传为主的方针，及时传达党的主张，反映人民呼声，营造积极健康向上的舆论环境。

第二十四条　报道内容要符合特定的政治、经济、文化、道德、习俗等社会环境要求。

第二十五条　坚持正确的新闻价值取向，维护国家尊严、民族荣誉和社会道德规范。不宣扬利己主义、拜金主义、享乐主义的人生观、价值观和生活方式。

第二十六条　坚持把社会效益放在首位，严肃认真地考虑新闻传播的社会效果。不片面追求经济利益，不报道危害国家安全、影响社会稳定、违背社会公德、损害公共利益的内容。坚持报道的高品质、高品位，不迎合庸俗、低级趣味。

第二十七条　对重大事件、社会热点和敏感问题的报道，应注意把握分寸、时机、力度，释疑解惑，积极引导。不炒作和蓄意制造舆论“热点”，误导受众。

五、品格

第二十八条　广播电视编辑记者应恪守敬业奉献、诚实公正、团结协作、遵纪守法的职业道德。

第二十九条　尊重公民和法人的名誉权、荣誉权，尊重个人隐私权、肖像权，不揭人隐私，避免损害他人名誉的报道。

第三十条　努力营造有利于未成年人健康成长的文化环境。不传播含有恐怖、暴力、色情、封建迷信和伪科学的内容。

第三十一条　报道意外事件，应顾及受害人及家属的感受，在提问和录音、录像时应避免对其心理造成伤害。

第三十二条　尊重和保护未成年人、妇女、老人和残疾人的合法权益。报道违法犯罪的未成年人和性侵犯的受害者时，录音、图像应经过特殊处理，使之不可辨认；不公布其真实姓名，不描述犯罪过程。

第三十三条　涉及使用其他新闻来源的报道时，应尊重其他新闻来源和相关作者的知识产权。对内容的选择应忠实于原作，不断章取义。

第三十四条　尊重采访对象的声明和要求，采访时应主动出示工作证件或单位介绍信。

第三十五条　保持良好的社会形象。进行报道活动时，衣着、语言和行为要符合大众审美情趣，避免在社会上产生不良影响。

第三十六条　同行之间互相尊重，互相学习，互相支持，开展正当的业务竞争。

六、廉洁

第三十七条　广播电视编辑记者应该清正廉洁，克己奉公，反对任何形式的“有偿新闻”。

第三十八条　不利用职务之便，直接或间接地为本人、亲属及其他人谋取私利。

第三十九条　不擅自组团进行采访活动，不参加他人擅自组织的采访活动。不以任何名义索要、接受和借用报道对象的钱物。

第四十条　不以批评报道相威胁或以表扬报道相引诱，为个人和小团体谋利。不以“公开曝光”、“编发内参”等方式要挟他人以达到个人目的或其他不正当目的。

第四十一条　严格区分新闻报道与广告，不以任何形式从事广告和其他经营活动。不利用新闻报道拉赞助、拉广告；不以新闻报道形式为企业或产品做变相广告或形象宣传；广告和广告信息应有明确广告标识。

第四十二条　自觉遵守有关廉政的规章制度和财经纪律，自觉接受公众和有关部门的监督。

七、附则

第四十三条　全国各广播电视制作、播出机构的编辑记者遵守本准则。

第四十四条　违犯本准则的编辑记者，将在行业内通报批评；触犯党纪政纪的，给予党纪政纪处分；触犯法律的，移送司法机关处理。

第三节　电视新闻节目播音员、主持人

一、播音员、主持人是社会公众人物

所谓公众人物是生活在公众视线之内的人物，是被公众所关注的人物，是有可能在社会公众中形成舆论、并能够对广大社会公众的情绪和生活产生多方面影响的人物。

在社会普通观众的心目中，电视台是国家的单位，电视新闻节目播音员、主持人就是国家干部。在公务人员、学者看来，由于电视新闻媒体是党和政府的喉舌，电视新闻节目的播音员、主持人每天播报的内容也多是党和政府的声音，反映的是国家主流话语的最新动向。综观社会各类群体对播音员、主持人职业形象的设计与记忆，观众心目中的电视新闻节目播音员、主持人应该具有以下特征：

（1）见多识广的人。播音员、主持人——特别是主持人——往往能给人博闻天下、见多识广、对历史知识和现实的热点事件几乎无所不知的印象。有些谈话类节目的主持人更是天上地下、境内境外、历史人文、生活事业均能娓娓道来，时常令观众唏嘘感叹，羡慕不已。

（2）诚实可信的人。一般的电视观众所了解的新闻是从播音员、主持人那里得知的。观众们深信播音员、主持人报道的内容都有根据。观众往往把主持人看做是电视台的“新闻发言人”。“电视上说的”经常被一些观众用来证明自己陈述的内容毋庸置疑。在他们的语境里，“电视上说的”就是指电视新闻节目播音员、主持人说的。主持人不会撒谎。在观众心目中，主持人是值得信赖的人。

（3）气质良好的人。新闻节目播音员、主持人的年龄、资历、容貌、气质，都是决定其节目权威性的综合因素。播音员、主持人衣着得体、稳重端庄，内在的文化素养和灵性、锐气能够外化在身姿形态上，给人气质高雅、可亲可敬的印象，其节目更容易被观众所关注。

（4）懂礼貌的人。电视新闻节目播音员、主持人不仅外貌出众，也是一群彬彬有礼的人。由于长期受主流文化的熏陶，许多主持人形成了举止文明、言谈礼让的交流风格。一些优秀的新闻节目主持人善于把握原则与分寸，在公共场合能够模范地遵守秩序，维护自身的和主流媒体的形象，是精神文明的表率。

（5）讲道理的人。电视新闻节目播音员、主持人的工作内容就是摆事实、讲道理。在工作环境的潜移默化中，一些主持人渐渐掌握了观察事物、认识问题的独到方法，并同时养成了幽默睿智的表达习惯，在观众心目中树立了有思想、有内涵、善于讲道理的形象。

（6）声音好听的人。电视新闻节目播音员、主持人不仅外形条件好，声音素质一般也比较出众。优秀的播音员、主持人发音清晰准确，音质饱满圆润，音色悦耳动听，能够用自己自然朴实、通俗明了的声音把栏目风格、采访对象、新闻事实准确无误地传递给观众。

（7）成熟、稳健的人。美国的传播学者通过对三大商业电视网历任晚间新闻节目主持人考察后得出结论：43 岁是主持人的“黄金年龄”。成熟、稳重、权威、和男性魅力，容易赢得观众的好感和信任。新闻播音员经常需要面对急稿、乱稿，或经常需要承担紧张的现场实况转播任务，栏目主持人也经常需要面对尖锐话题或突如其来的发问，需要感知敏锐、反应迅速、临阵不慌、遇险不乱。这一切都需要有稳健的心理素质作为支持。

（8）品位时尚的人。新闻节目播音员、主持人端庄而不古板，大气而不土气，简简单单而又品位高尚。一件饰物、一个细节、一段言谈、生活方式中一个细小的变化，可能就在下意识地流露对时尚的理解与体验，进而为观众称道与模仿。

鉴于在社会公众心目中的上述形象定位，电视新闻节目的播音员、主持人的哪怕一个很小的不雅动作（譬如挖鼻子），一次偶然的失态（譬如醉酒），或者是一件未经证实的绯闻，都有可能损害其在观众心目中的良好形象。中央电视台《实话实说》节目中，有一次崔永元问一个小朋友长大以后有什么理想？小朋友回答说长大以后要到美国读哈佛大学。崔永元说北京大学也还可以。就这样的一句话，观众就有意见了，觉得伤了民族感情。可见在观众心目中，自己喜爱的主持人应该是完美无缺的明星。

作为社会公众人物，新闻节目播音员、主持人在享受崇高的社会地位和良好的社会美誉的同时，也需要放弃自己的一些习惯和爱好，转而选择按照主流文化和观众设计的方式工作和生活。一名优秀的新闻节目播音员、主持人有义务对观众的情感负责，对电视媒体的公信力负责，当然也要对自身的形象负责。

为了维护电视新闻节目播音员、主持人的公众形象，下面的一些倾向需要旗帜鲜明地加以反对：

- 电视新闻节目播音员、主持人政治态度的模糊化倾向；
- 新闻节目主持人在观点表达上的自由化倾向；
- 新闻节目播音员、主持人的艺人化倾向；
- 新闻节目播音员、主持人过分迎合部分观众的口味，以俗气、肤浅为美的倾向；
- 节目主持语言的非主体、非规范、非逻辑化倾向。
- 新闻节目播音员、主持人穿着市民化、随意化倾向。

二、播音员、主持人的道德要求

道德是建立在知识基础之上的价值标准和行为规范，既有普适性，对整个社会的所有人都适用，又有阶级性和民族性，是社会的意识形态。新闻节目播音员、主持人的道德主要是指职业公德，具体内容如下。

首先，电视新闻节目播音员、主持人要努力把观众所关心的事实真相报道出来。这包括三个方面的要求：

其一，播音员、主持人自己绝不可以制造假象；

其二，播音员、主持人不允许故意隐瞒真相；

其三，主持人应该努力澄清事实真相，并把真相报道给电视观众。

美国哥伦比亚广播公司（CBS）新闻部任新闻主播丹·拉瑟“晚节不保”的教训值得我国新闻节目主持人吸取。2004 年 9 月美国总统大选前夕，丹·拉瑟主持的 CBS 旗下的电视栏目《60 分钟（周三版）》报道了有关布什总统当年的“逃兵内幕”，后来证实引述数据错误，引发轩然大波。丹·拉瑟在迎来自己 73 岁生日之际，平生第一次在“60 分钟”节目作出道歉，承认对布什“服役门”报道“有些问题”。2005 年 10 月，CBS 公布了对此事的调查报告。在检讨不实报道的同时，CBS 宣布解雇《60 分钟（周三版）》栏目的 4 名主要责任人。调查报告指出，丹·拉瑟没有履行监督新闻真实性的责任，甚至在播出前没有审查过片子。结果，丹·拉瑟在合约届满之前提前离开了主播台。2007 年 9 月，丹·拉瑟向纽约州最高法院递状控告 CBS 对于布什总统越战期间服役纪录的报道处理不当，却拿他这位资深记者做替罪羔羊，害他蒙受名誉与财务损失。CBS 新闻部发表声明表示，丹·拉瑟所指控的各项内容都没有根据。经过两年缠讼，2009 年 9 月 30 日纽约州最高法院宣布，丹·拉瑟控告哥伦比亚广播公司且求偿 7000 万美元的官司案已裁定为不受理。[①] 尽管

① 参见 2004 年 9 月 22 日、2005 年 1 月 12 日《广州日报》，2007 年 9 月 20 日、2009 年 9 月 30 日中国新闻网电。

诉讼还可能继续下去，但是CBS报道引述数据错误已经是铁定的事实，无论是由媒体还是由个人来承担责任，党派意识膨胀，新闻职业道德的约束力下降，都已经暴露无遗。

其次，电视新闻节目播音员、主持人要提高播音与主持艺术，提高满足观众需要的自觉性，努力用观众喜爱的形式报道对观众有用的新闻。播出的新闻不流畅、不动听，老是出语音差错，导致观众不爱听，主持的新闻节目不能提供观众所需要的信息和观点，在这样的情形下还不思革新按部就班地做下去，反映出的就不仅是能力问题，也有新闻职业道德问题。一个具有良好道德情操的主持人有责任用自己的声音为观众送去更多的快乐。

再次，播音员、主持人必须重视观众的感受，不应该采用揭他人伤疤的方式来铸造自己的奖牌。

在我国的电视新闻中，一些揭露问题的调查性新闻对当事人进行媒介审判的情况还时有发生。在美国，从他人的痛苦中提升节目效果的事件也偶有所闻。例如有媒体报道说：美国佛罗里达州一个两岁男孩失踪后，男孩的母亲梅琳达·达克特接受CNN著名电视节目主持人南希·格蕾斯的电话采访，但在采访中格雷斯咄咄逼人，年轻的母亲不堪压力，在2006年9月8日节目播出前举枪自尽。

2006年8月27日，梅琳达报案，自己的儿子特伦顿失踪了。梅琳达在儿子失踪案中的行为引起了主持人南希格雷斯的兴趣。格雷斯在CNN主持《每日审讯》节目，她曾担任亚特兰大市的检察官，向来以宛如办案质问的访问风格著称。这档节目的特色就是把受访客人当成犯罪嫌疑人，进行追问。

9月7日，格雷斯对特伦顿失踪案的相关人员进行了电话采访。采访中，格雷斯一再追问梅琳达："你有没有接受测谎检查？"但梅琳达只说其他，没有正面回答。关于测谎的问题，格雷斯问了至少5遍都没有得到明确的答案。格雷斯在访问结束前，捶着桌子，厉声问梅琳达为什么拒绝接受测谎检查。她质问道："你在哪？为什么不告诉我们你当天在哪？原因何在？你拒绝提供最简单的事实。"梅琳达当场崩溃，语无伦次，只得把电话转给祖母结束了这次的访问。第二天，在节目预定播出前几个小时，梅琳达在家里开枪自杀。梅琳达的家人驳斥了所有有关她伤害自己儿子的揣测，认为儿子失踪让她面临很大的压力，而媒体更让她濒临崩溃。梅琳达的祖父比尔尤班克说："南希格雷斯和其他的人，是他们逼她走上了绝路。她爱儿子，她甚至都不愿意伤害一只臭虫。"外界猛烈批评格雷斯未审先判，为了节目的戏剧性效果"杀"了一个人。但格雷斯毫无悔意，她在9月11日的节目中辩解称："我不认为我们的节目应该为梅琳达·达克特的死承担责任。梅琳达在节目播出之前就自杀了。"① 梅琳达死了，格雷斯依然是著名节目主持人，继续在做着她的节目。这也让许多电视人的道德良知受到拷问。新闻既需要挖掘真相，也要避免伤害无辜。在强大的电视媒体前，一般的当事人不堪一击。在不幸发生之后，尽管主持人凭借丰富的经验有可能完全规避法律责任，但是，能够让良心安宁吗？讲道德就是约束自己不要去做会导

① 参见2006年9月17日《信息时报》A12版：CNN女主播毒舌"杀"人。

致良心不得安宁的事情。

三、播音员、主持人的业务素养

（一）知识素养

如前所述，播音员、主持人必须是有知识的人。尽管个人魅力不容忽视，但美国大多数电视网管理人员和新闻顾问都认为主持人最重要的品质是他的新闻工作知识和技巧。美国三大电视网的新闻节目主持人无不是从记者做起的。克朗凯特、拉瑟、布鲁考、詹宁斯等均由于在记者工作中表现出色才一步步升到主持人的位置。长期的记者生涯为后来的主持人准备了必要的知识，使其能够担当得起新闻节目最后、最重要一棒的责任。

美国的经验强调：主持人不能太年轻。年轻的主持人很容易被怀疑还没有为主持新闻栏目积累足够的知识。美国三大商业电视网"台标"式的主持人此前从事记者工作的时间分别是：丹·拉瑟（CBS）20年，主要从事广播、电视和驻外记者工作；布鲁考（NBC）20年，主要做广播、电视记者；詹宁斯（ABC）20年，也是做广播、电视、驻外记者。ABC的主持人詹宁斯曾在26岁时作过主持人，却以失败告终。

邢质斌也曾经感慨地说：有些播音员语言基本功扎实，语句组织能力也较强，就是播不出新闻的新意，不能通过语言表达出新闻应有的价值，这与播音员不能从更大的范围和高度去理解新闻有关。吃不透稿子，不了解新闻的背景，播出的新闻就难以深刻。播音员每天都需要备稿。广义的备稿侧重对"背景"、"目的"、"重点"的准确把握，需要有政治觉悟、政策理论水平、丰富的知识、自身的生活体验、较好的文化修养等。这些知识都是在新闻稿件字面上找不到的内容，而这又是决定新闻播音好坏的关键环节。邢质斌强调：善于备稿就必须广泛涉猎各方面的知识，成为一个"博学家"，不但对国内形势而且对国际形势有所了解，有了各方面的知识积累才可能进行更高一层的有声语言创造。①

国内外的经验都给了我们一个提示：电视新闻节目的播音员、主持人需要形象，更需要知识。如果漂亮和知识能够同时兼得观众当然更为满意，否则，多数观众还是会倾向选择知识。

（二）语言能力

这里主要指语言组织能力和语言表达能力，这两项能力是评价电视新闻节目播音员、主持人业务素养的主要指标，也是电视新闻观众能够直接观察得到并用以对播音员、主持人进行全面评价的引擎。

电视新闻节目播音员、主持人的语言能力，尤其是声音条件和口头语言的组织能力，显然具有先天的因素，但不是决定性因素。播音员、主持人的语言能力必须以丰富的知识积累为基础，在不断提高对新闻语言的观察力、理解力、感受力、反应力、表现力的过程

---

① 参见邢质斌《浅析〈新闻联播〉的直播》，《电视研究》1998年第9期。

中不断加以提升。

今天的新闻播音员、主持人已经不能以语言组织、表达的基本顺畅为满足了。播音员必须能在有限的时间里将新闻内容准确无误地播出去，同时尽可能地透过文字表面的含义发掘出更深的内涵，使观众的认识能达到新的高度。主持人必须要有突出的新闻意识，能够在最短的时间内迅速就交流话题的历史背景、显示意义作出判断，并采取适当措施——转移这个话题、或纠正这个话题，或继续挖掘放大这个话题。同时，主持人还需要有扎实的文字组织能力和新闻编辑能力，善于划分层次并建立文脉、语脉，找准“重点”并准确地确定语言的“基调”。

（三）个性化风格

播音员、主持人的个性化风格是电视新闻媒体风格培育的主要内容。就我国电视新闻媒体生态来看，当前以及今后电视媒体之间的竞争主要表现为节目风格的竞争。主持人风格正是节目风格的主要内容。而节目风格又是体现电视新闻媒体核心竞争力的重要内容。在中央电视台15个频道的约500名主持人中，能够被观众熟知、记忆并喜爱的，几乎全都是个性鲜明的主持人。尽管在当前的媒介生态环境下，播音员、主持人个性化风格的培育困难重重，但也并非就没有个性化成长的空间，仅以中央电视台为例，董倩、王小丫、崔永元、王志、白岩松、李小萌等人在个性化主持风格的探索中，均已取得了令人瞩目的成就，为后来者提供了经验，也提震了信心。

读一读　议一议

中国广播电视播音员主持人职业道德准则（全文）

（国家广播电影电视总局二〇〇四年十一月二十三日发布）

广播电视是当今最具影响力的大众传媒之一，是党、政府和人民的喉舌。为加强广播电视队伍建设，倡导良好的职业精神和职业道德，规范广播电视播音员主持人的职业行为，特制定本准则。

一、责任

第一条　广播电视播音员主持人所从事的事业，担负着传播先进文化，弘扬民族精神，维护国家利益，促进经济社会发展，推动人类文明的崇高使命和社会责任。

第二条　热爱祖国和人民，珍视国家和人民赋予的权利，全心全意为人民服务，为社会主义服务，为党和国家工作的大局服务。

第三条　忠诚党的新闻事业，坚持党性原则，坚定执行党的路线、方针、政策。

第四条　自觉遵守宪法和法律、法规。

第五条　保守国家秘密。

第六条　真实报道新闻，正确引导舆论，努力传播知识，热情提供服务，不断满足广大人民群众的精神和文化需要。

二、品格

第七条　广播电视播音员主持人应恪守敬业奉献、诚实公正、团结协作、遵纪守法的职业道德，谦虚谨慎，追求德艺双馨。

第八条　坚持播出内容与播出形式的高品质、高品位，不迎合低级趣味，拒绝有害于民族文化、社会公德的庸俗报道。

第九条　努力营造有利于未成年人健康成长的文化环境。不动员未成年人参与可能损害他们性格和感情的节目；对有可能被未成年人模仿而导致不良后果的播出内容和播出形式要加以防范。

第十条　采访意外事件，应顾及受害人及亲属的感受，在提问和录音、录像时应避免对其心理造成伤害。

第十一条　尊重公民和法人的名誉权、荣誉权，尊重个人隐私权、肖像权。不揭人隐私，避免损害他人名誉的报道。

第十二条　尊重和保护未成年人、妇女、老人和残疾人的合法权益。报道违法犯罪的未成年人和性侵犯的受害者时，录音、图像应经过特殊处理，使之不可辨认；不公布其真实姓名，不描述犯罪过程。

第十三条　同行之间互相尊重，互相学习，互相支持，开展正当的业务竞争。

三、形象

第十四条　广播电视播音员主持人直接代表广播电台、电视台的形象，言谈举止有着广泛的社会影响和示范效应，应自觉树立良好形象，维护媒体公信力。

第十五条　树立良好的声屏形象，尊重大众审美情趣和欣赏习惯。服饰、发型、化妆、声音、举止等要与节目（栏目）定位相协调，大方、得体，避免媚俗。

第十六条　形象设计要符合中华民族的文化传统，不盲目模仿境外和外国人的形象，不用外国人的名字作艺名。

第十七条　少儿节目主持人的服饰、发型、化妆、声音、举止要充分考虑到对未成年人的影响，展示积极健康向上的形象和精神风貌。

第十八条　严格约束日常行为。在工作和生活中要保持良好仪表和文明举止；自尊自爱，不参加任何有损于媒体形象、自身形象的组织和活动；要有公众人物的自觉意识，接受社会、公众和媒体较常人更为严格的监督。

第十九条　确立正确的公众人物观念。尊重观众、听众，热情礼貌地对待观众、听众；不以个人知名度和社会影响寻求利益，谋求优惠、照顾和方便；在涉及个人的纠纷中，不以强调个人工作身份和个人知名度影响、干扰和破坏法律、法规的实施。

第二十条　努力提高政治素养、文化内涵、语言能力、心理素质，保持外在形象和内在素质的和谐统一。

四、语言

第二十一条 广播电视播音员主持人要积极推广、普及普通话，规范使用通用语言文字，维护祖国语言和文字的纯洁，发挥示范作用。

第二十二条 除特殊需要，一律使用普通话。不模仿有地域特点的发音和表达方式，不使用对规范语言有损害的口音、语调、粗俗语言、俚语、行话，不在普通话中夹杂不必要的外文。

第二十三条 用词造句要遵守现代汉语的语法规则，语序合理，修辞恰当，层次清楚。避免滥用方言词语、文言词语、简称略语或生造词语。

第二十四条 表达要通俗易懂、准确生动、富有内涵、朴素大方。避免艰涩、易生歧义的语言和煽情、夸张的表达。

第二十五条 不追求低俗的主持风格和极端个人化的主持方式。

第二十六条 与受众和嘉宾平等交流、沟通，做到相互尊重、理解、通达、友善，赢得公众信赖。

五、廉洁

第二十七条 广播电视播音员主持人应该清正廉洁，自觉抵制拜金主义、享乐主义、个人主义的侵蚀，反对任何形式的“有偿新闻”。

第二十八条 不利用工作、身份之便，直接或间接地为本人、亲属及其他人谋取私利。

第二十九条 不以任何名义索要、接受和借用采访对象的任何钱物，采访活动中不提出与工作无关的个人要求。

第三十条 严格区分新闻报道与广告。不以新闻报道形式为企业或产品做变相广告或形象宣传。

第三十一条 不从事广告和其他经营活动。不将自己的名字、声音、形象用于任何带有商业目的的文章、图片及音像制品中。

第三十二条 不私自从事未经本单位批准的节目主持、录音、录像、配音工作及以个人赢利为目的的社会活动。

第三十三条 自觉遵守有关廉政的规章制度和财经纪律，自觉接受人民群众的监督。

六、附则

第三十四条 全国各广播电视制作、播出机构的播音员主持人遵守本准则。

第三十五条 违犯本准则的播音员主持人，将在行业内通报批评；触犯党纪政纪的，给予党纪政纪处分；触犯法律的，移送司法机关处理。

第三章
电视新闻观众

随着电视节目套数的增多，电视观众的选择余地越来越大。今天的“受众”已经成为传播活动的中心。千方百计满足观众的需求是当代电视新闻传播活动追求的目标。

第一节　电视新闻的观众意识

传统的电视新闻传播强调以传者为主体，把观众看做是接受宣传教育的对象，称之为“受众”，较少考虑观众对传播内容是否需要，对传播形式是否满意。随着社会政治的进步、频道资源的丰富，以及媒体竞争的加剧，我国电视新闻漠视观众需求的现象有所好转，但情况仍然不够理想。例如：2003 年 7 月 24 日，强台风在我国南部沿海登陆。当天上午 8：45 时，香港各电视频道都在反复播出台风登陆的消息和防台风的报道。本港台、翡翠台长时间在屏幕右上角挂出“上午校及全日校停课/下午校及夜校照常上课”等字样。此时，广州及珠江三角洲多个城市均风雨大作，广州地区的各电视频道是如何反映的呢？我们现场记录的本地各电视频道同期播出的节目内容如下：

南方电视台 tvs1：亚太早间财经（旅游回升）

南方电视台 tvs2：电视剧《绝代双骄》

南方电视台 tvs3：勇者胜（杨斌接受跳伞训练）

南方电视台 tvs4：电视剧《情深深雨蒙蒙》插播某药品广告。

南方电视台 tvs5：神奇的地球（美国西部风光）

南方电视台 tvs6：电视剧《还珠格格》

广东卫视：法制节目

广东电视珠江台：电视剧

广东电视体育频道：足球赛

广州电视台综合频道：日日醒信箱

广州电视台新闻频道：目击者栏目（预报：发生在绍兴的专家杀人案）

……

和本港台、翡翠台的播出内容相比较，内地一些电视频道的观众意识和观众需求之间的差距依然很大。相当长时间以来，我们习惯了对新近发生的事实进行报道，并且总以为对所报道的新近发生的事实就一定是新闻。我们习惯了“登了什么”、“报了什么”、“播出了什么”，而不太注意读者“读到了什么”、听众“听到了什么”、观众“看到了什么”，特别是忽视了，甚至没有理睬他们都希望读什么、听什么、看什么。我们几乎全都相信媒体应该引导观众，而不应该投其所好、迎合观众。但是，读者不喜欢读，标题没有读完就扔了报纸；观众不喜欢看，导语没有听完就换了频道——那些新闻还有什么价值？

2003 年 8 月 26 日，温家宝总理在考察中央电视台时要求：“电视镜头要更多地对准群众，电视报道要更多地反映广大群众的意愿，电视节目要更多地创造广大群众喜闻乐见的内容和形式。”为此就要关注观众心声，追踪观众脚步，熟悉观众口味，认真研究观众的需求，切实提高电视媒体的观众意识。

一、观众价值观与媒体价值观

（一）观众价值观的特征

观众价值观指观众在接收电视媒体传播内容的过程中对节目内容进行评价、作出选择时所持的根本观点。观众价值观往往来自观众个体的生活经验，一般具有以下特征：

1. 感性

电视观众通常是在客厅的电视机前以消闲、娱乐的心态看电视节目，接受电视信息，而很少去对电视节目的内容作理性的、深入的思考。感性是观众价值观的重要特征。

美国和伊拉克战争爆发的当天，全美电影院的上座率下降了 25%，而外卖食品和送餐的营业额却增长了 5 倍。美国人守在电视机前搜索着新闻，把这场战争当成了好莱坞大片式的真人秀来欣赏。

在我国，无论从观众在《超级女声》收视中表现出的狂热，还是从观众对关于陕西农民周正龙声称拍摄到野生华南虎报道的反应来看，当代中国电视观众对电视新闻报道的内容评价中的感性色彩都是浓郁的。再以兰州姑娘杨丽娟追星事件为例：2007 年 3 月 26 日凌晨，杨丽娟的父亲留下两页的遗书，在香港尖沙咀跳海自杀。杨丽娟追星导致家破人亡，其悲剧结局和看客们的鼓励、纵容不无关系。看客们——报纸读者、电视观众在喧闹中享受到了新奇带来的刺激，很少有人去理性地思考自己的围观会给当事人带来怎样的误导与伤害。

2. 娱乐性

有谁坐在电视机前是为了主动接受教育或者祈求被媒体引导的呢？电视是在家庭收看的，而家庭中的卧室和客厅都是私人空间，是最容易让人回归自然、回归本性的场所。在家里看电视的观众几乎不需要任何伪装，他们作为自然人的娱乐本能在家居休闲的收视中得到了充分的释放。

美国传播学家梅尔文·德弗勒和桑德拉·鲍尔－洛基奇的设想，个人生存和成长的动机驱使个人争取的三个重要目标是：理解、定向和娱乐。[①] 伊拉克战争期间最具“奇观”效应的新闻之一是“拯救大兵林奇”。这是美国五角大楼构建的神话之一，被全球新闻媒体广泛复制和传播。林奇是在伊拉克电视台露面的首批美军战俘之一。这位年轻美貌女兵的命运一时间成为媒体和公众关注的焦点。有关她被伊拉克士兵枪杀、刺伤和严刑拷打的报道在各种媒体上流传。2003 年 4 月 3 日，《华盛顿邮报》记者在一篇题为“她将战斗到死”的报道中援引匿名的军方信源说林奇“在身负多处枪伤的情况下还在继续向伊军射击”。报道中还说伊军在俘虏她时将她刺伤。而真实情况是：林奇乘坐的军车转错了方向，结果导致翻车被俘。八天以后，美军士兵攻进一座医院，找到了林奇，然后向媒体宣称从伊军的炮火中将她奇迹般地救出。实际上，许多媒体后来在采访在那家医院工作的当地医生时了解到，伊军早在两天前就离开了那家医院。当医院的工作人员想把林奇交给美军时，却遭遇了美军炮火的袭击。在这场所谓的“拯救”行动中，美军士兵射穿了医院大门，恐吓医生和病人……

3．多样性

观众价值观的多样性不仅源于其分别受到中华民族在几千年的文明积淀、新中国成立后倡导的观念以及近 30 年社会转型期形成的社会风气的影响，而且缘于观众文化背景、经济境况和个人生活经验的差异。只要有人喜欢《超级女声》，就一定有人批评《超级女声》；有人反对媒体报道杨丽娟追星事件，就有人支持媒体报道杨丽娟追星事件。美国学者约翰·梅里尔和拉尔夫·洛温斯坦在 1971 年出版的《媒体、讯息与人》一书中提出了著名的 EPS 循环说，认为人类的文化发展史如果以传播方式来进行划分，则大致可分为精英文化（Elite）——大众文化（Popular）——专业文化（Specialized）三个阶段。在精英文化阶段，文化被少数精英垄断。随着教育的发展、识字率的上升，特别是随着大众媒体的普及，民众得到了启蒙，文化就开始进入民众之中，人类由此步入大众文化的时代。这一时代的文化具有强烈的反精英色彩，现今世界上大多数国家都处于这个阶段。他们还进一步预测，随着教育的进一步发展，社会分工越来越细，闲暇时间越来越多，人类将会迈入专业文化时期。那时，不同的人群将根据各自的兴趣和需要来选择自己参与的文化活动。[②] 2008 年，我国珠江三角洲地区数字电视转换也已经基本完成，一般家庭能够看到的电视频道已经超过百个，为观众多样性的选择提供了保证。

（二）媒体价值观的特征

媒体价值观指媒体以直接或间接的形式体现在媒体传播活动中的态度和立场。包括媒体在传播信息的过程中隐含的社会意识形态以及对传播活动所引起的社会效益和经济效益的预期。媒体价值观具有社会性、选择性、理性等特征。

---

① ［美］梅尔文·德弗勒、桑德拉·鲍尔－洛基奇：《大众传播学诸论》，新华出版社 1990 年版，第 342 页。
② 申凡、戚海龙：《当代传播学》，华中理工大学出版社 2000 年版，第 270 页。

1. 社会性

社会性是当代新闻媒体在传播社会资讯和履行舆论监督职能的过程中所表现出来的有利于社会整体发展的特性。也是当代新闻媒体不能脱离社会生态环境而独自生存的属性。

社会性使新闻媒体的价值观具有了普遍性。具体表现为：

- 新闻媒体需要站在社会公益的立场上，为广大人民群众提供资讯和娱乐服务，满足他们多样化的需要；
- 新闻媒体需要站在社会公众的立场上，为广大人民群众说话，努力维护他们的根本利益；
- 新闻媒体应该担负起更多的社会责任，通过开展舆论监督，守望社会环境，推进社会的文明与进步。

当代新闻媒体的社会性经常遇到一些挑战。例如新闻记者或编辑在作出新闻价值判断的时候经常会受到商业的、权力的因素影响，导致无法依据一条新闻与公众利益的关系独自决定该新闻值不值得报道，或值不值得大力报道。在广告主或集团利益的压力下，媒体往往放弃了一些原则，甚至牺牲一些公众利益（譬如传播虚假新闻或低俗广告），因而使自己带有了反社会性。

2. 选择性

选择性是媒体表达“立场”的手段。在我国，选择性是新闻媒体通过积极引导舆论，“唱响主旋律”的必然要求。

在西方一些学者那里“舆论”一词包含有“天然的正当性”，可以“遵从”而不可以“引导”。但是西方国家的政府和媒体在行动上却并不认同思想家们的观念。1980 年 6 月 1 日，美国泰德·特纳开创了 CNN 新闻频道，每天的整点时间播出新闻。特纳郑重声明：“CNN 传播理论的核心是以美国价值观和利益需要来构筑国际新闻秩序”。

在拉萨“3·14 事件”报道中，西方媒体的“选择性”倾向非常鲜明。例如，2008 年 4 月 26 号，美国三藩市千名华裔在 CNN 三藩市分部门前集会，抗议 CNN 的歪曲报道，队伍浩浩荡荡，声势极其强大。但是在第二天的英文主流媒体上却找不到华人集会抗议的报道。有些媒体虽然作了报道，报道内容却被“对比性”编排手法压在了最不显眼的版位上。因为媒体不喜欢报道这样的题材，没看到相应的事实。而对那么几个、哪怕是一两个藏独分子的摇旗呐喊，却都能及时看到，并图文并茂地予以报道。

3. 理性

新闻媒体承诺提供真实、客观的媒介信息，就必然在新闻采编和播出环节坚持理性、建设性。媒体理性表现为不冲动、不偏激、不虚伪、不媚俗、不盲从，以务实、开放、求证的心态冷静观察社会走势，报道有价值的新闻。

报纸、电视、网络等新闻媒体能够通过报道和言论反映社会舆论，引导社会舆论，建构舆论的气氛，甚至有能力来制造、控制某些舆论。马克思说：“报纸是作为社会舆论的纸币流通的”，当它“匿名发表文章的时候，它是广泛的无名的社会舆论的机关。”①

二、媒体价值观与观众价值观的对立

媒体价值观与读者、观众的价值观经常是错位的，有时候甚至是对立的。这是媒体运行中的常态，也是新闻媒体健康发展的模式。这是因为：

（一）媒体舆论引导与观众反引导

正确的舆论可以引导人，错误的舆论则会误导人。舆论在保持社会稳定方面发挥着重大作用。

德国学者 E－诺伊曼在《沉默的螺旋：舆论——我们社会的皮肤》一书中认为：舆论的形成与大众传播媒体营造的气候有直接关系。大众传媒为公众营造出一个意见气候，而人们由于惧怕社会孤立会对优势气候采取趋同行动，其结果是造成一方越来越大声疾呼，而另一方越来越沉默下去的螺旋式进程。

美国学者诺顿·朗 1958 年提出，在某种意义上报纸是设置地方性议题的原动力，激起受众产生同媒介一致的议题。1963 年美国学者科恩在《新闻与外交政策》一书中又提出：“在多数时间，报纸或评论不能让读者怎样想，但在让读者想什么上却是惊人的成功。”②

但是，几乎没有读者、观众会心甘情愿地接受媒体的引导，特别是接受那些灌输性的概念化的引导。在 Web2.0 开启的互动时代，观众需要被尊重，需要获得独立思考判断的机会，要求具有发言的权力。一些电视新闻栏目，尤其是电视民生新闻栏目满足了观众的需求，收视率便有所提升；一些电视栏目，包括一些主流新闻栏目没能满足观众的要求，收视率则长期在低位徘徊。

（二）媒体传播预期与观众信息选择

两大因素让观众获得了媒介信息选择权。一是遥控器掌握在观众手中；二是电视媒体开播的频道越来越多。由大众传播向分众传播转变的趋势本身就意味着观众信息选择权的扩大。

观众的多样性选择行为，也是影响传播者意图实现的主要干扰。电视新闻的传播意图，尤其是在具体的传播活动中引导舆论的立场信息与观众原有的立场差别越大，由此造成的干扰作用就越强。传播者要想取得预期的传播效果，必须设法减少选择性因素的干扰，让传播意图和传播内容从诸多传播对象中凸显出来。

（三）媒体的理性与观众的情感

感性是生动的直观。和感性直观相比，理性多少有些苍白。尽管观众也常常不失理性，媒体同样经常选择感性的表达方式，但是观众的感性诉求和媒体的理性表达却经常处在不对称状态，并时而激起一部分观众厉声质问媒体的立场去了哪里。与此同时，媒体则选择

① 《马克思恩格斯全集》第 7 卷，人民出版社 1959 年版，第 523 页。

② ［美］沃纳·赛佛林、小詹姆斯·坦卡德：《传播理论——起源、方法与应用》，华夏出版社 2000 年版。

了以更大的力度去积极地引导舆论。

观众的感性和媒体的理性也有同步的时候，但是同步是暂时的，不同步却是长久的。

（四）个体利益与社会利益诉求

个体利益与社会利益的矛盾有两种表现形式：一是观众个体需求与媒体服务视角的冲突；另一个是媒体的个体利益与广大读者、观众利益的冲突。

观众个体需求与媒体服务视角冲突的具体表现是：观众个体总希望在收视中获得最大的资讯满足与心理满足，尤其是总希望媒体的价值观和自己的认知判断能够吻合。否则，轻则批评媒体的报道不够客观，没说清楚，重则怪罪媒体丧失立场，不负责任。面对部分读者、观众的批评和责难，媒体一方面要做出姿态，欢迎批评，但同时还必须坚守为最广大读者、观众服务的报道立场。

媒体个体的利益与广大读者、观众利益的冲突经常是缘于媒体的竞争压力以及媒体生存的需要。我国的媒介产品有商品属性，但又不是一般的商品。我国的新闻媒体肩负着重要的社会职能，不能像普通企业那样追逐利润，却又需要像普通企业那样承担市场风险和经营压力。结果导致在媒体竞争日趋激烈的今天，部分媒体承受不了市场压力而刻意营造“人咬狗的世界”，通过“妖魔化”现实，来吸引市场的注意。电视媒体出现的色情、暴力镜头，屏幕上的虚假低俗广告，媒体采编播出权力的寻租等等，都是媒体个体的利益与社会整体利益冲突的表现。在这些冲突中，社会利益备受侵害。

三、媒体价值观与观众价值观的和谐

媒体价值观与观众价值观虽然经常处在不对称、甚至是对立状态 ，但是负责任的媒体一刻也没有放弃研究观众的价值观，并从没放弃千方百计拉近与观众价值观的距离。同时，观众也在潜移默化之间沿着媒体引导的路径不自觉地调整自己的判断，并在不由自主地拉近了与媒体立场的距离。出现这样的局面是基于以下原因：

（一）电视需要观众

电视通过光电变换系统把图像声音和色彩转换为信号，天线和电缆把电磁信号发送到空间，接收机将电磁信号解译、还原为图像、色彩和声音重现在电视屏幕上。电视观众的位置不在电视传播链的内部，而在其外部。最终真正能够阻断传播信号通路的也只有电视观众。因此，电视需要观众，失去观众，电视传播的链条将彻底断裂。

流动才有意义。电视媒体传播的信息链条在观众的收视中才能实现运转和流动，而信息只有流动起来才有意义。

接受决定价值。舆论引导的功能在观众的认同中才能得到实现，没有观众的认同或者观众的认同程度不高，所谓主流媒体的宣传功能、舆论引导功能的实现都将是一纸空谈。因此是电视观众的接受过程、接受特性、接受心理、接受方式，以及不同观众的接受差异在给电视媒体提供发展动力，在决定电视媒体的价值及其成长性。

观众的价值决定媒体自身的价值。通过电视广告获得收益是目前我国各级电视媒体的主要赢利模式。观众的群体素质和数量是电视媒体进行二次销售的主要筹码。把最有价值观众的注意力销售给广告主，电视台才能获得理想的收益。

（二）观众需要电视

观众选择电视，电视能给观众带来什么呢？

首先，电视能带给观众直观、简单而又丰富有趣的信息。今天，信息的占有量已经成为区别贫富、划分社会阶层的重要因素。一些研究人员指出，对信息的掌握程度在人的童年时代就或多或少注定了他成年的命运。熟悉电子计算机操作的儿童在思维方式、动手能力、获得信息的能力上远远超过不熟悉计算机的儿童。信息占有上的这种差别会将人们的经济地位、社会地位拉开更远的距离。早在 1970 年，美国传播学者蒂奇纳等人就在《大众传播流动和知识差距增长》一文中提出“知识沟”的概念：“随着大众传媒向社会传播的信息日益增多，社会经济状况较好的人将比社会经济状况较差的人以更快的速度获取这类信息。因此，这两类人之间的知识沟将呈扩大而非缩小之势。”[①] 1974 年，N·卡茨曼从新传播技术发展的角度着眼，提出了“信息沟”理论。该理论同样指出：新传播技术的应用必然会使整个社会的信息流量和信息接触量都有所增大，但并不是每个社会成员都能够均等地获得新技术应用所带来的利益。[②]

拥有信息才能拥有更多的经济和政治权力。尽管政治家和社会学者们会竭力呼吁社会要关注信息的合理分配。但迄今为止，信息的搜集、掌握、分析、控制还主要是靠自己，而电视节目，尤其是新闻类电视节目，迄今依然是社会个体成员获取信息的重要渠道。

其次，观众通过对媒体信息的解构能够提升自身的公民素养。1933 年，媒体教育的两位先导，英国学者利维斯（F. R. Leavis）和桑普森（D. Thompson）合作出版了《文化与环境》（*Culture and Environment*）一书，他们以保存传统文化的名义，反对传媒中的流行文化价值观念，倡导媒体教育，提出媒体素养教育旨在保护本国的文化传统、语言、价值观和民族精神，学会批判大众文化的欺骗性、虚伪性。20 世纪 60 年代以后，媒体教育的观点发生了一个根本转变，即由抗拒观点转为培养辨别能力的观点。70 年代，媒体素养教育则主要围绕“屏幕教育与解密意识形态”（Screen Education and Demystification）展开。当时最为著名的马斯特曼（Len Masterman），在《电视教育和媒体教育》（*Teaching About Television and Teaching the Media*）一书中，要求学生抛开自己的主观好恶，通过系统化的分析来发现、找出媒体文本后隐含的意识形态企图，将自己从文本的影响中解放出来。本世纪以来，我国的媒介素养教育进入快速发展时段。通过对电视和网络媒体信息的解构来提升青少年的媒介素养已经在媒介素养教育界形成共识。

---

① ［美］沃纳·赛佛林、小詹姆斯·坦卡德：《传播理论：起源、方法与应用》，华夏出版社 2000 年版。
② 郭庆光：《传播学教程》，中国人民大学出版社 1999 年版。

第三，观众需要电视不仅是出于生存的考虑，也不仅只是出于发展的考虑，更多的还是出于享乐的考虑，这是综艺节目、竞赛类节目经常受到观众追捧的主要原因。普通的电视观众从电视媒体中获得了生存、发展、娱乐所需要的内容，特定的观众还能够从电视节目中获得另外一些“特定”的内容。电视节目的细化和分层，使得电视媒体和观众之间的联系更加密切，联系的模式也更加多元。

（三）在“迎合”与引导中实现和谐

电视需要观众，因此必须放低身价，主动满足观众的需求。媒体要引导舆论，所以先要研究媒介融合趋势下电视传播的接受与误读，研究对电视传播中误读的防范与对策，并在此基础上学会“迎合”观众，通过“迎合”观众达到引导舆论的目的。但是对观众的“迎合”一定要有底线——既不能以低俗取悦观众，也不允许用挠痒痒的方式强迫观众。电视新闻媒体的属性决定了传播者不可能完全满足每一个观众的要求。以中央电视台《新闻联播》为例，作为一档权威的电视新闻节目，《新闻联播》一向以端庄、严肃著称，其突出表现为主持人播新闻时不苟言笑，为此，该栏目也遭到了一些观众的批评。但作为全国最著名、最具影响力的电视新闻栏目，《新闻联播》端庄、大气的风格不能改变，如果为了迎合少数观众的口味而故意矮化自己，不仅自己的风格容易丧失，与多数观众和谐互动的目标也将落空。

广州的一项调查显示：有高达 14.72% 的儿童承认自己所染上的诸如打架、骂人之类的坏习惯都是受到电视节目的影响，甚至就是直接向电视节目中的人物学来的。接受调查的一些小学生、中学生和大学生表示：电视媒体播出的《蜡笔小新》、《星空超越极限》、《来电对对碰》、《继续无敌奖门人》、《女人夜来香》、《精装 TV 三贱客》、《樱桃小丸子》等节目他们都看过，对其中的人物已经各有不同程度的认同。例如《蜡笔小新》中的蜡笔小新是幼儿园的小朋友，但是他人小鬼大、欺负同学、要挟家长、瞒天过海……而小学生们却对他颇有好感。《继续无敌奖门人》节目中的人物男扮女装、不伦不类，《精装 TV 三贱客》节目的选材标准居然是“不贱不做”，日本动画片《樱桃小丸子》中好人不好、坏人不坏、是非不明，科幻片《超人》、《女超人》中的暴力倾向十分明显——这些对青少年的负面影响不可小视。媒体乐于刊载和播出此类作品，除了利益驱使之外，最大的理由就是有受众需求。从而暴露出一些电视媒体将平民化和平庸化混为一谈的倾向。中央电视台新闻频道《共同关注》栏目 2004 年 11 月 20 日中午 12：40 时播出的新闻披露：上海市不满 16 岁的少年小柯，在看了《无间道》等节目后，由模仿其中的镜头，逐渐走上抢劫犯罪的道路。江苏儿童小雨的家长则面对镜头强烈批评《蜡笔小新》，认为节目中的语言不利于孩子成长。再如 2004 年 6 月 2 日《广州日报》A14 版载：2004 年“六一”儿童节前夕，茂名信宜市池洞镇一名 7 岁的小男孩因模仿电视剧中悲剧人物的自缢镜头，在自己家中的床上制造了一出自缢的悲剧。诸多事件提醒我们：电视需要观众，因此更要爱护观众，培养他们的审美品位，为他们提供精美的精神食粮。观众需要电视，电视则不应乘机把自身的价值观强加给观众，更不应借观众的需求心理而把低劣的节目销售给他们。“迎合”

只是手段，引导观众、培养观众、服务观众才是目的。这些关系处理好了，媒体的需求和观众的需求才能各得其所，双方的价值观也才能走向和谐。

读一读　议一议

“魔弹”论

在第一次世界大战至30年代之间，西方出现一种传播理论，称为“魔弹论”，又称“皮下注射论”或“靶子论”。该理论认为：大众传播具有强大威力，能够左右公众的态度和行为的观点，受众就像射击场里一个固定不动的靶子或医生面前的一位昏迷的病人，完全处于消极被动的地位，只要枪口对准靶子，针头扎准人体部位，子弹和注射液就会迅速地产生出神奇效果。它可以把“各种各样的思想、感情、知识或动机从一个人的头脑里几乎不知不觉地灌输到另一个人的头脑里”（施拉姆，1971），“并几乎可以随传播者所欲而左右大众的任何观点”（德弗勒，1989）。因此，受众的性格并不重要，重要的是讯息；讯息直接改变态度，而态度变化即等于行为的变化。①

魔弹论强调的是以“传者”为中心。魔弹论流行时，工业革命后生产和生活的社会化程度迅速提高，人们了解世界和周围环境的需求大大增加，而可供选择的大众传媒又不多。随着媒介的发展，这种理论在40年代后逐渐被推翻。因为只要有选择的机会，受众总会从满足自己的需要出发来选择、使用媒介。

第二节　我国当代电视新闻观众

电视新闻节目应该最大限度地满足各类观众的普遍需求，还要能够满足不同年龄层次、不同职业范围、不同文化程度观众的特殊收视需求。了解观众的构成是认识观众的需求、提高电视新闻传播效果的基础性工作。

一、不同年龄的观众

按照年龄差异，我们主张把电视观众分为儿童、青少年、中年、老年四大群体。不同年龄阶段的电视观众对电视节目有不同的选择倾向和收视模式。例如儿童的兴趣就爱集中在动画节目上；青少年更关心和青春相关的话题以及科技时尚的内容；中年观众对经济、社会、文化题材的媒介信息格外关注；老年观众对历史题材则有特殊的爱好。对不同年龄段观众收视行为模式的研究还可以发现：我国年龄为60－74岁的观众目前是工作日白天时

① ［美］德弗勒、丹尼斯：《大众传播通论》，华夏出版社1989年版。

间收视电视节目的主流群体，而12－19岁的观众在周末双休息日收视电视节目的时间较长。这些数据对电视新闻的选材、编排、播出，以及栏目的设置和风格定位都具有显著意义。

二、不同性别的观众

心理、生理、情趣、生活状况及工作环境的不同，导致了男性和女性电视观众收视行为的差异。在与各种媒体接触和使用的日常活动中，不同性别的观众在传播内容的选择上存有某种系统性的兴趣偏好，男性观众对于新闻类传播内容的接触和兴趣，往往强于女性，而女性观众对文艺类传播内容的接触和兴趣则要强于男性观众。[①]

男性抽象思维能力相对比较强，有好奇、冒险精神，比较自信，富于攻击性，对体育、武打、神秘、恐怖、侦探节目的兴趣相对较大。从总体上看，电视新闻节目始终是男性观众的所爱。男性观众在工作日和休息日收视电视节目的时间较长，在世界杯足球等重大竞技体育赛事期间，男性收视率还会突然升高。女性长于形象思维，更有同情心、家庭观念浓厚、比较感性、能体谅人，个性比较含蓄等，一般会喜欢文艺、言情等节目。面向全国观众的节目，例如中央台的节目显然更吸引男性观众，而地方媒体的节目更能够引起女性观众的注意。早晨男性的收视高过女性，这很可能和早间新闻栏目有关；晚间女性观众的比例超过了男性，这是因为电视剧、娱乐类节目通常都安排在晚间20点以后的时段播出。

男性受教育程度优于女性。调查显示，我国男性公众具备科学素养的比例达到2.3%，比女性高0.6个百分点。这使得男性不仅收视时政新闻的兴趣超过女性，对科技信息乃至舆论监督类型的节目也表现出了偏爱。女性更关注自身的“修行”，所以她们会偏爱生活服务、流行时尚等节目。

三、不同阶层的观众

研究人员通常喜欢讨论“什么是电视新闻”，而对什么人看电视新闻，什么人不看电视新闻却有所忽视，而了解什么人看电视新闻，什么人不看电视新闻实际上更有价值。知道了什么人看，就可以针对他们的特点制作节目，使他们更爱看；知道了什么人不看，就可以努力设法使他们看。

美国哥伦比亚大学应用社会学研究所曾在纽约市做了一项非常复杂的科学研究。芝加哥大学商学研究所的史坦纳综合这项研究的结果，写了一本名为《人们看电视》的书。在这本书中，他指出看电视新闻的人多半是受过很高教育的人，以及教育程度很低的人。换句话说，广大的中等文化程度的人，对电视新闻节目不感兴趣。

史坦纳说：“受过高等教育的人以及只受过初级教育的人，比中等学识的人更关心电视新闻。我们猜测，最低层的人靠看电视来得到新闻，而中等程度的人则喜欢看报纸，可

---

① 宋小卫：《谈谈我国观众媒体接触与使用中的性别差异》，《新闻与传播研究》1995年第2期。

是，那些高等知识分子则用电视新闻来补充他们从报纸上得到的消息。”① 史坦纳的结论也许不符合我国观众收看电视新闻的倾向，但他至少为我们提供了这样一条思路：不同层次或不同职业的人对电视新闻的态度有所不同。

当代中国社会结构发生了深刻改变，原来的工人阶级、农民阶级和知识分子阶层“两个阶级一个阶层”的社会结构已不能涵盖新产生的、更细化、更丰富的社会阶层。中国社会科学院陆学艺教授主持的中国社会科学院的重大研究项目——“当代中国社会阶层研究”，经过数十位学者历时3年的调查研究，在2001年年底取得了研究成果。专家们通过大量翔实的调查数据，以职业分类为基础，以组织资源、经济资源和文化资源的占有状况为标准，划分出了当代社会的“十大阶层”，即国家与社会管理者阶层、经理人员阶层、私营企业主阶层、专业技术人员阶层、办事人员阶层、个体工商户阶层、商业服务业员工阶层、产业工人阶层、农业劳动者阶层和城乡无业、失业、半失业者阶层。据此，我们把电视新闻观众分为以下四类：

一是国家与社会管理者群体。这一群体是权力、资本、知识的拥有者，虽然他们的人数少，但属高端精英阶层，对社会有巨大的主导影响力，在相当程度上控制着国家发展走向。他们具有极强的话语权，对新闻媒体有控制权和影响力，特别关注国家重大决策、市场最新动态等信息，是央视7点《新闻联播》的主流收视群体，也特别欢迎深度报道。

二是经理人员、私营企业主和专业技术人员构成的精英阶层。他们有很强的专业能力，很高的经济能力和消费能力，但是缺乏充分的时间关注和接收电视媒体的信息。他们要在尽可能少的收看电视的时间中，接收时政、经济、娱乐信息，凤凰卫视这样的电视台是其追捧的媒体。

三是办事人员、个体工商户、商业服务业员工、产业工人构成的中间阶层，数量最为庞大。该阶层人员有一定的经济实力和消费能力，具有较高的文化水平和社会参与意识，能够接触到较多的信息，是广告主的目标消费者，也是信息传播的目标受众和主要消费者。这一群体有着充分的时间接触电视媒体，也是许多节目面对的主要观众群。他们更倾向于贴近生活的、具有娱乐性质的节目，例如综艺节目、城市新闻、体育赛事、电视剧等。他们收看电视时往往赋予电视栏目特定的符号价值，把收看某些栏目看做是身份的象征和品位的体现，他们有独立的思辨能力、判断能力，追求自我表现，要求获得文化的话语权。

四是由农业劳动者和城乡无业、失业、半失业人员构成的弱势阶层。看电视是其最主要的文化娱乐方式。他们接收信息的能力较弱，范围也较小，对媒体的信息传播较为被动，选择面较窄。有条件接收较多信息的，会选择贴近民生的信息内容。其需要可归纳为接近性、可参与性和有启发性。

不同阶层观众的收视需求，是观众构成测量的新的内容。中下层和底层观众认为媒体

① 董悦秋、赵炳旭：《广播电视节目管理》，北京广播学院出版社1997年版，第64页。

是消遣和介入生活的手段，甚至将电视机、电脑等媒体手段视为现代家庭的象征。中下层和中层观众将媒体视为生活的一部分，不看报，就觉得生活缺少些什么，不看电视，就有一种被社会离弃的感觉。中高层观众则视媒体为分析社会现象、增长知识、获得审美情趣的主要渠道。

四、不同地域的观众

不同地区电视观众有不同的收视习惯。例如，在美国，许多人上午 9 点才上班，且家庭主妇也多，所以早间新闻节目收视相对就高。而中国国内男女都要一大早忙着上班赶车，早间电视新闻传播的到达率就相对较低。我国北方地区和南方地区观众的收视习惯差别也很明显。这既和地理位置有关，也和各地的文化结构、经济发展水平、拥有电视频道的多寡有关。以广州地区的电视观众为例，其收视就有以下特征：

1. 偏爱市井题材

岭南地处沿海，几千年来频繁的中外文化交流及碰撞，不仅衍生出岭南人开放的群体意识，还孵化出具有平民性、市井性、感官性、享受性，以及开放、冒险、求利的岭南精神。“市井”的具体表现是重民生、重实利、重调味、重娱乐，是求新鲜、求时尚、求变化、求刺激，是爱揭秘、追潮流，等等。市井题材的新闻即便有些八卦、浅薄、出位，但因为和市民离得近，因而能博得他们的喝彩。广东电视台珠江频道的《630 新闻》收视率高达 4.9%，这和该栏目大量报道市井题材关系十分密切。

2. 喜欢香港口味

粤港两地在地缘关系基础上形成的文化亲缘，借助电视屏幕表现得淋漓尽致。在上世纪 90 年代，香港电视已经融入了广州地区市民的日常生活，无线翡翠台和亚视本港台，以及国际台、明珠台一度累计占据了广州地区 70% 的收视份额。直到今天上述 4 台再加上凤凰台，份额仍占近 4 成。这些频道节目源源不断地给广州市民带来港台资讯，深刻影响着广州地区的社会发展和市民的日常生活，同时也培养了该地区电视受众的“港台口味”。

3. 习惯粤语表达

粤语是我国的强势方言。很多世纪以前，粤语随着粤人远行的脚步漂洋过海，传遍美加、澳洲，成为华人聚集地的主要语言，在世界范围内产生了巨大的影响力。粤语中俗语、俚语极其丰富，随着一些古语词由“文”转“俗”，今天的粤语更显得生猛鲜活，成为极有张力的电视节目语言符号，并构成了广州地区电视屏幕播出节目风格的第一特色。在广东电视台的新闻节目中，用粤语播出的《今日关注》收视明显要高于其他同类型新闻栏目。整体收视数据中前 10 名的也以粤语栏目为多。

读一读 议一议

《南方小记者》

南方电视台少儿频道是中国内地最先成立的面向少年儿童的电视专门频道。该频道2001年12月20日全新启动，每天7点开播，凌晨2点收播，首播节目达11个小时。频道开播不久，就深受广东省不少少年儿童的喜爱，一些节目和活动的影响力还辐射到了周边省份。目前，南方电视台少儿频道的知晓度达到了95%。央视索福瑞和AC尼尔森（广东省网）的调查数据显示，2003年南方电视台少儿频道的市场占有率进入了广东省所有境内外频道的前10名，在4－14岁目标观众群中的长期收视率名列境内外频道第2名，仅次于香港的翡翠台。该频道的自办栏目有4个，面向少年儿童的新闻栏目《南方小记者》就是其中之一。栏目开办的初衷就是要给少年儿童提供一个平台，将其办成由少儿参与采写、拍摄，全部由少儿主播，提供给少儿和他们的家长一起看的电视栏目。如今该栏目已成为少儿频道的品牌栏目。《南方小记者》的开播语是“快乐新闻我们说”。从开播第一天起，频道就鼓励少儿自己拿起摄像机，用自己的眼睛去发现身边的新闻，然后自己面对镜头将其播出来。正是出于这样的考虑，频道仅为《南方小记者》栏目配备了3名正式员工。上述开播口号和人员配备，都透露了频道对少儿电视新闻特征的基本认识。

第三节　电视新闻观众的收视需求

一、观众的心理需求

观众的共性心理表现为：

1. 求新心理

和报纸新闻读者相比，电视新闻观众的求新愿望更强烈，对电视新闻节目时新性的要求更高。特别是重大事件、突发性事件发生后，电视新闻报道是普通观众第一时间获取相关新闻资讯的首选媒体。2008年5月12日14：28，四川汶川突发里氏8.0级大地震。中央电视台新闻频道15：00播发了滚动字幕新闻，15：10播出电话连线，15：20中断正常节目，率先推出现场直播《关注汶川地震》，满足了观众的需要。

2. 求同心理

观众总是希望从新闻中发现自己，或者是发现和自己相关的内容，这是其求同心理的反映。民生新闻尤其容易被普通市民所喜爱，原因之一是普通市民能够从中发现自己的处境，在求同的过程中产生共鸣，得到了心理的满足。

3．求知心理

无论是儿童还老人，无论是男性还是女性，都会希望从电视中获得新的知识，尤其是那些能够让他们在不知不觉之间或者不用费太多的精力就能够获得的知识。在资讯社会，不仅是成人，即便是儿童都会为“这事你怎么还不知道?”而感到恐慌。中央电视台的《小崔说事》栏目曾经说过《怎样选牛奶，怎样喝牛奶》的话题，节目中访问了广州市奶业协会理事长王丁棉，让他来教观众喝牛奶，节目播出后获得了良好的收视和评价，原因在于不少观众在节目中发现自己喝了许多年牛奶却至今不会喝牛奶。其内容满足了观众的求知心理。

4．求伴心理

观察一些家庭的电视节目收视现状则不难发现：许多时候大家在科学地晚餐，或者是在聊天，甚至是在睡觉，总之根本没有谁在专心地看电视，但是电视机却必须开着。我们把这种收视情形称作餐饮式收视，或者叫无意义收视。这是一种心理需求的表现形式，表明电视观众对电视节目的情感陪伴功能的需求正在增大。一些电视媒体开发“第二黄金时段”获得成功，一些晚间软新闻受到好评，这和观众求伴心理得到了满足可能有直接关系。

为了满足观众不同的心理需求，在编制一条电视新闻前一定要清楚这条电视新闻是给哪些人看的，观众通常是在什么时间看，观众看这条新闻的时候更乐意接收哪种符号，怎样才能让大多数收看新闻的观众真的能看懂。在此基础上，再本着照顾多数观众接受能力的原则设计节目、取舍内容和确定表达的方式方法。

我们曾经做过这样一个观察实验：两名3岁的小朋友正在电视机前专注地收看电视动画片，此时悄悄地关闭动画片的声音，持续静音1分钟，结果两名小朋友均只有轻微反应，依然盯着无声的画面收看，且兴趣不减，直到1分钟后声音恢复。同样的情况发生在两名13岁儿童的收视过程中，两人则大声询问声音为什么没有了。显然，幼儿更适应观赏电视的画面，少年则需要同时接收电视节目的画面和声音。另一项观察证实，成年人，特别是具有良好教育背景的观众，才比较注意收看电视屏幕下方的走马字幕。

二、观众的资讯需求

一些调研数据显示，天气预报节目能够稳居观众喜欢收看的节目前列，表明获得新闻资讯是电视观众的第一需求。观众最希望通过电视节目获得的主要是那些能够给他们的日常生活提供咨询服务，能够为他们的安全提供指引的资讯。主要包括：

（1）与日常生活密切相关的资讯

主要是关于交通出行的资讯、气象环境信息、旅游资讯、物价变动情况、证券交易情况的报道以及关于文艺和体育活动的资讯，等等。

（2）与自身安全密切相关的资讯

包括流行性疾病的资讯、自然灾害的动态消息、交通安全恶性事故报道、食品安全方面新发现的隐患、关于本地社会治安情况的最新信息、政府对违法犯罪现象采取的措施、其他危害安全的突发性故障、事件等等。

（3）与自身和家族的成功密切相关的资讯

例如关于各级升学、留学的资讯，关于公务员招考、任用的资讯，关于各类评选表彰的信息，以及有关违规、违章的处罚措施等。

（4）重大事件、重大活动的资讯

例如世界杯足球赛的赛事安排报道，广州亚运会的赛场秩序报道等。

1978 年推出的《新闻联播》是我国政府发布信息以及百姓了解国家动态的权威新闻节目，30 年来收视率一直高居全国各大电视新闻节目之首。但《新闻联播》的领导人活动和常规会议报道过多，要求其改革的呼声高涨。2003 年 3 月 28 日始，中央政治局开会研究改进新闻报道，中央电视台自 2003 年 4 月 26 日起对持续了 8 年的一套新闻综合频道进行重大改革，会议新闻时间大大压缩，增加信息报道量和民生类资讯报道，结果收视率进一步提高了，表明全国观众对《新闻联播》增加信息报道量赞同和满意。

因此，减少和改进会议报道，增加新闻节目中对观众有用的信息，应该是电视新闻报道的选题原则。只有在传播有效和有用信息的基础上，电视新闻节目所追求的“第一时间”和“第一现场”才有实际意义。

三、观众的话语表达需求

30 多年的改革开放极大地推进了我国公民社会的建设进程，激发了公民参政议政的积极性，也增强了电视观众话语表达的欲望。随着信息化时代的日益临近，当代电视观众对于新近发生的各类重大新闻，一方面要求第一时间获取有关信息，另一方面希望媒体能够成为自己发表意见、展示主张的窗口和平台。电视观众所希望的“交流”是与广大观众之间的交流，“参与”是指让观众参与到传播活动中来。最理想的是直接交流和参与——传受双方处在同一时空、同一过程之中，互相间的感知、应对都是即时的、平等的。

电视和报纸、杂志之所以被称为大众传播媒体，就是因为它们本质上都是“一对众”的传播，与人与人之间的“一对一”传播有很大的区别。“一对众”的传播，主动权掌握在传播者而不是观众手里，观众通常处于被动接受状态。“这个‘乐园’里只有问、没有答，只有荧光屏上的人说话，没有观众的反应。因此，电视并没有百分之百恢复人的面对面的传的经验。”① 一般情况下，观众只能选择接收不接收，而不能决定接收什么；传播者则按照自己的判断处理传播内容和形式，由于没有即时的反馈，也不可能在传播过程中随时作必要的调整或改善。正是由于意识到这种缺陷，所以电视界呼吁要扩大观众参与面，多设身处地为观众着想，突破空间和时间的限制，让观众享受到交流和参与的权利。

我国不少电视媒体已经展开了一些“互动”实践：在栏目中开辟互动内容，让观众自

① 王振业：《当代广播电视观念的探讨》，《在中国广播电视学会第 1－5 届论文评奖中 北京广播学院获奖论文汇编》，1999 年 1 月，第 11 页。

己“做”节目，就是对“互动”的生动阐释。凤凰卫视曾经有一档节目，叫做《媒体大拼盘》，串编各地新闻。其中有一个小板块叫做“我来评新闻”，就是每天请一位异地的观众做评论员，通过电话对当天的一则新闻进行评点。曾经有一期节目，先是报了一条内蒙古交警为解决堵车问题当街下跪的新闻，接着就请厦门的一个中学生来评论。中学生明确表示，交警的做法不是最好的办法，还应该从管理上寻找解决途径。虽然中学生的“高见”未免稚嫩，甚至还带有许多个人色彩，但他有板有眼的“点评”，却使整个节目都变得生动起来。

电视新闻可以通过以下渠道实现与观众的间接交流和参与：

（1）选择观众最关心的、最有兴趣的话题加以报道，满足观众边看电视边向周围的人发表自身见解的需要。

（2）努力办好新闻评论节目，满足观众寻求知音、和专家学者的观点形成共鸣的需要。

（3）办好访谈类节目。在访谈中主持人站在观众的立场上而不是主持人或媒体的立场上与被访人交谈，以增强观众的参与感。

（4）主持人代表观众与嘉宾交谈。主持人代表观众与应邀嘉宾交谈交流，能收到“对众”的传播效果。

（5）开通微博，并设置现场热线电话，邀请观众参加与媒体的互动，在互动的过程中让观众通过媒体平台来满足自身的话语表达需求。

（6）邀请观众参与节目策划及制作。

四、观众的消闲需求

娱乐是人的天性，电视新闻中适当地增加娱乐元素是电视观众的期盼。大众文化的繁荣带来了世俗文化心理的觉醒，在新闻中添加些娱乐性，如果处理得当更能贴近人的本能需要，进而为电视新闻节目的繁荣拓展新的空间。一些媒体就如何增强新闻的娱乐性做了积极探索，并从收视效果方面对观众的娱乐需求作了梳理。归纳起来主要是：

- 希望新闻，特别是晚间新闻能够更轻松一点；
- 希望加大文化娱乐和体育竞技题材的报道比重；
- 希望积极报道反映人与自然、人与动物关系的集锦式新闻；
- 希望能够看到更多创新的节目样态，例如利用动漫技术制作的新闻；
- 希望加大新闻节目连线、现场采访的比重；
- 希望在节目中能获得更多的关于明星的信息，最好是有机会与他们互动；
- 希望主持人用更轻松的语态说话。

为了让观众以休闲的心态去看电视，电视人可以在以上各方面加以努力。电视不仅是大众艺术，而且是平民艺术。电视新闻提倡以平民化的价值取向和平视生活的视角来观察和思考问题，用观众喜闻乐见的形式和通俗化、大众化、口语化的语言来表达新闻的内容。

脱离生活，一味强调学术品位，拔高求深，那就可能“曲高和寡”。但是在强调贴近实际热点问题、贴近现实、贴近生活、贴近观众的时候，要切记不琐碎、不表象、不低俗。在强调深入生活的时候，还要能够超越生活、超越观众，和生活之间还应该保留适度的距离，以便对其加以审视和批判。如果一味追求平民化，导致了庸俗化，则又走向了反面。平俗而不平庸是电视新闻的理想境界。

读一读 议一议

外国媒体的受众意识

美国：新闻顾问开药方

在美国，地方电视台的新闻五花八门，颇具特色，已成为最赚钱的电视节目。地方台的新闻无论从内容还是形式上看，与三大电视网的新闻都截然相反。地方台的新闻充满了一种狂欢的气氛：为了吸引观众，他们不惜采取一切手段，大有不达目的誓不罢休之势。

地方台采取的一个重要策略是，聘请新闻顾问——他们称之为“医生”。每位“医生”为电视新闻“看病”、“下药”——告诉你怎样才能吸引更多的观众。“医生们”的做法在全国各地方台很流行，他们开出了“标准处方”。这些“处方”概括起来，有如下内容：

加快新闻报道的节奏，在短、平、快的格调下包容更多的内容。举例说，著名新闻顾问马德认为，在摄像机前播报的一条口播新闻的长度不超过15秒，图像不要超过一分半。注重地方新闻，使新闻与观众之间的距离拉近，距离越近越好，使新闻内容富有情感。顾问人员建议，不要太强调有关当地政治和市政厅的新闻，要集中报道能吸引观众兴趣的，有人情味的消息。

设有专门负责听取批评、搜集意见的人，这些人以“行动记者”或“站在你一边的记者”闻名。他们经常受理受迫害人的案子，最终解决其问题。这种报道不仅为观众提供了参加审理案件的机会，而且让观众满意地看到冤案得以昭雪。这种做法表明记者和电视台“关心”这个社区和它的观众。

记者亲临现场，尽量在摄像机前露面，处于一种活动状态——和汽车修理工一起钻到汽车底盘下；推着购物小车走进超级市场；同邻居的小孩一块儿玩球。

延长新闻节目。一些小台把半小时的新闻延长到一小时，有的大台甚至延长到两小时。这样做，一方面是受新闻盈利的刺激，另一方面可容纳更多的观众喜欢的内容。

建立一个友好的主持人班子。令人愉快的人物——通常是两位主持人，一男一女，另加一个体育播音员和一个天气预报员。这个班子既为观众提供欢乐，又要展示自己的个性风格。主持人还要为观众担任家庭代理成员。

这些顾问人员对主持人“神秘的变化”过程经过分析提出一种看法：两个主持人必须相互喜欢，配合默契。新闻主持人的个性是节目成功的关键因素。“如果把促使新闻节目成功的所有因素综合计算，”顾问普里莫说，“每个因素相加等于10的话，那么主持人占其中的8个因素，其余总共等于2。这就是付高薪给主持人的奥秘所在。”

新闻顾问们经过调查研究、掌握了大量数据后提出的忠告总括为几点：侧重个性；使观众感到舒服的性格；提供更多的涉及观众实际生活的消息；抵消一般观众觉得无指望的想法；从坏消息中跳出来；强调娱乐性内容。

英国：服务水准高质量

英国BBC力求达到最高的节目品味和水准，在所有的广播电视新闻节目中，坚持公正、准确和客观。他们要求所有的节目生产者在实际操作中恪守BBC的工作规章—“节目制作人准则”，该准则对BBC编辑业务的方方面面提出了具体的要求。

BBC承诺：提供优质的信息、教育和娱乐节目；提供全面、准确、公正的新闻与信息服务，以之增进对国家与国际事务的了解；支持和鼓励人们充分发挥自己的最佳才智，将英国文化的所有形式全面地展现在节目之中；加倍努力地反映联合王国各方面的广泛利益和不同的文化；向少数民族的视听者提供适合其特殊兴趣的节目；在继续生产传统名牌节目的同时，积极实验与创新节目、擢用新人；在电视的黄金收视时段，比其他电视台更多地播出时事类节目；通过广播和电视，向视听者提供具有吸引力、感染力的高品位艺术类节目；注意在不同的信仰之间保持服务的平衡，尽量满足国内外各方面视听者的需要；进一步增强BBC作为教育节目和教育服务提供者的自我意识，以积极开放的态度吸纳公众的新思想、新观念，为政府的教育计划作出应有的贡献。

BBC的节目应做到：坚持公正、准确、不偏不倚的立场；随时了解受众对节目品位及水准的反映与评价，杜绝大范围的侵权事故；正确地描述所有社团和群体的社会形象，力戒加深、强化歧视和偏见。英国BBC通过受众来信和受众打来的电话了解到，记者访谈节目受到听众和观众的普遍关注，因此，他们对此类节目的操作提出了较高的要求。他们要求记者在访谈节目中公正地对待各方面的意见和观点，提问和质询应当切中要害，锋芒卓异，同时又通情达理，不过分刻薄。他们随时监督自办的各种访谈节目，如果发现某个节目未能达到应用的水准，他们将及时改进。

为了让视听者人人各有所得，BBC做到了：在电视的黄金收视时段，应比其他电视台播出更多的时事类节目。BBC电视2台在黄金时间播出的纪实性节目占该时段播出节目总量的51%，BBC电视1台在黄金时间播出的纪实性节目占该时段播出节目总量的46%，而同样情况下，英国其他电视台只占到30%左右。

根据观众的要求，他们重新设计早间电视节目的“菜单”。形成了以“时尚冲击”、“确实有用”等富含信息的娱乐性节目为重点的节目布局。目前，已有更多的观众开始收看BBC的早间电视节目。

向少数民族的视听者提供适合其特殊兴趣的节目。他们通过中西部诸郡的亚洲联播网为受众提供了“一种影响”、“英国黑人”、“东方”等电视节目和服务。

德国：合纵连横拓市场

营销量是任何大众传媒追逐的最终目标，而作为消费者的大众一方面具有对本地区以外之信息的需求，另一方面又强烈需要对本地区获得了解。尤其是当某个媒体为开拓市场而跨出本地区时，为了既开拓新市场，又尽可能地降低制作成本，这些媒体，大多采用这样一种经营模式，即在每个地区建立地区编辑部或制作中心，负责制作与发行该传媒的地区版，该地区版所需的有关跨地区信息则由总部统一制作和提供，而各地区版又向总部反馈或提供可能引起其他地区兴趣的信息节目。这样，既有效地在新地区开拓了市场，又将由此而来的成本开支降到了最低限度。这种经营模式在德国大众传媒行业被普遍采用。

德国日销量最高的报纸《图片报》就凭借这种经营方式获得了巨大成功。该报总部设在汉堡，全德每个角落都能买到这份报纸。该报在全德具有统一的版面设计，尤其是头版和末版，全德几乎相同，但打开里面的地方版则因地而异，这样该报给人的感觉是一份全德发行的报纸，里面含有全德一致的跨地区信息，但又不乏本地区特殊口味的版页。在制作上，各地区编辑部每天从总部获得已编好的一般版页设计，然后加上自己制作的地区版，在本地区印刷，最后推向本地区市场。

德国私营广播电视业最具业绩的RTL电视台，同样采取此经营模式。该台总部设在科隆，在德国各地区又设有分部，总部向分部提供新闻、体育、大型娱乐、影视剧等节目，分别加进自己制作的地方新闻和地区性节目，然后向本地区传送整个RTL台的电视节目。各分部自然也无偿地向总部提供自己制作的地方性节目，以通过综合处理尽可能地为其他地区所用。这样便使RTL电视台以有限的投资，达到了各有针对性覆盖整个德国的收视率。就连德国公发电视台ARD（德国电视一台）也以这种方式展开其经营活动。从属于其地各州电视台按比例向它提供地区性电视节目，而它则向各州提供跨地区性电视节目，比如新闻、历史文献、国际报道、影视剧等。

在这种经营方式下，跨地区大众媒体一方面以其在制作跨地区节目上的实力和声誉，使得局限于某地区的传媒无法与之抗衡；另一方面又加以地区性制作成功地弥补了针对性不够之不足。这种经营方式在德国一而再，再而三地夺得了本来由地区性传媒独霸的市场，使得跨地区经营的媒体越滚越大。

日本：读者利益最至上

步入新世纪，日本报纸市场已达到饱和状态，《读卖新闻》的发行量却飙升到1000万。稳居世界第一，令新闻界同仁叹为观止。那么，他们采取了怎样的文韬武略？

首先，不局限于某一部分读者，在版面上要照顾最大多数的需要，让家庭中的每一个成员都能读。现在是信息时代，同时又是激烈变动、不透明的时代。面对一个新闻事件，读者会问“那是怎么回事？日本应该怎么办？”——该报充分发挥随时性、一览性、记录性、言论性，以及携带方便等特点，对洪水般的信息加以整理、解释，为读者提供判断的材料。

其次，增加报道的深度，提高整个报纸的思想水平。该报有专门的调查研究总部，除社内研究人员外，还从国内外著名专家学者中聘请客座研究员近20名。定期活动的内容包括：一年一度的东京圆桌会议、读卖国际经济恳谈会、专题调查会等等。他们吸收记者参加讨论，出版定期刊物，以期提高全体采编人员的素质；调查研究的成果及时在版面上反映出来，让广大读者从中得到启发。例如，该报近几年辟有" 认识地球" （分析世界）专栏，每星期一在第一、二版刊登国际最著名人物对世界重大问题的看法。调查性报道、独家新闻，也是该报投入力量的重点。他们采写的调查性报道，如揭露野村证券公司的报道、关于高中升学考试中的不公平现象的战役性报道等等。报社设立了专项独家新闻奖，按社长奖、局长奖、部长奖三个奖项，奖励采写独家新闻的记者。独家新闻奖已有六十年的历史，现在更加重视。得到各报公认的独家新闻属一级独家新闻，这种报道每月有3－4条，获局长奖的中等独家新闻有十几条。

再次，实用性报道是不可或缺的。实用性报道的重点是家庭版、经济版。该报的家庭与生活版，每天出两个专版，投入的人力很多。负责这个专版的生活信息部有22名记者，专版的报道大多由记者采写，基本上不请外人写稿，只有少部分版面发表专家意见。该报在家庭版中经常提供具体的医疗知识和信息。他们还将长期连载的医疗保健知识印成小册子，免费送给读者，现已赠送30多万册。该报有宏观的经济报道，也有微观的经济报道，对读者关心的诸如储蓄、金融、商品内外流通等问题，尽量给以指导。

最后，为了更好地接近读者，满足读者需要，该报新闻每月搞一次读者调查，16年坚持不断。通过调查，了解读者要求以及读者意识的变化，并且力争在版面上有所反映。例如，年轻人不读报，但喜欢读书。针对这一倾向，星期一、三在报纸上设三个“读书”专版，星期六晚刊辟有畅销书和杂志专栏，为读者提供切实有用的信息。

（作者：王永亮、王永前，《中国新闻出版报》，2006年5月29日，第3836期）

第三单元

电视新闻生产

◆ 电视媒体要完善生产体制与组织形式，规范节目生产过程、生产方式和生产机制，合理配置资源，严格质量控制，才能保证生产与运作过程的有序和流畅。

第一章
电视媒体的体制

第一节　体制与新闻生产组织形式

一、电视媒体的体制

电视媒体的体制指的是电视媒体设置以及生产运营过程中的管理权限划分制度。大体有公共体制、商业体制、国有体制几种。

英国广播公司（BBC）是公共体制的代表。在该体制下，电视台的资产既不属于国家所有，也不属于哪位私人老板所有，它就是公共媒体，其资产是社会公共财产。BBC 主要靠向用户收取视听费生存，辅之极少的广告收入。这让 BBC 可以不必看政府的脸色行事，因为 BBC 不拿政府的财政拨款，也不用巴结其他商业组织，因为 BBC 不期待获得商业广告投放。BBC 坚持独立于政府和商业组织之外，以保证自身“公共”形象的纯洁性，忠实地为公共利益服务。当然，这里的“公共”并不适用于“普世”人群。

美国主要广播公司是商业体制的代表。在商业体制下，媒体就是企业，靠市场养活，依赖商业广告收入生存，追逐利润是其本性。当然，媒体不可以为了赚钱而不择手段，她必须像其他的商业组织一样，在遵守法纪和服从国家意志的基础上去赚钱，并且必须承担企业应该承担的社会责任。

国有体制下的电视媒体是国有单位，完全靠国家拨款生存，并纳入国家事业单位甚至行政机关的口径加以管理，生产和播出的电视节目主要追求符合政府要求的社会效益。在上个世纪 80 年代之前，我国的电视媒体就长期在这样的体制下运行，前苏联的电视媒体也实行类似的体制，目前国际上仍然有一些国家坚持这样的体制。

马克思在《1844 年经济学哲学手稿》中指出，“宗教、家庭、国家、法、道德、科学、艺术等等，都不过是生产的一些特殊的方式，并且受生产的普遍规律的支配。”不同的新闻生产和传播体制决定了不同的新闻生产方式和新闻自由形式。公共体制下的新闻自由以维护社会公众的利益为最高原则；商业体制下的新闻自由前提是不得损害媒体老板的利益；

国有体制下的新闻媒体则必然要强化政府喉舌的功能。在今天，有人认为我国的电视媒体还是国有体制，理由是电视台的资产依然属于国有，公司化治理尚在孕育之中。也有人认为自20世纪80年代以后，我国电视媒体就逐步走向了商业化运作体制。其实，经历了30年改革开放，我国电视媒体的公共意识和商业意识都已经明显增强，但是并没有真正走向公共媒体或商业体制。准确说目前还是宣传与经营“两分开”的混合体制，电视台依然是国有事业单位，其基本属性没有改变，国家对其运营的总体设计是“党委领导、政府管理、行业自律、企事业单位运营”。电视媒体经营准入和退出的权力还掌控在党和政府手中，而不是由市场来行使职权。但是政府已经不再给电视台直接拨款，电视媒体在履行宣传职能、保证社会效益的前提下，必须通过商业广告和其他经营服务，获得自身生存和发展所需的经费。

二、电视新闻生产组织形式

电视台内部实行党委领导下的台长负责制。台长和党委书记经常是由同一个人担任，便于集中领导，高效指挥。以中央电视台2003年的机构设置为例：当年该台组织机构分为行管会、编委会、技委会三大板块。行管会（有的称“管委会”）主任和党委书记由同一人担任。在行管会的领导下，台长、总编辑、总工程师分别实施组织日常节目生产运营的权力。具体到电视新闻节目的生产，其组织形式则大体如下：

（一）中心制

中心制是以新闻中心为主体的新闻节目生产组织形式。在新闻中心内部，一般设采访部、编辑部和技术部，负责本台的新闻节目生产。从事前期采访的记者，一般都集中在采访部，统管所有采制任务。采访部内部有的按时政、经济、科教文卫、政法和社会新闻分组，每个组配备若干名记者，每个记者联系一条线，负责采写、跟进“线”上发生的新闻。从事后期制作的集中在编辑部，编辑人员除了负责日常的播出编务外，还负责联系和跟进新闻源。省一级大台的新闻中心往往从新闻部中再分出一个专题部，负责新闻专题类和深度报道节目的生产。在新闻中心内部，由中心主任具体实施指挥新闻节目生产的权力。但在设置了编辑部、采访部、专题部、技术部的比较大的新闻中心，有的实行中心、部二级管理，把大量日常报道中的事务性管理交由部去做，由各部部主任实施对属下的考核与奖惩，中心主要负责和策划重大报道，并集中精力用于新闻源的开拓、队伍建设等。

（二）频道制

频道制是以电视新闻频道为主体的电视新闻节目生产组织形式，由频道总监具体实施指挥新闻节目生产的权力。

1999年5月23日，福建电视台推出全天24小时播出的新闻频道，这是我国内地最早推出的新闻频道。2001年1月1日，凤凰卫视资讯台开播。2003年2月16日，江苏广播电视总台开始新闻频道24小时滚动播出新闻。2003年5月1日，中央电视台新闻频道试播，同年7月1日起全天24小时不间断正式播出新闻。2005年12月8日，隶属南方广播影视传媒集团的广东新闻频道开播……随着各新闻频道的陆续开播，以新闻频道为主体的电视新闻节目生产组织形式开始出现。

以频道作为电视新闻节目生产的组织单元，最大的意义是丰富了电视新闻产品式样，提高了电视新闻生产专门化的水平，并进而提高新闻节目对新闻事件的反应速度和节目制作水平。以频道作为电视新闻节目生产的组织单元需要把如何集中电视台内部不属于本频道的其他新闻生产资源放在突出重要的位置，妥善加以解决。

（三）栏目制

栏目制是以新闻栏目作为生产组织单元的电视新闻节目生产方式。实行了栏目制的媒体有的同时实行了栏目主持人负责制。在没有专门的新闻频道和新闻中心的电视媒体，一般都实行栏目制，有些电视台虽然有新闻中心，但依然有栏目制与之并存。在那些纷纷开设早间、午间和晚间新闻节目的电视台，因新闻节目量的增加，机构设置随之开始出现变化——新开一个栏目，就成立一个栏目组，通常采编合一，从而突破了早年采、编两大块基本分开的格局，形成了前期、后期和前后期合一的不同生产格局。这种格局机动灵活，但要注意防止选题撞车。

栏目负责人通常是栏目的编辑，其基本职能是负责整个新闻节目资源的整合以及内外部关系的协调，比总监的工作要更具体、更直接，节目的策划以及组织实施是其日常的主要工作内容。编辑通常还要承担事务性工作，譬如需要负责对新闻稿件和画面的处理。

值得注意的是，在技术进步、媒体竞争和观众选择等多重原因的作用下，当代电视新闻生产的流程开始出现了一些新的动向——记者现场直播报道的比重加大，新闻板块化的趋势开始显现，栏目制的黄金时期似乎已经过去，其革新、发展的动态，值得予以关注。

（四）大编辑部制

“大编辑部”显然不是地盘大，也不是人员多。“大编辑部”大在新闻生产中的职能集中，责任集中，指挥权大，机动性大。传统的编辑部，是记者采集来的素材处理中心。“大编辑部”不仅能够处理记者发回的稿件，编辑摄像人员拍摄回来的素材，还应该是媒体的信息集散中心、新闻决策中心和运作流程中心。①“大编辑部”同时建立内、外两种交流平台和机制——对内建立记者与编辑之间的网络工作平台与机制；对外建立编辑部与观众之间的网络交流平台与机制。这样的内、外两种交流平台和机制使“大编辑部”具有极强的快速反应能力，在突发事件和热点事件报道中，能够迅速汇集来自记者、网络、节目网站、QQ群、手机短信、微博客、热线电话等多方面的信息，统筹采编资源，多角度、全方位地呈现事件。目前，国内有些电视媒体的新闻中心已经在改革中开始实行集中统一调配新闻

① 美国新闻媒体的Newsroom（新闻编辑部）就已经突破了单一的稿件处理中心的职能，成为媒体新闻运作中最重要、最核心的部门。Newsroom的Tigerchair（新闻制作人）是灵魂人物，负责统筹新闻采访运作和全媒体新闻产品的生产。

资源、统筹多个栏目和时段的新闻生产和播出。新闻中心的内部实行采访、编辑、制作的专业分工，前期采访部门的记者、摄像和其他技术人员纳入公共服务系统，采集的新闻资讯作为共享资源，供各栏目和新闻时段使用。各有关栏目和时段在中心的统筹下对新闻资讯资源进行分层次加工和个性化包装，“大编辑部”的精髓已经初露端倪。

此外，有些电视媒体在不同的时期还分别探索了制片人制、主持人制等新闻节目生产组织形式。

读一读　议一议

英国 BBC：经济独立模式

BBC 成立于 1922 年，被称为英国唯一“吃皇粮”的新闻媒体，其公司总经理和公司总编一般由政府任命。在英国，看电视也必须持有电视执照，根据英国 1990 年制定的广播电视法，BBC 为非营利性的电视台，电视节目没有任何广告收入，主要靠向观众收取电视执照费。

英国主要基于两个法律文件来确立 BBC 的特殊地位：一是《皇家约章》，确定 BBC 的目标和地位等基本性质；二是政府在《皇家约章》基础上与 BBC 签订的《协议执照》，涉及运营条款和规定。BBC 董事会由英政府内务部提名成立，董事会成员主要来自传媒资深专业人士。

BBC 作为国有公共广播电视服务机构，被禁止做商业广告或播送任何付费节目。其经费来源主要是受众交纳的收音机和电视机执照费，对外广播经费由国家财政预算拨给。

之所以对其经济来源做出如此规定，就是为了使其在获得政治上的独立性之外，确保其经济上的独立性，从而能够不被广告商和商业利益所左右。然而，在市场竞争面前，BBC 从“提高观众的欣赏和理解能力”出发，办节目的态度有了较大改变，为了吸引观众，也制作了一些轻松节目，其广播电视事业的指导方针也随之发生了重大变化，由主张垄断转为向倡导消费者至上的高级市场机制迈进。在新的形势、技术条件下，BBC 以多种方式参与了激烈的市场竞争。虽然几乎所有这些举措都是有争议的，但是从公司经济状况来看，这样做不仅节约了生产成本，而且吸引了更多的观众。

美国媒体：“寡头垄断模式”

1990 年代，美国社会学家戴安娜·克兰借助经济学的有关寡头垄断理论，针对美国战后 40 多年的媒体文化，提出了文化产业的寡头垄断模式。她认为，在这种模式下的文化工业一般受到少数几家大公司的支配，他们控制了大部分文化产品市场进行寡头垄断经营。2001 年，美国最大报业连锁集团甘乃特拥有 99 种报纸，总发行量近 800 万份；拥有 22 家电视台，受众占全国电视观众的 1/6。在这样大的报业集团里，报纸编辑和电视新闻编导也被要求控制成本，提高效益，而不是仅仅提高新闻事业的质量。进入1990年代后，美国媒体的集中化趋势更是风起云涌，在几经兼并、重组之后，最后形成了几个超级媒体集团，其中4家报团控制了美国76%的报纸，占发行量的83%。从法人实体的角度来看，报纸的所有者正日渐集中。比如在1900年，每百万城市居民拥有26种日报，而1990年，每百万城市居民拥有3种日报，到了2000年，每百万城市居民拥有一种日报。

美国媒体一个重要变化是它们“把灵魂交给了市场”，它们不再是由某个家族控制，而是由媒体寡头控制。媒体的集团化或多或少地形成了垄断，重要后果之一便是限制了观点的多元化和受众能接受信息的质量。信息多元化的被限制也表现在作者的话语权上，在几近垄断的条件下作者的观念需要与媒体集团的意见一致，否则便不会被刊载。这样，传媒最初的基础——掌握在私人手中，不受公共权力机关的干涉——被彻底颠覆了。

（参见《中国新闻出版报》2007年1月31日第八版）

第二节 电视新闻生产资源配置

中心制、频道制、栏目制，都需要建立节目生产资源的配置方式。其中最重要的是要明确在节目生产资源的配置过程中是让市场、政府、媒体、还是编辑记者发挥关键作用。

一、政府的力量

在任何意识形态和新闻生产管理体制下，政府在电视新闻生产过程中的资源配置能力都不可忽视，不同的是有的是直接为媒体配置资源，有的是通过控制消息源、广告市场，或通过出台管理法规，间接控制并为媒体配置新闻生产资源。

在我国，电视媒体，特别是电视媒体中从事新闻生产的部门，均实行事业体制，属于公益性质的非营利机构，主要为党和政府及社会公益事业服务，不能搞股份制，不通过市场融资，不经营资产。政府不仅为这些媒体配置重要的资源，而且在新闻生产过程中对其发挥着直接的影响。

（一）决定媒体属性和职能

在我国，新闻媒体所具有的“喉舌”性质是政府确定的。党和政府要求新闻媒体在新闻节目生产中要坚持马克思主义新闻观，坚持新闻的党性原则，积极宣传党和政府的政策，保持对党、对人民负责的一致性。

政府不断建立和完善管理法规，并要求电视台遵照执行，例如责令电视台严格执行节目播出审查制度，以此来保证电视媒体职能和属性的实现。

（二）赋予媒体垄断经营权

主流新闻媒体获得的垄断性经营权也是政府所赋予的。在我国，电视媒体经营实行资格审定制度，即谁能经营电视媒体并非由资本、市场来决定，而是由政府来决定。我国目前基本形成了一城一报、一市一台的格局，省级台也基本是一省（区、直辖市）一个。电视频道属于由政府按计划配置的稀缺资源。在这样的背景下，电视台在各自行政区域内获得的垄断性经营权应该是新闻节目生产的最大资源。

（三）任免媒体干部

毛泽东曾经强调：政治路线决定之后，干部就是决定的因素。在电视新闻生产资源保障体系中，干部也是最重要的人力资源。我国新闻媒体性质决定了党管媒体和党管干部成为一条必须要坚持的原则。各级电视台的正副职台长必须由上级主管部门的党委任免。在电视台的内部，中心主任和频道总监的任免也需要由党委研究决定。

（四）下达报道指令

政府还以定期或不定期下达报道指令的方式，一方面引导、规范电视媒体的新闻生产行为，同时也为一定时期的电视新闻节目生产提供政策、信息、题材等方面的宝贵资源。

（五）通过组织收看规范新闻报道

政府管理部门根据《广播电视管理条例》和有关文件精神，普遍建立了节目收看制度，组织专门人员收看电视节目。收看的重点是：是否导向正确，以正面宣传为主，鼓励人民群众积极向上；是否坚持弘扬了正气，以主旋律凝聚人心；是否坚持以国家利益为重，遵守了政治、宣传纪律等等。如果发现问题，视情节严重程度分别给予节目限期整改、警告、停播三种处罚；情节特别严重屡犯不改的，将撤销其频道呼号。

二、市场的力量

近30年来，市场在新闻节目资源配置中的力量与日俱增，对节目形态和媒体运营的影响也越来越大。

（一）经济发展水平

传媒业的发展水平和当地经济的发展水平密切相关。经济的增长为市场化运作的电视媒体提供了强大的商业广告资源，同时也增加了媒体提升技术装备水平的机会。

2003年起，我国进入新一轮经济发展周期，到2006年，全国的经济规模已经超过意大利、法国、英国，居世界第四位。全国的广告营业额也超过了1500亿元。再以广东为例，1978年广东的人均GDP还处于世界低收入国家的下线，2002年就已经达到1800美元，开始迈入世界中等发达国家水平。2005年广东全省GDP突破两万亿元大关后，2006年达到两万五千多亿。正是在这样的背景下，广东的上空才成为电视信号最密集的区域。据广东南方广播影视传媒集团公布的数字，2008年，该集团广告营业总额接近80亿元人民币。收入的增长为技术装备水平的提高和媒体整体素质的提升提供了强大的资金保障。

（二）电视节目收视规模

媒体盈利主要靠二次销售。电视媒体第一次销售的是频道或节目，随着付费频道的增多，电视台从一次销售中获得的收益也在增大。电视媒体第二次销售的是收视率，是把观众的注意力销售给广告客户。从历史上看，印刷媒体的盈利最先是靠第一次销售，而电视媒体盈利最先是靠第二次销售。美国国家地理频道和科学探索频道使用的都是在销售频道的基础上销售收视率的双重盈利模式。从发展趋势看，电视媒体第一次销售获得赢利的比重正在提高。在美国1999年有线电视收入结构中，频道付费收入为47.5亿美元，而广告收入则为26.82亿美元。在我国，以佛山传媒集团为例，该集团2008年有线电视网络维护费收入额在集团总收入中的比重接近50%。可见不仅是收视率影响广告投放，进而影响电视栏目的运营，观众规模也对电视业的发展产生了直接的影响。

（三）媒体竞争

由市场酝酿形成的足以影响电视媒体运作以及电视新闻生产过程的力量，还包括媒体市场的竞争程度和竞争水平。以广东为例：广州电视台开办的民生新闻栏目收视率表现良好，广东南方电视台自然会想到跟进。南方电视台有个《今日一线》民生新闻栏目，广东电视珠江台立即上一档同属于民生题材的《今日关注》。你用粤语播出我用普语播出，这叫错位竞争；你用粤语播出我也用粤语播出，这属于对抗性竞争。在新闻栏目的编排上，也经常使用对抗性编排手法。人无我有，人有我优。在“我有”和“我优”的过程中，电视新闻节目的数量和水平都在上升、变化。

三、媒体的力量

在新闻节目生产的过程中，电视台、新闻中心或频道、栏目编导或主持、新闻记者，分别在配置节目资源上发挥着各自不可替代的作用。

（一）电视台

在电视新闻的生产过程中，电视台的力量集中表现在突出的资源配置能力上。既包括配置直接用于具体生产的人力、财力、物力资源，又包括向不同栏目和编导配置消息源和政策保障资源。此外，电视台的公信力也是支持编导和记者的重要资源。

1. 人力资源

电视台负责为各新闻栏目核定人员编制。有了台里下达的编制，就可以成为“台聘员工”。相对于那些频道聘、栏目聘的员工，尤其是相对于“公司劳务派遣工”，“台聘员工”是最具有安全感的正式员工，不仅薪酬和福利有保障，心理上的优越感也比较显著。因此，投向新闻栏目的“台聘员工”的编制数量，是电视台控制的用于支持电视新闻生产的重要资源。

2. 财力资源

电视新闻生产的成本耗费比较大，虽然各台都会遵循“宣传和经营两分开”的原则，都会强调新闻栏目以追求社会效益为主，但是并不意味着新闻生产的经费需求因此就有了保障。而目前不同的媒体对新闻栏目的经费投入差别巨大，有的每分钟在千元以上，有的

每分钟还不足百元。财力支持力度直接关系新闻节目的质量和竞争力，

3. 物力资源

电视新闻生产过程中对交通工具、采访设备、编辑制作设备的需要量比较大，保障要求也比较高。这些设备通常都是台里管理的“共享”资源。新闻栏目需要依赖台里提供以设备为主体的物力保障。

4. 信息、政策资源

一个电视新闻栏目在生产过程中所必需的信息、政策主要依赖电视台提供。这些资源的重要性容易被忽视。而实际上信息资源的占有状况对电视新闻生产的影响是巨大的。对一个电视新闻栏目而言，临时找到人力、物力乃至财力补充资源或替代资源是有可能的，而信息、政策资源却具有不可替代性。

5. 公信力资源

公信力不仅是电视新闻生产所需的资源，而且是不可替代的核心资源。公信力是电视观众形成的“这个台的新闻可信、好看”的认知评价。这种评价由记者、主持人、栏目、电视台经历长期的积淀而成，对栏目和记者、主持人的支持非常明显而有力。

（二）主任或总监

新闻中心作为编辑、记者与上级宣传主管部门的“中介”，担负着把宣传精神转化成实际报道的使命。根据一个时期的宣传要求，制定并管理好新闻选题，应当是新闻中心领导首当其冲的事情。

新闻中心主任或新闻频道总监不是节目生产的具体操作者，在整个电视新闻的生产过程中，起到的主要是把关人的作用。包括：决定新闻生产过程中的报道思想和所有重大事项；决定新闻制作人员的人选；新闻节目播出前负责审片；负责事后调查和评价新闻播出的效果。

主任或总监不仅要把电视新闻产品的技术质量关，更要把内容关。一条新闻片即使拍得再具有时效性以及知悉意义，只要涉及了不易传播的内容，就会被总监挡在门外。主任或总监审片过程只是在执行关于新闻播出的有关制度规定。同样，新闻总监也不可以随心所欲地行使行政权力，他必须根据有关制度规定去做应该做的事情。

实行了二级管理的新闻中心，由各部主任行使职权，负责组织、落实并完成中心下达的各项任务。包括：建立部门内符合新闻工作特点的运作系统、岗位责任制和奖金分配方案，并在报中心批准后组织实施；主导部门工作人员的聘用，并在日常负责对部门工作人员的业绩进行考核和管理；参与筹划和组织中心的重大报道；完成中心主任安排的新闻中心的其他工作。

（三）编辑

除新闻中心主任或新闻总监之外，编辑是最重要、最关键的角色，在整个电视新闻的生产过程中处于核心位置，在节目的制作及包装播出环节具有领导性、关键性作用。其权

力足以左右电视新闻的整体形象以及每一期的节目质量。编辑比总监的工作更为具体，更直接。编辑主要负责节目的协调与管理，包括新闻资源的整合以及内外部关系的协调。还要承担组织或参与各期节目的策划；事务性的编辑工作，负责对新闻稿件以及画面的处理。

（四）记者

记者在整个生产过程中的行政性权力并不大，记者的基本职责是采访，即采集有价值的第一手新闻素材，并进行合理的加工，部分记者还兼了策划的职能。出镜记者还应负责出镜报道相关新闻。记者的权力归纳如下：

（1）消息源甄别权。记者与消息源有着紧密的关系，记者对自己发掘的消息来源占有绝对优势。他甚至已经对某个现象悄悄跟进了很久，并已甄别事实真相，发掘其新闻价值，当事态明朗之后再向自己的上级报告。对上级领导给予的采访线索和下达的报道任务，记者也有权核实消息来源的可靠程度，进一步判断其新闻价值，甄别其事实真相，乃至最终推翻当初的报道意图。

（2）采访权。记者的采访权是国家以法律的形式赋予的。消息来源在为记者提供消息的同时，既可能为自身利益服务，又可能是一种操纵媒介的行为。记者需要把控采访权，在采访中分析、判断事实真相。相对于新闻总监以及编辑，记者是新闻生产过程中更直接的操作者。

（3）实施报道权。记者实施报道权的方式包括现场采集新闻；编辑完成现场拍摄的新闻事实后，送给下一个生产工序审看备播；在事件现场直接播报新闻。

记者在使用报道权的时候有两个问题需要注意：

第一，防止超越报道权。在编辑部内部，一线记者、责任编辑、新闻部主任，由于所处的位置不同、责任不同，对新闻题材选择的目光也不一样。编辑放弃一条他认为相对次重要的新闻，而采写这条新闻的记者则可能认为这条新闻十分重要，完全没有理由不予采用，由此形成对立。在任何媒介环境和媒介制度下，记者、编辑与栏目主管或新闻中心主任、频道总监之间，在选择和处理新闻题材方面的矛盾都是难以避免的。这实际是一个体制内权力运作的常态。当矛盾出现的时候，记者通常有以下多种选择：

① 尽量通过协商与领导沟通取得共识。

② 陈述自己的意见，但服从领导指示。

③ 陈述自己的意见并在报道中坚持自己的意见。

④ 放弃报道。

能够通过协商取得共识、完成报道，当然皆大欢喜，但事实上很难。原因之一是新闻时效设计根本就没有为协商预留时间。此时，经验丰富的记者会倾向选择陈述自己的意见，但服从领导指示。强调坚守新闻理想的记者则相对容易倾向不多陈述，但在报道中委婉地表达自己的想法。而选择“在报道中坚持自己的意见”，显然有超越报道权的危险。“放弃报道”则可能被看做是消极对抗的行为。

第二，防止报道权行使不当对被报道者造成伤害。在电视新闻的现场报道或记者连线报道环节，记者更要出言谨慎，避免因不恰当的追问对当事人构成伤害。

记者也许是最早策划或接触报道选题的人，一般是最早出现在新闻现场的人，是最先感受新闻事实的震撼力的人，而新闻部主任、新闻编辑却未必在新闻现场出现过。因此面对新闻事实，记者总是显得那么容易冲动，而编辑却总是显得那么理性，甚至那么“无动于衷”。此时，记者应该主动和编辑沟通，把自己在新闻现场获得的感动和震撼传递给编辑，而编辑则应该耐心地听取记者的陈述，多尊重记者的感情和他们的劳动，并在编辑过程中更多地保留记者的个性。媒体的管理者必须明白：没有记者的个性，就没有新闻栏目的竞争力。在维护各方权力达致“常态”的过程中，政府、市场和电视台内部，都必须提高对记者“短暂越权”的容忍度，以防止压抑记者的个性，更要防止将记者、编导误导到习惯平庸的岔道上去。如果形成了压抑记者的局面，首先需要在电视台内部重新划分权力，以确保媒体的竞争力不因机制的原因而减弱。

读一读　议一议

《广播电视管理条例》（节选）

（共6章55条）

1997年8月1日国务院第61次常务会议通过，1997年9月1日起施行。

第三十二条 广播电台、电视台应当提高广播电视节目质量，增加国产优秀节目数量，禁止制作、播放载有下列内容的节目：

（一）危害国家的统一、主权和领土完整的；

（二）危害国家的安全、荣誉和利益的；

（三）煽动民族分裂，破坏民族团结的；

（四）泄露国家秘密的；

（五）诽谤、侮辱他人的；

（六）宣扬淫秽、迷信或者渲染暴力的；

（七）法律、行政法规规定禁止的其他内容。

第三十三条　广播电台、电视台对其播放的广播电视节目内容，应当依照本条例第三十二条的规定进行播前审查，重播重审。

第三十七条　乡、镇设立的广播电视站不得自办电视节目。

第四十二条　广播电台、电视台播放广告，不得超过国务院广播电视行政部门规定的时间。广播电台、电视台应当播放公益性广告。

第三节　电视新闻的生产流程

“新闻生产流程”是把电视新闻栏目播出的新闻节目看做是经过若干道工序生产出来的产品，再将各道工序的质量要求量化为可控制的指标，按照该指标对生产过程进行组织、计划和控制，以便保证产品的质量，提高生产效率。电视新闻生产体制决定新闻生产流程的设计模式。在现行电视节目生产体制内，新闻节目的生产大体需要经历选题策划、产品选型、前期采访、编辑制作、编排播出几个环节。

一、选题策划

电视新闻节目制作一般分为前期和后期两个阶段。前期包括选题策划、采访拍摄，后期包括画面编辑、声画合成等编辑制作工作。选题策划是前期工作的起点。

电视新闻的选题来源大致有四个渠道：一是上级宣传部门部署的题材；二是媒体洞察到的题材；三是各类报料，包括有关组织和机构主动送上门请求报道的题材和社会报料人报来的题材；四是记者发现的题材。题材来源不同，策划的立足点和重点也不一样。例如对上级宣传部门部署的题材，策划的重点是如何作得更扎实，如何收到更好的成效。对记者个人发现的题材，要防止被记者个人的兴趣所左右。

二、采访准备

电视新闻的采访准备可以分为硬件准备与软件准备两个方面。硬件准备的主要工作内容是保证摄像机以及用于现场直播的工作站等装备时刻处于良好状态，随时能够投入拍摄、播出。软件准备又可以分为两种类型：一种是采访题材宏观背景知识的准备，另一种是具体采访实施方案的准备。前者是一名电视新闻记者平时需要努力做好的功课；后者则是需要采访团队在极短的时间内，譬如在采访车发动之后到采访车到达新闻现场的10分钟时间里，把新闻现场和相关人物的重要情况迅速摸清楚。“软件准备”工作的质量如何，往往是决定采访成败的关键。

三、前期采访

采访准备工作做得充分，就为前期采访的成功奠定了基础。前期采访包括记者的访问与摄像的现场拍摄，其水平决定电视新闻的节目质量。观众在日常电视新闻节目收视时，如果发现有些节目的图像灰暗、影像无层次、色彩保真度和一致性差、音量忽大忽小、音质不够悦耳等，所暴露的可能都是前期采访中的质量问题。1996年底，原广播电影电视部颁发了《电视节目录制技术质量奖评定细则》（广技科字［1996］200号），这是我国电视广播节目录制质量的行业规定，在电视新闻采制过程中必须认真执行。还有些新闻画面单一，话题单调，人物对话缺乏层次，或者是接受采访的人物不够权威，撑不住话题内容，这也表明记者的采访不到位。

四、编辑制作

前期采访完成了，新闻生产即进入后期编辑制作流程。当代电视新闻节目制作理念发生了新的变化，电视新闻编辑制作环节有前移的趋势。即使仍然处在“后期”的，也应该尽量简化编辑流程，压缩审片时间，以保证新闻的时效性，提高新闻的竞争力。

读一读　议一议

《凤凰早班车》一瞥

凌晨4点钟，离节目正式开播还有整整3个钟头，《凤凰早班车》演播室里早已热闹非凡，各种技术人员进进出出地忙着调灯光、音响、检查线路，以保证节目的正常录制播出。而主播则是紧急地做着功课，一边耳听新闻，一边眼看报纸，一边手写笔记。台前幕后的工作人员各自在自己的岗位上紧张地准备稍后节目的开播。在这个天还没亮的时候，根本没有什么新闻稿给你读，然而在香港有个优势，那就是每天都有十几份来自不同国家地区的早报，内容格外丰富、及时，既补充了早间电视新闻报道的不足，又为各地观众特别是内地观众提供了一个了解香港的窗口。据其首位主播陈鲁豫回忆说：“5：00到6：00，我先这样被新闻狂轰滥炸，7：00到：8：00，我再用新闻对观众狂轰滥炸。”没错，该节目主持人就是这样先一目十行地将各大报的头条浏览一遍，再进行筛选，并不时做笔记。如何在电视上“读报”也成了主播在演练时的重点。开播时，他们对观众“说”新闻，讲述今天发生的最新鲜的事情。由此我们也说《凤凰早班车》的主播开创了中国电视史上说新闻的风格。在主播台的对面，则是导播间，导播在那里监视指挥着整个节目的“出街”。譬如某一次，主持人陈鲁豫长了针眼，眼睛肿得跟水蜜桃似的，导播在镜头里一眼就揪出毛病来，大叫不行。但是节目天天都要正常播出，不能中断，于是这个时候导播就做出拉远镜头、拉大视角的决定。这仅仅是每一天该节目的生产过程，在此之前，还经历了长期的节目创意构思、设计策划、精确各项具体分工。

第二章 电视新闻选题策划

第一节 新闻策划与选题策划

一、新闻策划不是策划新闻

策划是人类筹谋未来的一种谋略。成功的策划是因势利导，转败为功，化腐朽为神奇的艺术。

作为一种谋略，策划大到可以用来为设计国家的发展战略服务，小到可以用来谋求一己私利。《战国策》中记载的一些策言，就是策士们为相关国家政治利益所做的谋划。《史记》中记载的管仲辅助桓公"尊王攘夷"，"九合诸侯，一匡天下"——阻桓公以个人恩怨袭蔡，伐楚时注意有礼有节，变无礼为有礼，为取信于人而阻桓公背曹沫之约等，无不是管仲为齐国的强盛而贡献的政治谋略。

新闻策划是报道新闻的谋略，具体说是就报道什么新闻事实，以及如何更真实、更客观、更有效地报道这个事实所做的谋略。电视新闻策划是关于电视媒体报道新闻的谋略。广义的电视新闻策划包括新闻媒体对自身发展的筹谋；狭义的电视新闻策划通常是指由电视台的新闻中心、新闻频道或相应的新闻栏目为了更好地报道新闻而做的相应的筹谋。

新闻策划不是策划新闻。新闻策划与策划新闻的根本区别是：前者是在新闻事实已经发生、正在发生、或将要发生的时候开始进行的谋略，策划者的意图是通过精心设计报道方案，以便更好地报道这个事实。而后者的"新闻事实"还没有显现，并且也不可能真正显现，因为所谓的"事实"客观上是不存在的，策划者通过采用隐蔽的手段，或通过直接造假，让"新闻事实"呈现出来，目的是为了欺骗舆论，以谋取政治或经济利益。例如1986年1月28日，美国"挑战者号"航天飞机在升空时爆炸，7名宇航员罹难。如何报道这条新闻呢？按照以往的惯例，中央电视台《新闻联播》必须"先国内、后国际"的次序，把这条新闻放在《新闻联播》的后半段中播出。电视台经过精心策划，最后把这条新闻排在了《新闻联播》的头条播发，并足足播放了6分钟，受到了绝大多数观众的赞赏，取得了比按照“惯例”编排更好的效果，并成为中央台新闻改革一个重要标志。这就是一次成功的新闻策划。至于北京电视台生活频道《透明度》栏目 2007 年 7 月 18 日播出的《纸做的包子》，则是典型的策划新闻。最终，造假的电视媒体受到了观众的谴责，造假的记者也受到了法律的惩罚。

新闻策划的能力、水平被称作新闻策划力。新闻策划力是新闻媒体的核心竞争力。成功的新闻策划有可能产生“轰动效应”，扩展媒体的市场，提升媒介的竞争力，使有限的资源获得最大收益。

二、选题策划开启了电视新闻的新时代

在本书关于电视新闻体裁式样的阐释中，我们把电视新闻分作消息和专题两种基本类型。而在日常的新闻采制实践中，绝大多数媒体将新闻生产机构分为消息和专题两个部门，同时也将新闻采制分为消息采制和新闻专题采制两种采制流程。新闻消息的采制流程图示如下：

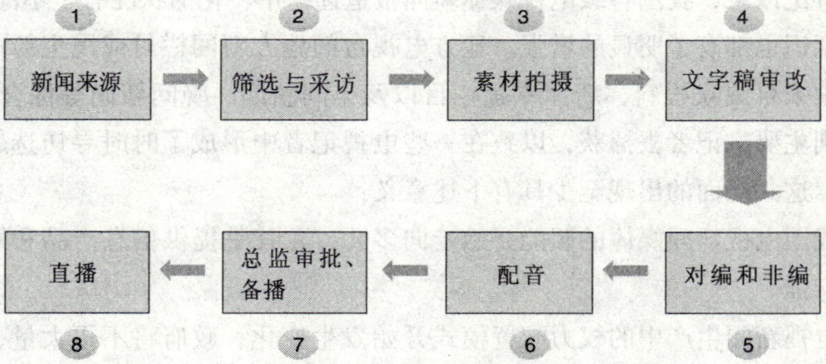

新闻消息的采制流程图

上图显示：电视新闻消息的采制流程从新闻源的发现和确定开始。具体新闻线索或是源于观众报料，或是源于记者发现，或来源于上级的要求以及有关单位的通知、邀请。选题线索经筛选确定后即进入采拍、审改、编辑等一系列程序，从而完成消息的制作。

至于新闻专题类节目，其采制流程则大体如下：

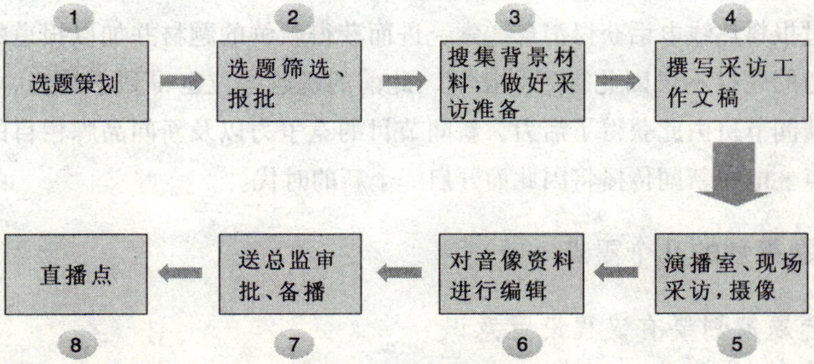

新闻专题的采制流程图

上图显示：新闻专题节目的采制也是从选题策划开始的，随后才可能进入后面的生产流程。

选题固然是新闻生产的起点，但是在计划经济时期，乃至在改革开放初期的电视新闻报道中，报道选题的确定却很少需要“策划。”在电视新闻发挥单一的“喉舌”职能时期，新闻报道的内容以上级机关的会议和领导人的活动、讲话为主，按照上级宣传部门的具体部署进行，其选题不需要策划。在会议和领导人的活动、讲话之外，还会报道一定比例的其他新闻，但通常也是一些正面宣传题材，不需要作专门的策划。由于报道选题都由上级指令，电视台就成了政府机关的传声筒，电视新闻栏目的记者也因此而不需要四处去挖掘题材，大部分时间就守在办公室里等有关单位的简报、来稿、邀请函，然后去拍两条“新闻”回来，就“胜利完成了任务”。由于充当了政府机关的传声筒，电视台还可能同时被扮演成政府信访部门的角色。有批评性报道的新闻栏目经常会接到大量的群众来信来电，要求媒体帮助解决那些当地政府职能部门长久无法解决的问题。结果媒体在政府和普通观众之间经常会显得十分尴尬。

进入本世纪以来，我国各级电视媒体新闻报道选题单一化的状况有了不同程度的改变，选题策划的意识也都有了明显的增强。地方电视台的地方新闻栏目或民生新闻栏目，其大量的选题线索来自观众报料，新闻专题栏目以及早间新闻、晚间新闻等综合性新闻栏目，其选题线索则主要靠记者去捕获，以致在一些电视记者中形成了时时寻访选题，天天要报选题的局面。这一局面的出现至少具有下述意义：

第一，我国电视新闻媒体的职能开始走向多元，尤其是提供信息产品和娱乐产品的职能迅速得到增强。

第二，电视新闻生产中的权力配置模式开始发生变化，政府将不再大量、直接指挥新闻产品的生产与传播，电视媒体以及电视新闻编辑、记者在新闻节目生产中的话语权明显扩大，而且还在继续扩大的进程之中。

第三，选题的开放不仅带来了电视新闻产品的丰富，也开启了一个新的竞争模式——栏目之间的竞争从选题的占有开始。电视媒体在区域新闻节目市场上的竞争将由此走向深入。

选题策划意识的增强意味着电视媒体对某些会议、领导人的活动不一定非要报道，至少不要让这些内容每天都占据着栏目的大部分时段。并且，电视台也有了采用来自基层观众，包括通过报料热线电话获得消息线索，进而获得新鲜的题材并加以报道的权力。电视媒体新闻报道的题材不仅因此得到了拓宽，此前的尴尬地位也得到了改善。更重要的是，电视媒体的新闻节目由此获得了活力，新闻节目的竞争力以及新闻品牌栏目的培育，也都有了新的起点。电视新闻传播将因此而开启一个新的时代。

三、选题策划的几个重点

（一）选题策划要有议程设置意识

我们强调电视新闻媒体一定要导向正确。所谓“导向正确”包括要求新闻的政治导向、经济导向、思想导向、行为导向、道德导向、生活导向、知识导向、文化导向均不得出现误导。坚持“导向正确”，就必须在策划报道选题时有所侧重，有所取舍——有些内容要大张旗鼓地报道，有些内容要慎重报道，甚至压一压再考虑如何报道。有所取舍、有所侧重，这就是议程设置理论的精髓。《纽约时报》是美国的主流社会观念的代表，尽管声称自己坚持客观报道新闻，但是《纽约时报》的报头至今依然印着“报道一切适合报道的新闻”字样。美国有线新闻网（CNN）的创始人泰德·特纳曾经郑重声明：“CNN 传播理论的核心是以美国价值观和利益需要来构筑国际新闻秩序”。美国在海湾和巴尔干地区曾经大量使用的贫铀弹集放射性武器、生物武器、化学武器三位一体。从 1991 年 1 月 1 日到 1999 年 6 月 30 日，路透社便发了 38 条关于贫铀弹的英文报道，法新社光是有关贫铀弹的英文新闻就有 22 条，对美国使用贫铀弹表示谴责，而同时期的美国媒体几乎看不到此类报道。《华尔街日报》关于贫铀弹的报道是 0；《纽约时报》除了 1 条美联社消息和 3 篇读者来信，没有 1 篇自己采写的关于贫铀弹的报道；《华盛顿邮报》1991 年最早炫耀美国在伊拉克战场上使用贫铀弹，但是在其后的 9 年里只有 2 篇关于贫铀弹的消息。

在涉及国家安全、社会稳定、民族团结等重大原则问题上，我国电视媒体也必须要有议程设置意识。在宣传有关重大部署，落实有关中心工作的过程中，我国电视媒体更需要有议程设置意识

（二）选题策划要关注重大题材

重大题材的时间跨度大，事件本身的意义大，可供发掘的内涵多。例如新中国建国 60 周年大阅兵报道、上海世博会开幕式报道。这样的重大事件，其选题策划的目标主要不是策划选不选、报不报，而是策划突出哪些报道点，计划怎样去报，在什么时间分多少次推出等。重大题材多以系列报道、连续报道的形式呈现。系列报道针对的主要是非事件性事实，报道成功的关键在于找准几个不同的报道侧面，并将他们有机地组合起来。连续报道则往往根据新闻事件的发展变化，分段持续地报道事态新情况、新变化、新发展。一个连续报道中往往有许多可供报道的内容，大部分都呈现出因果关系，需要根据报道中心从比较中筛选出各个阶段中的“重大情况”，形成一个个小的选题。

（三）选题策划要有大视野

所谓大视野包括国际视野。随着全球经济联系的日益密切，全球政治的格局和相互影响状态也在发生深刻变化。国内、区域内的一项产业政策的调整，某类产品价格的变动，乃至一项建设工程的开工，都有可能引起国际社会的反应。例如 2009 年下半年，广州番禺区启动一个小小的垃圾焚烧场建设项目，不仅引起了周边居民和当地媒体的强烈关注，甚至引起西方国家某些组织的极大兴趣。新的形势要求新闻选题的策划者扩展自己的视野，从更加宏观的角度考虑选题的价值、意义和可能产生的影响。这是电视新闻适应 21 世纪世界多极化、经济全球化发展的必然选择。另一方面，本地的电视新闻观众不仅想知道和自己直接相关的信息，也希望并且也应该了解左邻右舍的相关信息、世界各地的相关信息，

这也要求电视新闻的选题策划具体更广阔的国际视野。

（四）选题策划要关注民生

据新华网2010年3月16日报道，2010年全国人大、政协“两会”开幕前，胡锦涛总书记就做好“两会”的新闻报道工作，要求新闻媒体尽量压缩领导同志报道篇幅，更多地反映代表委员的意见和建议。可见关注民生也是领导层的一贯要求。“群众利益无小事”。一个综合性新闻栏目每天都应该有些事关民生的“小”的新闻选题，例如猪肉的价格、食品安全、环境污染等等。这些动态小选题的内容往往事关千家万户，报道出来能够引起广泛的关注，小选题也就因此而成为“大题目”。

（五）选题策划要提高预见性

常规性的节日、纪念性题材的报道，容易导致一般化和应景式新闻的出现，例如重阳节临近了，就上一条关心老人问题的选题；教师节到了，就报道两位优秀教师；人大、政协“两会”召开在即，才紧急追加几个关于“民心工程”的题材；“3·15”到了，批评产品和服务质量的报道突然多了起来……看起来热热闹闹，实际上比较被动，报道效果往往不够理想。改进的方法就是要加大策划的提前量，提高对选题内容和报道效果的预见性，更多地掌握报道的主动权。

此外，选题策划还要力求平中见奇。例如对突发性新闻的选题要考虑如何阐述其意义。对正在发生的新闻的选题要考虑如何分析其背景。对典型报道的选题要考虑如何解释其原因。对问题报道要考虑如何探讨和引导。

选题确定后，可以编制成月度选题计划或某一个特定时期、特定战役的选题计划。接着要抓选题计划的贯彻落实。应防止执行者没能透彻了解选题的要旨而做偏了题目；还要善于调兵遣将，根据记者对具体选题内容的思想感情和一贯认识来下达和落实选题计划，防止接受任务的记者对某一选题不感兴趣或认识“跑偏”而导致选题在实施中走样。

读一读 议一议

策 划

《后汉书·隗嚣传》曰：“是以功名终申，策画复得”。其中“画”与“划”相通互代，“策画”即“策划”，意思是计划、打算。策最主要的意识是指计谋，如：决策、献策、下策、束手无策。“划”，意思为处置、安排，如工作计划、筹划、谋划。

吴灿在其《策划学》一书中认为，“策划就是对某件事、某种项目有何计划、打算，用什么计谋，采取何种谋策、划策，然后综合实施运行，使之达到较好的效果。”①

《哈佛企业管理通书》认为，“策划是一种程序，在本质上是一种运用脑力的理性行

① 吴灿：《策划学》，中国人民大学出版社2004年版，第3页。

为。基本上所有的策划都是关于未来的事物的。也就是说，策划是针对未来要发生的事情作当前的决策。换言之，策划是找出事物的因果关系，衡量未来可采取的措施，作为目前决策之依据。即策划是事先决定做什么，何时做，谁来做。”

第二节　选题策划要处理好三个关系

选题策划需要摆正几个关系，其中最主要的是以下三个关系：

一、新闻与宣传的关系

对电视新闻而言，新闻是为观众提供的有知悉意义的事实，宣传是向观众传播甚至是灌输某种观念，包括传播、灌输某一理论、方针、政策、伦理道德、立场态度，等等。电视新闻首要的任务是报道新闻，但是我国电视媒体又必须承担宣传任务，而且所承担的宣传任务又主要是通过新闻栏目来推进的。为此，在选题策划中首先要摆正新闻与宣传的关系。

选题的新闻价值可以从五个方面来判断：

（1）时间性。看选题中的事件是否正在发生或新近发生的。那些现在已经有了苗头，表明其有可能发生，以及由经验判断其可能发生的事实，往往是观众最期待的收看内容，其新闻价值因此就较大。那些已经发生了甚至被报道了的事实，如果能够挖掘出新的内容，找到新的由头，仍然可以作为有价值的选题内容予以策划。

（2）新鲜性。即看选题的新意如何。首创的事物总是具有新意的，有特点的事物也都可能具有新意。那些奇异的事实，宣传价值可能并不大，但是因为具有新意，也是选题策划者应该关注的内容。

（3）重要性。重要性可以从不同的方面进行评价。例如在政治上重要性如何，新闻人物影响力的重要性如何，新闻事实对实际生活具有的影响力如何，等等。“群众利益无小事。”那些重要的事实，就具有比较大的新闻价值，就应该成为选题策划关注的重点。

（4）接近性。包括地理接近性、心理接近性和利害接近性等。新闻事实和观众的联系密切，自然就能够吸引观众的注意。

（5）趣味性。趣味性和新鲜性有关，也和新闻事实的呈现方式以及新闻主体的情态关系密切。新闻有趣味性就有人情味，观众就愿意看，潜藏在其中的宣传意图也就比较容易实现。

新闻与宣传就总是相互交织在一起的，有时候两者完全吻合，有时候两者尖锐对立。譬如新闻的重要性，如果准确认定某新闻事实一定具有重要性，则该选题就不仅有新闻价值，而且也应该有宣传价值。

在日常的选题策划中，处理新闻与宣传的关系的原则是：在微观上，应以新闻价值为基础，借新闻价值实现宣传意图；在宏观上则应以宣传为主导，并用是否与宣传价值及宣传意图相抵触，作为报道选题取舍的依据。在甄别具体选题的时候，几乎不可避免地要遇到以下问题，此时必须把握原则，准确应对：

（1）选题既有新闻价值，又有宣传价值。例如党和政府的重要会议、重大决策，影响全局的重大事件，关系国计民生而又为群众所关心的各种重要问题，等等。对这些重大选题要积极报道，努力报好。

（2）选题有新闻价值，是否也有宣传价值一时还不能确定。例如一起灾害性事件和安全生产事故。对这类选题既不应一概回避，又要防止草率抢报。建议采用的对策是：先发短消息，随后进一步跟进采访，待事实明朗后再作详细报道。

（3）选题有新闻价值，但是和一定时期的宣传意图相抵触。例如广州地区 2009 年曾经发生多起企业职工被拖欠了工资，为此爬到海珠桥上声言要跳桥自杀的事件。这类事件显然没有宣传价值，是否应该列入报道选题以及作为哪一类选题处理，要慎重考虑。在通常情况下先发简讯，根据事态发展再决定如何在客观、平衡、理性的基础上作进一步的报道。这比第一时间在媒体上对事件加以渲染效果更好。

（4）选题有新闻价值，却没有宣传价值。例如一些奇特的自然现象和新奇的趣闻轶事。这样的选题虽然宣传价值不大，但由于有一定的新闻价值，观众喜闻乐见，所以应该以适当的力度予以报道。

（5）有宣传价值，却没有新闻价值。如一些工作例会要求媒体前往报道。对这类素材，我们主张能不报就不报，一定要报的则尽量少报，并且应该努力挖掘会议以外的新闻。

二、新闻与信息的关系

电视新闻提供的信息应该是那些能够消除观众随机不确定性的内容，即能够帮助观众排除其他的可能性，只采信其中的某一个可能性的内容。信息最基本的特点是包含新的情况、新的知识、新的内容，具有共享性、扩展性、组合性和相对性。新闻选题策划时对新闻与信息关系的把握原则是：

1. 电视新闻必须提供信息

提供信息是当代电视新闻的报道原则，消除观众的不确定性也应该是电视新闻媒体的重要职责。没有信息就没有新闻；没有足够的信息量，宣传工作就难以收到成效。

2. 宣传应建立在信息的基础上

在通过电视新闻实施宣传计划的时候，不能只喊口号，更不应该说空话、说大话。宣传工作要注重实效，就要善于摆事实、讲道理，所摆的“事实”和所讲的“道理”本身就是信息，至少是其中必定有信息。在报道信息的基础上，潜藏在新闻中的宣传意图才比较容易被观众所接受。

3. 努力提高信息报道质量

电视新闻要加强短消息报道，为观众提供最新的信息；要通过连续报道，为观众持续提供系统的信息；要通过深度报道，为观众解读信息提供更为广泛的知识背景；通过开办评论节目，为观众的信息评价、信息交流、信息交换提供有效的平台。

三、经济效益与社会效益的关系

新闻报道以获得最大的社会效益为准则，但是这并不意味着可以放弃追求市场效益。实际上无论是评价选题策划，还是评价其他环节的策划，重要的标准都是视其带来的市场收益如何。来自市场的、企业的诸种因素也经常在对电视新闻的选题产生牵制。在这样的背景下，电视人更要注意处理好选题策划经济效益与社会效益的关系，把选题策划活动控制在新闻活动的框架内进行。

为此，选题策划和整个新闻策划所涉及的事实都必须是真实的。所有为了获得经济效益而不惜背离新闻原则、不顾社会效益的“谋划”都必须坚决反对。

真实性仅仅是电视新闻报道必须坚守的底线。并非只要是真实的就是可以拿来报道的。选题推出的时机还需要考虑时宜性的要求。新闻理应追求时效性，与此同时又不能放弃时宜性的考量。有时候时效性与时宜性是一致的，有时候两者并不完全一致，甚至可能出现对立。两者一致的时候，应该积极推进该选题；两者出现对立的时候，选题就应该压一下，直至放弃选题。即使在经济上会因此而遭受一定的损失，也必须这样做。

在坚持以社会效益为主的时候，一些新闻记者沉淀在历史记忆中的精英意识、权力意识、乃至“无冕之皇帝”的意识又很容易泛起，进而导致假正义之名以完成“官商媒”的合谋。在确定报道选题时如果片面强调新闻的宣传功能、信息功能、服务功能、教育功能乃至“揭露”、“批判”功能，都有可能从本质上导致话语主体的缺位，结果新闻话语也因此是记者在说、是主持人在说，是隐蔽在新闻话语背后的权力在说，而非各种利益主体的声音在说。这些现象在包括“民生新闻”在内的新闻报道中都有程度不同的表现。对此，在报道选题策划阶段就应采取相应的平衡措施。

读一读　议一议

广东卫视新闻与香港无线翡翠台新闻选题比较

广东卫视的新闻栏目包括“朝看新闻”、“午间新闻网”、“体育新闻”、“广东卫视新闻”等。其中，每天中午12时30分播出的“午间新闻网”以及每晚19点31分播出的“广东卫视新闻”是最重要的两档新闻栏目。午间新闻网以展现当天上午最新动态新闻为节目亮点，浓缩报道重要国家大事、财经新闻，提供社会、经济、地方等简要信息，力求做到短、平、快，信息最大，并以一、二个行业、社会热点活动为主，针对某一现象展开讨论，引导社会舆论。“广东卫视新闻”是广东电视台卫视频道的主打新闻栏目；是一档以时政为主，汇集国内外重大消息的综合性新闻。主要内容是报道广东在社会、政治、经济两个文明建设中所取得的巨大成就。配合党和政府在不同时期的宣传需要，推出主题性的系列报道。弘扬主旋律，进行舆论监督，反映人民群众心声。时政、权威、资讯、沟通、亲民、汇集国内外重大新闻，是该档新闻的定位。

无线电视翡翠台是香港电视广播有限公司的旗舰频道。无线电视是世界第一大华语商营电视台，其多元化的节目包括新闻、剧集、综艺、卡通及访谈节目等。目前，翡翠台的新闻栏目包括“香港早晨”、“午间新闻”、“六点半新闻报道”、“晚间新闻”、“财经新闻”、“财经透视”等。其中，每晚6点30分播出的“六点半新闻报道”，是香港新闻资讯节目中收视率最高的电视节目，也是香港最具影响力的新闻节目之一，该栏目以最快、最新、最准的宗旨报道香港每天发生的新闻，以传播主流意识形态为己任，配合党的宣传中心，传播香港特区政府的政令，反映香港特别行政区政治经济文化社会各个方面的建设发展。

广东卫视作为省级电视台的一个卫星频道，其新闻栏目必具有党和国家舆论工具这一政治属性。而翡翠台作为香港无线电视这一商营电视台的旗舰频道，其新闻栏目必具有追求新闻自由主义这一属性。两频道新闻各具不同的阶级属性，在新闻题材的选择上也各具特点。

下面以广东卫视与翡翠台两频道的主打新闻栏目“广东卫视新闻”、“六点半新闻报道”为例，比较广东卫视新闻与翡翠新闻的题材选择。

“广东卫视新闻”与“六点半新闻报道”中各类新闻报道的条数

(2009年6月22－26日)

(单位：条)

新闻类型	总数	政法新闻	经济新闻	社会新闻	体育新闻	文艺新闻	国际新闻	全国新闻	地方新闻
六点半新闻报道	120	20	6	20	9	1	17	7	40
广东卫视新闻	182	42	5	31	0	13	0	13	78

从图表中可以看出，“政法新闻”在“广东卫视新闻”中所占的比例为46.2%，明显大于“六点半新闻报道”中的27.4%。而“社会新闻”在两档新闻栏目中都占有相当的比例，分别为27.4%和34.1%。同时，可以发现：在“六点半新闻报道”中各类新闻均有报道，其中“政法新闻”、“社会新闻”以及“国际新闻”所占比例差别不大，三类新闻为此栏目的重点报道新闻。而在“广东卫视新闻”中，各类新闻所占比例差别较大，从图表数据中可以看出，“政法新闻”所占比例明显大于这一栏目中其他新闻类型所占比例，因此我们可以知道“广东卫视新闻”在新闻题材的选择上有所侧重，以报道党和国家的政策、方针，行政指令等政治新闻为主；“社会新闻”所占比例仅次于“时政新闻”，这体现了省级媒体“以人为本”的新闻观念，由于“广东卫视新闻”的栏目定位为重点报道广东时政新闻，因此国际新闻和体育新闻两类新闻在这一栏目中并不占任何比例。

从新闻报道的地域来看，“六点半新闻报道”和“广东卫视新闻”两档节目都注重本地新闻的报道，“地方新闻”在两档新闻中所占比例都比较高，分别为62.5%和85.7%。由于“广东卫视新闻”的栏目定位是重点报道广东新闻，因此并不报道国际新闻。而在

“六点半新闻报道”中，国际、全国、地方新闻均有报道。“地方新闻”在“广东卫视新闻”中所占的比例又大于在“六点半新闻报道”中所占的比例，这体现了“广东卫视新闻”侧重报道广东新闻的栏目定位。“全国新闻”在两档节目中所占比例差别不大，分别为10.9%和14.3%。由于香港的新闻体制、媒体的编辑方针与内地不同，因此“国际新闻”在“六点半新闻报道”中所占比例仅次于“地方新闻”，大于“全国新闻”所占比例。

第三节 选题策划的程序

一、明确任务

电视新闻选题的来源主要有四个渠道：上级部署、媒体洞察、各类报料、记者发现。

（一）上级部署

上级部署的选题是上级要求电视台报道的新闻选题。通常是从上级机关的会议、文件、领导人的讲话、指示及中，或由政府部门举行的新闻发布会上获得报道的题材。这类题材一般都比较重大，影响面广，有较强的指导意义，构成了电视新闻传播中的一块重要内容，往往能够直接体现电视媒体的“喉舌”功能，形成强大的社会舆论。例如2004年中央宣传部门组织部分在京新闻单位的记者深入青岛港务局采访许振超，深入河南登封采访任长霞的先进事迹。再如每年的“两会”报道，其选题均来自上级单位的部署和安排。

对于这类选题，需要以积极的态度，满腔的热情，高度的责任心，贯彻上级意图，精工细作。

（二）媒体洞察

通过日常观察来发现新闻线索，寻找报道题目，是新闻栏目编导、新闻组或专题组负责人、频道总监、新闻中心主任乃至分管台长的重要职责。优秀的新闻报道团队总是独具慧眼，能够从平凡的现象中洞察其不平凡的意义，组织起一次次漂亮的报道战役。媒体洞察力还和媒体对消息源的把控直接相关。把控独家消息源，除了要有媒体公信力，还要有良好的人际关系，与观众、学者、专家有宽广的、有效的沟通交流界面。

（三）各类报料

在“三贴近”新闻思想的引导下，各电视台播出的直接来自受众的新闻素材——观众以来信、来电、来访提供的新闻素材与日俱增。来自基层的材料真实、具体，反映了民心、民意，从中可找到许多有意义的报道素材。例如广东电视台卫星频道社会纵横栏目2008年6月10日首播的电视新闻评论节目《枪患》的采编过程：从2006年初至2007年10月前后，汕头市潮南区的群众就写信给《社会纵横》，称当地持枪抢劫十分严重，记者收到的群众来信不少于100封。同年11月，有一位当地居民写信告诉记者，称他向省公安厅反映了潮南区陈店镇枪支泛滥后，省厅按信访程序告知了当地公安机关。然而，当时的陈店镇派出所负责人反而威胁反映情况的群众。如此恶劣的警方官员，引起新闻中心领导的重视，随后组织力量前往采访。记者采访时发现，由于枪支泛滥，很多商店晚上不敢开门，外商不敢去投资，有的人居然被抢过5次。随机抽样调查发现，70%左右的人被抢过。而被抢的人，大多数不再报警，他们的心已经麻木了。通过长达半年的明察暗访，节目于2008年6月10日制成播出。节目播出后，中共中央政治局委员、广东省委书记汪洋做了3次批示，并让汕头市委书记、市长等5名市常委来到省委汇报情况。据有关人士称，因为一篇媒体的批评报道，将一个市的几名常委叫到省委汇报工作，在广东的历史上尚属第一次。随后，省委副书记刘玉浦又做出批示。省委常委、公安厅长梁伟发1月内两次到案发地调研。省公安厅副厅长郑东亲自挂帅，带领省厅的督导组进驻汕头指导破案。“百日整治行动”中，汕头全市共破刑事案件1400多起，抓获犯罪嫌疑人1300多人，仅在潮南区就破获涉枪案件22起，收缴枪支69支、子弹226发。

（四）记者发现

报道独家新闻，是电视新闻栏目的追求。媒体间的竞争往往是围绕着抢夺独家新闻展开的。如此，记者一定要更新交流界面，积极开通网络聊天工具，频繁登陆网上交友社区，敢于在网上论坛发言，建立自己的博客、微博，善于使用图文分享交流，拓展自己的消息源。此外，异质媒体之间对独家新闻的争夺相比之下远没有同质媒体之间的争夺激烈。有些新闻，尽管报纸上已做了报道，电视再以视觉形象进行传播，同样会引起大的反响。因此，报纸上的新闻，尤其是那些非事件性的软新闻，往往成了电视新闻选题的来源之一，电视新闻专题节目尤其如此。

二、集思广益

要保证选题的准确性，提高选题的成功率，有必要建立选题报告、论证制度。电视新闻策划阶段要提供机会让参与讨论者“七嘴八舌”，“指手画脚”；鼓励他们多出点子。CCTV建立了“三会一报”制度：周一召开全体人员例会，通报中宣部、广电部、台里和新闻中心例会的精神和各方面情况，明确最近哪些题目不能做，哪些题目必须做；每周一次报题会，确定下一周各栏目的节目选题；每周一次制片人碰头会，由总制片人召集各栏目负责人（制片人）总结上周的日常管理、采访制作、节目播出、各方面反应等情况。“一报”，就是选题报批把关制度：记者编辑把第一道关，初选题目；制片人把第二道关，确定题目；总制片人把第三道关，审查题目；节目按选题要求制作完成后，再由台领导或广电部领导把最后一道关，播出前终审。有了多层次的严格把关，选题的质量就有了保证。

省市一级电视台选题策划可由新闻中心主任牵头，新闻中心主任要善于将策划会上众人的意见整理成选题。专家、学者的好点子未必都是完全符合宣传要求或电视特点的金点子，新闻中心主任要做进一步调整、修改与补充。除了一个时期的新闻策划外，每天新闻策划也很重要，即每天一上班，由当天的值班主任（栏目主编）召集一个10分钟的策划会，参加者有采访部主任、各栏目责任编辑等。会上主要决定：

- 当天准备上新闻提要的几条是什么内容；
- 要抓的社会新闻或公众视线中的问题是什么；
- 对昨天或前些天的新闻有否要作后续性反映。

定下这些主要内容后，采访部主任和责任编辑即按此去布置采访和组稿。虽然每天这样策划很累，却是非常必要的；很多当天要急抓的内容，如若一大早不安排布置，就失去了时机，从而给当天晚上的屏幕留下缺憾。

三、编制方案

最好是编制三套方案，只编制唯一的一套方案，其结果往往导致我们陷入被动。首先要编制理想方案。理想方案是经过努力有可能获得通过并予以实施的方案。理想方案要建立在已有的和可能获得的资源条件的基础之上。包括市场、人力、技术、装备、经费资源等。

其次要编制一套现实方案。现实方案是最有可能获得通过和实施的方案，也许这才是最重要的方案。最后还应该考虑一个可接受方案。可接受方案是退守到底线边缘的方案。方案编制完成后，要对各方案做一个比较，主要的比较内容包括效益分析，人力、财力、物力的投入，采编制作周期，以及其他因素。

读一读　议一议

中央电视台《焦点访谈》节目一览

（2009年5月26日－6月26日）

时　间	节目名称	涉及范围
6月26日	海西新跨越	交通
6月25日	如何防范电话诈骗	经济、生活
6月24日	2008年度审计报告新鲜出炉	经济
6月23日	兴林富民乐山川	农业
6月22日	“正版黄碟”的破碎	文化
6月21日	权威解析新医改六项服务	医疗
6月20日	六十年 新起点	外交
6月19日	“金砖四国”共克时艰	经济、外交
6月18日	“谷歌中国”色情链接遭谴责	文化
6月17日	献礼电视剧热播荧屏	文化

（续 表）

时 间	节目名称	涉及范围
6月16日	献身革命的潜艇船长	军事、人物
6月15日	严打假冒军牌	社会秩序
6月14日	改革激发新活力	经济
6月13日	安理会通过第1874号决议	政治
6月12日	聚焦疫苗研制—应对甲型H1N1流感	医疗
6月11日	自来水何以浑浊	生活、用水
6月10日	“一次性”公路	基础建设
6月9日	“大小姐”落网记	网络病毒
6月8日	海外追回金招牌	经济秩序
6月7日	八方努力保高考	教育
6月6日	双语教学俏新疆	教育
6月5日	“蝴蝶夫人”的美丽陷阱	经济、传销
6月4日	一个理论者的追求	人物
6月3日	《六个“为什么”》引起强烈反响	政治
6月2日	老战友 新征程	军事 人物
6月1日	红瑶春蕾女童班故事	教育
5月31日	你有权对二手烟说“不”	公共环境
5月30日	严防二代病例扩散	医疗
5月29日	韩国今别卢武铉	政治
5月28日	社区黑网吧为何泛滥	社会
5月27日	优势互补 共创双赢	经济 网络
5月26日	定点药店药价缘何高	医疗

表中显示，《焦点访谈》的节目选题涉及社会生活的各个领域，其中经济活动的选题最多，医疗、传销、黑网吧等影响民众生活的社会问题，也是栏目关注的重点。如6月21日的节目《权威解析新医改六项服务》，主持人泉灵从一个农妇的故事说起，讲述她的孩子出生后得了脑瘫，只因为孕期没有补充必要的叶酸。而后引入新医改的方案中就有一项是免费为孕妇提供叶酸，保障婴儿健康出生。医改关系到民众的切身利益，群众多普遍关心，这样的节目使观众在电视机前就能跟随记者的摄像机，在一个个专家的解析中了解新医改的相关措施和自己的相应权益。

第三章 电视新闻节目类型

我国电视界对电视节目有过多种分类。例如按内容性质，将电视节目分为新闻性节目、教育性节目、文艺性节目和服务性节目；按播出方式，将电视节目分为直播节目和录播节目；按播出时间，将电视节目分为定期节目、特别节目、插播节目；按播出次数与内容的关系，将电视节目分为首播节目、重播节目和滚动节目。上述分类分别从不同的侧面揭示了电视节目的特征，为我们认识电视节目提供了指引。

节目分类结果所反映的是分类者对电视节目的认识以及对节目实践的要求。例如将电视节目分为新闻性节目、教育性节目、文艺性节目和服务性节目四个大类，其意图在于将教育性节目独立出来，反映了研究者凸显新闻教育功能的愿望。2003 年，广东南方电视台成立，开始了频道专业化的试验。成立初期的南方电视台下设经济、都市、综艺、影视、科教、少儿六大频道。这虽然也在一定程度上反映了对不同电视节目类型的认识，并同时考虑了媒体自身的具体情况。

至于电视新闻节目的分类，同样反映着对电视新闻节目的不同认识，以及外界因素的影响。比较常见的是着眼于所运用的符号，将电视新闻分为图像新闻、图片新闻、口播新闻、字幕新闻四种；着眼于新闻容量和表达方式，将电视新闻分为电视消息、电视新闻专题、电视新闻言论三类。但是这些基本分类经常遇到挑战。譬如为了改变电视对外宣传的薄弱局面，有关部门专门设置了电视外宣节目类型，“对外新闻”的概念开始频繁出现；为了鼓励更快捷地报道重大事件，90 秒以内的电视消息被独立出来，称之为“电视短消息”；随着新技术的出现以及动画等手法在消息中的频繁运用，“电视新形态节目”开始浮出水面……因此，电视新闻节目分类应该有不同的着眼点，以便反映出电视新闻节目的丰富性与时代性。

第一节 电视节目的分类思想

本书所倡导的电视节目的分类思想，归纳起来主要有以下三个。

一、彰显不同节目的个性

譬如从消息中分出了“电视短消息”，就彰显了“短”的个性；分出了“民生新闻”，彰显了其内容的个性；分出了“连续报道”，彰显了结构上的个性。彰显节目个性不仅是为了汇集各类节目的编创制作经验，提高电视节目生产的水平与效益，也是为了更有利于吸引观众的注意，方便观众的收看。

从“电视新闻节目收视排行”这个窗口，可以帮助我们认识时下电视新闻节目的分类状况。下面是一份广州地区电视新闻节目收视排行统计表：

广州地区电视新闻节目收视排行

（2004年11月18日－12月18日18：00－24：00时）

排名	名称	频道	收视率%	市场份额%
1	新闻提要	翡翠台（中文）（有线网转播）	5.5	19.8
2	630新闻	广东电视台珠江频道	4.9	17.1
3	六点半新闻报道	翡翠台（中文）（有线网转播）	4.2	14.9
4	六点钟新闻	本港台（中文）（有线网转播）	3.8	17
5	新闻联播	中央电视台综合频道	2.8	8.2
6	新闻透视	翡翠台（中文）（有线网转播）	2.5	7.5
7	头条新闻	翡翠台（中文）（有线网转播）	2.4	7.1
8	特别新闻报道	本港台（中文）（有线网转播）	2.3	6.2
9	今日关注	广东电视台珠江频道	2	5.8
10	新闻简报	本港台（中文）（有线网转播）	2	6
11	今日一线	南方电视经济频道	2	9.1
12	体育快讯	本港台（中文）（有线网转播）	1.4	5.6
13	焦点访谈	中央电视台综合频道	1.3	3.8
14	晚间新闻	湖南电视台卫星频道	1.2	4
15	广东卫视新闻	广东卫视	1.1	3.9
16	新闻故事	本港台（中文）（有线网转播）	1.1	3.9
17	系列新闻故事	本港台（中文）（有线网转播）	1.1	3.7
18	新闻调查	中央电视台综合频道	1	3.6
19	晚间新闻	翡翠台（中文）（有线网转播）	0.9	11.2
20	经济快讯	本港台（中文）（有线网转播）	0.8	3.4

数据来源：央视—索福瑞媒介研究有限公司。

用传统的分类方法将上表中涉及的新闻分为若干子项，对我们分析节目的影响力所能提供的帮助是极其有限的。但是，表中除了中央电视台新闻联播外，收视率排名前10位的新闻节目中，其他9个节目均为粤语播出。如果能从中获得启示，进而将新闻节目划分为普通话新闻和粤语新闻，也就相对彰显了“粤语新闻”的个性，对广州地区的电视观众以及对研究广州地区的节目收视，其认识价值和指导意义就比较突出了。我们主张对电视节目分类不必过于拘泥形式逻辑的要求，分类标准应允许具有相对性，能够满足认识上的需要也就达到了分类的目的。广州地区的电视媒体研究者习惯于把电视分为本土电视、境外电视和中央及外省电视三类，所依据的也是上述思想。

二、有利于节目有序生产

对电视节目分类的另一个重要思想是为了有利于“电视工业”有序地组织节目生产。

在工业产品的生产过程中，生产者或者以工艺专门化的原则，或者是以对象专业化的原则来设计生产过程的空间组织。前者强调的是按照生产过程的工艺特点来配置各种类型的生产设备和同工种的人员，进行相同工艺方法的加工，每个生产单位只生产零件，不独立生产产品。后者是以产品零部件配置生产该零件需要的各种不同类型的生产设备和不同工种的员工，进行不同工艺方法的加工。生产者还采用顺序移动、平行移动、平行顺序移动等时间组织方式，来安排员工在各工序之间的衔接方式。

不同类型的电视节目具有不同的生产周期。一些媒体根据节目制作所需要的生产周期的差异，将新闻部分为要闻、专题与评论、机动三部分，这种划分的实用性就很强。生产周期近似于零的节目是电视新闻现场直播。一般录播的消息类节目只迅速、简要地对事件进行报道，或者只报道事件中最有新闻价值的事实，这种报道类型具有突出的信息告知功能，满足的是人们浅层次的信息需求，其生产周期很短。专题报道不仅传播的信息量大，还提供对信息的解读和分析，但节目制作周期相对较长。如果要以纪录片形式予以报道，其采编拍摄方面的要求又有很大不同，完成时间也更长，生产成本也要更高。

从节目生产方式入手区分不同的节目类型，对组织电视节目的生产也有显著的积极意义。例如中国广播电视学会将参评电视节目奖的作品分为电视新闻奖和电视文艺奖两类，前者分别包括电视短消息、电视消息、电视新闻评论、电视新闻专题、电视系列报道和连续报道、电视访谈节目、电视新闻现场直播、电视对外新闻、电视纪录片、电视专题节目、电视少儿节目、电视动画节目、电视广告节目；后者包括电视音乐节目、电视文学节目、电视戏曲节目、电视综艺节目、电视娱乐节目、电视文艺专题节目、电视原创歌曲、电视剧、电视新形态节目。两类节目生产方式的最大区别是：前者用客观的报道手法反映已经发生或正在发生的客观存在的事实，后者则需要经历艺术化的过程，生产过程带有鲜明的媒体或个人的再创造色彩。

三、尊重电视媒体的实践成果

进入本世纪以来，我国各级电视媒体在电视节目制作实践中涌现出一些新的节目理念，创新了一些节目式样，培育了一批新的栏目，理论研究对应该给予足够的关注。

譬如“会议新闻”曾经位居某些新闻板块的霸主地位，而“民生”新闻、“公共”新闻则很难获得些许生长空间。但是在 2003 年之后，情况开始有了变化。在“三贴近”新闻思想的指引下，“把版面留给读者，把镜头对准群众”，成了许多媒体革新的动力和整改的目标。在主流媒体播出的节目式样中，“会议新闻”一统天下的局面开始被打破，尽管会议消息照样播，领导人活动继续报，但是媒体很少再将“会议新闻”作为独立的新闻式样，也不再开办专栏、专设板块了。与此同时，报道基层群众的生活和需求的“民生新闻”迅速崛起，其节目风格也已经获得了受众的认可。

再如，谈话类节目是西方国家电视媒体重要的节目样态，自中央电视台《实话实说》开办之后，谈话类节目在我国有了强劲发展，目前也已突破了新闻时事的边界，向娱乐、生活服务领域扩展。这些节目迫切需要有个归属。此外还有电视动画小品，其节目构成元素已经发生了质变，但是又没有完全脱离观众普遍熟悉的著名表演艺术家，动画还是他们的肖像，声音还是他们的声音。对这样的节目形式，也需要从分类学的角度给予积极的关注。

大量的创新实践启示我们，对电视节目的分类应该允许多视角考察。一些分类甚至具有一定的功利色彩，例如身处海外节目中心，自然希望以地域为标准分出海内播出和海外播出的两类节目，在电视台青少部工作，则希望能用年龄标准将节目分为儿童节目与成人节目两类，这样的分类有功利性，也有其合理性。

读一读 议一议

美国联邦通讯委员会对电视节目的分类和定义

（1）新闻节目。关于新近发生的地方、地区、全国和国际事件的报道，包括天气和股市行情报道，以及评论、分析和体育新闻等。

（2）公共事务节目。有关地方、州、地区、全国、国际争论和问题的节目，包括但不限于谈话、评论、讨论、演讲、台论、政治节目、文件、公开讨论小组、同桌及其他关于公共事件或过程的内容（无论现场还是录播），如地方市政会会议、议会听证会等。

（3）娱乐节目。所有主要用来娱乐的节目，如音乐、戏剧、杂耍、智力竞赛等。

（4）农业节目。针对农业人口的市场报告、农事或其他信息。

（5）宗教节目。包括布道和祈祷，宗教新闻和其他类型的主要用于宗教目的的节目。

（6）教导节目（Instructional Programs）。那些不太好划为农业、新闻、公共事务、宗教或体育的，包含对文学、音乐、美术、历史、地理、自然和社会科学的讨论和理解的；用于工作和职业教导的、业余爱好指导的以及其他用于教导目的的相似节目。

（7）体育节目。包括正在进行的体育赛事，与运动前后有关的活动，独立的体育教导节目、新闻或信息。

（8）其他节目。包括前面未做定义的所有节目。

第二节　报道式样的分类

对电视新闻节目形式的观察，还可以发现电视新闻有不同的报道式样。本节关注的报道式样包括电视新闻的符号式样、结构式样、时态式样和体裁式样。其中体裁式样对认识电视新闻的属性最有价值。

一、符号式样

符号式样是指电视新闻用以表达新闻事实的符号类型。

（一）口播新闻

口播新闻是世界电视新闻发展史上最早出现的新闻播报式样。在我国，口播新闻最初被称为“简明新闻”。早期的口播新闻学习广播的播报形式，由播音员出图像播读新闻稿来完成新闻播报。后来的口播新闻逐渐发展为配以画外音、实物图片、标题字幕等电视手法，弥补了所播报的新闻缺乏现场画面的不足，增强了口播新闻的可视性，扩大了新闻在单位时间内传播的信息量。

北京电视台 1958 年 11 月 2 日开始出现口播新闻，1976 年 1 月 6 日北京电视台取消了口播新闻。1979 年 9 月 1 日，口播新闻在中央电视台又重新出现，每次约 5 分钟，但只播发新华社提供的国际新闻。1980 年后，口播新闻的内容扩展到国内、国际两个部分，且各地方台也都采用了这一体裁样式。由于时效快、便于传播政令及理念性内容、稿源丰富不受图像限制、有利于扩大节目的信息量等优势，口播新闻至今依然是常见而重要的新闻式样。但是口播新闻毕竟符号单一，屏幕表现力不强，在一次节目中占据的比重要有所控制，一般在 30 分钟的新闻栏目中，口播新闻不宜超过 5 分钟。

（二）文字新闻

文字新闻是以文字符号在电视屏幕上呈现的新闻播出式样。文字新闻有 3 种形态：

（1）纯文字新闻。纯文字新闻是在电视屏幕上满屏呈现，或翻页更新，或向上滚动更新播出的文字新闻。纯文字新闻通常用来传播新华社播发的电讯稿。近几年在一些电视屏幕上出现的“电视报纸”是纯文字新闻的新式样。至于“手机电视”，目前也主要是采用纯文字的符号传播新闻。

（2）以文字为主体，辅以口播的新闻。以屏幕文字传播为主，辅以口播，形成听读一体的传播效果，所传播的内容更加清晰，尤其适宜用来传播政令。屏幕文字与口播内容的交叉重叠有两种情况：一是满屏文字，口播的仅是部分文字内容，或者口播的内容并非和文字完全重合，这样就属于文字新闻；如果口播的内容和屏幕呈现的文字完全同步，则应视之为口播新闻。

（3）走马字幕。走马字幕是指在屏幕画面的下端或屏幕两侧移动的无声文字。近几年走马字幕的使用逐渐增多，其优势具体表现在丰富了屏幕画面，扩大了屏幕的信息容量；可以不中断主屏正常播出的内容，不打乱节目的正常编排适时插播，方便快捷；传播的新闻时效性极强。

（三）图像新闻

图像新闻也被称为影像新闻，是采用电影摄影或电视摄录技术在新闻事件现场摄录图像和声音，结合文字符号对事实进行报道的新闻式样。和口播新闻相比，影像新闻信息量大，更能体现电视新闻形象化传播的优势，因而是电视新闻消息最常采用的报道式样。

中央电视台1958年5月15日还推出过《图片报道》。不过图片新闻目前已经极少被用作一种报道式样。新兴的电视新闻动画已经不是新闻图片，因此，本书不把采用了电视新闻动画手法报道的新闻视为电视图片新闻。

二、结构式样

从结构式样来看，电视新闻有单篇报道和多篇报道两类。单篇报道是用一次节目完整地报道一个新闻事实的新闻式样。我们平时看到的电视新闻绝大多数都是单篇报道。这里的“多篇报道”则是特指连续报道和系列报道。连续报道和系列报道是电视新闻进行深度报道的重要方式。从单条新闻看，它不一定是深度报道，从整体报道看，它对事件、事态的报道是连续进行的，有完整的前因后果的阐述，每次报道在内容、思想层次上又是递进的。

（一）连续报道

连续报道是对同一新闻事件在一个阶段内的有关事实的发生、发展、结局所作的持续性报道，是电视新闻深度报道的重要形式之一。杨伟光认为“连续报道是对正在发生、发展中的新闻事件，追踪事态，进行及时而又持续的报道。”① 叶子说，“连续报道是以时间顺序为线索的多次新闻集合。它是在特定新闻事件演变过程中，电视记者不断以事件变动为新闻根据，分段分次的将事件发展中有价值的新动态及时传递给观众，它是对还在发展中的新闻事件作追踪式的报道。”② 刘海贵强调连续报道是“对新闻人物或事件在一定时期内持续进行的报道。一般用于重大题材或正在发展过程中的事物。不断从新的角度反映过程的进展及其在社会上引起的反应，达到集中、突出的宣传效果，引起读者的关注。”③

连续报道的总体特性是“连续”，为报道事件发展的各个阶段提供了化整为零的方便，在连续报道中，记者不必等待事情的结局，就可以沿事物的发展进程随采随报，保证了报道的时效性，而且容易形成报道的悬念，使节目具有强烈的吸引力。基于这样的特征，连续报道的内容重点更容易突出并引起关注，也因此而更容易形成舆论力量。

① 杨伟光主编：《电视新闻的分类与定义》，北京广播学院出版社1994年版，第12页。
② 叶子：《电视新闻学》中国传媒大学出版社2006年版，第167页。
③ 刘海贵：《连续性报道的功能及其控制》，《新闻大学》1988年第1期。

广东河源广播电视台2007年8月29日开始首播的《神秘妻子寻亲记》就是典型的连续报道。全部文稿如下：

1. 同床共枕20年不知妻从何处来

【口播】在紫金县中坝村流传着一个传奇的故事：20年前，该村村民张奕煌娶了一个流浪女子为妻，奇怪的是，20年来，这名女子一直说着别人听不懂的语言，写着一种别人看不懂的文字。尽管共同生活了20年，但妻子到底是谁？她又从哪里来？张奕煌一直解不开这个谜。

【同期】廖来妹说话

【同期】张奕煌：听不懂，听不懂她在讲什么

【配音】这位就是张奕煌的妻子，20年来，她一直说着这样的语言，具体代表着怎样的意义，张奕煌从来没有听懂过。然而，就在这样的两个无法沟通的世界里，两人结下了20年的不解情缘。

张奕煌一辈子也忘不了20年前两人初次见面的情景。那天，张奕煌去县城表哥家办事，听表哥说，在大街上有一个流浪了很久的女子，一直没有人管，很是可怜。出于好奇，张奕煌就跑到到街上去看，没想到，这一见，竟然改变了自己和那个女子的一生。

【同期】张奕煌：当时看到她的时候，头发很蓬松，身上很脏，很难看。

【配音】看到流浪女子的样子，善良的张奕煌顿生怜悯之情，没有考虑太多，他便把她带回家中，为她换洗了衣服，并留她在家中吃住。然而，经过几天的交往，张奕煌发现了一个奇怪的现象：女子所说的话，所写的字，他完全不懂，而他所讲的话，女子也无法理解，俨然是另外一个世界的人。

【同期】张奕煌：当时来的时候都不想要她，讲话听不懂，写字又不是中国文，都难沟通。我从家到我表哥那里倒去倒回，倒了十回。

【配音】然而，流浪了太久的女子好不容易找到了一个依靠，她一步不离张奕煌，张奕煌又不忍心丢下她不管，另一方面，当时的张奕煌也因为家庭贫困，一直到30岁都没有娶到老婆。于是，忠厚的张奕煌便娶她为妻，并为这个可能是从远方来的妹子取了个名字叫做廖来妹。

2. 谁能听懂廖来妹的痛苦

廖来妹也很聪明、很勤劳，很快就成了张奕煌的贤内助，做饭、缝衣服、养鸡养鸭样样在行。看到妻子这么贤惠，张奕煌喜在心头，他们之间的感情越来越深。一晃20年过去了，两个人已经成了4个孩子的父母。和别的妈妈一样，廖来妹也很疼爱自己的孩子。但是廖来妹的身世还是一个谜。张奕煌依旧听不懂她的语言，依旧看不懂她的文字，就连她的子女也不例外。

【同期】女儿：（你能听懂妈妈讲的是什么吗?）不知道。（那平时和妈妈沟通是怎样沟通的呢?）用手脚来比。

【同期】张奕煌：不知道，不知道她从哪里来，也不知道她多大了，没有办法沟通。

【配音】尽管没有人能够懂得自己，但廖来妹很渴望别人的理解，她总是激动地讲些什么，也总是在纸上写着那种奇怪的文字，能够感受到，在她的内心深处，隐藏着很多的辛酸。

【现场】廖来妹激动地讲话……

【同期】女儿：妈妈有时候也会哭。（为什么会哭?）不知道！可能是想起了以前的事情吧。

【配音】张奕煌看在眼里，痛在心里，他时时刻刻都能够感受到妻子内心的痛苦，但是却不能真正地理解。那么，这个神秘的妻子的心中，到底隐藏着怎样的辛酸呢?

【口播】整整20年，自己无法得到别人的理解，这是怎样的痛苦；整整20年，不知道自己妻子从哪里来？这又是怎样的困惑。谁来解开廖来妹的身世之谜？我们期待电视机前您的关注，如果您知道廖来妹讲的是什么话？写的是什么字？请您及时跟我们联系。联系方式依然是3938686和3898686。

3. 身世扑朔迷离谁人能解

【口播】前几天，我们的节目播出了《同床共枕20年不知妻从何处来》

这篇新闻，节目播出后，神秘妻子的身世之谜引起了许多热心观众的关注。大家有的打电话，有的通过网络，为我们提供了很多重要的线索。那么，这些线索能解开廖来妹的身世之谜吗?

【配音】节目播出的第二天，记者就接到一个姓李的热心观众打来的电话。

【同期】我以前曾经见过类似的文字，这种文字好像是“女书”，在湖南省永州市江永县一带流传，是女性之间、弱势群体之间私下交流的一种文字。

【配音】与此同时，在河源电视台网站上，也有不少网友发表帖子，关注廖来妹的身世。其中，正好也有几个帖子也和李先生的观点十分吻合。再看看网友发来的女书样本，确实和廖来妹的文字有些相似。这些信息，令记者振奋不已，难道廖来妹所写的文字果真是湖南永州地区的“女书”吗？带着无比激动的心情，记者立即通过网络联系了湖南省永州市妇联。

【音乐】QQ对话：你先把文字传过来……

【配音】几分钟的等待显得是那么的漫长，终于对方回话了。

【QQ字幕】好像不是“女书”，女书是菱形的。

【配音】记者不免一阵失望，文字不行，但还有一条线索——廖来妹的声音。

【同期】记者：我把廖来妹的声音放给您听一下，看能不能听懂。

【现场】播放廖来妹的声音

【同期】记者：不是江永县的，是吗?

【配音】对方的回答，宣告了这个希望的破灭。

4. 廖来妹写的字难倒了专家

【配音】既然不是“女书”，是不是哪个少数民族的文字呢？记者决定主动出击，将廖来妹的文字发给国内各大知名高校的语言学专家：中国人民大学，武汉大学，中南民族大学，中山大学，南京大学……然而，这种文字同样难倒了这些专家。此时，对于廖来妹身世的追踪似乎寸步难行。正在一切陷入绝望之际，本台关于廖来妹的报道也引起了省市其他媒体的关注，他们纷纷用大篇幅来转载廖来妹的身世，一时间，这个说话没人听得懂，写字也没人看得懂的“廖来妹”的身世牵动了越来越多人的心，有人说“廖来妹”是 Y－isiA，也有人说是日本人，还有人说是越南人，但是，这些线索都没有经得住推敲。廖来妹的身世变得更加传奇起来……

【口播】尽管廖来妹的身世之谜没有解开，但我们还是要感谢热心观众的支持。接下来，《说事》对廖来妹的身世之谜还将作进一步的追踪报道，也希望更多的热心观众为我们提供线索，让我们一起，为这位神秘妻子找娘家。

5. 20 年身世之谜终解开

【口播】节目的开始，首先告诉大家一个好消息：《说事》曾经跟踪报道的《同床共枕20 年不知妻从何处来》中的神秘妻子找到娘家了！不过结果谁都没有想到，廖来妹原来就是我市连平县人！

【配音】15 号晚上 7 点钟，接到张奕煌家人的电话后，记者连夜赶到了张奕煌的家。晚上 9 点钟到达富坑村的时候，村里早已经炸开了锅。人群中，廖来妹和从连平赶过来的弟弟妹妹哭成了一团。

【同期】叶桂娣妹妹：我一叫她“狗桂”，她马上叫我“狗英”。我就知道她是我姐了，因为我的小名叫做“狗英”。

【配音】随着弟弟妹妹的到来，廖来妹迷离的身世之谜也终于被解开。原来，这个远方来的妹子真名叫叶桂娣，小名“狗桂”，1964 年出生。家乡就在连平县隆街镇古石村。叶桂娣姊妹 6 人，在家排行老二。廖来妹在 12 岁时得了一场病，从此说话含糊不清，除了家里的人能听懂她讲的话之外，连同村的人都听不懂她讲话。至于“狗娣”那种令人看不懂的文字，谜底更出乎了所有人的预料。

【同期】叶桂娣妹妹：她是乱写的。她没有读过书，她说你写我也写，我家里现在还有她写的文字。

【配音】那么，这个说话没人听得懂、写字也没人看得懂的叶桂娣是如何来到紫金的呢？原来，由于叶桂娣脑子有些问题，直到 22 岁还没有找到婆家，这令父母很着急。于是，经媒人介绍，父亲决定将女儿嫁给从化偏远山村一个 30 多岁的男人。可是，没过多久，叶桂娣就从丈夫家跑了。从丈夫家逃出来后，叶桂娣本想逃回家中，但由于不识字，阴差阳错，就来到了紫金，没想到这一错竟然造成了 20 年的离别。

虽然姐妹姐弟相认了，但家中还有牵肠挂肚的父母。叶桂娣决定亲自去看看阔别 20 载的父母。

【字幕音乐】从紫金到连平，不过 200 公里，却把“狗桂”和家人阻隔了整整 20年……

【音乐】出相见的现场：

【同期】叶桂娣妹妹：她说“哥哥不要我，爸爸也不要我”。

【同期】叶桂娣母亲：我亲生的，是我亲生的，我认的，我养的，没错，她就是我的女儿。

【同期】叶桂娣父亲：感谢记者，感谢你们，20年啦，终于见到我女儿了。

【配音】来到这阔别20年的家，看着熟悉的院落，看着自己曾经住过的房间，叶桂娣是那样的激动。在叶桂娣曾经住过的房间，记者看到了她20年前写的字，与之前在紫金所写的字一模一样。

【同期】叶桂娣弟弟：现在就剩这几个字了，以前家里到处都是的。

【配音】20年来，父亲一直为当初自己的那个错误决定悔恨不已。直到今天，看到女儿平安地站在他面前，以及女儿美满的家庭，72岁的他终于松了一口气。而先前叶桂娣对于父亲的埋怨，早已化作了浓浓的亲情。

【同期】叶桂娣父亲：我懂，老了，是比以前老了

【同期】张奕煌：看到了我的丈母娘、丈母爸，很高兴，20年的心愿终于实现了。

【尾声】历经40天的努力，张弈煌、叶桂娣的故事终于有了一个圆满的结局。这个看似偶然的结果，其实是一个必然。我们为“狗桂”和家人割舍不断的亲情而流泪，更为张奕煌20年不离不弃的善良而感动。20年，相见并不恨晚！

以上5篇报道环环相扣，连续、追踪推出，每一篇都留下了悬念，并制造了观众接受信息的心理期待。所传播的信息因此得到了强化，观众对报道对象及其蕴含的意义也因此有了整体的、系统的了解。这让我们见识了连续报道在议程设置和舆论引导方面——通过连续大量传播某一内容，在观众中形成对该内容的广泛关注，进而引导观众的议论走向——所具有的功能。

（二）系列报道

电视新闻的系列报道是指围绕同一新闻主题，从不同角度、不同侧面所进行的多次性报道。系列报道由多个独立的报道单元组成，单元之间没有内在的必然联系，它们各自是一条完整、独立的新闻，集合在一个大主题下，使观众通过多个独立报道的内容，对一个时期的某一问题有一个比较系统、全面、深刻的了解和认识。

连续报道和系列报道都是深度报道的重要方式，两者的共性可以归纳为：

（1）形式上是多次报道，而不是一次完成的报道；

（2）题材不仅容量较大，而且新闻价值、宣传价值突出；

（3）播出时限每次一般要求不超过5分钟。

系列报道与连续报道有相似之处，但是却不可以混为一谈，两者的区别是：

（1）对主题的把握程度不同。连续报道的主题不是预设的。在连续报道中，新闻事件将如何发展，结局会怎么样，记者和编导事先只有自己的预想，具体并不清楚，更不能主

动引导主题的发展走向。而系列报道对所要报道主题的现实状态和发展走向，全都清清楚楚，并通过报道引导观众逐渐认识主题。

（2）连接的纽带不同。连续报道和系列报道都是多次报道，各次报道之间也都有连接纽带。但是连续报道之间的连接纽带是题材，是对同一新闻事件或新闻人物的多次报道，各次独立的报道之间环环相扣，联系密切。系列报道之间的连接纽带是主题，即围绕着同一主题，从不同角度、不同侧面作报道，各次报道之间不存在连续或因果关系，内在结构松散，即使改变播出顺序，也不会影响新闻的完整性和逻辑性。

（3）时效性要求不同。连续报道旨在让观众及时地、结构完整地了解新闻事件发生的起因、经过、结果，弄清来龙去脉，所以连续报道的每条新闻都是最新报道，反映的是事件的最新动态。2008 年 5 月 12 日，四川发生特大地震灾害，中央电视台作出积极应对。当晚，《新闻联播》马上播报《四川汶川发生 7.8 级地震 胡锦涛作出重要指示 要求尽快抢救伤员保证灾区人民生命安全》等消息。接下来的时间里，央视每天推出的新闻节目通过消息和特写的形式报道灾区情况：“救灾快报”第一时间报道灾区动态；“生命大营救”第一时间报道营救情况。这些连续报道让广大观众了解震区，心系震区。而系列报道旨在通过对适合当前形势需要的新闻进行报道，从而起到宣传作用。因而，系列报道在注重时效的基础上，更注重时机，讲究在适宜的情况下进行宣传报道。例如 2008 年是改革开放 30 周年，中央电视台抓住这一时机，推出《经典中国 辉煌 30 年》的系列报道，细数改革开放 30 年来中国的辉煌成就，宣传主旋律。

（4）适合的题材不同。连续报道与系列报道一般都用于比较重大的、重要的、广大群众普遍关心或感兴趣的新闻题材及热门话题，但连续报道大多为事件性新闻，特别是重大灾难事件。系列报道是题材大多为典型经验报道和反映各方面成就的非事件性题材。连续性报道的新闻价值更大。例如在地震发生以后，中央电视台新闻频道《众志成城 抗震救灾》，播出了围绕四川地震的连续报道，吸引了亿万观众。而系列报道的体裁大多是反映各方面成就或典型经验的报道，政策性强，宣传价值突出。

三、时态式样

时态式样着眼于新闻播出时态，对电视新闻的种类作出的划分。电视新闻的时态有直播和录播两种，新闻也因此分为录播新闻和直播新闻两类。其中，直播新闻又有演播室直播和现场直播的不同。

（一）录播新闻

录播新闻是事先将新闻的现场画面和播音主持的串联环节全部录制完毕，然后再安排播出的一种新闻节目式样。也就是说，录播新闻的图像是提前录制的，主持人在演播室里的串联也是提前录制的。目前我国区县一级的广播电视台每天插播的新闻，多数都是录播的。录播新闻有足够的时间对拍摄的内容进行加工制作，但录播新闻的时效性显然较差。

（二）直播新闻

直播新闻有演播室直播和现场直播两种式样。

1. 演播室直播

演播室直播是新闻栏目主持人在新闻节目演播室内串联、播报新闻并同步直接播出的新闻传播形式，也是目前最为常见的新闻直播样式。1996 年 1 月 1 日，中央电视台《新闻联播》实现了演播室直播。目前各省级电视台的新闻联播节目一般也都实现了演播室直播。

在演播室直播中，主持人串联的一个个新闻图像，有时是事先录制的，有时切入的则是通过直播卫星传送的现场即时图像。例如广东电视台卫视频道 2010 年 2 月 10 日对广州城市公交快速系统（BRT）开通首日的报道，主持人串联的就是通过直播卫星传送的现场报道图像。图像中记者面向摄像机，以采访记者、目击者或参与者身份对事件现场作了报道。报道中记者出镜、现场画面和现场同期声采访三者结合，记者的采访、解说在现场一次完成，信息量大、可视性强。这种串联现场即时图像的情形又被称作现场直播报道。

2. 现场直播

现场直播是对新闻事件的发生、发展全过程作同时空传播的新闻，多用于晚会庆典、体育赛事、政治会议等程序性强的题材。现场直播追求毫无保留地让观众见证事件的全过程，一般不需要新闻记者或者主持人出镜报道，以免对观众的判断或欣赏形成干扰。但是在体育赛事直播、庆典活动的现场直播中，必要的场外解说还是有益的。

四、体裁式样

从体裁上来分，电视新闻节目最基本的式样就是消息和新闻专题两类。其余都是在这两类的基础上发展变化而来的。

（一）电视消息

是以简短的图像、声音或文字符号报道最新发生的新闻事实的体裁。电视消息的播出时长一般在 4 分钟内。以广东电视台播出的《温家宝总理视察广东春运工作》为例。该消息文字稿如下：

【导语】今天，中共中央政治局常委、国务院总理温家宝视察了广东的春运工作，详细了解旅客安置、电力调度和市场供应情况，并转达党中央、国务院对广东人民的亲切问候，衷心祝愿广大旅客旅途平安，春节快乐。

【记者现场】李秀生：昨天深夜，国务院总理温家宝从湖南抗灾一线，风雨兼程来到广东。今天一早，温家宝总理来到广州火车站，视察广东的春运工作。

【正文】温家宝总理在中共中央政治局委员、省委书记汪洋，广州军区司令员章沁生，铁道部部长刘志军和省长黄华华等陪同下，首先登上广州开往武昌的临 428 次旅客列车，亲切慰问旅客。看到总理来了，刚刚上车的旅客们都激动地齐声欢呼，车厢里洋溢着浓浓的暖意。

【同期声】温家宝：心里急吧？

旅客：急，但万万没有想到总理这个时候来看我们，真的很受感动，说实话。

温家宝：我可以告诉你们春节以前一定能到家。

【正文】随后，温家宝又冒着寒风冷雨，来到火车站广场，手拿扩音器，用略带沙哑的嗓音向广场上的旅客亲切问好。

【同期声】温家宝：大家回家都很心切，你们的心情我完全理解。我可以告诉大家，我们现在正在恢复电网。电网恢复以后，铁路就可以正常运行，各项工作都在紧张有序地进行，每天铁路开通的车辆都在增加，我们把组织工作做好，争取让大家早一点回到家里，和家人团聚！

旅客：谢谢温总理！

【正文】在火车站站台广场，温家宝看望慰问了顶着寒风坚守岗位的公安干警、武警官兵和铁路职工。

【同期声】温家宝：尽快打开通道！

要打开通道，就要修复电力设备，清除道路冰雪障碍，使南北通道畅通无阻。这是根本。要解决好旅客的吃饭、保暖、就医，以至住宿等问题。要发扬我们干部群众全心全意为人民服务的精神，越是在困难的时候，不怕困难，耐心细致地做好旅客的管理，安全疏散和说服、动员工作。

【正文】温家宝勉励大家发扬不怕疲劳，连续作战的精神，克服困难，战胜灾害。

【尾声】广东台记者李秀生、王东晓和赵彬报道。

随着社会生活节奏的加快以及观众对新闻信息需求量的增大，电视短消息已经开始从电视消息中分化出来。电视短消息以最简短的篇幅报道最新发生的新闻事实，播出时长要求控制在90秒之内。下面就是广东电视台播出的电视短消息：

“神舟七号”一飞冲天

【导语】21时10分04秒，长征二号F运载火箭载着“神舟七号”载人飞船，完满飞天。

【记者现场】记者吴琳琳甘肃酒泉报道：

我现在在“神舟七号”发射现场。承载着中国人探索太空梦想的“神舟七号”，正搭载着三名宇航员发射升空，而我们的宇航员，将穿着我国自发研制的太空服，在太空中走出我们成功的第一步，中国载人航天事业也将由此翻开新的一页。

【正文】21时10分，随着一声令下，承载着神舟七号载人飞船和3名航天员的火箭在震天的轰鸣声中腾空而起，飞向茫茫的太空，21时19分43秒，“神舟七号”飞船进入预定轨道。

【同期声】载人航天工程总指挥 常万全：

“神舟七号”载人飞船发射圆满成功！

【同期声】中共中央总书记、国家主席、中央军委主席胡锦涛：

“神舟七号”飞船发射成功，标志着这次载人航天飞行任务首战告捷！

【正文】这是中国“神箭”长征二号F型火箭第7次将神舟飞船安然送入太空。为了这一刻，火箭团队的215名队员拼搏了1000天。

【同期声】工作人员：

我们跟了它三年，

这个时刻真是激动不已！

【同期声】市民：

我们此刻就盼望着航天员能安全返回。

【尾句】广东台记者发自酒泉的报道。

电视短消息简洁明快，迅速及时，是报道突发事件、热点事件的“轻骑兵”，但是目前省市一级电视台的优秀短消息作品还不是很多，有学者批评说“我国电视界尤其是电视新闻界也普遍存在轻短重长的毛病。美国全国广播公司NBC就开办了1分钟的电视新闻。一分钟的电视新闻都能播些什么呢？德国新闻电视台（N－TV）的做法是以标题的形式出现——该台每逢各个钟点的15分钟和45分钟时就播出1分钟的标题新闻。（张志君《世界各国电视新闻给我们的启示》《电视研究》1998年12期）。在多媒体融合、大编辑部统一运作的背景下，做强短消息是电视媒体面临的发展任务之一。

（二）电视新闻专题

专题意指专门题材或话题。电视新闻专题是对某一重大新闻事件或某类典型、某种新生事物所做的详尽、生动的深度报道，播出长度一般在30分钟之内。电视新闻专题侧重报道典型经验和重大新闻事件，延长了电视新闻的报道时间，扩大了电视新闻的内容含量，开掘了电视新闻的报道深度，是电视新闻特别重要的报道式样。

下面是广东湛江电视台播出的电视新闻专题报道《生死大营救》的文字串联稿，该报道的题材、容量、深度，均具有新闻专题报道的典型特征。

【片花……画面加字幕】

百年不遇的特大暴雨突如其来

上百条村庄被洪水淹没

3.4万群众需要安全转移

面对肆虐的洪魔

湛江军警民 同舟共济

——（出题目）

生死大营救

【画面】电闪雷鸣狂风暴雨

【字幕】2007年8月10日 傍晚6时 湛江·雷州

【解说】受今年第7号台风“帕布”的影响，自8月10日起，我市局部出现了百年不遇的特大暴雨，仅10号到12号三天的降雨量就超过1000毫米，相当于往年全年降雨量的总和。

一夜之间，千年苦旱的雷州半岛成了一片汪洋。

【音乐声间场】

【解说】【叠加字幕】

雷州告急！

遂溪告急！

徐闻告急！

【电话铃声此起彼伏】

8月11日凌晨1时30分　湛江市三防

【解说】各地灾情迅速汇报到这里——雷州、遂溪、徐闻，三县（市）24个乡镇处于洪水包围之中，86.5万群众受到洪灾侵袭，3.4万人需紧急转移；6000多名处于洪灾中心地带的村民，被洪流夹击围困，断粮断水……群众生命危在旦夕！

【字幕】86.5万群众受到洪灾侵袭，3.4万人需紧急转移，6000多名村民被洪流夹击围困

【解说】灾情紧急！我市立即启动《湛江市防洪防风应急预案》。抢救组、物资供应组、医疗救护组等16个应急小组迅速行动。

市委书记徐少华立即赶往受灾最严重的北和镇靠前指挥，市长陈耀光坐镇市三防指挥部。

【现场间场】

【字幕】8月11日凌晨2时40分　国道325

【解说】被汹涌而来的洪水惊醒的村民，赶快搀扶着老人，抱着小孩跑往村外高地。村干部、共产党党员，以及闻讯赶来的各级党政干部在湍急的洪流中转移群众。

【现场间场】

【解说】凌晨4点，倒灌的海水不断向村中涌进，鹅感村最高水位已经将近6米，大部分房屋都被洪水淹没，200多名来不及转移的群众被洪水围困在楼项，生命悬于一线。

此时，驻守在湛江的广东边防总队海警三支队和边防支队，在接到临时前线指挥部发出的救援指令后，迅速组织50多名武警、8艘冲锋艇赶往鹅感村实施救援。

【解说】救援官兵驾驶冲锋艇在湍急的洪水中穿行，沿着群众的呼救声挨家挨户搜索。

【现场间场】

【解说】两个小时后，救援官兵采用背老人、抱小孩等方式，顺利将鹅感我朝阳两条村庄被困的群众转移到了距离村子500多米的一处高地上。

【现场间场】

【解说】洪灾爆发后的第一场危机暂时得以解除。

【另起音乐间场】

【解说】11日早上6点，正当救援官兵准备离开鹅感村前往另一个重灾区进行营救时，他们隐约听见一阵微弱的呼救声，循着声音，大家找到了一栋三层小楼，官兵们发现楼底下两层已经被全部浸透在水中，唯一能出来的通道只有一扇窗户，但缝隙非常小，一般成年人根本无法爬进去，在这危急的时刻，官兵急中生智，急忙找来了一架梯子，架在冲锋舟上，让被困在屋里的儿童试着爬出来，用这样的方法大家从里面共救出了十名小孩。

【现场间场】

【解说】有了这次惊险的救援，官兵们接下来的搜救更加细致，只要碰到淹了一半的房子或汽车都会靠近仔细检查，遇到冲锋舟不能行驶的地方，官兵们索性跳下齐腰深的水，冒着暴雨，将被困群众转移到安全地带。这样连续奋战了10多小时候后，受灾最严重的北和镇的群众暂时都脱离了险境。

【解说】然而战士们还来不及喘息，一次更大险情再次发生。

【字幕】8月11日　中午11时30分　雷州市潘昌村

【解说】中午，雷州市龙门镇一个水库突然决堤，大水漫过农田，将附近的潘昌村淹没。当边防官兵和村干部带领村民们安全转移到高地后，大家突然发现，还有一名老人和四名小孩来不及撤退，被困在洪水中一座三层小楼上。边防官兵紧急调转冲锋舟，准备前去解救，但由于洪水是在水库决堤的瞬间，倾泻而出的，所以水流非常急，冲锋舟连续几次都无法靠近小楼。而此时，洪水水位还在不断上涨，已经漫过了楼房的第二层，正一步步逼近楼顶。

【现场间场】

【解说】这惊险的一幕让站在高地上的被困人员家属和几百名村民十分焦急。这时，负责一线指挥的救援人员立即决定利用直升机进行空中救援。

【解说】而距离现场最近的空中救援力量，就是基地位于湛江的交通部南海第一救助飞行队。由于飞机正执行其他任务，暂时还未能确定需要多长时间才能到达。救援工作一时陷入困境。

【解说】12时30分左右，当得知这一消息后，市委书记徐少华立即率队前往指挥救援。此时，风雨交加，四周苍茫一片。前面的一座桥半侧塌陷，洪水已溢过桥面，且水流湍急，险象环生。

当汽车刚冲过这条危桥时，桥突然断了，桥体一下子被洪水吞噬得无影无踪。真险！就这短短的几十秒，这批指挥群众转移的领导与死神擦身而过。

【解说】时间一分分过去，此时，老人和小孩已经被围困10个多小时，精神极度疲惫和恐慌。在洪水持续冲击下的楼房也开始摇摇欲坠，随时会倒塌。

现场的群众告诉救援人员，这位老人叫李圣豪，下半身瘫痪，他身边的这几名小孩是他收养的孤儿。

【现场：飞机隆隆声中过渡】

【解说】两个小时后，直升机终于到来了。但由于小楼附近有电线，飞机经过几次尝试，都无法找准索降位置，二十多分钟，飞机才找到一个最佳角度，一名救生员立即随绳而下。

【现场间场】

【解说】救生员先给一名小女孩系上了安全扣，三分钟后，小女孩被成功救到直升机上。周围的群众也渐渐松了口气。

【解说】当四名小孩被成功救起后，就剩下的一名老人在楼上了，不过这名老人却有严重的恐高症，这让救生员非常棘手，最后救生员决定用安全带把自己和老人绑在一起，升到飞机上。

【解说】只用了不到半个小时的时间，这五名被困人员就全部被救上来，这让所有的人都非常兴奋。

【解说】这位76岁的老人获救后，激动地让救援人员找来纸和笔，写下了“感谢共产党，救了我们一家人”几个大字。

【解说】考虑到很多群众由于长时间被困，缺乏食物和水，飞行队顾不上休息，又紧急运来大批救灾物资空投到了地面。

【解说】在边防、武警官兵展开救援的同时，湛江的驻湛部队和渔业、交通等部门也迅速行动，联合作战。同时，省三防指挥部也紧急从茂名及佛山调集民兵协助湛江展开救援，先后共派出50多艘冲锋艇投入救援行动。在冲锋舟不够用的情况下，救援人员甚至就地取材，利用泡沫筏展开营救。

【解说】正当救援人员紧张有序地带领群众突围的关头，另一场更大的险情又发生了！

【字幕】8月11日　傍晚17时20分　雷州市大湾水库

【解说】11日傍晚，暴雨仍在倾盆而下，洪水漫过大湾水库。

建于1969年的大湾水库汛期限制水位50米，一夜之间水位暴涨到59.7米。此时，水库的水位已经超过坝顶半米，主坝岌岌可危。下游的4个村530多户2400人还未来得及转移，主坝决堤，后果将不堪设想。

【解说】按照《湛江市防洪防风应急预案》，一支，由边防战士、公安民警和地方干部等200多人组成抢险突击队直插最危险的大湾水库。车到幸福农场，由于道路已被洪水冲毁，再也无法前进。

【解说】这个时候，不少地方的公路、桥梁、电力、通信等设施被洪水冲毁。指挥救援的车辆开到龙门镇附近时，前进的道路已被洪水冲垮，无法通行。徐少华当机立断，在龙门镇派出所成立临时指挥部。

一张桌子，一张地图，就着手电筒和蜡烛的微光，临时指挥部的指挥人员在简陋的环境中迅速向受灾地区发出指令，要求各地按照应急预案组织抢险。

【同期声】湛江市委书记徐少华：现在按照这个进度，再过个把小时就要出问题，要按这个预警方案赶快干，让群众走上高地，离开。

【解说】就在临时指挥部指挥应急抢险的时候，位于雷州市西部沿海低洼地带北和镇的鹅感和朝阳两个村传来村民被洪水围困，需要紧急救援的报告。

【解说】鹅感和朝阳两个村，8月11日凌晨，受持续暴雨影响，村庄四周高地的洪水迅速向低洼地涌进，在短短的10分钟内，村庄水位就上涨了1米多。

【解说】晚上11点，经过5个小时的连续奋战，大湾水库的水位退了60厘米左右。

【解说】大湾水库保住了！下游2400名群众的生命财产安全了！

【解说】沧海横流，方显英雄本色。从10日晚到12日下午，1万多名解放军、武警官兵和民兵，以及上千名政法公安干警，党员干部，他们始终冲锋在最危险的抢险一线。在狂风暴雨中，他们用自己的血肉之躯和强有力的臂膀为受灾群众撑起了“生命之舟”。

【字幕】经过近48个小时的紧急大营救

全市86.5万受到洪灾侵袭群众全部安全转移

6840名被洪水围困的群众成功营救

【字幕】中共中央政治局委员、省委书记张德江批示：“湛江创造了抗洪救灾的奇迹!”

新闻专题是针对一个题材进行的有深度的报道。新闻专题对时效的追求不像电视消息那样急迫。它所涉猎的题材比较广泛，并且一般为人们普遍关注，许多时候是社会的热点和难点问题。在表现手法上新闻专题运用最多的是夹叙夹议，富有哲理性和思辨性。

除了以上分类外，从有利于电视新闻节目的生产出发，还可以对电视新闻节目作出其他分类。例如根据电视屏幕上出现的新闻节目播音员、主持人的数量，将电视新闻分为单人播报、双人播报两类。“单人播报”是指电视屏幕上所呈现的是由一名播音员在播报新闻，或是由一名新闻栏目主持人在主持报道。“双人播报”则是由两名播音员或主持人在屏幕上呈现。单人播报具体又有三种模式：一种是单个“1”的模式，一种是“1+1”模式，另一种是“1+N”模式。“1+1”模式多为访谈节目，此时的主持人是事件的调查者，信息的挖掘者，观点的印证者；是观众和媒体的代言人。“1+N”的多为谈话节目，主持人在节目中主要起穿针引线、控制话题走向和谈话节奏的作用。至于双人播报模式，两名播音员或主持人的合理分工、适时交流、默契合作，都特别重要。

读一读 议一议

电视新闻评论属于专题节目

把电视新闻评论独立出来，和电视消息、电视新闻专题并列为电视新闻的三大体裁，明显是受报纸新闻分类的影响。实际上我国早期的电视新闻评论也是沿袭了报纸评论的模式。本书主张电视新闻评论属于电视新闻专题的一种。专题要见深度，无法排除评论。报纸可以有纯粹论理的评论，电视却不宜做纯粹论理的评论节目。

电视新闻评论在报道具有普遍意义的新闻事件的基础上，由新闻节目主持人或评论嘉宾就某些社会现象或公众关注的问题发表的评论。节目长度一般在15分钟之内。中央电视台1980年7月推出的《观察与思考》是我国最早的电视新闻评论栏目。中央电视台1994年4月开播的《焦点访谈》是我国最有影响的电视新闻评论栏目。正是由于《焦点访谈》的成功，才引发了让新闻评论作为一种电视新闻节目类型存在的舆论。

当代电视新闻评论是电视台的“舆论中心”。有些电视新闻评论直接代表电视台发言，充分体现电视媒体的职能、作用，并发挥着反映、指导和动员社会舆论的重要作用。随着民生新闻的崛起，电视新闻评论逐渐由幕后走向前台。广东电视台的《今日关注》、广东南方电视台的《今日一线》等新闻栏目，都有比较大的评论成分。

在电视新闻评论节目中，主持人和评论员可以弘扬提倡、解疑析惑、批评监督，也可以摆出几种不同的观点让观众选择。但是主持人和评论员不宜只是自己在说，还要进行即席评说、现场采访，尤其要在节目录制前的总体策划和节目进行中的提炼思想上发挥核心作用。主持人还要善于把电视的传播特性和语言的逻辑力量整合起来，做到述评结合；把图像画面、肢体语言、评论语言融会在一起，力求各类传播符号互证互补。

下面是广东南方电视台新闻栏目《今日一线》播出的新闻评论类节目《洋快餐涉嫌“小时最低工资标准”违法》的文字串联稿，读后有助于我们更清晰、更准确地认识电视新闻评论。

洋快餐涉嫌“小时最低工资标准”违法

【导语一】民生视角，本色报道，欢迎收看正在直播的拉芳今日一线，首先是今天的封面故事。

现在的大中学生都喜欢做兼职，打零工，为自己赚点零花钱甚至是生活费。相比之下，大家都会选择麦当劳、肯德基之类的大型洋快餐店去做兼职。总觉得跨国企业比较遵纪守法，自己的利益有保证。可做得久了，兼职学生渐渐发现，情况也许并不像他们想得那么好。

【正文一】阿红在广州番禺市桥的一家麦当劳里做了一年多的兼职，她的收入情况是这样的。

【采访兼职大学生】基本工资是4元一小时，还有每小时1.3元补贴。

而在番禺市一家肯德基里做兼职的小佳，她的收入又是多少呢？

【采访兼职大学生】工资是4.5元到4.7元，另外还有每小时补贴，一般是一个小时补0.8元。

那么，阿红和小佳们，一天要工作多长时间呢？

【采访兼职大学生】时间一天一般是8小时，忙的时候，经理会问你可以OT吗，也就是问你加班不？

就算一天干足8小时，满打满算也就是40多块钱。除了路费餐费，最后装进自己口袋的又能有多少呢？

【采访兼职大学生】来回车费6元，自己带饭，要3块，上6个小时，以5.5元计，能拿到33元，得除去10元成本。

工作后的第二个月，店里就会把上个月工资打进每个人的银行账户里。

【采访兼职大学生】你试过一个月拿多少钱，两百来块。

当然，工作得久了，还会有加薪的机会，不过幅度并不让人惊喜。

【采访兼职大学生】半年升一次工资，好的，就高一点，一般是一次升一角，升三角是最高的了。

像这样的兼职学生，在洋快餐里比比皆是，甚至比固定员工还多。

【采访兼职大学生】你们餐厅多少员工？“100多人.”兼职员工占多少：“这个大概是60%。”

【采访兼职大学生】我们餐厅里有30到40个员工吧，其中兼职的十多个。

43岁的唐阿姨，1999年因为下岗，就和肯德基签订了第一份“计时服务员用工协议书”。而在她最近签的那份协议上，也清清楚楚地写着4.5元每小时。

【采访唐阿姨】4块7一个钟，加餐费8毛，总共5块5一个钟，每个月180个工时……

然而，就在2006年年底，广东省劳动和社会保障厅曾经下发过一个红头文件，从今年的1月1日起，非全日制职工每小时最低工资标准是：广州每小时7块5，珠海、东莞、佛山、中山等地是每小时6块6。

【导语二】为了求证两位兼职学生反映的情况，我们今日一线和新快报，派出了多名记者和实习生，到广州地区的多家麦当劳、肯德基做实践调查，那么情况又怎么样呢？

【正文二】一线记者向广州的多家肯德基、麦当劳餐厅递了求职意向书，结果有三家餐厅愿意招收我们为兼职计时工。经过测试和检验，实习记者小胡进入了上下九路的一家肯德基餐厅，另一位实习记者则来到动物园南门附近的麦当劳餐厅。

【同期】麦当劳经理：4元每小时，1.3元补贴，有效期一年，今天开始，试用期一个月，员工不能主动要求加班，加班要看店里需要。

协议填完，店里就发了工作服，明天就可以开始上班了。

【同期】实习生在上下九上班的各种情况

在经过长则一个多月，短则半个多月的摸底调查后，实习记者们从快餐厅里辞了职。而他们反馈回来的信息，和番禺那两位兼职学生的情况基本吻合。

【采访实习记者彦子】工资是4.7元每小时，4小时后每小时加8角的补贴，协议我要了几次，店里经理就一直推，说过几天，一直到现在辞职了，还没有给我。

在麦当劳上班的实习记者就幸运一点，她和店里所签订的协议，在多次要求下，最终拿了出来。只见上面清楚地写着，每小时工资标准四块钱，没有其他相应的保险和福利保障。

【采访实习记者小诗】合同规定是4元一小时，还有1元3角是补贴，没有别的福利，也没有保险之类。

钱不多拿，活却干得不少，几乎没有一刻闲着，一天七八小时，却只能休息30分钟，而且还包括了吃饭时间。

【采访实习记者彦子】他说是经你同意，但你不同意，他就老求你，情人节那天，我没有一刻是闲着的。

【采访实习记者小诗】刚开始时生手，一天5小时，后来逐渐增多，有8小时的，工作很累，一进去换衣服就一直站，其中只有半小时休息，工作稍为休息一下，就被提醒。

广东省其他地方是否也存在类似情况呢？一线记者特地到东莞进行过调查。

【同期东莞麦当劳餐厅经理】我们是按小时计工资的，全职兼职都是5元1角一小时，对的，兼职的要自己买保险。

而东莞的肯德基餐厅，情况也是大体相同。

【同期东莞肯德基经理】这个要等你入职了就会全告诉你的。另一员工：你在这做多久了？两个月了，一个小时能拿多少钱呢？5元多一小时。

记者到访过的几家餐厅，小时工资都是五块多，而根据广东省劳动和社会保障厅下发的文件要求，东莞市应该是执行6.6元每小时工资的标准。

在深圳的几家同类餐厅，一线记者了解到，兼职员工的小时工资也都在5块多左右，而且如果学生来打临时工的话，是没有社保的。

【同期深圳麦当劳员工】最低工资4元，加补贴五元多，没保险，只有不记名保险，谁出事谁用，包括工伤。

【同期深圳肯德基员工】5元每小时，还有8角餐补，规定一天6-8小时，一天最多8小时，学生没社保。

【导语三】就在我们节目播出前一小时，百胜餐饮广东公司的总经理，主动回应了关于肯德基、必胜客最低小时工资标准的实施情况。

【正文三】

【电话采访百胜餐饮广东公司总经理崔焕铭】就这个小时最低工资标准的问题，我们是与他们签订了特殊的劳动协议，不是劳动合同，它既不是全日制的，也不是非全日制的范围。

那么，这些游离在全日制与非全日制之外的所谓的特殊人群，他们与餐厅所签订的劳动协议，应不应该遵守广东省的劳动法规呢？

【电话采访百胜餐饮广东公司总经理崔焕铭】这个问题很复杂，我们现在很难探讨，我也不方便给你再有其他解释。

【导语四】在刚刚结束的全国“两会”上，温家宝总理首次在政府工作报告中，专门提到最低工资标准问题，要求严格执行最低工资制度，落实小时最低工资标准，加强企业工资分配调控和指导。

麦当劳、肯德基、必胜客在中国开设的餐厅有3000多家，聘用的中国工人达20万人，兼职的钟点工占了其中的约15万人。如果按每小时少发两块钱，每人一天工作5小时计算，一年下来，他们就少发出近4亿元的工人工资，这比三家企业全年向中国缴纳的税收还多。

如果企业说“你爱来不来，嫌我工资低可以走人”，或许再低的工资标准，企业都能找到应聘的劳动者，如此这般，作为弱势的劳动者的权益又由谁来保护呢？

一滴水里看世界，此事充分暴露了当代中国在劳工保护方面的制度性迟钝和无力。

作为钟点工，不管是学生还是下岗人员，都不能就此忍气吞声，相反要加强自我保护意识，学会运用法律维护自己的合法权益。

【正文四】广州市人大代表朱永平律师，针对洋快餐涉嫌在“非全日工制”小时工资的问题，也表示了自己的看法。

【采访朱永平律师】它们……分为七方面来说，一是规避《劳动法》，排斥《劳动法》，以劳务协议取代劳动协议，在合同中特别强调是劳务关系，不受《劳动法》管辖。

具体到兼职员工的小时工资问题，朱律师一语中的。

【采访朱永平律师】合同中严重违反当地政府颁布的钟点工小时最低工资标准。

朱永平还认为，一个月的试用期也是不妥当的，另外，不给兼职员工买社保、单方扣留劳务协议等也是与《劳动法》相违背的。

对于有兼职工反映，这些企业将员工手册作为合同附件的问题，是最恶劣的侵权行为。

【采访朱永平律师】这劳务协议，其中有一点就是霸王条款，最恶劣的是，它把员工手册作为合同的附件，要员工执行的。

在最近公开场合下，广东省劳动保障厅张凤岐副厅长也表示，要确保劳动者的权益。

【采访省劳动保障厅副厅长张凤岐】如果我们检查出它们违法，我们一定会依法进行查处，第一是下通知今，责令他限期改正，如果不改正，我们会进一步的处罚，处罚是两千到两万的处罚款，如果发现有兼职员工权益受影响，张副厅长表示，劳动者个人可以提出相关补偿的。

【采访省劳动保障厅副厅长张凤岐】对职工来说，一个是补偿金，一个是赔偿金，补偿金是欠薪的25%，赔偿金是欠薪的50%到一倍。

至于兼职员工的其他合法权益，国家现行的法规是明确受到保护的。

【采访省劳动保障厅副厅长】签订合同，社保是应该有的，还有其他，应该是五保合一的，劳动部门希望，如果碰到劳动者合法利益受侵害的情况，要及时向劳动监察部举报。

【导语五】劳资纠纷故事一次又一次地重演。洋快餐里钟点工的低薪问题，难道也要总理出面来追讨吗？资方的违法、违规；劳工的无助、无奈，劳动保障部门的无力，早已经不是新闻。

百胜餐饮集团方面冠冕堂皇地说：兼职工“既不属于全日制用工也不属于非全日制用工”；肯德基所聘的计时工不在《劳动法》调整范围内，其工资水平不适用“广东省非全日制工最低工资标准”：学生又不具备劳动法律关系主体资格，也不在《劳动法》管辖范围内。

如果两种用工形式都不属于，那肯德基的员工到底属于哪种？如果《劳动法》都管不了肯德基，那什么法才能管得了它呢？

再说，越是大型企业就越应承担起应有的社会责任，做优秀的企业公民表率。不断改进人力资源管理，改善劳动者的劳动报酬和劳动条件。

像肯德基、麦当劳此类快餐公司雇佣大学生的实际目的在于使用廉价劳动力，这种现象有其必然性，一是就业形势的日益严峻，大学生急于参与社会锻炼、寻找实习单位；另外，部分大学生家庭经济困难，为贴补家用需要经济来源。企业主为减低劳动力成本，正是瞅准大学生这种心态，利用法律存在的空白钻了这个空子。

毫无疑问，洋快餐“低薪”事件，仅仅是兼职人员和在校学生打工中权益问题显现的“冰山一角”，缺乏了必要法规的约束，加上相关部门监察不力，甚至外企业都被中国给惯坏了。于是，被侵犯权益的兼职工、大学生们只有投诉无门、维权无望了！

第三节　报道内容的分类

一、报道题材

题材是作品的表现内容。根据报道题材的不同，可以将电视新闻分为时政新闻、经济新闻、科教新闻和社会新闻几种。

（一）时政新闻

时政新闻是我国电视屏幕上出现较多的一类新闻，通常用于报道重要会议、重大事件、外交事务及其领导人的重要活动，在传播国家及领导人的形象、传达政党最新的方针、政策方面发挥着重要作用。

时政新闻的采访、制作较其他新闻要难。一是由于时效性要求高、政策性强，把握起来比较难；二是时政新闻的现场往往记者云集、警戒森严，采摄着实不易；三是时政新闻把关严格，限制较多，容易导致概念化、程式化，降低可视性。所以，时政新闻的采制一定要准备充分，选准突破点，力争现场直播，以使可视性得到增强。

（二）经济新闻

经济新闻是对工农业生产、交通、金融、证券、商贸、旅游等经济活动的报道，经常以短消息、新闻专题、新闻访谈、系列报道等式样在电视屏幕上出现，在高端观众中有比较稳定的收视人群。经济新闻的报道范围宽泛，报道内容的专业性强，涉及的话题往往十分敏感，需要慎重选题、精心把握。

（三）科教新闻

科教新闻是科技、教育、文化、卫生等领域的动态、问题、经验的报道。科教新闻的知识性比较强，因此，报道科教新闻是发挥电视新闻传播科学知识功能的重要途径。报道科教新闻需要电视记者具有相关领域的专门知识，还要善于采用直观、形象的表达手段，将专业、深奥的知识变为通俗易懂的内容，再传播给观众，力求收到较好的传播效果。

（四）体育新闻

体育新闻是对各级各类体育赛事、体育界各类人士、各项社会体育活动的报道。进入本世纪以来，我国电视体育新闻的报道量显著增长，报道的品种也更加丰富，根本原因是当代观众对电视体育节目的收视需求增长较大。此外，北京奥运会、广州亚运会的举办，体育竞技项目水平国际排名的提升，体育产业的发展以及国内体坛反腐等事件，都为电视体育新闻报道提供了无比丰富的素材。预计未来一段时间内，电视体育新闻节目的增长空间依然巨大。

（五）军事新闻

军事新闻是对战争、军事知识、国防建设、军队建设以及军队生活的报道。军事新闻的新闻性、知识性、专业性都比较强。那些报道最新战事进展的电视画面尤其能够以真实性、现场感给予观众空前的震撼，赢得很高的收视率。即便像《军情观察室》这样带有一定娱乐播报色彩的节目，收视率在凤凰卫视也一直排在前列。在信息化战争中，战地军事新闻报道不仅仅是向电视观众报道战事信息，也是重要的战地情报来源。

（六）社会新闻

社会新闻是反映社会生活中体现社会伦理道德的事件、社会风气、社会问题、风俗民情以及自然界和社会上的奇闻逸闻的新闻①。由于报道题材主要来源于人们的日常社会生活，和观众离得很近，社会新闻报道经常能够赢得较高的收视。但是社会新闻习惯于从天灾人祸、刑事案件、色情暴力、奇闻逸闻中选材，集中报道这些内容，容易产生不良的社会效果。

二、报道范围

着眼于所报道的内容发生的地域空间，可以把电视新闻分为国际新闻、国内新闻、地方新闻三类。这样的分类看似简单，对电视新闻的具体实践有着不可忽视的积极意义。

（一）国际新闻

国际新闻是指所播报的新闻发生在本国以外的地方。在实行对外开放政策以来，国际新闻在我国日益受到重视。1980 年中央电视台就在《新闻联播》里增加国际新闻，各省级台、地市台在各自的新闻节目里也逐步开始播出国际新闻。1994 年中央台推出了每天播出的《世界报道》，这是国际新闻地位上升的又一标志。

与国外一些大的广播公司 CNN、CBS、BBC 等相比，我国国际新闻的采制力量还显薄

① 甘惜分主编：《新闻学大辞典》，河南人民出版社 1993 年版，第 162 页。

弱，国际新闻的来源主要还是靠外国通讯社和电视台（网）提供。

（二）国内新闻

国内新闻是指所报道的新闻事件发生在我国境内。与国际新闻相比，国内新闻价值的诉求重点在于重要性——新闻事实对观众产生影响的可能性与程度都较大，而国际新闻的新闻价值首先体现在时新性——新闻事实与观众关系不大但却比较新鲜上。

台港澳新闻是国内新闻中的特殊品种。

（三）本地新闻

本地新闻也称为本埠新闻、地方新闻，指新闻报道的内容是发生在媒体所在地的新闻。本地新闻相对于外地新闻而言。在把电视新闻分为国际新闻、国内新闻、地方新闻的分类语境里，“国内新闻”实际上是指除去本地新闻之外的国内新闻，即外地新闻。

本地新闻的观众群体相对集中，与观众的关系最为密切，对观众来说具有心理和空间上的接近性，这是其争取较高收视率的基础。本地新闻是各个电视台新闻节目的骨干部分，外地新闻一般只是对本地新闻的补充。本地新闻的优劣直接关系一个电视台的品牌形象和观众的心理归属。所谓“民生”新闻，几乎全是地方新闻。从 2004 年起，广州电视台新闻频道逐渐过渡到以本土新闻为主、以粤语为主的节目定位，确立了更加平民化、更加贴近市民百姓生活的频道经营思想。其所奉行的就是本土新闻路线。

三、报道深度

以报道对新闻事件本质或内幕的揭示程度，可以把电视新闻分为浅度报道和深度报道两类。

（一）浅度报道

浅度报道又可以称作显性报道。主要是指电视消息一类的报道。美国哥伦比亚新闻研究生院的教程中提出新闻报道分“三层报道”：第一层报道是事实性的，直截了当的报道；第二层报道是发掘表象背后实质的调查性报道；第三层是在事实性和调查性的基础上所作的解释性和分析性报道，也就是新闻的深度报道。

（二）深度报道

深度报道是就某一新闻事件，或者社会普遍关注的某一问题、现象进行深入的分析、挖掘，揭示事物的真相和本质，解释事件发生、发展的深层次原因，并进一步揭示事件发生的必然性的电视新闻报道。深度报道有一定的思想深度，有一定的节目长度，包括调查性报道、解释性报道，以及大多数连续报道和系列报道。多数电视新闻专题都具备了深度报道的特征，应该视作深度报道。

余家宏等人主编的《简明新闻学辞典》（浙江人民出版社 1984 年 3 月）中，对深度报道做了这样的阐释：“一种阐明事件因果关系，预测事件取向的报道形式。”“它主要的特点，要在为什么和和怎么样中进一步深化。要求以今日的事态核对昨日的背景，从而说出明日的意义来。”《新闻学大辞典》对深度报道的定义是：运用解释，分析，预测等方法，从历史渊源，因果关系，矛盾演变，影响作用，发展趋势等方面报道新闻的方式。①

读一读 议一议

“中天之死”揭开地产中介公司行业黑幕

【导语】

1. 今日关注，我们首先来关注持续低迷的深圳房地产市场，今天有一条爆炸性的消息传来，深圳规模最大的地产中介公司之一——中天置业，它的总裁蒋飞携巨款，人间蒸发了。

2. 8月份以来，深圳房地产市场的成交量持续低迷，虽然大街上是骄阳灼人的地产中介行业却仿佛进入了冬天，有些地产中介的地铺甚至在一个月之内没有任何开单的记录。

3. 上周，我们《经济生活》曾经报道了这么一个事情：深圳的长河地产由于经营困难，被迫关掉一半地铺，甚至拖欠员工工资，当时就有业内人士分析地产中介正在经历一次有史以来最大的考验，想不到一周以后，就出了大事。

【正文】今天一早，记者就走访了中天置业的一些地铺。多数的地铺已经关门歇业，在硕果仅存的几家开门的地铺里，地产经纪人正忙着打电话向客户解释。这家地铺位于彩田路，里面仿佛被洗劫一空，工作人员告诉记者，有客户已经强行搬走了店里所有的电脑以及值钱的财物。

【同期声】（中天置业员工）我们收了他们定金，然后钱现在没有了，他们就把东西搬走。

【正文】工作人员说，起先他们对公司出事是一无所知。昨天下午，中天置业突然召集了一次经理以上管理层的会议，直到那个时候才得知公司出了大事了。

【同期声】（中天置业员工）就在昨天，突然一下子开完会回来，经理宣布，我们公司基本上算是破产了，客户的资金现在已经完全无法保证，同时，自己的工资也没有着落了。在最近两天里，他们也试图联系公司高管，但多数高管已经换了手机号码。

【同期声】（中天置业员工）今天我们负责人都换手机了。昨天联系上一个张宇，张宇说给他3天时间，给我们处理这个事情。3天以后给他打电话，昨天说的。

【正文】随后，记者来到了位于罗湖区天安国际大厦17楼的中天置业总部，这里已经是大门紧锁，人去楼空了。

【同期声】（记者麦敏诗）我现在是在中天置业评估有限公司总部的门口，那么原来这个17层楼一层楼都是中天置业的地方。曾经辉煌一时的中天置业，现在已经是人去楼空，并且有这样的传闻，说他们的总裁蒋飞，已经是携款潜逃了，在我身后大家可以看到，这

① 甘惜分主编：《新闻学大辞典》，河南人民出版社1993年版，第162页。

个大门已经是紧锁，并且玻璃上贴有整顿调整，暂时歇业的告示。

【正文】因为不能进入公司内部，记者无法得知更加深入的情况，但当记者准备离开公司的时候，却意外得知，罗湖区劳动局管理处正在对中天置业员工进行协调和安抚工作。

【同期声】（罗湖区劳动局工作人员）我们现在是了解情况，而且市局也会有人来，他们注册资金已经超过 1 000 万了，我们罗湖区配合市局来处理。

【正文】因为自己的饭碗不翼而飞，在场员工的情绪比较激动。

【同期声】（中天置业员工）上午都在做业务，下午突然说不行了，我们就赶紧过来了。

【同期声】（中天置业员工）欠我们的工资，还有很多人的提成。加起来的话几万元都有。

【同期声】（中天置业员工）客户的楼款，还有银行的放款，向银行的借款，我们的工资，这些钱加起来都不止4000 万了。

【同期声】（记者）据你所知能有多少?

【同期声】（中天置业员工）我没办法预计，1 个亿是不会少的了。

【正文】员工们普遍认为，蒋飞出走时肯定带走了大笔资金，这才导致他们无法拿到自己的工资和提成。事发之后，公司也并没有给他们一个明确的说法，他们因此感到非常不满。

【同期声】（中天置业员工）公司负责人都没有一个，我们能怎么说是不是。

【同期声】（中天置业员工）追不追得回来我不知道，但是我们上了班，辛辛苦苦打工肯定是要拿钱的。

【正文】几番周折以后，经济生活记者联系上蒋飞的司机小李，小李表示，自己也对蒋飞的出走毫不知情，随后，记者和小李一起来到了蒋飞的别墅，期待能寻找到有价值的线索，但管理处的人员拒绝了我们的进入。

【同期声】（别墅出镜）根据我们的了解呢，蒋飞在出事之前就一直居住在我身后的这个沙河高尔夫别墅里面。那么在 1 2 号的时候，管理处这边曾经接到过用蒋飞号码打过来的一个电话，那么这个电话里面就交代了包括他司机在内的所有人，都不得进入到这个花园里面。

【同期声】（记者）你确定那就是蒋总打过来的电话吗?

【同期声】（沙河高尔大别墅保安人员）是他的手机啊，因为他留给我们这里的。

【同期声】（记者）现在我们谁来都不能进了?

【同期声】（保安人员）是啊。

【正文】工作人员告诉记者，蒋飞出事以后，确实没有再回来过，他们只是按照蒋飞的要求关闭了别墅。

【编后】

1. 中天置于2003 年在深圳罗湖区起步，2005 年启动全国战略，随后进行大规模的扩张，目前在深圳、上海和成都已经拥有近150家分行。在楼市火爆的时候，中天置业的高速扩张一直被认为是业内奇迹，蒋飞也被称为地产中介行业的“创业英雄”，极具传奇色彩。

2. 这样一位可谓地产界的“明星人物”为何突然消失？中天置业到底出了什么问题？《经济生活》多路记者开始了深入的调查，请关注明天的后续报道。

第二条：总裁消失员工讨薪难

【导语】

1. 昨天，《经济生活》栏目报道了深圳最大的地产中介公司之一，中天置业总裁蒋飞突然消失，公司欠下巨额债务的事情。到目前为止，蒋飞依旧是杳无音讯，至于蒋飞到底带走了多少钱，也没有人能说清楚。

2.《经济生活》记者了解到，在中天置业欠下的这些债务中，包括了银行贷款、蒋飞的私人欠款、客户的赎楼资金以及超过两千名员工的薪水和业务提成款。

（内容略）

【编后】

1. 记者从深圳市公安局经济犯罪侦察局了解到，到目前为止，已经有超过30人报案，涉案金额已达数千万元。

2. 有业内人士估计，如果加上一些无法统计的受害者，这一次由于蒋飞出走而带来的资金亏空，会超过2亿元。

3. 蒋飞如何能在短短时间实现中天置业的超常规扩张，他又是如何白手起家，腾挪巨额资金呢？《经济生活》记者进行了深入调查，请关注明天的节目。

第三条　中天副总裁：蒋飞是被逼走的

【导语】

1. 今日关注，我们继续来关注“中天置业”事件。据《经济生活》记者了解，蒋飞是中天置业的法人代表以及主要出资人，自2003年公司成立以来，他一直自任中天置业总裁一职。近几年来，中天置业的业务迅速膨胀，事发之前，已经有接近150家地铺。

2. 如此规模庞大、“钱”景良好的公司，为何突然爆发危机，蒋飞又为何人间蒸发呢？中天置业副总裁张宇的一席话，道出了其中的玄机。

（内容略）

第四条：独家揭秘蒋飞圈钱“秘籍”

【编后】

1. 采访中我们的记者发现，中天置业发生灾变的关键，在于虽然公司扩张到了一定规模，但从来没有建立起一套完善的财务制度。整个公司的财务始终都是由蒋飞一人把控。

2. 因为蒋飞善于搞资本运作、乾坤大挪移，有些他身边的人都不明就里、深陷其中，欠下庞大的个人债务。那么蒋飞是如何用一双空空妙手，倒腾和募集这些巨额资金的呢？经济生活记者通过深入调查，终于揭开了其中黑幕。

（内容略）

第五条：地产中介需要制定新的游戏规则

【导语】

1. 我们继续来关注“中天置业”事件，因为老板蒋飞涉嫌携款潜逃，中天置业在瞬间轰然倒塌。这件事情无疑让早已步入冰河期的深圳房产中介业雪上加霜。

2. 所谓牵一发而动全身，中天的倒闭是否会引起多米诺骨牌效应，这给目前仍在苦苦支撑的其他地产中介带来怎样的影响？引发怎样的思考呢？

【正文】今年年初以来，深圳的房价直线上升，到 6 月份，同比涨幅已经超过了 50%，从 8 月份开始，国家一系列针对房价的宏观调控手段相继出台，特别是对于银行信贷的控制，让处于“高烧”状态的房地产市场骤然降温，二手房成交量急剧下降，进入 10 月以后，全市二手房日成交量经常出现不足十套的地量，地产中介公司也是经历了一次从天堂到地狱的残酷洗礼，而中天置业的突然倒闭，则成为了彻底摧毁行业信心的最后一根稻草。

【同期声】（中介从业人员）应该有一些影响，因为有些客户不太愿意，把一些（费用转到中介公司），比方说交易的诚意金，或者其他一些费用，转到中介公司，客户对中介公司的信任度，其实有一些折扣的，这是客观存在的。

【正文】中天置业的倒闭，直接斩断了客户与经纪人之间那层原本就不牢靠的信任关系，信任危机使更多中介从业人员陷入了尴尬和困扰之中。

【同期声】（中介从业人员）让客户和业主更加认识到，一定要找品牌有实力的公司，来代理百万上千万的物业，也就是说地产界的洗牌已经开始了。没有实力，管理不合理的地方，已经开始暴露出来。

【同期声】（中介从业人员）也就告诉所有客户业主，在以后买卖过程中，他们的款项，不管是购房款还是首期款等等，要在第三方或者银行监管或者第三方监管好一点。

【同期声】（经济学博士郭建波）游戏规则的建立，我们知道了一个社会的中介组织，它的游戏规则建立的重要性，特别是房地产经济行业。

【正文】有学者认为，长期以来，深圳房地产中介入行门槛低，缺乏有力的立法和监督。在房产市场繁荣的情况下或许能够掩盖一时的问题，但是当市场状况江河日下之时，许多资产管理有重大缺陷的中介公司就会矛盾日益突出，甚至引发灾难性的连锁反应。那么政府如何通过合法有效的干预和监管，营造这样一个积极健康的市场环境，并且辅助中介行业渡过难关，依旧是一个值得思考的问题。

【同期声】（经济学博士郭建波）我相信这样一个事件，首先会触动我们对房地产经济以及其他社会中介组织的政府监管和立法。这样的一个非常急迫的思考。

【编后】

1. 到目前为止，蒋飞仍然是不知去向，而大家关注的重点，也逐渐从中天置业转向其他的地产中介公司。

2. 还有多少公司有着和中天置业同样的问题，我们不得而知，但因为中天置业的突然倒闭而带来的信任危机，无疑是让已经深陷困境的其他地产中介公司雪上加霜，有人认为，中天置业，或许只是一个开始，而地产业的严冬，或许才刚刚到来。

以上是深圳电视台播出的内容。这里完整保留了1、5两期的文字稿，省略了2、3、4三期文稿。从结构上看，《“中天之死“揭开地产中介公司行业黑幕》是连续报道；从体裁看，是专题报道；从题材看，是经济报道；从内容深度看，属于深度报道。由本片可以看出深度报道拓展了电视新闻的报道深度，改善了电视新闻的产品结构，提升了电视新闻媒体的品牌价值，提高了电视新闻干预当代社会生活的能力。本片还进一步启发我们：做深度报道，一定要具有“专家级”的业务知识，记者不仅需要把握所报道领域的整体动态和宏观数据，还要能够在具体的专业领域深入开掘，去发现问题。有些深度报道还需要采用伏击采访、隐藏采访和隐蔽摄像等手段。

第四章 电视新闻采访

第一节 电视新闻采访的特征

电视新闻采访是电视新闻记者或新闻节目主持人认识、采集、发掘新闻事实的调查研究活动。电视新闻采访具有新闻采访活动的共性，又有自身鲜明的个性；既要遵循新闻采访的一般规律，又要严守电视新闻报道的原则要求。

一、综合性特征

和报纸新闻采访不同的是，电视新闻采访活动目前还不能由记者一个人单独实施，无法靠“单兵作战”来完成，这是电视新闻采访的重要特征。就目前国内的实践来看，电视新闻采访的主体既有电视新闻记者，也有电视新闻主持人。电视新闻记者通常是出现在新闻事件现场或者是在新闻一线具体实施采访的人员，而演播厅内的采访通常是由新闻节目的主持人来完成的。新闻节目主持人也经常深入新闻事件的现场去发掘新闻，像一名记者一样地去作实地采访。例如近几年来观众在重大事件的现场经常能够看到中央电视台新闻节目主持人张泉灵、李小萌手执话筒在事发现场采访的身影。2010 年 2 月 15 日农历大年初二，中央电视台新闻频道当天的《东方时空》就播出了张泉灵在四川理县手执话筒进行震后重建报道的情形。有些电视新闻采访活动并不是由一般意义上的电视新闻记者、新闻节目主持人来实施的。也就是说，电视新闻采访的主体除了电视新闻记者、电视新闻节目主持人之外，还有第三方。以中央电视台 2009 年播出的《岁月记事——东四块玉四号院》为例：该作品是一个典型的新闻专题，没有用解说，全部内容均凭借清晰的画面娓娓道来。画面中有一座普通的大院，院子里居住着新中国的体育功臣……新闻以舒缓的节奏，实景的画面，为观众请出了一群体育界元老级的人物，让观众从他们见证的时代和亲历的历史中品尝了分享的快乐……在该专题的拍摄过程中，策划、编导、摄像的贡献是直接的、主要的。是他们具体实施了无声的采访。

无论采访主体是电视新闻记者、新闻节目主持人，还是栏目策划、电视编导，在目前都还无法独自完成一项常规的新闻采访计划。新闻采访活动依赖多人的参与，需要在团队协作的基础上才能进行。其中至少需要有记者和摄像人员的密切合作。主要是从这个意义上我们才特别强调新闻采访的综合性特征。我们也相信情况会有变化，在新闻理念和传播技术的支持下，电视新闻传播采编摄一体化的时代将会加快脚步到来。

二、参与性特征

采访是采集新闻素材的手段，采访得来的材料构成新闻的内容。但就电视新闻而言，采访又是新闻的表现手法之一。在许多情况下，电视新闻采访本身构成了新闻内容的一部分，甚至可能比事实材料本身更具有表现力。在第二单元里我们曾经以广州一家电视台2008年1月播出的新闻专题《讨薪》为例，来说明电视采访参与新闻事实形成与发展的过程。如果不是面对着摄像机的镜头，就可能会呈现另外一个不同的“新闻事实”。同样，如果没有记者在场，或者虽然有记者在但是记者对“自杀秀”选取了谴责的报道视角，关于做跳楼状、跳河状、登高压铁塔触电状的“新闻事实”，其数量可能会大幅度减少。正是在对大量的此类现象的观察分析中，我们发现了电视新闻采访的参与性特征。

电视新闻采访的参与性特征还表现在电视新闻采访活动往往能够诱发与所采访的事实没有直接关系的新的新闻事件。例如，一名受访者面对镜头久久沉没不语，或冷冷地“无可奉告”，或喝令记者“不准拍摄”，更有甚者——对着镜头就凶蛮地冲了过来——报纸媒体的记者遭遇这种情况采访多半就要停止了。电视采访则不然。此时摄像机的镜头没有获得原计划希望获得的信息，但是却拍下了当事人的沉默、抵制、阻拦的现场图像，成为足以吸引观众注意的又一条新闻。

电视新闻采访活动本身还可起到交代环境，加强现场气氛以及连接上下两个场景的作用。在一些新闻专题中，常常是前一个画面是室内某一被采访者的谈话，接下来记者拿着话筒走出户外，然后进入另一个场景，见到新的采访对象，与新的采访对象进行交谈。这样一段过程展示，避免了上下两个被采访对象谈话镜头组接在一起可能带来的雷同，也可对下一个采访场所的环境作一番介绍，省去使用播音语言交代的麻烦。只需打上一个简单的字幕：××地方，观众就明白是怎么一回事。由于采访没有事先惊扰被采访者，画面上经常会出现被采访者面对镜头不知所措的情形，增强了新闻的现场气氛与真实感，丰富了画面信息。

三、约束性特征

约束性特征是指电视新闻的采访活动很容易受客观条件的制约，难以根据自己的期望随心所欲地进行。经常容易遭遇的约束有：

（1）时间的制约。电视新闻采访是顺时性“一次过”的活动。某一句话对方说得不清楚，或记者听得不清楚，或采访者录制得不清楚，希望被采访者再重复一遍，通常情况下是不可能实现的。在现场直播报道中，时间的制约性表现得尤其突出——播出时间固定，预留的时间长度固定，采访者必须要按照规定的时间要求完成采访任务。

（2）现场的制约。现场的嘈杂、混乱乃至天气等环境因素，都可能会对采访形成约束。例如，在人群中摄像机的被动移动很容易造成画面的抖动，拍摄的画面达不到播出要求，整个采访将归于失败。再如拍摄突发性新闻现场中的运动物体时，摄像机往往难以随着事件中人员和物体的挪动及时移动到位，也将导致重要的现场画面的遗漏。

（3）光亮制约。摄像机在具有一定光照强度的环境中才能拍摄到清晰的画面。新闻现场光源不足，便会影响画面的质量，辅助光源的介入又可能惊扰被拍摄对象，破坏现场的真实气氛。

（4）被访人状态的制约。摄像机的存在会在一定程度上干扰被采访主体，影响真实、客观的现场画面的获得，这可能是最重要的制约。在一些调查性报道中，当事人或受害者有的面对镜头手足无措，导致采访无法进行；有的出于对安全的担忧而直接拒绝接受采访。有的出于对被曝光的抗拒而极力阻止采访——这一切都对电视新闻的采访形成制约。在批评性报道中，当事人采取过激甚至违法手段的主要目的就是为了阻止记者记录现场画面。

（5）同期声录制的制约。同期声的采录需要在良好的环境下进行。环境噪音导致一些同期声采录无法进行，或虽然录了但是效果不佳。

随着技术的进步，电视新闻采访对外界环境的依赖将逐步降低。无线话筒的使用，改变了摄像机和受访者“面对面”的采访模式，眼镜式微型摄像机的隐秘拍摄，不仅改善了记者的工作条件，更提高了电视新闻的影响力。尽管如此，采访中一些意想不到的事情还是时有发生，需要我们因变制变，从容应对。

读一读　议一议

电视记者采访遭围殴

2005年3月18日，南方电视台《城事特搜》栏目接到家长投诉，在广州市芳村区真光中学旁一些无牌经营熟食的小贩，长期向学生售卖熟食威胁学生健康，校方为此关闭了学校侧门，以禁止小贩将不洁食物售卖给学生，可这些小贩们竟然爬墙、爬校门向学生兜售，严重影响学校正常秩序。针对这一情况，该台三名记者到现场进行拍摄采访。在正常采访过程中，突然有一名男子从身后向摄像记者袭击并企图抢夺摄像器材。为避免进一步冲突，另一名记者上前阻隔并劝该名男子。但该男子已经完全丧失理智，不但没有停止，反而进一步向记者施以暴力，挥拳打向该名记者。随后，另外两名小贩也加入到对记者的殴打中。

摄像记者为保护器材，被三名小贩围殴，并被撕扯头发推倒在地。小贩甚至对倒地后的摄像记者的面部、胸口等位置继续暴打，并向记者的后腰处踢了多脚。幸好公安部门及时到达现场制止，打人事件才得到控制。但此时，记者已经被打到头破血流，面部及身体多处位置受伤。其后，被打记者被送往广州市红十字会医院进行治疗，经医生检查证实颈椎及上身均有多处软组织受伤，可能会造成骨折或压缩性改变，而头皮被打致裂伤出血、有血块凝固，确切伤势需进一步检查。

有关社会学家针对此次事件表示，根据我国的有关宪法规定，公民享有知情权，而记者则是为执行公众的知情权而工作的，记者在公众范围的正常采访是不容侵犯的。

（引自2005年3月21日《新快报》）

第二节　电视新闻采访的类型

在本书电视新闻分类的章节里，我们从不同的角度对电视新闻加以观察，将电视新闻区分成很多种不同的类别。这些观察和区分对我们深刻认识电视新闻的特点，把握各类不同的电视新闻的采制技能，都是有益的。电视新闻的类型和电视新闻采访的类型并不一一对应。电视新闻采访的类型是电视新闻记者、主持人在适应采访环境的过程中形成的——或面对面访谈，或追随新闻人物拍摄，或在事件现场守候，或隐身在新闻现场……由此构成了电视新闻采访的几种类型。

一、现场采访

现场采访是电视新闻记者——当然还包括摄像以及采访团队的其他人员——在新闻的事发现场所进行的采访。现场采访拍摄的图像资料，有的要送回电视台编辑后被编入新闻栏目播出；有的则在现场上传卫星直接对外播出。后者就是平常所说的“现场直播报道”。

电视新闻的本质特征是提供现场实证，而提供现场实证的必要途径是进行现场采访。电视新闻中最能够震撼人心、最能够调动观众情绪的，无不是新闻现场画面。现场采访的具体特点归纳如下：

1．直观真实

现场采访能让观众直接感知新闻现场的场景、气氛、环境，从而获得“身临其境”、“眼见为实”的现场感受。新闻报道的感染力将因此而得到增强。

2．快速迅捷

现场采访指的是对新闻事发第一现场的采访。第一现场是观众最希望看到的现场，能够让观众看到第一现场，意味着新闻的时效性极强，同时满足了观众在第一时间知情的要求。

3．信息丰富

通过现场采访，也只有通过现场采访，才能抓住新闻事件的当事人、旁观者、知情者等与事件有关的人物和采访对象展开采访，从而为观众提供包括原始画面在内的最丰富的信息，让观众看到最接近事实的真相。

4. 集中体现对电视新闻记者的要求

现场采访对记者综合素养的要求极高，例如：

(1) 对新闻敏感的要求。现场采访要求记者在第一时间奔赴新闻现场，并在到达现场后，立即确定报道的切入点，迅速报道最有价值的新闻事实。非具有高度的新闻敏感无法作出快速反应，到了现场也难以选准报道的切入点。

(2) 体能气质的要求。现场采访需要记者具有强健的身体，才能在保证在第一时间出现在现场，并抢占到比较有利的采访机位。面对现场难以预料的局面，记者还需要有临危不变的心理素质和沉稳大方的气质风度。

(3) 判断力的要求。作现场采访，记者要善于捕捉有价值的细节，挖掘新闻事实中隐藏的能够烘托新闻人物、深化新闻主题的画面。记者还要把现场感、镜头感建立在正确的报道立场、准确的价值判断，以及对新闻事件性质、意义，以及报道的适宜性的科学把握上。对那些尚且不适合公开报道的人物或者事件，就不应该给予公开报道。

(4) 采访技巧的要求。现场采访要求记者深入洞察采访对象的心情、状态，准确选择采访的时机、场合。善于突破困难，获得独家新闻。特别是在重大突发事件或者负面新闻报道中，记者很难进行常规的采访报道，这时就特别需要记者能够在不违反国家法律和职业准则的前提下，灵活变化，用出色的采访技巧和方法，完成采访任务。

5. 展示媒体的竞争力

现场采访最能够展示媒体的实力，同时也最容易暴露媒体的不足。其中最容易展示或暴露的是新闻媒体的价值取向、快速反应能力、技术装备水平和团队的精神面貌与成员的合作状态。

广东新闻频道《正点报道 11：00》栏目 2008 年 1 月 30 日首播的《温家宝总理视察广东春运工作》就是一条长度为 3 分钟 48 秒的现场报道。2008 年元月下旬以来，我国中南部地区遭遇历史上罕见的持续低温、雨雪冰冻极端天气，广东省的京珠高速公路中断，铁路运力锐减，民航运输受阻，大量返乡过节旅客滞留在广东。特别是在广州火车站，自 1 月 23 日春运正式启动后，归乡心切的旅客以每天 20 万的速度不断涌来。最高峰时，火车站及周边滞留旅客达 26.6 万人。温家宝总理于 1 月 30 日清晨顶风冒雨赶到广州火车站，视察指导抗灾救灾工作，代表党中央、国务院看望滞留旅客，慰问现场执勤人员。温总理首先登上列车看望车厢内的乘客，然后步入火车站广场慰问滞留的旅客，最后再返回车站站台勉励和问候坚守工作岗位的武警、公安以及铁路乘务人员，记者一路跟随拍摄。为了赶发“总理视察广东春运”这条消息，记者兵分两路，一路继续跟随总理视察，另一路迅速将已拍图像带回电视台编辑发稿。由于火车站广场及周边滞留的旅客已达 20 多万人，道路已无法通行车辆，于是记者携着录像带挤出被人群层层包围的车站，甩开双腿飞奔两公里回电视台发稿。该消息播发的时间离温总理抵达火车站视察仅过了三个小时。

这条消息以现场报道的方式，记录下温家宝总理在车厢、广场、站台三个地方的活动情况。全片突出运用了同期声、长镜头等电视新闻元素，画面现场感强，镜头朴实，虽然因为人多拥挤的缘故造成画面有些晃动，但是体现了现场的真实情况。摄像机紧紧抓住温总理与群众的每一次对话，表现了国家领导人亲民、爱民、为民的真切形象。如在车厢里总理问旅客："心里急吧？春节以前一定能到家"；在广场上拿着扩音器向旅客问候："大家回家都很心切，你们的心情我完全理解……我们把组织工作做好，争取让大家早一点回到家里，和家人团聚"。同时摄像机捕捉到了温总理动作和神态的细节，如他在站台上勉励抗灾作战部队时说："越是在困难的时候，不怕困难"、"清除道路冰雪障碍，使南北通道畅通无阻"，他做的每一个手势都是那么坚定、有力，鼓舞了大家的士气，给人以战胜困难的信心和勇气。

二、同期声采访

电视是通过声音和图像双通道传递信息的媒体。其声音除了解说声之外，还有一种非常重要的同期声。同期声又可分为新闻现场声和人物现场谈话声两种。同期声采访是将记者、主持人采访时的声音与采访画面同步录制下来，将主持人的问话和采访对象的回答直接再现于荧屏的采访，是最具有代表性的电视采访形式。加强同期声采访，提高同期声采集的质量，是提高电视新闻报道水平的重要途径。同期声采访的特征可以归纳如下：

1. 赋予观众参与感

同期声采访改变了过去单纯的"你播我听"的单向传输方式，体现了主持人与观众之间双向交流的参与感。通过观看同期声采访获得的画面，观众仿佛感到自己也成了屏幕中的采访对象，也在参与屏幕中的讨论，也在谈论想说而又没有机会去说的问题，双向交流的参与感更强，现场气氛将更加活跃。

2. 真实感更强

同期声采访过程已经不仅仅是调查的过程，而且也成了直接报道的手段，其结果通过让观众亲耳所闻、亲眼所见采访提问的真实情景，进一步强化了现场的真实感。在体育竞技现场，记者在对刚刚走下赛场的运动员作同期声采访时，可以将运动员的喘息声同步录下，并让观众清晰听到，这就有效地烘托了现场气氛。同期声采访还可以通过现场实况录音、谈话录音，达到增强新闻事实感染力的良好效果。

3. 现场气氛更活跃

同期声采访是在新闻事件发生的现场进行的，可以使观众感受到活跃的现场气氛。在一些容量较大的专题新闻中，如果没有同期声采访，而是用解说词贯穿始终，观众听起来很容易感觉沉闷。有了同期声，再穿插运用解说词，全片的风格就容易活泼起来。

4. 符号优势更明显

在报道缺少形象画面的新闻以及报道反映理论问题、心理活动的新闻时，同期声采访有利于发挥声画一体的优势，使新闻的可视性得到改善。

5. 时效性更突出

在一些动态消息和突发性事件的报道中，采用同期声采访，在新闻事发现场将声画合成完毕，这样就可以减少编辑制作的工序和工时耗费，进一步提高新闻播出的时效性。

同期声采访是实现采访目标的关键手段。优秀的电视新闻记者在采访时要千方百计将重要的同期声采录到。广东电视台新闻中心 2008 年 9 月 26 日在广东卫星频道《广东卫视新闻》栏目首播的短消息《“神舟七号”一飞冲天》最珍贵的就是录制了现场同期声。“神舟七号”发射当晚，广东电视台的记者想尽办法提前 3 个小时进入核心区，事先托人带进场的两台摄像机也顺利占领了有利位置。21 时 09 分，“神舟七号”开始进入发射倒数，巨大的轰鸣声几乎盖过了记者的现场声，“神舟七号”发射升空后，现场一片欢腾，记者抓住时机在现场作了同期声采访，正是因为有了同期声采访，新闻的可观性和权威性才有了保证。同期声比播读的语速可能会慢一些，但一句同期声则有可能胜过多句解说性播报。现场同期声不容易采到，可以考虑对新闻核心人物进行事中或事后采访，以抓取最恰当的、能够深化报道主题要求的同期讲话。但是运用同期声采访一定要恰当，防止把同期声作为点缀来用，更要防止以效果声冒充现场声。

三、隐性采访

隐性采访是和明访相对的一种采访。所谓明访是最常态的采访，是在访问者身份公开，访问程序和话题透明，访问形式和手段均得到各方认同的情况下进行的。明访的公开性能够起到提示受访者认真、负责地对待每一个交流话题，并对自己的言论负责的目的。明访的公开性也同时让某些受访者感受到了威胁。因此，受访者沉默、掩饰、躲避是经常有的状态，访问活动中的误导也经常发生。明访时还可能碰上这样的情况——当事人客气，不愿意多谈；或介绍简单，不够形象。遇到这种情况，记者要边问，边观察、边分析，努力从各种语言信息中捕捉生动、形象的材料和细节。

但是，上述努力还是经常毫无效果。这时，为了真实地报道新闻，记者想到了暗访。

电视新闻采访中的“暗访”又称“隐性采访”，它是在访问者或掩藏了身份，或者隐藏了话题，或隐藏了采访目的，或隐藏了访问程序，或隐藏了访问手段（例如摄像或摄影手段）的情况下进行的访问。暗访常常声画结合，较之明访得来的材料有可能更客观，更真实。

新的技术手段是推动隐性拍摄不断发展的物质基础。卫星通讯技术让记者可以通过卫星采集新闻，这种专门的新闻采集形式被称为 SNG。美国有线电视新闻网 CNN（Cable News Network）对挑战者号航天飞机爆炸、海湾战争等一系列重大事件的报道，改写了新闻的定义。这与 CNN 率先采用 SNG 密切相关。同样，没有微型摄录设备的发明，“隐性采访”就难以付诸实施。

媒介的竞争促进了隐性拍摄的发展。“在故事已不新鲜的前提下，自己怎样去讲述就变成了最重要的事。”白岩松说，“这不是一个故事的时代，而是一个讲述的时代。”[①] “隐

① 白岩松：《我们生活在什么样的时代——试论主持人的生存背景》，《现代传播》1998 年第 5 期，第 15 页。

性采访”正是新闻记者充分发挥广播电视传播优势，追求一种全新的讲述（叙述）方式的探索。

1990 年，美国广播公司（ABC ）的《黄金时间现场直播》（Prime Time Line）开始广泛采用隐藏起来的摄像机摄制调查性节目，以播放偷拍片享誉电视界。而老牌新闻节目《六十分钟》也是经常使用偷拍采访来吸引观众。在我国，舆论监督呼声日高，舆论监督难度加大，给隐性拍摄提供了施展的舞台。“隐性采访”最大的魅力在于“突破采访环境的封闭性和事实本身的隐蔽性”，带给受众的是扑面而来的真实感。

隐性采访的特点概括如下：

1．无导演与表演

在摄像机前面，人们自然会考虑“我如何能引人注目?”“我应该怎样做?”“我怎样接受拍摄好?”所做的动作都是为了得体地摄入电视。于是就产生了这样的疑问，一旦现代人置身于摄像机前，就会作出与日常行为迥异的“表演”。“被摄新闻人物学会了‘表演’，那真是采访摄影、摄像的灾难。用老记者们的话来说：拘谨、手足无措尽管不自然，但还是真的，而表演却是假象的，令人不能容忍。”① 隐性采访则可以“净化”屏幕上的假象，在正面报道中发挥自身的魅力。

在公开采访中，记者尽管对所报道的人和事努力做到不干预，但受众常常对事件的真实和报道的真实发出双重疑问。而在隐性拍摄中，观众感受没有话筒，记者也脱去职业外衣像自己一样是个普通人，无法前期“导演”或者“干预”事件的进程，观众因而对隐性拍摄更有认同感。

没有“镜头反应”。隐性拍摄采访是记者有意隐去真实身份或真实采访意图的隐蔽采访，被采访对象保持了正常状态下的鲜活、自然，没有“镜头反应”——“被摄对象面对摄影（包括摄像）镜头时产生的行为动作与神态表情上的反应。”② 比如紧张、不知所措或不自在的反应；面对镜头做有意识的调整、美化等。因而真实性更强，也更令人信服。

2．多用长镜头和同期声

隐性采访是用摄像机跟随人的随机纪实拍摄，大量使用长镜头和同期声，保持了时空的连续性，事件更显完整，增强了受众的现场感和参与感。隐性采访的画面有时不完整，观众感觉“晃动太厉害”，采录的音响不清晰等，但这些残缺的画面和音响也在一定程度上反映了现场的特殊性，是新闻真实的一种表现形式。

3．多用于批评性、调查性报道

相对而言，电视更善于表现生活中假的、恶的、怪异的、客观的事件，尤其是战争、暴力、死亡、愤怒、妒忌、性爱、占有欲、竞胜、怪异、物质和野心、直线发展的事件以及有魅力的政治领袖、简单肤浅的意见，而相对不适宜表现和平、宽厚、友爱、满足感、

---

① 本书编委会：《中国应用电视学》，北京师范大学出版社 1993 年版，第 450 页。

② 徐忠民：《不干涉对象摄影新论》，《杭州大学学报》第 26 卷，1996 年 6 月第 2 期，179 页。

合作、平凡、灵性和复杂暧昧的事件。而隐性采访为电视善于表达的内容提供了理想的手段，使其希望表达的内容能够更真实地呈现出来。

“隐性采访”主要依赖观察进行，但观察得来的信息并非总是那样可靠。一个人的观察很容导致事实的扭曲。采访者自身的偏见、认识的片面以及采访过程中由于所处环境和条件的限制而导致采访者情绪、情感等心理反应的跌宕起伏，往往也导致隐性采访获取的新闻经不起深入的推敲和验证。

“隐性采访”还经常要承受一定的风险。广东电视台《社会纵横》栏目曾经用隐性采访手段制作并播出了《易发商场“水货”多》、《本案有十一个被告》、《国贸商场的“丑闻”》等节目，记者自身的安全都曾遭受威胁。有关被曝光的业主声言：“再进行采访，不管你是谁，照砸摄影机!”有的人围攻记者时还拍照，扬言“你们已逐个被拍照，谁再敢来采访就打死谁。”

“隐性采访”还需要提防新闻侵权。记者为了获得某些隐秘的信息而不惜冒充警察，这种行为不仅是违反职业道德的，而且构成了侵权。但是，如果不这么干，一些引起强烈反响的新闻就制作不出来。在许多调查性新闻报道中，隐性采访使唯一可行的采访形式。此时，电视新闻记者要在职业道德和社会责任之间做出艰难的选择。两者兼顾，并又能有效地规避侵权责任，是每一个电视新闻记者理应追求的目标。

四、追随式采访

追随式采访是在人物活动的过程中，记者紧随其后，抓住时机及时发问拍摄的一种采访形式。追随式采访将采访的场所由静态变成了动态，采得的画面被赋予强烈的现场动感，避免了室内静态采访画面的平板单一。在追随式采访中，记者提问应更富有针对性，采访对象处于活动过程中，较少拘束，答话通常也较为自然。

守候式采访也是一种追随式采访。守候式采访是采访者在预知某个新闻事件可能发生并即将发生前赶到现场，等候采访。守候式采访要求记者到达现场后，迅速观察好采访线路和拍摄位置，先捕捉那些生动、感人或有表现力的细节画面，再尽可能地接近重要的新闻人物，做深入的采访。守候式采访的成功依赖于记者的职业忠诚。

五、其他采访类型

（一）前期采访

前期采访是在镜前采访尚未实施之前对相关人物、相关事物、相关场所，有计划、有目的地进行的采访。其目的是为了提前掌握与新闻事件密切相关的动态和密切相关的背景材料，为镜前采访做好准备。绝大多数电视消息的采访都能够，而且也必须一次完成采访，而一些专题性的新闻节目和调查性的深度报道，其采访往往无法一次完成，需要经历前期采访。

广东电视台新闻频道《朝看新闻》栏目2008年7月4日播出的海峡两岸周末包机开通

的报道，就经历了前期采访。栏目编导、记者6月27号得知海峡两岸周末包机于7月4日启动后，立即提前策划7月4号的版面，次日即通联组的编辑分别联系北京、厦门、南京、上海等地，做了比较深入的前期采访，为随后的包机直播做好了准备。

前期采访做得深入、扎实，后期的镜前采访就比较主动。有些电视记者在镜前采访时或者对话难以深入，或者迟迟不入要害，或者驾驭不了现场，而让当事人对着镜头大段大段地陈述背景材料，出现诸如此类的现象，所暴露出来的多是前期采访没有到位。在后期的写稿和编辑阶段，一些记者和编辑人员经常感到素材缺乏，提炼主题困难，其原因往往也和前期采访不够充分密切相关。

（二）镜前采访

也就是分阶段进行前期采访和镜前采访，先进行前期采访，在掌握了新闻的基本情况后，再拟订报道计划和拍摄提纲，进行镜前采访。

分期式采访适用于非事件性新闻及新闻专题报道。其优点是报道时间较为宽裕，能对新闻的各个要素进行全面、深入的了解，因而有利于新闻向深度开掘。例如在深度报道中，记者在正式拍摄前，先需要深入新闻现场，对新闻事实作全面、透彻的认识和了解。在此基础上确立的报道计划和拍摄提纲，一般都比较准确、精细、具体。尤其是记者可在拍摄上对采访中要提的问题进行一番梳理和推敲，在后期的镜前采访中，就能既节省时间，又能使提问准确到位，获取深度新闻信息，而不受制于被采访对象。但是分期式采访也有不足，主要表现在由于前期采访中记者已接触了采访对象，在后期的镜前采访中，被采访者容易失去初次见面时的那份真切和自然，有些精彩的细节画面也难以重现。

（三）体验式采访

体验式采访又称参与性采访，即记者亲身参与到同采访内容相关的事件中，以加深采访体会，以期获得更加真实、生动的新闻素材。由于采访者亲自体验了某一材料，感受了某一环境中的真实情况，因而在新闻中陈述的事实以及发表的意见具有极高的可信度。尤其在电视新闻中记者体验的过程有时被如实地展示出来，给人以极强的真实感和可视性。在体验性采访中，记者有时候也隐匿自己的真实身份，但它与隐性采访不同。前者更注重亲身的感受和体会，而后者更注重从被采访者那里获取有意义的材料。

读一读　议一议

隐性采访的争论

隐性采访的争论集中在法律和伦理两个层面。从法律层面看，争论主要在隐性拍摄采访内容披露的合法与非法以及操作过程的合法与非法；从伦理层面看，争论集中在隐性拍摄行为主体是否合乎道德规范以及隐性拍摄对被摄（录）对象是否公平等。尽管隐性拍摄在法律和伦理层面上有它必守的禁区，但根据中国现阶段的实际情况和未来的发展趋向，可以预言隐性采访仍会成为新闻记者的“秘密武器”。原因是：

（1）技术的发展将会一如既往地带动广播电视产业的发展，越来越“迷你”（mini）的摄录设备将让隐性拍摄采访更便捷地拓展空间。

从广播电视技术手段的发展来看，其传播的深刻变革依赖于科学技术的进步。隐性拍摄采访得益于摄录设备的小型和轻便，这是技术发展带来了实惠，而且这种实惠将会“变本加厉”。这可能让偷拍（录）采访更加从容。

（2）由于社会主义初级阶段是一个较长的历史过程，在向民主、健全的法制国家发展的进程中，舆论监督的力度和难度都在加大，为了充分地发挥舆论监督的作用，隐性拍摄采访仍会有较大的应用空间。

在社会主义的初级阶段，市场经济有利于推动生产力的迅速发展，但也带来经济结构复杂化和利益的多元化，加之市场运行的法规仍需完善，调整经济关系的社会约束机制仍需健全，因此新闻舆论监督比以往任何时候都显得更为迫切，而且腐败和不良现象的渐进性和隐蔽性使新闻舆论监督的难度不断增大。有效发挥舆论监督的作用，包括隐性拍摄在内的隐性采访就有可能派上用场。

（3）一些法律正在制定和完善，通过立法对隐性拍摄给以规范和保护。在这方面可以借鉴国外的一些做法。比如美国广播公司（ABC）根据美国职业记者协会的规定，限定隐性拍摄只能用于：想取得的信息特别重要，它必须关系到极其重要的公共利益，像揭露高层巨大的“系统失败”，另外，它必须避免对个人造成巨大损失；当所有其他取得同样信息的替代方法都不能使用时；有关记者希望揭露欺骗的实质和缘故时；当有关个人和他们的新闻机构通过杰出的手法和保证所需的时间与经费来获取完整的消息，追求完美时；当通过欺骗行为揭露的信息避免的损失大于任何欺骗行为引起的任何损害时；当有关记者制定了有意义的总体的清楚的决策过程时。

（4）行业加强自律，多从职业道德、伦理道德的角度审视自身的行为。目前这方面的呼声渐高，有利于隐性拍摄的健康发展。

第三节　电视新闻采访的要求

一、做好准备

包括经常性准备和临时性准备两种。

（一）经常性准备

经常性准备是记者和新闻栏目主持人平日所要做的基础性工作。包括认清形势、扩展知识、积累资料等。经常性准备工作做得好，即便遇上突发性新闻，也能在极短的时间内明确采访思路，沉着冷静地应付场面，取得采访的成功。

经常性准备还包括采访团队的磨合与培育。早期的电视新闻采访需要摄像机、录像机、录音机、灯光设备等。轻便式一体化摄像机的普遍使用，减轻了电视新闻采访的负担，但当今的电视新闻采访依然需要记者或主持人从当事人口中获得信息，需要有摄像人员录下现场画面和同期音响，甚至需要有技术人员随机提供设备、灯光等技术服务。因此，电视新闻采访涉及的人员、装备最多，需要在平日磨合出一个知己知彼配合默契的团队。

当然，我们确信信息化的采访最终将改变电视新闻记者的生存状态，譬如电视新闻记者可以通过戴在头上的微型摄像机实现单人采访。与之相适应——电视新闻教育也将调整培养模式，让每一名合格的毕业生都能够出镜访谈、现场摄像、编辑制作、编排播出。但是在目前，电视新闻采访还必须依赖团队的智慧和各环节之间和谐共进。

（二）临时性准备

临时性准备是在明确了某一具体采访任务之后所做的各项准备工作，包括选择采访对象、熟悉背景材料和拟订采访提纲。临时性准备工作的质量直接关系到采访活动的成败，因此，宁可准备过头，不可准备不足。

1. 选择采访对象

采访对象需要有一定的权威性，应当尽可能选择当事人、事件参与者与目击者，或了解内情的人。只有他们才能提供准确的情况，使记者获得真实的第一手材料。如果要对某一事物做出评价或判断，最好能采访某一方面的专家或权威人士，以提高新闻的可信度。

采访对象要有较好的口头表达能力。如果采访对象面对镜头说话结结巴巴、语无伦次，采访节奏将严重受阻。因为电视新闻不仅要让观众知道当事人说了什么，很多情况下还要让观众看到他们是怎么说的。因此，选择采访对象时，要选择那些口头表达能力较强的人。

采访对象的选择要善于平衡。这样，才能从不同角度、不同侧面客观、公正地报道某一新闻事实。在对有争议的事物进行采访时，一定要选择争议双方的代表作为采访对象，不能偏听偏信。

采访对象的外表要诚实可信。这是电视新闻采访的一个独特要求，如果采访对象衣着古怪，举止轻佻，即使说的全是实话，观众也会怀疑新闻的真实性。

2. 熟悉背景材料

需要熟悉的背景材料主要包括：

① 采访对象的基本情况，包括他们的职业、年龄、经历、兴趣爱好、思想观点，及家庭情况等；

② 新闻事件的来龙去脉，前因后果，以及与事件相关的其他情况，事件涉及的有关时间、地点、人物及专业知识；

③ 社会上人们对某一事态的基本立场和具体看法；

④ 编辑部的立场及报道方针的具体要求。

3. 拟订采访提纲

从播出的电视新闻中，观众不仅希望看到具体的画面，还希望看见电视新闻记者的形象，并听到他们采访的声音，以获得进一步求证的心理满足。电视新闻采访活动的突出特点是镜前采访。不仅要传播记者获知的语言信息，而且会把记者与被采访者的谈话共时空地展示给观众，这样，记者就从幕后走到了台前，其天性、形体、貌相像不仅成了观众品评的对象，也成了影响观众评价新闻事件的影响因子。因此，采访活动中采访者的每一个细小的失误，甚至肢体一个细小的“非语言符号”，都可能招致新闻传播效果的下降。就这一点来看，电视新闻采访比报纸新闻采访的要求要高。报社的新闻记者尚可以在采访结束后坐下来整理他的采访记录，还有机会对将要发表的内容加以润色，电视新闻记者则不再有这样的机会。电视新闻的画面必须忠于事实，不得修补、更不得再造。电视新闻和电影一样，永远是遗憾的艺术。

采访提纲的内容包括：

① 采访目的和要求；

② 采访对象及其基本情况；

③ 提问的设计；

④ 采访活动具体安排；

⑤ 对拍摄的要求。

采访提纲是记者综合、分析所掌握各种材料后制订的一份采访计划，采访提纲包含了许多“设想”，要及时根据新出现的情况对采访提纲的内容进行修正与变通。

二、抢占第一现场

电视新闻独特的魅力是能够让观众亲眼目睹新闻事件的现场，或者是新闻人物的形象和活动场面。因此，电视新闻记者必须是在新闻发生之前或者新闻发生期间亲临现场，将新闻场面带给观众。“现场”的诱惑是观众首选电视新闻媒体或者在听了广播、看了报纸之后重又打开电视的唯一理由。因此，电视新闻应该尽可能地向观众提供第一现场。虽然某些第二现场也能够让观众惊心动魄，也能满足观众了解新闻细节的收视心理，当事人的某些回忆也能够帮助观众解开谜团，但是，第二现场、镜头前的回忆只能作为新闻的背景材料使用。电视新闻必须以严格的现场空间、时间限制构成电视新闻画面的时空个性。

三、合理构图拍摄

构图又叫取景，涉及画面中各种结构要素的合理安排组合。电视节目采访的过程也是用摄像机获取物体的图像信号、用话筒拾取物体的声音信号的过程。

摄像机和被摄物体之间的距离不同或焦距不同，画面的空间范围就不同，这就形成了景别。景别有远、全、中、近、特之分，不同的景别对视觉有不同的冲击力。在一组电视画面里，辽阔的海面上出现一条小船，这就是远景，远景是从较远的距离观看较大范围的景物获得的视野；而近景是从很近的距离端详人或物体所获得的视野，例如以人胸部以上部分作为表现主题的画面。中景的标准在两者之间。远景让观众看到了整个现场环境；近景则能够看到新闻人物的手势、动作、神态、表情。电视镜头必须适当运用不同的景别。在一条电视新闻中，细节镜头一般要求不少于3个，最好有1个不容易拍到的细节画面。远景超过了3个可能就是失败的作品。

画面构图首先要求摄像师拍摄的画面保持稳定，应尽量使用三脚架，以减轻画面的晃动。肩扛拍摄时，优先使用广角镜，并尽量屏住呼吸，不能作大幅度的深呼吸。移动拍摄时，双膝应略为弯曲，脚与地面平行擦移动。其次，寻像器中看到的景物图形应横平竖直，所摄画面中的地平线一定要平。再次，落幅要准，当某个技巧性镜头（如推镜头、摇镜头）结束时，落幅应该正好是需要的画面。拍摄中的“准”还包括白平衡调整要正确；聚焦、光圈调整要准确等。此外，运动镜头的速率要匀，聚焦必须做到焦点清晰。

电视新闻还应加大现场画面和同期声的比例，尽可能以形象感人，让画面说话，以提高新闻的感染力。在实际操作中，除了可预见性的新闻事件外，大多数新闻，尤其是一些突发性的新闻事件，当记者到达现场时，具有重要新闻价值的现场往往已经消失，这时事件的目击者或是当事人的讲述就成了弥补这一遗憾的唯一选择，人物采访也因此成了电视新闻内容的重要并常用的组成元素。拍摄现场人物采访，最应该注意的就是合理控制拍摄角度。

拍摄角度包括拍摄方向、拍摄高度和拍摄距离。镜头拍摄高度一般与被摄对象在同一水平线上，即模仿人在日常生活中观察事物的一般高度。在电视摄像机解像度不高的年代，如果采用正面角度拍摄往往缺乏立体感，因此经常采用斜侧面拍摄，以使物体产生明显的形体透视变化，以增强人物的立体感及环境的空间感。但采用斜侧面角度拍摄的电视画面只能表现被采访对象大部分的面部表情，且拍摄角度越偏被采访对象的面部可视范围会越小，其面部表情信息的损失也就越大。过偏的拍摄角度造成的视觉信息的缺失无疑会形成一定的排斥感，从而损害观众参与感、交流感的形成。在高清电视制作和接收条件下，利用高清设备的景深浅、光比大、层次丰富等技术特点便可以使画面达到所需要的立体效果。为了增强画面的交流感，在拍摄电视新闻人物现场采访画面时应尽量选择小角度拍摄，以使被采访人物面部的表情能够尽可能地得到保留。

高清电视画幅的变化，意味着拍摄现场人物采访的构图技巧也应有所调整。新闻人物采访通常是两个以上的人物交谈，在4∶3的画面模式下，这种场面更多是将被采访者的叙述镜头和采访者的反应镜头通过蒙太奇手法组接来表现的，谈话的现场不是由画面来表现而是由观众的心理去完型的。主要原因是4∶3的画幅不能提供水平方向充足的视觉空间。而在高清制作环境下，完全可以充分利用其16∶9画幅所提供的充足的横向空间，多采用外反拍的手法，以采访者和被采访者互为前景来拍摄对方，这样就解决了16∶9画面近景镜头画面平衡难的问题，也强调了记者的在场，有利于增强新闻的真实感。

构图还要努力捕捉细节。视觉的基本状态是看，分为凝视、注视、一瞥、浏览、静观，等等。罗丹说："所谓大师，就是这样的人，他们用自己的眼睛去看别人见过的东西，在别人司空见惯的东西上能够发现出美来。"① 中央电视台 2009 年 11 月播出的新闻《无法"舍得"奥运冠军首战出局》，正是由于抓住了北京奥运会摔跤金牌得主王娇在全运会摔跤比赛过程中的一系列细节，刻画了王娇的丰富的心理变化，才吸引了无数观众，也获得专家的高度评价。

四、问出新闻信息

目前，有些省市级电视台的新闻节目中还充斥着模式化提问："请问，你有什么感想?""你对这个问题怎么看?""你能给我介绍一下吗?"虽然开放式提问是采访过程中很重要的一种采访方法，不可或缺，但同时它也是一种很懒的提问方法，过多地使用这种方法会使采访流于表面，无法深入。

记者通常用访问与观察这两种基本的手段开展采访活动，获取新闻报道的素材。访问是记者通过提问的方式与采访对象进行交谈，从中挖掘出新闻报道所需要的事实材料。电视新闻画面在表达抽象信息上有其局限性，新闻中所需要的大量的抽象信息，只有借助访问的形式才能获得。

"问"的形式一般有正面问、反面问、侧面问几种。

（一）正面问

对所要了解的事实从正面开门见山提问的方法，具有直截了当、干净利落的特点，适用于对官员、社会名流及其他经常与记者打交道的采访对象所进行的采访。

（二）反面问

这是一种逆向提出问题的提问方法。避开采访中习惯提问的方面，根据采访对象回答问题的思路而从相反方面提出问题，往往有助于采访对象思考，促使其回答。布雷迪在《采访技巧》一书中说："向对方佯称你已了解自己实际并不摸门的情况，这仍然是从顽固的采访对象身上发掘材料的一个方法"。② 在运用反问的方式提问时，要注意问话的气氛，力避激怒对方。

在批评性报道中，迂回采访、巧妙设问，把对事实真相的揭示同对被批评者的机智诘问结合，让观众通过这种客观的报道看出被批评者的问题所在，是经常采用的提问方法。

《焦点访谈》节目中曾有过这样一个内容：记者向一个冒充科学家的人了解他"发明"的信息茶的情况。记者问："你们的信息茶有什么作用?"答："可以治肝病、心脏病、癌症、糖尿病等等"。问："信息茶怎么会有这么大的作用?"答："因为那里有我发功注入的信息"。问："那在茶叶加工时你为什么不在现场?"答："我是远距离发功"。问："那你可不可以用这种方法让所有的茶叶都带上信息，造福全国人民?"被采访者语塞。在这一连

① 《罗丹艺术论》，人民美术出版社 1979 年版，第 5 页。
② ［美］约翰·布雷迪：《采访技巧》，新华出版社 1986 年版，第 128 页。

串的对话中，记者并没有去直接过问信息茶到底有什么科学依据，而是通过迂回的方法，先让被采访者谈信息茶的好处，使被采访者放松了警惕，夸夸其谈。这时记者话锋一转却问信息茶是怎么加工的问题，从而让其陷入被动和难堪，随之使伪科学的真面貌在观众面前暴露无遗。①

（三）侧面问

是不正面涉及所要了解的事实，而迂回至侧面提问的方法。其特点是自然委婉，易于接受。一位记者为了解一位红歌星交纳个人所得税的情况，便先来到歌厅观看她的演出，然后在后台用一种聊天的方式赞扬她的歌唱得好。拉近了距离后又打听像她这样的歌手老板每天晚上能给多少钱，对方毫无戒备地道了出来。记者替她概算了一下每个月的收入，对方表示承认。此时，记者已心中有数，提问开始直奔主题，询问对方是否按规定的金额交纳个人所得税。由于已经露底，对方也不好意思不回答了。

“问”的艺术因事有别，因境而异。其共性的规则可归纳为：

1. 抓住有利的环境

记者在训练场或比赛场地访问体育运动员，在田间地头访问农民，在实验室访问科技人员，均有利于强化电视新闻的现场实证性。遇上特殊情况，记者亦可安排受访对象离开其工作、生活环境进行访问。

营造谈话环境要善用“中介”。中介可以是双方都熟悉的某个人、某件物品或某个事件，也可以是双方共同的理想、志趣和爱好。以中介为桥梁，可在短时间内拉近记者与采访对象之间的距离，获得对方在心理上的接受和认同，从而营造一种和谐、融洽的谈话环境，使访问得以顺利进行。

2. 问话简洁得体

提问应该是“一把钥匙套一把锁”，针对不同对象的特点来设计好问题。一般来说，访问开始时，为活跃气氛，记者常常要进行开放式提问，给被采访者的答复留有较大余地。提问的内容一般是与采访的主题相关的某一类事物或事物的某个方面，给被采访者限定一个大的回答范围，不要求其作具体答复。

设计问题要努力做到：

（1）简明、具体，让人容易回答

2010 年 2 月 21 日北京时间 11 时 45 分，在加拿大温哥华冬奥会短道速滑女子 1500 米决赛中，中国选手周洋获得金牌。记者在现场采访周洋问道：“你觉得你今天获胜的最大原因是什么?”周洋对这样的提问显然不知道应该怎样回答。在随后采访中国短道速滑队主教练李琰时，记者又提出了同样的问题，李琰也不好回答。接着记者问周洋：“你准备怎样庆祝你的胜利?”周洋回答说：“没准备。”这样的采访就失败了。在随后的重播中，中央电视台体育频道不仅删除了记者“你准备怎样庆祝你的胜利?”的采访内容，也删除

① 参见叶晓林《批评性报道的采访技巧》，《电视研究》1997 年第 2 期。

了“你觉得你今天获胜的最大原因是什么?”的记者提问。不容易回答的问题还包括那些夹杂着太多的概念和专业术语的提问。用长句子提问，或者一口气提了几个问题，导致对方回答不了，或在回答时不得不打了折扣，最终失败的还是采访者。

（2）切实，不空泛

要有针对性，不能总是老一套的“请你谈谈想法?”“你有什么感觉?”那样，记者往往很难得到实质性材料。至于上述“你觉得你今天获胜的最大原因是什么?”的提问，失就失在过于空泛，即便对方回答了，所回答的内容可能未必是记者希望得到的信息。

（3）要有层次

前后问题之间要呈一种递进关系，围绕一个中心层层深入下去，不能东一句西一句出现断裂。提问无目的、无次序，对方的谈话也必然是无中心、无次序的。其结果是得到的材料毫无关联，无法组织成完整的报道。

（4）要善于鼓励对方说话

那种“我觉得怎么样”“我认为怎么样”式的提问，只会把采访对象的谈话引入记者设置的“框框”之中，不利于获得真实的材料。

电视新闻节目主持人水均益采访过美国总统克林顿、俄罗斯总统普京、外交家基辛格博士、以色列总理拉宾……对话中，基辛格会一反常态在镜头前笑逐颜开，卡斯特罗也随着歌声翩翩起舞。1996 年，在采访联合国秘书长加利时，水均益是这样问的：

水均益：秘书长先生，请允许我告诉您，今天在这里采访您的除了我本人以外，还有许许多多关心联合国、关心您个人的中国人，因为我也带来了一些我们的观众的问题。现在我想先从一位北京的小学生给您的问题开始我们今天的采访。这个小女孩让我问问您，联合国有多大？您的官有多大？

加利：（笑了，用中文先说了一句）我们都是老朋友。（英文）联合国就像是一个大家庭。就像这位小姑娘的家有父亲母亲、兄弟姐妹一样，联合国这个大家庭一共有 185 个成员。联合国就是这 185 个成员的家。联合国秘书长的权力并不是很大，他不过是这个大家庭的仆人。他就像一个大管家，负责保护这个家，每天早晨开门、打扫卫生……而且他要努力让这个家的每一个成员彼此和睦相处如同亲兄弟一般。因为这个家里经常会出现一些争论，秘书长的作用就好像是个调解人，他的角色是解决争论，平息争吵……

在水均益的“鼓励”下，加利先生侃侃而谈，让电视机前的观众获得了很多的有效信息。

五、实现声画融合

电视新闻的声画关系有声画合一关系和声画对位关系。两种表现手法都着眼于按声画协调来处理声音与画面的关系，通过声画互补来表现报道的信息含量并发掘深层含义。

实现声画融合，首先的要求实现“声画合一”。声画合一是指声音和画面同时指向一个具体的新闻形象。包括画内声画合一与画外声画合一两种形式。前者是画内音响空间与视觉空间的统一（如同期声与画面的统一）；后者是画外音响空间与画面空间的统一（如播音语言与画面的统一），两者在时间上同步指向同一时间内音响与画面的同一对象。① 画内声画合一使新闻现场气氛浓郁；各式人物的声音，使新闻内容更为真切可信。其运用方式主要有：

- 新闻人物的声画合一。在新闻某个环节中插（切）入，作为一条新闻内容的组成部分；
- 以记者的身份出镜头报道；
- 以记者的身份进行现场采访，记者、被采访者声画合一。这一类声画合一的质量取决于记者和被采访者的水平，如果谈话、提问、回答都恰到好处，新闻内容为之增色，否则将使传播节奏显得拖沓、涣散。

画外声画合一适合于报道内容严肃、节奏缓慢的新闻使用。如庆祝会、追悼会，需要逐一介绍与会的主要人物，画外播报姓名的同时，出现相应的人像图像。

其次要实现声画对位。声画对位是指声音和画面围绕着同一个新闻内容中心，在各自独立表现的基础上，又有机地结合起来的表现形式。这一形式在电视新闻中得到广泛的使用。声画对位关系中的声音与画面并不同步显现，而是利用声音和画面不同的传送速度，制造声画信息叠加效应，以增强新闻事件的传播效果。②

声画对位的组合方式适合于画面信息十分清晰，一目了然，而观众还有一些疑问或题外的误解或深层次的要求，此时解说词就应解释、分析与说明。另一种是有些电视新闻记者无法拍摄到实况，又非报道不可，则让解说词反映新闻事实，而画面反映事过境迁的一些实地景象或附近居民的动态。再有一种是电视新闻评论，画面出现电视新闻，而记者在旁述评，或请权威人士述评，也出现声画对位组合。

材料整理是采访过程中的最后一环。电视记者的材料整理工作主要包括了解画面的大致内容，画面质量及其中精彩的镜头，以便进行画面筛选。其次要核对场记，对每一盘带的画面内容要做一个简单的记录，以方便后期编辑时查找。第三是整理文字材料，为编辑提供保障。

读一读　议一议

电视摄像的基本方式

固定拍摄和运动拍摄是电视拍摄的两个基本方式。

1. 固定拍摄

固定镜头是电视节目中运用最多的镜头。拍摄点和拍摄角度都不变，摄像机在固定状

---

① 参见黄匡宇《广播电视学概论》，暨南大学出版社 2009 年第 3 版。
② 同上。

态下拍摄素材。拍好固定镜头是摄影师必备的基本功和学习拍摄的起点。固定拍摄具有拍摄简单、剪接方便、信息集中、观看舒服等特点。

2. 运动拍摄

拍摄中形成运动的视点。增强画面动感、扩大镜头视野、影响着相应的速度节奏。

运动拍摄包括推镜头、拉镜头、摇镜头、移镜头。在拍摄过程中，通过拍摄点或平、仰、俯、正、侧、背、斜、侧斜等拍摄角度的改变，形成镜头外部的运动，或通过镜头焦距的变化，形成远、全、中、近、特等景别大小的变化。

(1) 推镜头

镜头从短焦变化到长焦距，视距由远变近，景物由整体变为局部。推镜头是从面到点的表现方式，从全景、远景变为近景或特写，用于突出场景中起重要作用的局部细节。

(2) 拉镜头

镜头由从长焦距变化到短焦距，视距由近到远，景物由局部变为整体。拉镜头是从点到面的表现方式，从近景、特写变为全景、远景，用于展现主体在环境中所处的位置，交代局部细节与环境全貌的空间关系。推镜头和拉镜头又称为变焦拍摄。变焦镜头分为起幅、变焦、落幅三个部分，一般以固定画面作为起幅和落幅，中间变焦要匀速。

(3) 摇镜头

摇动拍摄是指拍摄点不改变，边拍边改变拍摄角度的方式，有水平摇摄、垂直摇摄、曲线摇摄。摇镜头的方式类似人跟扫视环境、环顾四周的视觉效果。一个完整的摇镜头包括起幅、摇动、落幅三个部分。摇镜头以主体的运动为依据，摇速要均匀，起幅和落幅要准确。

(4) 移镜头

移动拍摄是指边拍边改变拍摄点，摄像机处于运动状态下拍摄的方式。移动拍摄的方式主要有：前后直移、左右横移、上下升降移、跟随移动。

移镜头的方式不断展现空间，观众的视线就像跟随着逐步走近或远离被拍摄物体。视觉效果更加生动真实，给观众带来更强的主观参与感。

3. 综合拍摄

综合拍摄是指在同一个镜头中，综合使用推拉摇移的拍摄方式。在摇动、移动的过程中变焦，或移摇结合、边移边摇，构成更为复杂多变的综合运动方式，形成具有独特意义的镜头语言。

第五章 电视新闻写作

第一节 电视新闻稿的类型

从声画数量以及对反映报道主题的重要程度看，电视新闻有画面主导的、口播主导的、声画平行的等几种情形。因此，电视新闻的写作也相应地被区分出以下几种类型：

一、画面主导，声音补充型

指新闻主要是用图像反映新闻事件，表现新闻的主题，口播语言对图像给予解释、说明、补充。

（一）文稿实例

我们看广东开平广播电视台2007年6月28日首播的电视短消息《“开平雕楼与村落”申遗成功，广东诞生首个世界遗产》。

“开平雕楼与村落”申遗成功，广东诞生首个世界遗产

本台特派新西兰记者报道：

【记者现场】各位观众，我现在是在新西兰的基督城为你现场报道，正在这里举行的第31届世界遗产大会，今天上午传来喜讯，“开平雕楼与村落”经大会投票表决，成功列入《世界遗产名录》，广东省终于实现世界遗产零的突破。

【字幕】新西兰 第31届世界遗产大会

现今保存完好的1833座开平碉楼与本次大会的其他43个评审项目激烈角逐，在申报文本超过50%淘汰率的情况下，经185个成员国代表的严格评审，全票胜出。

【同期声】国际古迹遗址理事会主席郭旃：我想还是我们这种中西合璧的建筑艺术，和我们当地亚热带的稻作景观所形成的奇特风景线，文化景观价值非常大，这是一个因素。第二个因素是保存得非常完整。第三个因素是我们开平的公众和政府，具有很高的保护热情，并且付出了很艰苦的实质的努力。

【同期声】广东省副省长雷于蓝：这一次申遗在表决过程中，展示了我们中国政府对文化遗产的重视，展示了广东省在保护文化遗产方面所取得的成就，展示了广东人民的风采！

【同期声】开平市委书记赵瑞彰：我们未来保护的责任非常重，希望我们共同努力，把我们这份世界文化遗产保护得更好。

这是由一家县级广播电视台采访制作并播出的一条电视短消息。一分多钟的消息，做了三个同期声采访，而且被采访对象比较权威。这样，现场图像就比较丰富了，过多的解说语言反而有可能干扰观众对采访信息的接收。所以本条消息只“写”了一句话：“现今保存完好的1833座开平碉楼与本次大会的其他43个评审项目激烈角逐，在申报文本超过50%淘汰率的情况下，经185个成员国代表的严格评审，全票胜出。”这句话的作用是对现场画面作了有益的补充。

（二）文稿特征

画面主导，口播补充型电视新闻文稿具有片段性、补充性的特征。即文稿结构存在逻辑性断裂，如果只读文稿，并不能完整地、准确地接受报道的内容。由于确定了以画面为主导，文稿的写作就具有对画面作补充的性质，甚至具体表现为看着画面说话。因此，在图像画面丰富的时候，应该少说；否则，需要用声音和文字及时补上。

（三）适用情况

在图像已经比较丰富，且有珍贵的现场让观众去看的时候，就千万不要用声音或文字掩埋了图像。此时就应该考虑把新闻文稿构思成为以画面为主导，由声音作补充的类型。这种类型的文稿经常在以下报道中使用：

（1）突发性事件报道。尤其是对正在发生中的事件进行的报道。如突发的水灾、火灾、车祸，转瞬即逝的自然现象等。

（2）动态新闻。包括社会新闻中的市场动态、公共管理、社会秩序、社会活动等。这些新闻要做得好看就必须要通过生动活泼的图像，来突出报道中心。

（3）奇闻珍闻。“奇闻”或“珍闻”的报道不能靠声音去制造悬念，而一定要让观众看到“奇”和“珍”的图像画面。所以，这一类新闻文稿需要以画面为主导，声音作补充。

（4）欣赏性新闻。文艺表演、体育竞赛、艺术品展览、出土文物、新工艺品等，通常都有精美的图像，都应该尽量用画面去报道。

（5）建设成就报道。包括高速铁路通车报道、卫星发射报道、城市环境改善报道等，图像的表现力将胜过解说。

（6）批评性报道。电视批评性报道忌讳记者直接出镜干巴巴地议论，呈现图像，拿出证据，以事实说话，报道才能收到预期的效果。

画面主导，口播补充型电视新闻的“写作”，属于“腹稿型”写作。即先在大脑中酝酿片刻，然后把酝酿的结果说出来。

二、口播主导，画面实证型

即着重用文字和声音报道新闻事件。一般是在新闻现场对新闻事件和新闻人物进行直接叙述和访问，内容侧重背景介绍和事态分析，信息量比较大。

（一）文稿实例

广州 BRT 开通首日：交通畅顺但未经考验

广受关注的广州 BRT 今天终于正式开通，市民可以从今天起在 26 个站台入站免费试乘 10 天。开通首日沿线的交通情况是堵是顺？记者张丹带大家去看看。

【正文】上午 7 至 9 半原本应该是乘车的高峰期，不过由于大部分客流已经返乡，中山大道一路顺畅，平时塞车严重的黄埔大道也基本畅顺。而在站台内，BRT 站牌标识五花八门不易辨认，有市民找不到上车点。

【同期声】乘客：210 怎么走？志愿者：210 呀？201 要坐回 B1 。

【同期声】乘客：我原来在那边下车的，现在要走到这边来了，太不方便了。

【正文】截止到上午 9 点，交通部门共组织了 892 辆 BRT 车辆参与疏运，发车 2059 班次，客流量达到 15.3 万人次。

【记者现场】张丹：现在是上午 10 点半。在体育中心 BRT 站台这里我们可以清楚地看到 BRT 专道的交通十分畅顺而两边的行车速度则相对比较缓慢。

【正文】开通首日，BRT 每个站台起码有四五个交警在维持秩序，但市民担忧今后警力配备不能长期维持。

【同期声】乘客：我就担心到时候如果没这么多警力，小车没那么自觉还是塞的话，那有 BRT 等于没有 BRT。

（广东卫视 2010 年 2 月 10 日播出）

上述消息是现场直播报道，虽然很短，信息却很丰富。对一条公交线路作现场直播报道，画面相对比较单一，具有纵深感的现场画面更不容易采集到，相关的建设背景、整体功能、舆论评价等，还需要靠声音语言来表现。该消息中“平时塞车严重的黄埔大道”、“BRT 站牌标识五花八门不易辨认”、“有市民找不到上车点”，以及“每个站台起码有四五个交警在维持秩序”等声音语言是表达媒体立场的主体符号，画面只起证明的作用。“平时塞车严重的黄埔大道”，就只有声音语言。新闻的导语叙述、背景交代以及同期声的引出，也都依靠声音语言来完成。

（二）文稿特征

口播主导，画面实证型的电视新闻文稿的结构、要素，相对都比较完整，要让观众即使不看画面只听声音也能够获得比较完整的信息。同时，由于图像不足或可视性不是很强，口播主导型文稿的叙述以直叙为主，并应注重运用修辞手法。

（三）适用情况

口播主导，画面实证型的新闻文稿比较适合在下列报道中采用：

（1）综述性报道。这类报道不仅所需要的图像画面比较分散，不容易得到，而且即使获得了也未必具有理想的视觉效果。因此，综述性报道还是需要用概念、用数字说话。

（2）总结性报道。总结性报道不能没有图像，却很难靠图像去支撑报道。因为总结性报道需要的是一系列图像，而不是一两幅精美的图像。因此，总结性报道中的声音叙述就成了报道的主角，能够有一些理想的图像画面去证实叙述性声音，就已经比较完美了。

（3）会议新闻。抓拍到观众喜欢看的会议现场图像是很困难的。会议新闻主要靠解说来报道会议精神。

（4）宣传教育类新闻。例如开展爱国主义传统教育、公民素质教育以及党风廉政建设等题材的报道，依然需要用声音语言为主。

（5）重大事件发生后的报道。重大事件已经发生了，记者未拍到新闻现场，或者虽然拍到了现场，但已经不是第一现场了，解说语言就成了用来向观众做后续报道的重要符号。

（6）编前话、编后语、短评。编前话、编后语、短评一般是均无画面图像，自然要由声音主导。大多数深度报道，也需要以声音语言为主体。

三、声画平行型

声画平行型是指解说声音和图像画面并驾齐驱、互相补充的文稿类型。解说和图像在新闻中相辅相成，一个都不能少，声音和画面的重要程度也平分秋色。

（一）文稿实例

世界首张黄种人基因组序列图今天在深圳发布

【导语】由我国科学家率先绘制完成的世界上第一个黄种人基因组序列图，今天由深圳华大基因研究院正式发布。

【正文】以“炎黄 一号”命名的第一个黄种人基因组序列图，是我国科学家继承担国际人类基因组计划1%的任务、国际人类单体型图谱10%的任务后独立完成的黄种人基因组图谱。

【记者出镜】我身边这面墙上展示的就是今天发布的“炎黄一号”的基因组图谱。它向世人展示了中国人生命遗传的密码。

这张基因组图谱的成功绘制，将有助于科研人员找出黄种人遗传疾病主要病因，为治疗提供更准确更有针对性的方案。

【采访中国科学院遗传与发育生物学研究所研究员陈受宜】我们自己来测我们黄种人的基因序列，对于人类的进化，以及各人种之间遗传的分歧，在疾病预防方面有非常重大的意义。

据了解，目前世界上仅有的两张个人基因图谱都属于白种人。而以黄种人为研究对象，通过基因组图谱的绘制进行基因研究在世界上还属首次。

【采访中国科学院遗传所人类基因组中心主任杨焕明】这是第一个用最先进的技术，还有中国的年轻人自己编制的程序完成的完整的人类基因组的序列图。

【采访诺贝尔医学奖获得者艾瑞克·康德】“炎黄一号”的研制成功，是中国生物科技的一次重大突破，会对未来人类生物科技的发展产生重大影响。深视记者报道。

（二）文稿特征

声画平行型的新闻文稿具有三大功能：一是解说图像的功能；二是在结构上引导现场转换的功能；三是发表议论，深化报道功能。三大功能的发挥都需要有声画符号的密切配合。

（三）适用情况

声画平行型的新闻文稿适宜在下列新闻报道中使用：

（1）科技成果报道。科技成果报道往往既需要用图像去表现科技成果的规模形状，又要用解说去阐述其功能、特性和意义。如果只听解说声音，其抽象的内容会让许多观众难以听懂；如果只看图像，复杂的构图也会让许多观众头晕目眩。

（2）人物报道。图像能表现人物的音容笑貌和言谈举止，却难以深入刻画人物的思想感情和内心世界；只用语言文字来表现人物的思想感情和内心世界，永远也达不到当代都市观众所希望看到的“生动的直观”。

（3）新闻专题及深度报道。无论是一般的新闻专题还是调查性、解释性深度报道，都需要有声画两类符号有机配合。哪一类符号偏弱都会影响作品的表现力。譬如图像画面偏弱，深度报道的“现场实证”可能就不足，进而影响作品的说服力。解说声音如果不到位，图像画面的深刻内涵和意义就容易被观众遗漏，严重的将导致深度报道深度感的不足。

四、演播室播报型

演播室播报型的新闻稿是供新闻节目的播音员在演播室内直接对外播报的稿件。

（一）文稿实例

2010年2月14日是农历正月初一，胡锦涛总书记在福建同干部群众共度春节，中央电视台新闻频道2月16日作了报道，部分播报稿内容如下：

胡锦涛总书记在福建同干部群众共度春节

环节	时长	画面	播音语言
1	16秒	①公园门面②胡锦涛在街道中行走，挥手致意，群众兴奋地喊叫、拍照③码头背景，胡锦涛边走边向群众喊新年好，群众热情回喊。	①正月初一和初二，②胡锦涛在厦门进企业、到码头、下工地，亲切看望慰问节日期间坚守工作岗位的干部群众，③实地了解当地经济社会发展情况，殷切希望福建加快建设海峡西岸经济区，推动各项事业实现更大发展。

（续表）

环节	时长	画面	播音语言
2	54秒	①汽车行进（在汽车内外拍）②电子屏前工作的场景（近景转中景）③胡锦涛与中心领导对话④电网及服务热线背景墙⑤书记与穿工作服的员工交谈⑥电子屏幕（特写）⑦胡锦涛与员工亲切交谈，中间穿插着整齐工作服的员工画面，大家高兴鼓掌。	正月初一上午，胡锦涛冒雨前往厦门电业局电力调度中心。②中心的大型电子屏上，各种数据和曲线清晰地显现出全市电网建设和运行状况。③胡锦涛仔细观看，着重询问节日用电和电力保障情况。中心值班人员告诉总书记，④全市供电抢修人员春节这几天随时待命，⑤确保有故障能迅速解决。⑥胡锦涛对电力职工的辛勤工作给予充分肯定，⑦向节日期间坚守岗位的同志们表示诚挚慰问和节日祝福，希望大家加强值守、科学调度，保障供电系统畅通，为千家万户送去光明和温暖，让广大群众过一个欢乐、祥和、亮堂的春节。
3	44秒	①翔安隧道特写及工地全景②胡锦涛与负责人走入隧道并交谈③工人夹道欢迎，围拢争相与书记握手④（同期声）总书记在人群中发表讲话（中景与近景交替）大伙热烈鼓掌（几个负责人和普通工人的鼓掌镜头与总书记的讲话镜头交替使用）⑤工人在隧道施工⑥胡锦涛视察并指点的场景⑦施工图标特写及工作场面⑧胡锦涛在工人的簇拥和掌声中离开。	春节期间，我国大陆地区第一条海底隧道——厦门翔安隧道建设工地上，仍有许多农民工在紧张施工。②胡锦涛专门来到隧道建设工地看望农民工。看到总书记走进隧道，③农民工激动地围拢过来，向总书记问好，胡锦涛同他们一一握手，④充满感情地对大家说："你们在春节期间还坚守岗位，奋战在建设工地上，我代表党中央向你们表示亲切的慰问，祝大家新年好！希望同志们再接再厉，保证质量，保证安全，把这个工程建设成为优质工程。"⑤胡锦涛强调，农民工是改革开放进程中成长起来的一支新型劳动大军，⑥我国现代化建设成就中凝结着广大农民工的辛劳和奉献。⑦各级党委和政府要更加重视、更加关心农民工，切实维护他们的合法权益，帮助他们提高职业技能和社会适应能力，⑧使广大农民工在我国经济社会发展中发挥更大作用。

（二）文稿特征

演播室播报稿包括播音稿、播报稿、串联稿三种。播音稿由新闻播音员播读，播音员的画面可以离开，但是播报声音则贯穿一条新闻的始终，中间一般不间断，有现场画面或者背景画面可以随时插入。播报稿则允许插入记者的现场报道，也可以插入对所报道事件的简短评论。报道串联稿"串"起的是一条条消息、短消息、专题、评论等新闻图像。串联稿由新闻播音员播读，主要起提示、引导、过渡作用。其具体内容可以引自各条新闻的导语。板块之间的串联可以不直接涉及接下来要报道的具体内容。

演播室播报稿通常用官方语言、书面语言成文，内容逻辑严密，整体风格简洁、庄重。除了串联稿一般均由栏目编导撰写外，播音稿以及部分播报稿不仅不是要由记者来写，甚至主要不是由媒体来负责执笔，而是由有关部门拟定稿件后交给电视媒体，由新闻栏目的播音员或主持人直接播报。

（三）适用情况

演播厅播报稿适用性很强，撰写串联稿更是综合性新闻栏目编辑的重要内容。在以下内容的报道中，播音稿、播报稿用得就更多一些。

（1）公告、声明、决议等重大事项报道。这类报道的内容非常严肃，必须使用书面语一字不差地播读。

（2）报道重要的法规条文。法规条文内容也必须字正腔圆一字不差地播读。

（3）重要的会议、会议决议事项以及领导人活动报道。此类题材的报道有许多规范性的要求，譬如领导人的称谓，领导人姓名的播报顺序等，都要求规范。

读一读　议一议

村官犯罪的警示

【口播】在我市斗门镇，有一个官涌村，村门口的大门框上贴着一副长联："官阁耀彩千重瑞霭承甘露，涌泉流辉万古洪声兴社稷"，这副楹联不仅告诉了人们村名的含义，更表达了村民们的朴实心愿，希望村里多出好官，带领百姓过上幸福安康的好日子。但这个村子直到今天仍然还是珠海最穷的一个村，而村民们做梦也没想到，这美好愿望与现实之间的差距，竟是如此遥远。

【配音】官涌村位于珠海市斗门镇的最西边，是珠海历史最久的自然村之一，虽然是在经济特区，可日出而作，靠地吃饭的生产方式却让这里仍保持着农村原始的生活状态，但这种几十年如一日的平静在1997年被打破了。在广东省广珠铁路的修建中，官涌村因为一部分农田被统一征用，而收到了一次性征地补偿186.4万元，当时的村支部书记杨郁辉经手管理了这笔补偿款。

【同期】村民乙：（征地款的账目有没有告诉你们）没有，他们说补多少就多少。

【配音】因为征地款的账目一直没有公开，村民们开始置疑村委会对征地款的处理有黑幕，官涌村民开始对村干部进行举报和上访。2003年7月，经斗门区检察院查实，以官涌村党支部书记杨郁辉为首的八名村干部中，有六人私分集体征地款68000元，涉嫌构成贪污罪，主犯杨郁辉等六名村干部被依法判刑。

【口播】亲手选出的8名村干部，居然有六人成了贪污犯，村民在震惊之余，满以为这贪官得到惩治，村子里该太平了，可万万没想到另一场风波随之而来。

【配音】六名村干部被判刑后，年轻有为的青年农民梁天福被推荐为村里的报账员兼出纳，刚当上村干部的他工作很卖力，但没过多久，这种情况却发生了变化，村民要报销一年的犁田费时，竟发现村里已经没有钱了。2007年2月，当市公安局经侦支队立案调查后，很快证实梁天福挪用了集体款99473元人民币，因为证据确凿，梁天福被逮捕归案。

过去他的工作还得到了村民的认可，怎么转眼之间，就挪用了这么多公款？

【同期】梁天福：这些钱就放在我这里，赌博输了就拿来用了，赌完了，好像没人知道就没事了。

【同期】市经侦支队侦查员曾广荣：他作案时间从1906年2月到1906年7月，在5个月内作案，一共作案20多次。

【配音】2007年7月，梁天福被斗门区法院依法判处有期徒刑两年。

【口播】小小的官涌村，又一个小贪官栽了，村里等着年终分红的钱也泡汤了，村民这就纳闷了，难道说“官涌”村的风水出了问题？一个人均年收入不足五六百元的贫困村，数十万元的集体款为什么梁天福想拿就能拿走了？

【配音】2005年，官涌和其他三个村一起合并到了小赤坎村，官涌也由原来的行政村降为村民小组，但事实上虽然变成了村民小组，却还保留着以前村一级的财务制度，村集体账目交给了斗门镇代管。

【同期】斗门镇经营站站长农村财务管理中心主任赵海宏：我们监督站只有2个人，我们平时就只能管到村，也只能指导村怎么去管到生产队。

【配音】合并后的大村不管下属的村民小组，村民小组里却没有自己的财务制度，所有土地发包的现金收入由梁天福独自掌握，这是一条明显脱节的管理链，按照国家《村委会组织法》的要求，广东制定了两个地方性法规：《广东省村委会选举办法实施细则》和《广东省村务管理办法》，但这两个法则对村民小组都没有明确的规定，而像官涌这样的村民小组广东省超过15万个，这种现状也正是省民政厅近来最为关注的问题。

【同期】广东省民政厅基层政权和社区建设处处长王先胜：我们的村民小组各项管理缺乏规范，这个问题已经引起省委省政府的高度重视，要求我们加强调查研究村民小组的管理。

【口播】管理制度永远都会需要完善，但小小的官涌村接二连三的村民铃铛入狱，难道仅仅是制度的缺陷吗？当我们记者在官涌村书记杨国建的陪同下，再次来到了官涌村调查时，村民的反应却让记者大感意外。

【同期】村民1：（你们村梁天福的案子知道吗）这个我不清楚，最好问问老一点的。

村民2：不清楚（不是有公开栏吗）反正也没什么更新，我们也不太关心，是他们贴出来的。

【配音】梁天福从立案到判刑不过几个月的时间，村民为什么会茫然不知？在这冷漠的背后，又暗藏着怎样的玄机？三天之后，有村民约记者到村口的一栋房子里见面。

【同期】记者上黑楼梯，见村民现场。

【配音】在约定的时间地点里，记者见到了要上访的村民代表。

【同期】姚会计拿单据。

【配音】原来，村民们前两天不愿和记者谈论梁天福的事情，是因为村支部书记杨国建陪同在记者身边，而他们现在最不信任的就是这位村干部了。村民们说他继任官涌村支部书记后，仍然没有将村财务彻底公开。

【同期】村民 杨成登：我们征地后应该最有钱的，以前不管，现在关注了，为什么不公开了。

【配音】早在2001年5月省人大就制定并颁布了《广东省村务公开条例》，将村务公开明确定为地方性法规，并且这项法规目前还在进一步深化着，难道继任后的杨国建真的没公开吗？

【同期】官涌村书记 杨国建：1904年已经公开过了，怎么用的都公开过了，基本村民都知道怎么用的就行了。

【配音】尽管杨国建认为村里的账都已经公开了，但村民们却并不认同。

【同期】村民4：（你们村有多少收入知道吗）这个我们一般不知道。

【同期】村民5：他们有多少收入哪里知道啊（有没有公布呢）没有的。

【配音】2007年11月6日，当记者在村委会了解情况时，碰到了来向书记查询一张收据的村民。

【同期】（村委会会议室现场）

杨成登：总共多少钱会有2400多块钱的利息，这个钱放在哪一个信用社

杨国建：这没什么回答，都跟村民解释了，当时写单可能大意了，没有写哪个信用社，反正我们村的钱也不是哪个信用社都行。

杨成登：刚才他说是10万块钱，我从来没有听他在会上说是10万块钱

杨国建：你一年开几次会啊？

杨成登：你是在春节座谈会上说了两句话。

（杨国建起身离开）

（在办公室外）

（村民在会议室外，卷烟）

（书记离开，杨等人商量）

杨成登：你看，他走了，他当干部一定要说老实话，不说老实话，村民始终不会饶过你的。

【配音】村民们对杨书记的质询到最后几乎变成了对抗，杨书记认为他都已经按要求公开了，而村民们认为那是假公开，作为广东省政府农村观察员的郭巍青教授对这种现象是深有感触。

【同期】广东省政府农村观察员的郭巍青教授：就是你公开的账是村民并不信任的，我觉得还是要从村两委村委会党支部坚持接受必要的监督。

【配音】在村两委中，党委应该是坚强的领导核心，那么官涌村的党组织又如何呢？

【同期】小赤坎村党总支书记黄买达：（官涌村有党支部吗）有（支部有几个委员）他有一个书记一个委员（党委两个人？）嗯……（书记是谁）杨国建（委员是谁）还是他！

【配音】官涌村民小组现有21名正式党员，村党支委却只有一个人！作为上一级的斗

门镇领导，为什么会让这样一个不健全的党支部存在呢？

【同期】斗门镇纪委书记赵伟豪：你们不要拍了，不要拍了。

【配音】分管全镇组织，纪检工作的这位副书记，对官涌村存在如此奇怪现象的回答，也显得如此“奇妙”。

【同期】斗门镇纪委书记赵伟豪：这个怎么说，说错了要死人的。

（黑场淡入）

【口播】“说错了要死人的”，不敢说、不好说，里面自然有不可告人的隐情，而对党员干部正常的考核监督也变得如此的复杂神秘，作为乡镇一级党委能够让只有一个人的党支部存在，民主决策自然形同虚设，政务公开又从何谈起？官涌也难免不再滋生腐败！

【配音】村民告诉记者，村里出了这么多贪官，他们不再相信现在的干部了，他们仍然怀疑村里的财务账目有假，仍然还要继续上告，他们坚信杨国建仍然是个贪官。

（黑场字幕：2007 年 11 月 19 日，斗门区检察院正式对杨国建开始立案调查）

【配音】在官涌村里，在狭窄的小村巷中，在凹凸的破石板路上，我们看到大部分是村民们残旧的老屋，甚至有多年漏雨无钱修补的屋顶，村民们大都靠加工一把雨伞两毛钱来补贴家用，而在村东头观音庙旁，是两座很新的洋楼，村民说，这是当年 6 名贪污犯中两人在村里的房子，而其他几名曾被起诉的贪官，他们都已经离开村里的祖屋去镇里买新房了。

【口播】这把锁，它能锁住老屋的房门，但能锁得住老百姓对你的信任吗？当我们说起反腐大案时，我们往往能看到象陈良宇，杜世成这些大官，高官是如何的祸国殃民；然而这些看似不起眼的小小村官，蝼蚁之穴，他们毁掉的千里长堤可是整个基层老百姓对党和政府的信任根基啊！当需要制约的公权力变成了“土皇帝”的私权时，民主管理只是一纸空文；广东省有 19517 个村委会，有近 20 万名村干部，目前在基层犯罪中，村官犯罪比例已经占到了 30% -40%，俗话说：根基不牢，地动山摇。如果我们不能让村民行使民主权利，参与民主管理，那么，村官们做的任何决策，都有可能得不到村民的理解和支持，甚至让这些村官走上犯罪的道路，只有把他们的权力放在阳光下，让群众看得见，摸得着，监督得上，才可以防止村干部滥用职权，和谐农村的基础才会坚如磐石。

（记者 张利）

第二节　电视新闻稿的写作要求

电视新闻稿的写作对撰稿人的政治素质、政策水平、新闻观念、知识阅历水平都有很高的要求。本节仅从技术层面强调写作电视新闻稿一定要特别注意声画对位，以及要善于用电视语言来写作。

一、声画对位与对立

无论是画面主导、口播主导，还是声画互证型的文稿，声音语言对新闻内容的表达都是特别重要的。声音语言除了可以丰富、补充画面内容外，还可以和画面构成对位或对立的关系，用以揭示新闻事实真相，透视新闻当事人的心理，表达媒体对新闻事实的立场。

（一）声画对位

声画对位强调的是声画关系的和谐。即声音或文字语言和画面图像信息的指向一致，声音或文字能够解释、挖掘、补充、丰富画面信息的内涵，声音或文字与画面之间的信息呈正态叠加状态。以下面一条电视消息为例：

湖南广东广西贵州遭受暴雨袭击引发洪灾

环节	长度	画面	播音语言
1	15秒	新闻播音员的图像。	连日的降雨导致广东、广西和湖南部分地区发生洪灾。短短几天、湖南已有超过130万人受灾，广西桂林象鼻山、被淹了近一半，不得不停止迎客。贵州省已有23.5万人受灾，7人死亡，4人失踪。
2	10秒	5个画面：全景一片汪洋；中景被洪水几乎淹没的汽车；中景受灾房屋及儿童；道路农田；近景受灾房门口。	（字幕：湖南广东广西贵州等地遭受暴雨洪灾）湖南6号晚以来的暴雨引发的水灾还在继续，截至目前，湖南省受灾人口达133万人，农作物受灾面积57千公顷，直接经济损失5.8亿元。
3	13秒	4个画面：水淹公路；公路塌方；洪水没顶的房屋；清理塌方；汪洋村庄。	在广东，梅州全市9条国省干线公路在暴雨的袭击下，路基塌方达9万多立方米，交通一度中断。而揭阳市惠来县的城乡也被暴雨变成了一片汪洋。
4	12秒	3个中景画面：菜摊上的西红柿；菜摊上的绿色青菜；卖菜的小贩。	广西的桂林在遭遇了今年的第一场洪水后，因为发大水，附近县的新鲜蔬菜拉不过来。因此，蔬菜的价格有所上涨，原来七八毛钱一斤的空心菜，卖到了一块钱。
5	13秒	同期声。李学军接受采访近景画面。	桂林市西门菜市负责人李学军说："涨价的幅度不会太高，一般在百分之五到百分之十这样，按每年的管理都是这样，除非是连续涨水菜价就会稍微高一点。"（加字幕）
6	10秒	4个中景画面：暴风雨中的小树；街道暴雨中的街道与行车；特写雨中行走的人；汪洋村庄。	中央气象台昨天继续发布暴雨橙色预警，广西、广东、湖南西部和南部以及江西中南部等地仍将有大到暴雨。
合计	73秒	17个画面，2条字幕	字数：396个

（中央电视台2007年6月10日《经济信息联播》）

由上面的列表可以看出，声音、文字内容和画面图像信息所表达的事项完全一致。声音、文字叙述的情形在画面图像中能够得到证实，画面呈现的新闻现场在声音、字幕的解说、补充下显得更加具体、清晰。这就实现了声画对位。

声画对位能力以画面思维能力为基础。画面思维能力则是记者、编辑凭借自己的画面意识，直接、概括地认识、发现、反映客观事物的能力。从增强镜头意识入手，提高画面思维能力，是提高声画对位水平的必由之路。

（二）声画对立

声画对立有两种情形：一种是由声画不对位而导致的声画关系互毁。即声音、文字所表达的思想不能在画面信息中得到证实，画面内容也没能通过声音语言得到进一步的增强，或者不仅没能得到增强，甚至还被削弱了。譬如声音语言说某领导在会上作了“重要讲话”，而画面内容呈现出来的却是参加会议的人都在打瞌睡，声音语言和画面内容不能互证。声画对立的另一种情形是，记者和他的新闻采拍团队有意识地通过抓拍一些精彩的画面，用来证明在记者面前滔滔不绝的被采访对象所说的内容和记者所看到的、知情人所反映的并不是一回事情，通过建构声画对立关系来提出问题，揭示真相，表达立场。在深度报道中，建构声画对立关系是很重要的写作技巧。

二、用电视的语言来写

电视新闻的语言是遵循电视媒体的传播特点，能够体现电视新闻传播要求的语言风格。具体表现为：

（一）通俗

电视具有线性传播图像画面转瞬即逝的特点，同时电视观众的文化、年龄、理解能力又各不相同，因此，电视新闻要善于把深刻的思想、复杂的问题用通俗易懂的语言表达清楚，才能够吸引更多的观众。要善于将一些枯燥的数据处理成画面，数据与数据之间要用一些过渡性词语加以修饰。

广东电视台播出的电视新闻直播作品《顺德万人“龙舟宴”庆国庆》文字稿如下：

主持人：在顺德今天有上万人参与龙舟竞渡，以奋发进取的风貌庆祝国庆，今晚那里还进行了一个万人龙舟宴，现在我台记者郭平正在龙舟宴现场，请她给我们分享一下国庆龙舟宴的欢乐。

记者（郭平）：好的，主持人。你现在看到我所在的这个场景会不会想起张艺谋一部非常著名的电影《千里走单骑》当中全村人一起吃饭的壮观场面呢？实际上在今天晚上在顺德市顺峰山庄举行的这个万人龙舟宴的场景比电影当中的场景更加壮观，在现场这里是搭起了一千台桌子，有来自全国各地的游客甚至是国外的游客包括当地的居民大概有一万多人一起在这里享用万人龙舟宴。在这个前面宾客们是吃得津津有味，而在厨房那边大家也是忙得热火朝天。从今天下午开始在这里就有68张灶台就开始忙碌起来了。来自顺德的近百名厨师淋漓尽致地发挥着他们的厨艺，为今天晚上的龙舟宴烹制佳肴美味，今天的菜式也是非常值得介绍的，总共有11道菜式，也是由11位顺德名厨精心设计的，包括：栗炸鲜奶、鸭汤等等非常有特色的顺德的特色美食。说起这个万人龙舟宴是出自于龙舟饭，龙舟饭是来自于顺德一个悠久历史的传统宴饮。大家在赛完龙舟以后坐在一起吃饭，讨一份寓意吉祥。今天的晚上的这个万人龙舟宴可以说是把这个龙舟饭发挥得淋漓尽致，大家在吃到佳肴美味的同时，也可以欣赏到烟火以及是传统特色表演，现在我就发现了一位外国宾客，他吃得是津津有味，让我来问问他。打扰了，请问您会说中文吗？

外国宾客：我会，没问题我会。

记者：你从哪个国家来呢？

外国宾客：美国。

记者：是不是第一次看到有那么多人在一起吃饭呢？

外国宾客：对，第一次。

记者：那你的感觉怎么样。

外国宾客：我看到你们我会高兴。

记者：谢谢。这位美国宾客吃得是非常开心啊。其实我们在说到龙舟的时候，第一时间想到的是端午节，这次顺德政府专门把这个龙舟宴安排在十一黄金周目的是借这个十一黄金周的旅游旺季，推介顺德的特色美食，带动顺德的美食经济，好，我在现场的报道就是这样的，把信号交回新闻中心。

这条新闻无论是主持人串联语还是记者的现场报道语，都具有通俗的特征。不仅语词通俗，所穿插的背景、典故也都是观众十分熟悉的。

（二）好听

电视新闻的播音要好听，如果电视里说的内容不好听，观众就会听得很累，累了就容易走开，或者干脆关掉电视，从而导致电视新闻传播意图归于失败。因此电视新闻语言不仅要让观众听得见、听得懂，还要让观众觉得听来悦耳，并容易“入脑”。而把新闻播得好听，稿件首先要用电视的语言来写——疏密相间，注重语音，讲究平仄，把握节奏。例如我们在新闻事实一章中提到的《刘翔：王者归来》这则新闻的解说语就简洁、流畅、激情洋溢，新闻中的同期声现场感极强，也十分好听。

（三）准确

电视新闻的语言要求真实准确，新闻报道对象要确有其事，构成新闻的基本要素、过程细节、引语、资料等都应是准确的。《九江大桥今晨坍塌》是某电视台播出的新闻，并获得了省级新闻奖。但是声音语言中值得斟酌的地方还是不少。全部文稿如下：

九江大桥今晨坍塌

【导语】今天早上5时17分，325国道九江大桥中段发生船撞桥导致桥面坍塌事故①，造成九江大桥交通中断②，记者第一时间赶到了现场。

【记者现场】记者吴毅强（粤语）现在我就在倒塌的九江大桥桥面上，你看整个九江大桥的桥面已经不见了③，几条斜拉索都断下去了

【正文】记者在事故现场看到，大桥中部大约两百米长的一段桥面已经完全断裂塌陷④，塌陷的桥面部分已经全部被江水淹没⑤。在桥下面，可以清楚见到“南桂机035”运砂船船头部分已经直接插入了江水中⑥，整个船尾翘起。有目击者目睹了当时的情况。

【同期声】目击者：看到桥塌了两部车飞了下去⑦。

【正文】九江大桥是上连接佛山市和江门市的一座特大桥，也是全国有名的斜拉桥⑧。事故造成经佛山来往粤西地区的车辆需绕道行驶。

【同期声】鹤山居民：这里去高明要15、16公里

【正文】事故发生后，江门市领导随即赶赴现场，指挥抢险。

【同期声】江门市委书记陈继兴：再认真的查一查4点半到5点半之间的通过的汽车把车牌号码看清楚⑨。

【正文】目前，海事部门⑩已经封锁了发生坍塌的桥面下的航道。

【尾句】记者×××报道。

对消息中标注10处需要斟酌的地方，批注如下：

①“船撞桥”结论下得过早，导致“桥面坍塌”不够准确。

②“造成九江大桥交通中断”，还是造成325国道交通中断呢?

③ 既然“整个九江大桥的桥面已经不见了”，你怎么能够在“九江大桥桥面上”呢?

④ 桥面是“塌陷”了吗？与事实不符。

⑤ 说“桥面部分已经全部被江水淹没”不符合事实。

⑥ 见到的是什么？既然“船头部分已经直接插入了江水中，”就应该是见不到了才对。

⑦ 早晨5时17分，天蒙蒙亮，目击者当时在哪里，是怎样“看到桥塌了两部车飞了下去”的呢？如果他真的看到了，应该交代得更具体一点，好让观众确信无疑。

⑧“特大桥”、“全国有名的”桥，都比较模糊。

⑨ 事件发生在早上5时17分，市委书记为什么要求“再认真的查一查4点半到5点半之间的通过的汽车”?

⑩ 内陆河流上的桥面脱落，和“海事部门”有什么关系?

获奖作品尚且如此，可见时下电视新闻语言不准确、不清楚的现象比较严重，应该引起注意。

（四）简洁

电视新闻稿件的篇幅不能写得过长，尤其不能写得太满，即声音时长占整个新闻时长的比重应该控制适当。一条1分钟的电视新闻主体部分一旦超过200字，就有可能侵占了画面的表现空间。

为此，电视消息稿必须杜绝空话、套话，叙述一定不能拖泥带水，并应减少对情节过

程的描述，严格控制背景资料的使用，原则上不使用形容词、副词，不在结尾部分去描绘“宏伟蓝图”。

（五）完整

电视新闻文稿的信息应该相对完整。包括一定要把名称写清楚。例如不能写成“我县”、“我市”，而要直接写完整的名称。也不能表述为“××县县委书记指出”、“××局局长强调”，而是要把具体的名字写出来。

读一读　议一议

一则新闻　两处硬伤

贵州省继续严肃追究瓮安“6·28”事件干部责任，贵州省委和黔南州委4日对瓮安县党政主要负责人作出调整决定，县委书记王勤、县长王海平被免职。（7月4日 新华网）

有关王海平的瓮安县人民政府县长一职，报道里说，贵州省委和黔南州委提请瓮安县人大常委会免去其县人民政府县长职务，这本没有错，问题是，不仅新闻导语，尤其是新闻标题里更是写得明明白白——贵州瓮安县委书记、县长被免职。

依照相关法律，党委对县长的人选，只能向当地人大常委会“提请”；此后，人大方面究竟怎样定夺，有两种可能，一种是人大方面采纳了党委的“提请”，另一种可能是人大方面否决了党委的“提请”，这都是人大的权利。然而，贵州省委和黔南州委刚才作出“提请”，瓮安县人大方面尚未表态，新闻标题却说“贵州瓮安县委书记、县长被免职”，且已在海内外“广而告之”。这种行文很容易产生“贵州省委和黔南州委不依法办事”的歧义。

诚然，新闻标题讲究的是简省，但该简的简，不该简的还得“详略得当”。这则新闻有关王海平县长一职，此时在新闻的标题和导语里只能说“被提请免职”。

无独有偶，报道里又说——谢晓东被提请瓮安县人大常委会任命其为县人民政府县长。《中华人民共和国地方各级人民代表大会和地方各级人民政府组织法》第四十四条“县级以上的地方各级人民代表大会常务委员会行使下列职权”中的第九款规定，“在本级人民代表大会闭会期间，决定副省长、自治区副主席、副市长、副州长、副县长、副区长的个别任免；在省长、自治区主席、市长、州长、县长、区长和人民法院院长、人民检察院检察长因故不能担任职务的时候，从本级人民政府、人民法院、人民检察院副职领导人员中决定代理的人选”，也就是说，县人大常委会在本级人民代表大会闭会期间，只能决定副县长人选及县长代理人的人选，而无权决定县长的人选。所以，贵州省委和黔南州对谢晓东被提请瓮安县人大常委会任命其为县人民政府县长的说法也不准确。

（引自2008年7月8日《中国新闻出版报》）

第三节　几种常用文稿写作提示

一、消息稿

电视消息文稿的篇幅短小，拟稿时需要有强烈的画面意识，准确的解说定位，循着事物的脉络提供信息、解释背景、揭示主题、突出细节。

（一）能播，也要会"说"

时政新闻以及对一些程序性活动和严肃性题材的报道，消息稿还是应坚持用书面语写，然后交给播音员去播。而对其他一些现场性事件以及一些较软的事实，则可以把所看到的新闻现场拍摄下来并直接"说"给观众去听，这是电视消息生产的特色所在。其优势一是快速，能够用来即时报道新闻；二是直观，现场不需要经过传递和叙述转换，直接报道给了观众，从而使观众获得更为强烈的现场感，这也是电视新闻具有震撼性和感染力的奥秘。

1．写好第一句

长度超过 1 分钟的电视消息，一般都应该建构导语，中央电视台要求各地方台向中央台传送新闻时，每条新闻都要有 50 个字左右的导语。导语就是新闻的第一句话，是用最简洁的语言概括出来的所报道新闻事件中的最重要、最新鲜、最精彩、最有趣的事实。第一句话说好了，说得引起了观众的注意，进一步揭示主题，阐明新闻的内在意义，就有了良好的基础。

电视消息报道的第一句适宜直接说，应该直接陈述而没有直接陈述的，会被认为是埋没了导语。新闻特写以及非事态性新闻，才考虑使用间接导语。如何直接说呢？就直接陈述发生了什么事，事情是谁干的。例如《"神舟七号"一飞冲天》是广东电视台制作的一条优秀新闻，新闻中记者吴琳琳在甘肃酒泉出镜说的第一句话就是："我现在在神舟七号发射现场，承载着中国人探索太空梦想的'神舟七号'正搭载着三名宇航员发射升空。"至于这件事情究竟有什么重大意义并不需要急切说明。第一句说到位了，事件的意义观众就意识到了。

2．把事实说清楚

在导语之后，接着要把事实说清楚。在诸多新闻要素中，能构成核心要素的通常还是新闻事实。如果画面直接呈现的是最重要、最精彩的事实，声音应该停留在画面上去解说、补充，提示观众观看事实后面可能隐藏的的内容。如果画面还停留在人物、景物上，可能表明新闻缺少事实精华图像，此时声音应该立即补充究竟发生了什么事情，这件事情是谁说的、谁做的、在什么地方发生的，直接的或潜在的影响会怎么样。

3．把最重要的内容说出来

最重要的内容是反映事件性质的关键信息，也是观众最想知道的内容。例如《"神舟七号”一飞冲天》的正文：

21时10分，随着一声令下，承载着神舟七号载人飞船和3名航天员的火箭在震天的轰鸣声中腾空而起，飞向茫茫的太空，21时19分43秒，“神舟七号”飞船进入预定轨道。这是中国“神箭”长征二号F型火箭第7次将神舟飞船安然送入太空。为了这一刻，火箭团队的215名队员拼搏了1000天。

在这段报道中，“21时19分43秒，‘神舟七号’飞船进入预定轨道”是最重要的信息，不应该遗漏了。

导语无论是以叙述的方式、描写的方式、还是以议论的方式，也无论用直接导语、间接导语、单元素导语或多元素导语，都必须触及新闻主体内容，引起观众兴趣，说出最精华的内容。而且必须紧密配合画面，简明扼要，提纲挈领，抓住特点，反映个性。

（二）“说”的设计

消息稿时效性最强，开口“说”之前要构思腹稿。构思腹稿的方法是：

1. 想一想

构思腹稿的第一步是先“想一想”，具体是想以下内容：

- 想清楚新闻的要素；
- 想清楚新闻的基本事实；
- 想一想新闻的关键信息和报道主题；
- 想一想背景和细节；
- 把新闻事实放到大背景下再想一想。

2. 看一看

主要是看新闻事件的场合。不同的场合，腹稿的基调应有所不同。严肃的会议场合，要确定庄重大方的话语基调；日常生活场合，适宜确定轻松的口语播报基调；闹市街头场合，需要用粗声大气以和热闹气氛相和谐；商业话语场合，适宜用一组相关数字建构腹稿。但是无论在什么场合，都不应该以追求客观为由去构思纯理性的自我陈述。

在基调确定之后，接着就要提炼出现场腹稿的“语点”。腹稿只是一种记录在“心里”的表述的要点，是现场报道的新闻事实的雏形，需要通过思维活动，迅速将极其简单浓缩的“语点”扩展编码为完整、丰满的句子。因此，“语点”提炼得精确有利于现场报道的准确表达。

3. 设计如何说

设计的重点主要有三项：一是时间设计。确保在预定的时间把重要的内容表达出来。二是设计好如何开始和如何结束。成功开头的基本特征是：尽快抓住听者的注意力；即刻切入正题并迅速向预定的讲话目的靠近。好的结尾就是意既尽言必止。三是设计好需要用重音强调的重点内容。

二、专题报道稿

新闻专题节目对时效的追求不像消息那样急迫，可以有较多的时间用于撰写文稿专题稿涉及的题材比较广泛，而且经常涉及观众普遍关注的社会热点和难点话题。

（一）确定报道重点

毫无疑问，应该突出的报道重点是：

- 新闻的精华内容；
- 最新的新闻要素；
- 观众最想知道的内容；
- 有新闻价值的其他内容。

（二）提炼报道主题

新闻专题文稿的主题，有些无须提炼，有些无法提炼，而有些则必须要经历一个提炼的过程。这是因为实际上没有一个人能够在具体的事实面前做到绝对的客观、中立。有些时候，在有些报道中，记者并非都能够先看事实然后再作解释，而是恰恰相反。那些无批评的热情和无原则的愤怒还经常在困扰着记者和编辑。因此，哪怕仅仅只是为了减少一点失误，在确定了报道重点后，都还有必要在对新闻“事实”加以鉴别的基础上，对报道主题加以提炼。在这个过程中，下述审视是特别重要的：

①“事实”是否真的可靠，事实来源是否权威，有没有实证图像。画面是亲自采拍的，还是他人、特别是当事人提供的？若属于后者，则需要找到“事实”的确存在无误的证据，并视需要对事实存在的可能性加以论证。

② 靠仅有的“事实”能否支撑主题。为什么不能有更多的事实论据，是根本就没有，还是记者没有发现、摄像没有拍到？

③ 事实的新鲜性如何。如果不新鲜能够支撑主题吗？如果很新闻，是否还显示了其他意义呢？

④ 事实的背景如何。“事实”是在什么条件下出现的，介绍“事实”的人有没有受到威胁或利诱。“事实”如果是统计数字，则要进一步查明数字有无水分。

⑤ 若发现对同一事件存在着众说不一的情况，则应将分歧点拿出来一一进行比较，最终去芜存真。

上面的问题一一审视并排除后，报道主题就获得了不可轻易动摇的基础。

（三）结构原则

式样不同，内容性质不一，新闻专题报道稿的结构方法也不一样。从电视新闻传播的特性入手，在结构新闻专题稿时，主要应该考虑以下几个原则：

- 尽量用时间轴线并按照正向时序来结构全片，不用或者少用人物、地点等结构轴线。

- 按照新闻事件发生、发展的逻辑结构全篇。
- 相对抽象的深度报道题材，可以考虑按照认识规律采用由浅入深的结构框架组织全片。

（五）文稿风格

新闻专题节目一般都是“一个节目”中的具体内容，而不会是孤立的“一次节目”。因此，我们特别强调保持风格的一致性——强调整体风格决定个体风格，栏目风格决定文稿写作风格，从而将文化倾向、选材特点、画面风格、结构风格、主持风格、语言表达风格一一融入到栏目风格中去。

三、新闻言论稿

电视新闻言论稿可以指评述性电视新闻专题节目的文案，也可以是指电视新闻的编前语、编后语，还应该包括深度报道中主持人或记者对新闻事件以及事件中的人物集中发表的评价、议论。

（一）贵在有真知灼见

电视媒体有责任就观众普遍关心的话题表明态度，以给观众的选择提供参考。香港翡翠台、本港台每日早新闻中都有社评摘要、社论选辑之类的言论节目，将当天香港各大报纸有影响的社论、评论、要点摘录等制作成屏幕文字，每次2分钟左右。短短一节言论，可以将港岛一天的观念性信息尽收眼底。随着社会的进步和公民文化素养的提高，我国越来越多的观众对“不好看”但是有思想的电视言论节目开始怀有好感。但是，电视媒体表明态度、发表议论一定要慎重。只有那些为大多数观众所关心的新闻事件、新闻人物，才足以作为评论的题材。

电视媒体表明态度，为观众选择提供指引是义不容辞的责任，责任履行的效果如何关键要看自己所作的分析和所持的立场、态度中有无真知灼见。写言论稿一定要善于洞察。作者应该有扎实的理论素养，评论虽然并不一定是个人意见而可能代表电视机构的态度，但它一定是作者思想的产物。只有如此，在电视屏幕前向观众侃侃而谈时才能自然流畅，令人信服。

（二）具象与抽象

“具象”有两个含义：一是指议论应该在所播报新闻的基础上进行，而不是要脱离新闻事实“独立”地发表一个和所播报的内容无关的见解。电视媒体发表言论的目的是帮助观众透过新闻本身了解新闻背景的内容及其意义，言论的内容应该偏于对新闻的分析与阐述。

抽象信息与具象信息高度统一，应该是电视新闻言论的传播优势，电视新闻言论的主体是说理，要想方设法让抽象的逻辑信息具象化，让深奥的哲学道理浅显化，让枯燥的术语有趣味，才能充分发挥电视得天独厚的图像优势，让深奥的道理降低身位，顺利通过电视的“低门槛”，言论的吸引力和说服力才能实现。

电视新闻言论在具象中为言论找到了论据。但是却不能停留在具象的“易看”上，更不应该用具像的好看排斥抽象。如果电视言论不能用有一定密度的术语来表达自己的立场和看法，就很难对事情和问题的阐释作出本质性的点化，就永远运作在浅薄的层面上，言论的旗帜功能亦无从谈起。

（三）理性与情感

评论稿或需要发表议论，或需要表明立场，或需要表达看法，或需要作出评价，因而必须要有情感的参与，有些话题甚至需要情感的强烈参与。以前面提到的《村官犯罪的警示》为例，全片始终充满强烈的情感，字里行间渗透了媒体鲜明的立场。譬如主持人在结尾总结说：“这把锁，它能锁住老屋的房门，但能锁得住老百姓对你的信任吗？这些看似不起眼的小小村官，他们毁掉的千里长堤可是整个基层老百姓对党和政府的信任根基啊！当需要制约的公权力变成了土皇帝的私权时，民主管理只是一纸空文；广东省有 19517 个村委会，有近 20 万名村干部，目前在基层犯罪中，村官犯罪比例已经占到了 30% －40%，俗话说：根基不牢，地动山摇。如果我们不能让村民行使民主权利，参与民主管理，那么，村官们做的任何决策，都有可能得不到村民的理解和支持，甚至让这些村官走上犯罪的道路，只有把他们的权力放在阳光下，让群众看得见，摸得着，监督得上，才可以防止村干部滥用职权，和谐农村的基础才会坚如磐石。”这样的议论态度鲜明，却又语重心长。

评论离不开情感的参与，但是在任何情况下都不得以情感需要为由而抛开理性。看到不平就要在屏幕上高声抨击，听到不同的声音就让人家“圆润地走开”，都是不可取的。下面一段评论取自一家省级台播出的节目，其情感和理性关系的处理是否妥当，就很值得斟酌：“有国外生活经验的人，回了国都会有这样的说法，其实老外更笨的，他根本不够中国人玩，看几个老外比较笨的证据：第一，老外打麻将就不灵（打麻将图片，主持人画面），原因就在于，他们没有我们这么多的花花肠子，这一套对他们来说太复杂了。同样是赌博，人家到现在为止，也就是玩玩轮盘赌赌运气。要不然就掏枪决斗，拼运气而已。第二，这事儿出在澳洲。澳洲的警察挺可爱，对外国人很友好，你要是找他问路又说不清楚（车图片，主持人画面），他就干脆开车送你去，咱中国人聪明，会说外语的也咦咦啊啊装笨，于是就可以搭警车了，省了一笔路费，时间长了，老外也醒过来了，少装蒜，俺不上当了，第三，有位网友，他见识过一位 50 岁的美籍华人，他说起这么一件事，在留学期间，他用批发价花 9 台录音机的钱买了十台录音机。然后逐一把九台录音机退回商店，这样他就免费拥有了一台录音机，他讲起这个故事的时候还十分自豪，中国人就是聪明。其实这样的事儿找出第三第四来绝对不难，时间关系就不说了，但这已经是足以证明老外的确挺笨，可是我们真的聪明吗？有评论就说了，我们有没有算计过，为了这样的‘聪明’，我们人与人之间失去了互信的基础，我们支付了多大的社会成本？聪明，有时也是祸。各位不妨从我们周围，或者干脆就从自己身上找找例子。”这段文字从观点的确立到论据的选择，情感的确都足够鲜明了，但是客观性、逻辑性相对就弱了。尽管类似的情感表达在时下的电视民生新闻栏目中已经经常可见，有些节目也获得了一定的收视效果，但是我们依然不能予以提倡。

读一读 议一议

“我说你们是一群狗”

各位，晚上好！这叫拱手礼，什么意思呢？（主持人行拱手礼）你好，谢谢，恭喜，还有请求。有时候是哀求，11 月 10 号，就在那条早在十多年前就已经因为看客的冷漠，而臭名昭著过一回的沙河大街，一位勇追枪匪而不幸被凶徒刺破心脏（杨文凯照片），现年 48 岁的保安员杨文凯，他死了，流血流了四十分钟（杨文凯身上的血衣），在看客们居高高临下的目光中，他的血流干了（家属悲痛欲绝），看客们可以回家吹牛啦，你曾经眼睁睁看着一个人，是如何把血流干的，是如何双手抱拳求你救他一命。而你又无动于衷的，为官一方的领导请记住这个手势，请给我们一个安定的生活环境。没有安全感的地方，和谐发展从何谈起？我们的警察也请记住这个手势，手无寸铁的百姓面临的是越来越凶残的歹徒，除暴安良还是要靠你们。每一个有良心的市民也请记住这个手势，流血又流泪的事情已经太多太多，于心何忍，良心何安？事情发生的那天，那些看客们，那些眼睁睁目睹一个垂死的好人，求你救他一命，而你却冷酷的无动于衷的人们，从今晚开始，但愿这个面色苍白，拱手求救的形象，出现在你们从今往后的每一个睡眠，直到有一天你们能良心发现。我们可以悼念英勇的杨文凯，但是我们不必悼念那些见死不救的人的良心。我只能祈求，谁来拯救那些人的良心？导播提醒我，有话好好说，犯不着和那些没有良心的人生气。想想也是，如果他们能懂点人的道理，就不至于冷漠自私到不如狗的地步。听好了，我说你们是一群狗。如果你能拿出你比狗强的证据，我给你们平反昭雪。

（节选自某省级台电视新闻栏目 2005 年 11 月 6 日播出内容）

第六章 电视新闻编辑

第一节　电视新闻编辑的职能

社会发展、技术进步、媒体开放政策等因素在推进电视新闻媒体实现职能转变的同时，也促进了电视新闻编辑的性质、特点及其使命悄悄地发生着变化。

一、电视编辑技术的进步

早期电视节目编辑沿用了电影的剪辑方式，首先借助放大镜对磁带上的磁迹进行定位，然后用切刀在需要的位置切割磁迹，找出所需的节目片段，再用胶带把它们粘在一起。剪辑的方式不仅麻烦，而且对磁带造成的损伤不可恢复。

随着录像技术的发展和录像机功能的完善，电视编辑在1961年前后进入了电子编辑阶段。此时，编辑人员可以将一台放像机、一台录像机和相应的监视器连接起来，构成一套标准的对编系统，实现了从素材到节目的转录。工作中编辑人员可以轻松地使用放像机的快进和快退功能在磁带上寻找编辑点，可以使用暂停功能控制录像机的重放和录制，磁带不受永久性损伤，节目制作者在编辑过程中就可以查看编辑结果，并随时做出修改。但是对编系统中的录像机不能一帧一帧地播放，编辑人员难以精准地对节目素材进行定位，录像机在开始和停止录像时带速不均匀，容易造成镜头节点处的跳帧。此外，由于剪辑的不可逆转性和信号记录载体的限制，磁带编辑无法实现实时编辑定位，磁带模拟复制也容易造成信号损失。

1970年，美国研发了世界上第一台非线性模拟编辑系统，其图像信号以调频方式记录在可装卸的磁盘上，编辑时可以随即访问磁盘以确定编辑点。20世纪80年代，使用磁盘和光盘作为数字视频信号记录载体的非线性数字编辑系统问世了。随后，磁盘存储容量和数字压缩技术逐渐成熟，推动非线性编辑系统进入快速发展时期，并相继推动了电视编辑向大众化、平民化方向发展。

二、电视编辑职能的演变

技术的进步也带来了电视编辑职能的变化。按照以往的习惯，电视新闻生产流程被分为外采和内编两个部分。外采是新闻生产的前期工作，内编是新闻生产的后期工作。“后期工作”的主要职能是负责让每一条新闻达到播出要求。为此，编辑工作的职责就有了下述规定：

① 对已经拍摄的单条新闻加以选择；

② 对画面进行剪辑，必要时对画面作技术处理；

③ 修改文字稿，并使文字符号与图像符号相一致；

④ 将字幕叠现在适当的位置上，并使字幕、图表和相关资料搭配；

⑤ 撰写新闻提要和小言论；

⑥ 解说与同期声的合成，节目的最后串联和录制；

⑦ 对新闻栏目进行整体编排。

在较长时间里，采访与编辑在电视新闻机构里相对独立，互不干涉。采访部门根据自己的新闻来源和新闻敏感外出采访、拍摄，回来后将文字稿和画面素材交给编辑部门，便完成了任务。编辑部门则“见什么料就做什么菜”，处于被动地位。

随着新闻竞争的加剧，编辑工作的重要性日益凸显出来。一方面，现场新闻播报日渐增多，观众对电视新闻时效性的要求越来越高，促使媒体在重大新闻、突发性事件的报道中安排一些后期编辑人员提前介入新闻采访拍摄环节。例如要求编辑参与新闻选题策划，参与新闻事件现场摄制等。这样，电视新闻编辑工作就贯穿在了电视新闻报道的前期选题、中期采摄和后期制作的各个环节，承担了组织指导、编辑制作、控制指挥的职能。在这样的背景下，如果再以传统的“前期”和“后期”来界定记者、编辑的职能范围，就很容易束缚编辑的手脚，影响他们在整个新闻传播过程中的组织、参与功能的发挥。如今，“介入式”编辑思想渐渐获得了普遍的认同。“介入式”编辑赋予电视新闻编辑的主要职能如下：

1. 参与新闻选题、采访谋划

编辑部是电视新闻生产的指挥部。判断新闻价值，选择报道角度，总体构思并具体组织实施报道活动的相关环节，都是电视新闻编辑的重要职责。为了与这样的职责相适应，编辑们对一段时期出台的党和国家的方针、政策，社会经济的发展走向，重大事件发生的时间、地点及背景，都应该心中有数，并在此基础上确定报道思想，拟订报道计划，寻找新闻视角，把握舆论导向。一个能够“介入”的编辑必须要有自己独特的新闻敏感和社会洞察力，在报道思想的确定、报道计划的拟订、新闻视角的选择等方面要有能力帮助记者出主意，想点子，对记者的工作及时给予指导，按照节目的编排计划指挥记者的采访活动。

但是，编辑依然无法代替记者的判断。记者是新闻采制前期工作和中期工作的活动主体，具体的采摄要由他们来完成。记者身处一线，对社会现象有更直接、更深入的观察和体验，即使没有编辑人员介入，他们也要独立搜索新闻并实施报道。编辑提前介入只是锦上添花，特别是在某些重大的突发事件或重要的主题报道中，编辑的介入更有利于增强报道的客观性、全面性以及完整性。但这不意味着编辑人员在任何时候、对任何报道素材都有能力指导或指挥记者的工作。编辑和记者要互相信赖，互通尊重。

2. 检测和控制电视新闻的质量

电视新闻从确定选题到制作出新闻作品并顺利播出，其间要经历记者、摄像深入新闻现场采访、拍摄、写文字稿，初步筛选过滤等环节。这些环节完成后，作品还必须经历编辑的审视与判断，才能最终进入播出环节。编辑是电视新闻作品最后的把关人，决定了观众所看到的电视新闻的内在品质和外在形式。

检测和控制电视新闻的质量环节主要有两个方面的工作：一是编辑图像，二是处理新闻文字稿，撰写、修改新闻的标题、字幕、提要、引言、串联词。有些重要消息，还必须写好编前、编后话，配发评论。编辑部的意图，媒体与观众之间的沟通，都要由编辑拟好提纲或成文之后，再由播音员（主持人）传播出去。

以上两项目工作要求编辑从大局出发，根据有关的方针、政策、意见，遵循电视台的报道方针和报道计划，对新闻素材进行审定，严把关口。这也是电视新闻传播流程中防止各种差错随同新闻一起传播出去的最后机会。

编辑把关的方式就是进行信息过滤。需要重点过滤的“信息”是：

- 违背党的路线、方针和政策精神及宣传纪律的“信息”；
- 偏离辩正唯物主义和历史唯物主义立场的“信息”；
- 泄露党和国家机密的“信息”；
- 格调低俗的画面；
- 其他有异议必须要删除的内容。

编辑面对的第二类差错是技术性的。例如文字稿的差错、声音画面组合出现的差错。具体有以下三种常见的形式：

① 文字稿中的差错。包括别音别字，观众不容易听懂的生涩冷僻的字词，以及不符合语法规范的语句。

② 新闻事实差错。例如新闻中的某项元素出现差错，或者新闻基本事实的表达不清楚、不准确。

③ 声音和画面组合中出现的差错，有声画不对位和声画游离现象。

编辑把关并不是单纯把文字关，还要重视文字稿与画面的结合是否紧密，是否合情合理。传统的电视新闻大多采用先写文字稿再编画面再配音的制作程序，容易造成记者和播音员之间配合失误，出现声画脱离，导致文字稿提到的是这个人，画面上出来的却是另一个人，很容易让观众对新闻事实产生误解。现在的电视新闻普遍强调现场感，尤其是第一现场，声画关系也调整为先抓画面，然后再由记者去补充文字稿。但是这又可能产生一个新的问题：如果文字记者或主持人未能亲临现场，记者的补充很容易导致张冠李戴。还有一种情况是报道者对画面和文字稿的地位认识不同，有的将画面置于无关紧要的地位，导致声画游离，声音说的是这件事，而画面上却是无关的或者关联不大的另一个景物。这样就容易削弱电视新闻的实证性和可信度。上述可能存在的问题都要依赖编辑最后把关。

3. 表明电视台的立场和态度

新闻媒体在对社会现实进行观察、分析和报道时，总是带有或明或暗的主观倾向性，总要表达一定的立场。电视新闻编辑的一项重要任务就是要通过直接或间接的方式，代电视台“发言”，传达电视台对各种社会问题的立场和态度。“发言”水平反映着一个电视台理论政策水平和舆论引导能力。

电视新闻编辑的直接“发言”是通过编后话、短评、本台评论等各种小言论来实现的。大多数“小言论”都要由编辑负责撰写。要求紧紧依托报道内容，三言两语、简明扼要地阐述观点，引导观众正确地认识报道中涉及的相关现象。一些电视新闻栏目提出希望能够做成社会的“要闻总汇、舆论中心”。要实现这样的目标，就必须要有足够的小言论的支撑。

电视新闻编辑也可以通过筛选报道主题、选用稿件、节目编排间接“发言”，以表达媒体的倾向。选择其他传媒如通讯社的以及观众的小言论，也是编辑间接“发言”的方式。不过最经常、使用最多的间接“发言”方式，却是节目编排。

电视新闻编辑通过节目编排的具体方式包括：

① 调节节目长度。显然，重要的内容，占用的时间就应该多一些。

② 选定节目位置。有的新闻被安排在栏目的开头播出，有的却被安排在后面播出，显示出电视台对不同新闻的重视程度。“头条”新闻如同期刊的封面，是电视台每天推出的新闻精品。

③ 安排节目相邻关系。例如，把性质相反的新闻组织在一前一后，让观众自己去对比，并在对比中形成自己的认识，这也是编辑的发言手段。把引进一条生产线需盖 500 个公章的事实与某地只需要盖一个公章的新闻安排在一起播出，观众就会感受到电视台无声的谴责。

4. 对新闻栏目进行播出编排

电视新闻编辑要有纯熟的节目剪辑技术。节目剪辑包括单条新闻的剪辑成片，多条新闻的组合和后期的切换导播三个部分。

电视新闻节目的编排是编辑的核心工作，编辑部的首要任务就是要拟订播出大纲。播出大纲是用以指导当天播出的新闻节目的计划。与此同时，每个时段的电视新闻节目，毫无例外地需要有一个详细的节目单。大纲重在组织，而节目单侧重具体的实施。例如，大纲中列有某记者上午 10 时采访香港客人访问武汉的消息；而在 12 时或晚些时候的节目单中，则会清楚地写上拟就的稿件题目，记者和被采访对象的名字、消息的长度以及在第几条播出，该节目编辑带的序号等。

编辑要负责播出节目的控制。控制，通常称之为导播。直播式节目的播出过程是最紧张的时刻，节目主持人、技术人员、栏目编辑必须各就各位，随时听从导播的调遣。外采记者每时每刻都可能从现场发回消息，担任导播任务的编辑一定要有纯熟的技术、敏锐的思维、能够果断决策，以便及时、准确地将正在发生的新闻事件和最新消息，在适当的位置切入。

编辑还要负责把各条新闻有机地编制成新闻节目链。具体一则新闻反映的一般只是一个地区、一条战线、一个问题，而电视要面对的是各层次、各年龄、各种身份的尽可能多的观众，电视新闻节目要尽可能地囊括社会各个方面值得报道的内容，以满足不同观众的不同需求。因此，编辑要突出重点，又要兼顾平衡，对众多的稿件进行合理编排，使所有报道的价值都能得到充分实现。

上述职能要求电视新闻编辑具有记者的新闻敏感、敏捷的思维转换和思维表达能力，善于与人沟通，有良好的文字功底、图像审美能力，并全面掌握单条新闻的剪辑成片、多条新闻的组合和后期的切换导播三方面的剪辑技术。

读一读 议一议

《广东卫视新闻》编排实例

广东电视台《广东卫视新闻》栏目2008年5月19日播出的节目（作品长度29分钟）编排如下：

序号	提要	方式	节目标题	尾句	记者	导语	正文
1			《广东卫视新闻》栏目头			0’00”	31’19”
2			《730新闻》新闻提要			0’00”	0’15”
3			欢迎收看广东卫视新闻，下面请看详细内容			0’00”	0’08”
4			《向四川汶川大地震中的遇难者致哀》		王嫒嫒	0’00”	0’12”
5	是	男串	全国哀悼日：向四川汶川大地震遇难者默哀	广东台综合报道	欧琳琳	0’17”	0’22”
6	是	男串	广东人民默哀悼念地震遇难者	广东台综合报道	王斌、朱广生	0’21”	2’30”
7		女串	成都：万人悼念地震遇难者	中华民族大有希望	杨琨、闫冬、姚辉、高欣、绍维	0’10”	1’02”
8			汉旺镇：救援人员为遇难者默哀	12日14点28分	王茜、彭斌良、林敏熙	0’00”	1’03”

（续 表）

序号	提要	方式	节目标题	尾句	记者	导语	正文
9			汉旺镇：广东公安特警含泪悼念遇难者	组合报道组报道	顾鸣、杨鹰	0’00”	0’51”
10			双抠 华南理工大学		孙尧	0’00”	0’00”
11		男串	现场直播：广东大学生烛光悼念遇难者	交回新闻中心	王媛媛	0’16”	1’03”
12		女串	多家驻穗外国领事馆：悼念大地震遇难者	记者郑亚琴报道	郑亚琴、陈建平	0’11”	1’36”
13			《举全国之力抗震救灾》栏目头logo标题剪接出		王媛媛	0’00”	0’10”
14	是	男串	A广东迅速部署组织帐篷和活动板房支援四川灾区	广东台报道	谭鸿鲜	0’21”	3’00”
15		男串	B省委广大党员踊跃交纳特殊党费救灾献爱心	记者王东晓报道	王东晓、赵彬、通讯员：省委办粤组	0’14”	1’18”
16	是	女串	C广东已向四川灾区发送2.45亿元救灾款物	记者陈章瑾报道	陈章瑾、辛亮仪、符信	0’26”	1’03”
17		女串	D凉水镇：泄洪封路广东商会伸援手	组合报道组报道	杨琨、闫冬、姚辉、邵维	0’13”	1’35”
18			E什邡灾区：防疫工作有序有效展开	组合报道组报道	顾鸣、杨鹰	0’08”	1’16”
19			F映秀镇：“绿色生命线”今日打通	组合报道组报道	曹锥文、高欣	0’16”	1’12”
20			G广东消防总队赴川奋勇抗震救灾	广东台报道	欧琳琳	0’00”	0’29”
21	是	女串	H广东：17家三甲亿元做好准备接收灾区伤员	范文、李灵子报道	范文、李灵子、黄伟忠、起坤、绍斌	0’12”	1’32”
22		女串	广东公安机关举行“迎奥运保平安”汇报演练活动	李秀生、赵彬报道	李秀生、赵彬	0’16”	1’57”
23			广东与澳洲新南威尔士州开展十项领域合作	记者傅群山报道	傅群山、梁柏辉	0’11”	0’43”
24			省党的建设研究会召开第六次会员代表大会	记者王东晓报道	王东晓、赵彬	0’00”	0’30”
25		女串	请看一组简要新闻			0’00”	0’03”
26			2008中国城市国资论坛在广州举行	等出席了论坛	戚智勇	0’00”	1’14”

（续 表）

序号	提要	方式	节目标题	尾句	记者	导语	正文
27			广东：为造林绿化事业发展提供有效保障	提供有效保障	李锐标、符信	0'0"	0'00"
28			《广东改革开放纪事》今年12月出版	今年12月出版	杨田子、梁向阳、符信	0'00"	0'00"
29			省领导会见新加坡客人	住房项目	王斌 朱广生	0'00"	0'00"
30			文莱驻华大使对灾区遇难者表示哀悼	灾难中走出来	杨田子、梁向阳	0'00"	0'00"
31			730走马字幕		谭鸿鲜	0'00"	0'00"
32			新闻播送完了，下面请看天气预报			0'00"	0'25"

5月19日到21日这三天被定为全国的哀悼日，19日是哀悼日的首日，版面的编排格外重要。栏目首先用简短的篇幅和从中央台收录的画面反映了全国的哀悼情况，重点突出胡锦涛、温家宝等党和国家领导人参加哀悼仪式的情况。该台新闻中心还派出多路记者赶赴四川灾区，策划了一组灾区哀悼日的活动报道，三路记者分别从成都、汉旺镇和红白镇发回了报道。栏目不仅组织了记者采访，还从地方台调集了大量的稿件，突出反映了广东各界情系灾区的感人场面。

版面的报道形式多样。既有从中央台收录的图像，也有记者在广东采拍的稿件；也有多路记者从灾区发回的现场报道，角度各有侧重；版面还有一条《广东大学生烛光悼念遇难者》的现场直播，把在华南理工大学举办的哀悼活动实时传播出去。版面编排手法较新，所有的哀悼活动被融入一条稿件，每个哀悼点出若干镜头，打上地点字幕，没有配音，全片配上当天用来表示哀悼的警报汽笛声，既有气势又不累赘。版面还兼顾了公安演练，广东与澳大利亚新南威尔士州的合作等新闻，增加了栏目的信息量。

第二节　电视新闻编辑工作的原则内容

电视新闻编辑工作的原则关键是两条：一是必须忠于事实，二是要敢于创新。其工作内容主要是组接符号，把控质量。

一、忠于事实

忠于事实，是电视新闻编辑最基本的工作原则，是编辑人员必须严格遵循的工作规范。

电视新闻前期的采访、拍摄、撰写文字稿和编辑画面，是由记者和摄像师完成的。记者把文字稿和经过初编的素材带交给编辑时，他的任务便告完成。但是在编辑的眼里，记者交来的只是素材，最后让观众看到的完整的电视新闻节目才是成品。编辑工作有着极大的创造空间。今天的电视编辑借助先进的电子编辑技术，已经能够获得超出“蒙太奇”的编辑效果，电视新闻编辑工作也正在由预制式向直播式迈进，编辑思维也开始由简单的排列组合型进入复杂的“创作”型时代。

但是，越是进入“创作”型时代，越是需要强调编辑的工作必须尊重记者的前期劳动和个人风格，在具体的编辑工作中以忠于事实作为最重要的工作规范。编辑工作的目标是提高新闻报道质量，而不是要“创作”新闻。在这样的目标和原则下，编辑需要从熟悉素材入手，通过具体的现场画面去体现新闻的主题以及记者的采摄构想。那些试图对新闻素材进行“艺术化”处理的编辑思想，那些补拍和“情景再现”的编辑“技巧”，那些有可能导致新闻事实发生改变的种种手段，都违背了“忠于事实”的工作规范。

“忠于事实”还需要有工作机制的支持。广东电视台在采制《温家宝总理视察广东春运工作》的过程中有一个细节：一路记者跟随温家宝总理在广州火车站拍摄，同时派出一人甩开双腿飞奔2公里将已拍图像送回电视台编辑发稿。但是，由谁来编辑呢，是专门的编辑人员吗？如果是，那么这位“编辑人员”最好就是那位“甩开双腿飞奔2公里”的人员，因为他去了现场，感受了现场气氛，对现场的新闻价值已经有所认识，加上他也特别熟悉已经拍录到的新闻素材，编辑起来就得心应手，也有条件保证“忠于事实”。否则，虽然能很快完成编辑任务，却无法保证新闻价值不被弱化，也无法保证新闻事实不出现偏差。

二、善于创新

编辑工作必须忠于事实，却又不能墨守成规，不能满足于从一堆图像资料中“剪”出一分钟左右的画面来，也不能满足于简单的声画对位。编辑工作必须要善于创新，而且要把“善于创新”作为工作原则来执行。

编辑工作应该在熟悉文字和画面素材的基础上把握新闻总体内容的逻辑特征，通过对新闻素材的选编、制作，消除报道中可能存在的错误，并凭借自己对新闻的感受，从新闻素材中提炼出典型画面和关键情节，进一步挖掘记者报送的新闻素材的价值。编辑人员需要这样做的理由是：

- 现场报道人员可能对面上的情况掌握不够；
- 现场报道人员对当前的大局未必把握得十分准确和恰当；
- 现场报道人员对电视台最近一段时间的报道思想领会得未必全面；
- 新闻所反映的“接近性”未必真的满足了观众的愿望。

编辑人员要针对上述现象，重新调整、编排画面，将超过既定播出长度的节目缩短，将达不到播出长度的节目延长，对庞杂的素材进行合理提炼，从“剩余”的材料中发现仍然有用的内容，使新闻素材中的精华得到突出。有时候，因为报道的题材重要而又复杂，仅凭单条新闻难以表达清楚，这时就需要编辑为该报道配发相关的背景报道或资料，甚至直接配发言论，使观众对报道所涉及的主题有全面深入的认识。

编辑人员要努力改进栏目设计，创新节目编排手法，以争取更好的收视效果。广州电视台的新闻栏目《新闻日日睇》不采用惯用的编排方法，而是以头条、冲突、交流、正义、灾难、发展、温情、信号、趣闻作为结构线索。其中，头条是当天最有影响力的新闻；冲突选择的是矛盾激烈的事件；交流是让各方阐明态度；正义是要让人看到正面的力量；灾难是要揭示灾难的事实真相；发展是讲述有意义的成长；温情关注的是人类自身以及与历史、自然的关系；信号是对未来的分析；以趣闻结尾是要让观众轻松一刻。节目中间还插播两条流行音乐并配发有冲击力的新闻照片，以减轻观众的收视疲劳。这为电视新闻栏目的创新编辑提供了借鉴。

为了适应新闻生产和播出的新的形势，媒体要通过资源的组合以及生产工序的调整，创新编辑工作方式，增加动态编辑、连续编辑的比重。电视新闻栏目的版面是动态的，并以时间流的形式运动，单位时间必须服从整个电视版面的“成套新闻”。突发性新闻以及播出之前来不及制作的新闻，可在节目播出过程中适时插播。在微波技术引入电视之后，外采记者随时都可能从现场发回重要的消息，这时原来的播出计划将被打乱，担任导播任务的编辑需要以敏锐的思维、精确的计算，果断作出新的调整，准确地将正在发生的新闻事件和最新消息在适当的位置切入。在这个过程中，动态的、连续性的编辑工作的支持是必不可缺的。

节目的立体播出方式也依赖连续编辑工作方式的支持。在通常情况下，重要的新闻需要先抢发消息，来不及配制图像或制作成套新闻的，可根据电传稿，先由主持人口播报道，或者先播发文字新闻。与此同时，对在什么时间后续播出新闻的详细内容作出预报。还有，同一个新闻事件，19：00 时的新闻可能安排得短一些，21：00 时的新闻时段就可以介绍得详尽一点；上一个时段播出没有交代背景，必要时可在下一个时段补充交代。这些都需要编辑“滚动式”地连续工作。编辑人员还可以从不同角度编辑同一个新闻题材，将其分别制作成短消息、消息、电视新闻专题，或是将某一事件在不同时期的发展变化，随时编排到整块节目的某一空间里。编辑还可以利用一天中最后一个新闻时段集中回顾当日发生的重要事件，晚班编辑甚至可以选择白天播出的影响比较大的新闻，让值班记者去采访观众的收视反应，并在晚间时段播出。编辑或总编室主任甚至应该指导记者将采访素材加以整理，然后发给报社，或是挂在本台的网站、记者的博客里。

三、组接符号

“组接符号”主要是说单条新闻的画面、声音、文字符号的衔接，重点是画面符号的组接。画面符号的组接一般分为有技巧组接和无技巧组接两种。

（一）有技巧组接

包括淡出、淡入、化、圈、划等组接手法，其特点是人为的痕迹比较重，在短新闻片中要慎用。

• 淡出、淡入（又称渐隐、渐现）。上一个画面逐渐隐逝，下一个画面逐渐显现。这是一种舒缓渐变的组接，承接的画面间有一段黑画面，给人视觉上的间歇，产生完整的段落节奏感。这一手法新闻片中要慎用。

• 化。前后两个镜头的淡入淡出叠印在一起称“化”。“化”的时间长短，可根据内容需要控制其节奏。这一技法常用来分隔和连接不完整的段落、场面及过场。

• 圈、划。都是用明显的或模糊的线条（圈型、直线型、斜线型）抹去上一画面、显出下一画面。其变化节奏较之“淡”和“化”更紧凑。

（二）无技巧组接

这是采用切换的手法完成画面衔接的组接方式。凡是内容上关系紧密（有对应、因果关系）或形式上有相似之处的画面内容，适宜采用直接连接的方式将其组接在一起，这种组接方式被称之为“切换”，又称“切”。“切”属于无技巧组接，具有变换视点方便、自然，表现内容简洁、明快等特点。

以上两种组接方式各有不同的节奏特点，应根据内容需要选择运用。为保证真实、客观的报道事实，电视新闻主要应该采用“切”的方式组接画面。非线性编辑系统中有很多诸如淡出淡入、闪白、慢动作等特技功能。这些特技的开发和运用使电视新闻的编辑更顺畅、更完美，电视语言的表达更有个性和表现力，如果运用得当，有助于观众深化对报道主题的认识。在一些连续报道、专题新闻、新闻纪录片等新闻长片中，有技巧组接手法可以适当运用，但是一定要运用合理，丝毫不应该影响电视新闻的真实性。

（三）动静衔接

所谓画面相接的动与静，是针对画内主体的运动节律而言的。动与静画面的多样式衔接所形成的节奏、传达的气氛和情绪是不一样的。动静画面衔接一般有四种情况：

1. 动接动

动接动有两种情形：一种是两个在视觉上都有明显动态的画面的连接。所连接的一般是不同的主体画面，譬如上一个画面主体是奔驰的火车，下一个镜头则可接流动的街景。两个动态画面的连接适合采用“切”的手法，并运用上下画面间的逻辑关联进行过渡；节奏明快、流畅。二是运用动作剪接点使两个画面相接，是两个同一主体的画面之间的动态连接。这是一种连续性连接，譬如领导人下车－走进欢迎人群－欢呼鼓掌等几个动态镜头的连接就属于此类。运用这一技法的关键是要找准动作速度快、幅度大的那些转折点，以明显的变化引起注意，收到最佳转换衔接效果。这类动作点的选择，并非要重现活动的全过程，适当省略一些环节，反而能使结构更加紧凑。

2. 静接静

这是在视觉上没有明显动感的画面之间的组接形式，静接静不强调运动的连续性，而注重画面内部情节线索、感情线索的连贯。这种连接还强调，借助事物内部的对比、隐喻、抒情、心理诸因素来实现，其组接效果是节奏流畅而情调含蓄。

3. 静接动

是动作不明显的画面与动作十分明显的画面之间的组接。这种组接推动情节的加剧发展，压缩屏幕时间，视觉效果简明而洗练。许多径赛项目画面的组接，前一画面是等候发令枪声的运动员，后一画面则是枪响后奔跑的运动员，用的就是静接动的连接方式。

4. 动接静

与静接动恰好相反，动接静是在动感明显的画面后面紧接静感明显的画面。这一组接技法能造成明显的停顿效果。但是，由于动、静两个画面之间不容易找到应有的逻辑关系，在动、静连接的过程中动作、情节上的连贯容易被隔断，所以动接静的手法在新闻节目中要慎用。

（四）声画衔接

声画衔接是指声音和画面之间的有机连接。声画衔接的技巧，主要体现在选准声音和画面之间的最佳结合部，控制好“若即若离”的节奏，使之成为一个相互完善的有机整体，避免出现声画貌合神离的现象。

四、控制节奏

节奏是生活与事物发展过程中出现的起伏、高低、强弱、快慢、明暗、曲直、粗细等一系列不平衡运动现象。在电视新闻中，节奏指的是画面、声音的运动状态。被摄物体的运动产生画面的内部节奏；摄像机镜头的运动使画面空间发生了变化，产生了外部节奏。字幕的行进、动画的演示、色彩的变化、光效的明暗，也都产生画面节奏。播音、解说的语速快慢、语调高低、情感变化，不仅表现了自身的语言节奏，往往还体现与画面相适应的节奏。

电视新闻编辑中最值得关注并应重点控制的是以下几种节奏：

（1）画内运动节奏

一般情况下，一组连续画面中的主体运动的速度应该一致或相近。如果出现了比较大的速度反差，可能是用了有技巧组接。用得是否得当，是否影响了新闻的真实，需要重点把关。

（2）镜头运动节奏

不同速度节奏的推、拉、摇、移画面，视觉效果迥然不一。为保证视觉反映的一致性，相接画面镜头运动的速度和节奏应当尽量一致。

（3）画面影调节奏

正常情况下，相接的两组画面影调应尽量趋于一致，以给观众和谐的感觉。特殊需要时，也可将反差强烈的画面组接在一块，形成强烈对比，以用于表达特殊的情感，或以期获得“转场”的效果。色调控制原理亦然，类似色调的画面相接时，节奏舒缓，对比色调的画面相接时，同样是为了取得强反差效果，用来表达特定的情感。

（4）画面景别节奏

画面组接的景别变化要循序渐进，用全景、近景、特写，将观众的视线由整体引向局部，或用相反景别排列，将观众的视线由局部引向整体，这种景别节奏平缓自然，交代事件清晰明白。当然，必要时也可以让全景与特写两极镜头直接相接，既压缩屏幕时间，又造成特殊心理效果，但须以不损害新闻事实的真实性为原则。

（5）画面时间节奏

画面的时间长度因画面包容的不同内涵及画面中人物的情绪变化而有千差万别。全景包容的景物多，观众要看清景物诸内容，大约需要8秒时间，中景约需4-6秒时间，近景约需3秒时间，特写只需1-2秒时间。活动的主体，容易唤起观众的注意，引发兴趣的刺激强度大，画面时间节奏可以加快；静态的主体，传递给观众的是舒缓的情绪，视觉反应相对迟钝，画面的时间节奏相应要慢一些。但是“新闻的节奏不能慢得令人生厌，也不能快得令人感到莫名其妙。”①

通过节奏控制，实现节目内容的峰谷交叠、播出形式的张弛有致、播出过程的和谐流畅，其目的是为了让观众更愿意看电视新闻节目。恰当的节奏控制，对观众收看电视节目的注意力具有显著的吸引、调节作用。控制节奏是电视新闻编辑工作的基本内容，也是编辑人员需要掌握的工作技能。

控制节奏的基本要领是：

- 让画内运动和镜头运动的速度变化更和谐一些；
- 让画面色调的变化更自然一些；
- 将长新闻和短新闻搭配播出；
- 让图像新闻和口播新闻交替出现；
- 一次节目中主持人的语速应尽量一致；
- 一次节目中的批评性报道和正面报道要搭配得当；
- 保持灵活性与整体性的统一，既不僵化，也不失范。

五、把控质量

从内容质量的角度来看，电视新闻质量的主要评价指标是镜头数量、画面类型以及屏幕文字和声画关系的处理。

（一）镜头数量

1分钟时间内可容纳远景、全景、中景、近景、特写等各类镜头共10个左右。高质量

① ［美］特德·怀特等：《广播电视新闻报道写作与制作》，中国广播电视出版社1987年版，第268页。

的新闻1分钟应该有8个以上的镜头，而其中的细节镜头应不少于3个。如果采访拍不到起码要求的镜头量，就可能表明记者的采访尚不深入，或者现场把握能力欠缺，或是新闻事件本身的新闻价值不足。

（二）画面类型

如果虽然有了10个镜头，但是几乎都是单一景别，那么这条新闻也不能算是合格产品。编辑要统计记者出镜采访有几次成功的问答，有没有出现、出现了几次"哑巴"式的问答。记者出镜采访不是多多益善，不能用出镜采访的简单方式替代对新闻现场的拍摄。出现采访"哑巴"画面，表明前期采访质量不高——或是提问质量不高，或是没拍到有价值的新闻画面。此时，是增加资料弥补不足，还是通过剪辑修补瑕疵，还是干脆撤下这条新闻，编辑要敢于决断。

（三）屏幕文字

屏幕文字出现差错的概率比较高。编辑要特别注意防止并消除以下差错：

- 文字标注的人名和画面中的人物不符——或是发生了错位，或是一开始就弄错了；
- 文字标注的人名和画面中的人物虽然相符，但是姓名被写错了——多数是名字中的一个字错了；
- 注释性的文字内容却和画面没有关系；
- 屏幕文字出现了原则性错误，譬如把台湾同胞写成了高山族同胞；
- 屏幕文字出现了错别字；
- 编辑添加的文字没有问题，但是画内文字有不宜播出的内容。

屏幕文字的字形、字色、字体大小、文字的行进方式、文字在屏幕上停留的时间，以及屏幕上几行文字之间的位置关系是否合理，也都是需要编辑具体把关的内容。

（四）声画关系

无论谁做编辑，都要把声画关系作为处理的重点。一条电视新闻以及一组电视新闻的播出效果不仅取决于所播出的新闻自身的内容，还取决于声画关系的处理以及多种符号的和谐展示。

声画关系处理得好，在具体新闻报道中则形成声画共振效应。否则可能引发互消效应。前者可以收到整体符号结构的传播效果大于单类传播符号效果相加的功效；后者导致整体符号结构的传播效果小于单类符号传播效果之和，甚至小于其中某一类符号的传播效果。

此外，声画角色关系也需要编辑精心处理。具体到一条新闻中，并非声音和画面都要同时充当主体角色。对主体传播符号的选择要根据具体的报道内容，灵活选择声画主体结构。需要以画面为主的，就应该充分发挥画面的证实功能；画面表现有欠缺，或者本来就没有拍到理想的画面，就该让声音语言担当主体。

读一读 议一议

画面编辑

电视新闻的画面编辑就是合理排列画面图像，客观、准确地证明某一新闻信息。画面编辑基本要求是，一定要让让观众从连贯的画面中了解事情发展的过程，进而认识事实的真相。画面之间组接的技巧是：

逻辑性：按生活逻辑与观众的思维逻辑组接画面。

相似性：利用画面的相似作为承上启下的因素。

对列性：即画面形象之间的对比、呼应、比喻、象征等。

第三节 电视新闻栏目编排

电视新闻的基本播出形态是以许多条新闻一起组成一次完整的新闻节目并定时播出。因而，电视新闻编辑的最后任务就是正确处理这些单条新闻之间的关系，合理地把它们安排在一定的结构之中，从而实现一次完整的电视新闻传播。这一任务可以大致分解为对新闻进行组合集中、位置排列、编写标题和新闻摘要三个方面。

一、单条新闻的集中

单条新闻集中的方式，有同题集中和非同题集中两种。寻找和利用单条新闻之间可能存在的联系，将有联系的报道恰当地组合在一起依次播放，有助于增加电视新闻节目的条理性，方便观众理解和接收。

（一）同题集中

同题集中是把内容相同、相近或具有内在联系的新闻集中在一起，使之形成一组，在一次节目造成“重点”的编排方式，也是新闻编辑中经常采用的单条新闻集中方式。同题集中被看成是综合性报道，其突出的优点一是能够形成浩大的声势，使报道主题得到强化。二是能让观众无需太多的时间便可得知许多地方发生的同类事情，并可以通过比较更深刻地理解报道内容。

同题集中因为反映了全局情况而使单条新闻增加了分量。譬如一项在广阔的范围内铺开的大型活动，如果单个地方的新闻点不是很突出，但同时观众又需要了解全局的情况，运用同题集中将来自各地的报道精编在一起，便成为比较理想的选择。

同题集中还为编辑处理各种报道、选择头条新闻提供了较大的自由度。《新闻联播》就经常在找不到合适的单独头条时，采用这种“联组式头条”，冠之以“全国各地……”

的大题目，使几条原本比较单薄的报道能够形成合力，共同担当起作为头条的重任。

同题集中成功的关键是加强电视新闻选题策划以及对采制过程的统一指导。

（二）非同题集中

有许多报道因为内容相近、主题相同或有其他密切联系而应该集中在一起播出，但是这些报道本身具有较强的独立性，不便置于一个标题的统帅下，结果，新闻的另外一种集中方式应运而生——非同题集中。非同题集中使得新闻更有广度和力度，信息量更为充盈。同时又由于没有了同一标题的约束，更容易保持新闻的原貌。非同题集中有以下几种常见的方式：

（1）简讯集纳。即将提要新闻、简明新闻的短新闻编排在一起，从而克服单条新闻的短和散，让观众集中获得整体的信息。

（2）关系组合。即把具有因果联系、部分与整体关系的新闻编排在一起，通过对一件新闻事实前因后果、方方面面的反映，增强新闻节目的深度。

（3）矛盾组合。就是把内容有矛盾性质的报道编排在一起播出。有矛盾，也就有对比，有褒有贬，更有说服力。这是能鲜明地表明电视台立场的一种手段。一般来说，肯定的内容安排在前，否定性内容则安排在后。

（4）交叉组合。包括常规性报道与新闻简讯相互搭配，独条新闻与组合式报道彼此穿插，综合性消息与地区性或专业性报道相对集中，现场报道与背景分析有机结合，动态新闻与演播室访谈有机结合，主体新闻与相关报道有机结合等。

交叉组合形成的信息单元在编排上不提倡平均用力，对重要新闻可做强势处理，以推动热点话题的形成。

二、划分板块

（一）习惯的划分

习惯成自然。习惯能够成为自然必有它的道理。因此，习惯的划分不一定不好。

我国的电视新闻联播栏目习惯按照重要性大小从前到后依次划分板块。当然，对“重要性”的评定需要遵从国家话语。根据“重要性”习惯，当天最重要、最精彩的2-3条时政新闻被安排在第一个板块播出，长度通常有4~8分钟，内容一般是国家大事，党和国家领导人的活动。新闻价值略低的若干条新闻被安排在第二个板块播出，内容以科教新闻、社会新闻、人物新闻、经验报道为主，和第一个板块内容有一定关联的放在前面。近年来国际新闻在各级电视台新闻联播中的位置都有前移的趋势，“先国内、后国际”编排的模式已被突破，将国际新闻安排在第三个板块播出的比较多见。第四个板块一般用来安排文化、娱乐、体育、健康以及生活消费内容的报道。最后一个板块通常是安排一、两条“软”新闻。每个板块之间是广告时间。

按照重要性来划分板块，符合电视新闻的传播规律，符合我国电视媒体的职能定位，有利于发挥电视新闻的宣传价值，也已经为大多数电视观众所接受。但是，按照重要性来划分板块也有一些不足。突出的不足是不同的观众阶层对“重要性”赋予了不同的内涵。对“民生新闻”和“接近性”报道的过分解读，导致一些观众认为和自己直接相关的才是重要的，一些电视新闻记者编辑甚至也持同样的立场。另一个不足是，当观众都清楚了电视台新闻板块的划分规则，都清楚新闻联播前面的内容“重要”，而越往后节目的新闻价值也就越小之后，那么到后面的新闻播出时，观众恐怕早已兴味全失，另换频道了。

我国的主流报纸划分板块的习惯大体上是一时政、二经济、三文化、四体育。这给电视一个启发——按照题材来划分新闻节目播出单元。中央电视台的《新闻联播》前 20 - 25 分钟是国内新闻，后 5 - 10 分钟是国际新闻，而安排国内新闻的常规思路是按照政治、经济、军事、文化的顺序。实际上许多省市一级电视台的综合新闻栏目也是按照题材的顺序编排播出单元的。尽管“时政 - 经济 - 文化 - 体育”的排序还是遵循了重要性的原则，但是各题材毕竟构成了自己相对独立的单元，在独立单元的内部，各自还有机会制造自己的“头条”。

（二）创新的划分

对“重要性”的僵硬理解以及按照重要性依次递减的习惯来安排新闻播出板块，一度导致第一板块的新闻丧失对观众的吸引力。现在，情况有了很大的改变。不少电视台，尤其是地方台已经开始以“接近性”为标准来编排新闻。即依新闻事件与观众关系的密切程度来划分板块，决定节目的播出顺序。当然，不同规模的电视台，拥有不同的观众群体，其头条的具体选择也大不相同。

广东南方电视台的晚间综合新闻栏目《今日一线》设计了三个板块，依次为《封面》、《现场》和《记者跑腿》。《封面》板块关注百姓生活、百姓动态，聚焦社会人物或者事件，长度为 5 - 8 分钟。《现场》板块长度在 15 分钟左右，以提供新闻现场画面为主，内容多与广东省内的观众，特别是广州市民相关。《记者跑腿》则进一步体现对民生的关怀，专门为打进报料电话反映问题、诉说难题的观众四处跑腿，以期解决相关的难题。广州电视台的新闻栏目《新闻日日睇》不采用惯用的板块区分方法，而是将栏目内容切割成头条、冲突、交流、正义、灾难、发展、温情、信号、趣闻等几个板块，并依次播出。以上划分都取得了宝贵的经验，并收到了良好的播出效果。

三、精选头条

经过初步的组合，一次新闻节目已具备雏形了，接下来就要在此基础上确定各类新闻的播出顺序，使每条新闻都能各得其所，保证各条新闻的精华内容不被埋没，也不被夸大。为此，对综合新闻栏目来说，最重要的就是要确定头条。

从时间上看，头条新闻就是最先播出的那一条新闻。头条新闻是综合性新闻栏目的重心，它集中体现了新闻节目的编排思想，凝聚了编辑对新闻的评价，确定着当天新闻报道的重点和风格。头条新闻的“龙头”地位确立之后，一节完整的新闻节目才会更加充满生机与活力。选择什么新闻作头条，是检验编辑水平的标尺。

电视新闻播出是按时间的流动直线播出的，综合性新闻栏目把最重要的内容放在头条播出显然没错。如果观众认为头条新闻不精彩、不重要，那么他就可能转换频道走人。

但是，哪些才是最重要的呢？

（一）最宜放在头条的新闻

最宜放在头条的重要新闻有以下几种：

1. 时政新闻

时政新闻包括重要会议的新闻、主要领导人的公务活动报道，反映我国国际地位和对外往来的现场画面。虽然有人抱怨时政新闻不好看，时政新闻太多，会议新闻和主要领导人的公务活动报道占据的时间偏长，但是，由于所反映的是国家政治、经济、外交等方面的新动向、新举措，而且这些动向和举措又都和公众的利益密切相关，因此，时政新闻始终是吸取观众的重要品种，应该成为头条新闻的首选内容。

2. 突发事件报道

选择头条新闻的主要依据是看新闻的自身价值。在新闻价值的诸要素中，显著性和即时性应当放在优先考虑的位置。一个突发事件往往能够制造一系列的悬念，激发观众产生强烈的知情需求。综合性新闻栏目以突发事件报道作头条，恰好满足了观众的收视需要。因此，把新闻联播的头条新闻留给当天重大的突发事件及其相关人物，让那些在白天已经简短地了解了事件片段信息的观众在综合性新闻栏目中看到详细的报道，既能够有效地吸引观众，又很好地履行了媒体的责任。

3. 最新异的现场画面

有些消息，从内容看是重要的，但当天的报纸已经刊登，电视消息就不应该视其为“最重要的”，因为它已经引人注意过，即便有新的信息补充，一般也不宜放在头条再播。有些新闻，虽然题材较大，但记者没有拍摄到第一现场，也不应视其为“最重要”，因为它未能体现电视的特点。一篇社论，一位领导人重要讲话，一些典型经验，报纸将其摆在头条无可非议，电视却不能这么做。还有些新闻，就其内容来看是很重要，但是和目标观众离得比较远，那也就不是“最重要的”。对综合性电视新闻栏目来说，“最重要的”的新闻是那些能引起目标观众普遍注意的、最新的、来自事件现场的画面图像。这样的画面图像最有资格放在头条播出。

（二）不能只有一个头条

头条的安排也不能一成不变，在实现了现场直播报道后，有时也很难将最重要的新闻摆上头条。有些最重要的内容虽然被排在了头条播出，但是实际上它并不能统领一次节目。

头条新闻开始了第一个新闻段，新闻性最强的头条新闻满足了观众求新、求快的心理要求。但是头条过后，栏目播出内容的新闻价值开始相对小了，观众的兴趣和注意力也开始逐渐衰落。这是因为人的注意力是有时间限制的，普通观众的高度集中的注意力大约只能保持12分钟，超过这个限度，观众就会厌倦、疲惫。观众不能集中精神，传播效果必然变差。有新的刺激，观众的注意力才能在短时间内得到恢复。因此，综合性电视新闻栏目不能只有一个头条。新闻编辑要想方设法为每个播出板块都安排出一个头条，让观众感到每个时段都有“最重要的”新闻播出，不断地制造观众的兴奋点，使节目收视保持在高峰状态。教育、卫生、财经、社会治安等等，因为和普通观众的关系密切，应该从中提炼出各自的“次头条”来。

四、编写标题

传统电视是顺时传播的媒体，观众对同一个频道的节目只有看与不看两种选择，基本处于被动接受信息状态。因选择性不足，观众对电视新闻标题的关注度一般也没有关注报纸新闻标题那样强烈。这容易导致一些编辑产生误判——反正观众也不怎么关注标题，我在电视新闻标题的制作上也不必太苛求。而我们的看法恰好相反：因为关注度低，更要通过精制标题去吸引观众。

（一）标题的作用

准确认识电视新闻标题的作用，是实现精制标题目标的前提。电视新闻标题的作用归纳如下：

1. 引导视听

电视新闻标题最直接的作用是吸引观众注意，传送最重要新闻信息，以引导观众的视听。

2. 说明内容

每条电视新闻都有确定的中心内容，如果标题准确概括出了新闻的中心内容，就可以帮助观众根据自身的需要，对该新闻的价值作出准确判断，进而决定自己是否收看该条新闻。

3. 增加信息

电视新闻标题是用文字符号对新闻声像符号所要传播的信息做进一步的叠加。这样的叠加对提示报道内容，突出报道重点，增大影响舆论的强度，都是有益的。

4. 区分不同的新闻

新闻栏目经常把内容相近的消息编排在一起播出，如果新闻与新闻之间又没有间隔，处在无意注意心理状态下的观众往往不容易及时察觉新闻内容的变化，因而不能随着新闻主体的变换转移注意，及时收看下一条新闻。标题的出现，就有助于提示观众及时把“此”新闻与“彼”新闻区别开来。

5. 均衡构图

当单人播报导语时，由于视觉重音的关系，图像一般都放在屏幕偏一侧的三分之一处，这时，另一侧就留有较大的空白。此时，艺术地将标题排列在空白处，可以起到均衡构图的作用。新闻节目中的一些小栏目，标题设计还要考虑造型效果、色彩搭配，乃至选配适当的图案。这时标题已经超过传递信息的范围，而成为审美客体。

（二）电视新闻标题的写作要领

标题的写作要领归纳如下：

1. 标题要写实

电视新闻标题应该紧贴主题，让观众看了标题就知道新闻的大体内容，为此就必须用实题，且一般只用主题。所谓实题就是要标出主要的新闻事实，使观众一看便知新闻的大概内容。只用单行的主题而不用副题或引题，是因为电视屏幕的面积有限，标题所占的行数多了就会影响观众观看电视画面。

为了把标题写实，编辑要注意慎用宏观的表述。如无特殊需要，还应避免在标题中使用主观色彩浓厚的字眼，题中的判断要在正文中有足够的证据支持，避免出现孤证、过头的判断，以保持媒体的理性色彩和客观形象。

2. 宜采用“主语＋动词＋宾语”的句式

不同的句式有不同的表达效果。从理论上看，陈述句、疑问句、祈使句、无主句在新闻标题中都可以使用，而且不同的句式各有短长。例如陈述句标题严肃，有气势，缺点是平白，有时会偏长；疑问句标题更能吸引读者，但一般只适合用于报道有争议性的事件；祈使句标题能使新闻倾向表达得更加鲜明，但是新闻的客观性容易受到损害。在实际应用中，还是应该坚持多用陈述句，并且坚持多用“主语＋动词＋宾语”的句式。内容是什么就告诉读者是什么，无须哗众取宠、欲擒故纵。否则，媒体就要冒很大的风险。例如，因经常在标题中使用问句，导致新闻中的不确定性增多，这样就有可能降低新闻所报道信息的质量。

此外，标题应使用主动语态，慎用被动语态，以使新闻事实表述得更加直接、有力。

3. 标题要简洁

单行通栏标题的字数应该在9－11个字之间。小于9个字，字号自然要加大，版面留白也要加多，屏幕显得单调空洞；多于11个字，字号自然容易减小，导致标题不易引起观众的注意。

写9－11字的标题，难度体现在语言功力上。标题的语言既要求富有感染力，又要求言简意赅，通俗易明，不花哨矫饰。具体应该记住以下要点：

① 用大众的语言来写，让更多的老百姓都能读懂。为此要尽可能地运用比喻、比拟，使标题语言大众化。

② 避免使用生僻字。

③ 尽量不要出现专业性过强的词，要善于用已知的事物为桥梁，将生僻的专业词语翻译成通俗的词语。

④ 标题中应回避字数太多的人名和地名。

⑤ 严禁在标题中出现不常用或引起误解的地名简称。

⑥ 标题中的数字表达要尽量具体化，让观众容易理解和记忆。

⑦ 如无特殊需要，请不要在标题中加上时间。

⑧ 标题中严禁出现重复字眼。

4．标题中尽可能地省略标点符号

标题中尽量不要出现顿号和逗号，如果需要出现，可以考虑用空格来替代，以使版面更加清丽。标题中不宜使用感叹号，避免给人主观感情色彩浓烈的感觉。尽量不使用省略号和破折号，因为他们都需要占用两个字符的空间；尽量不使用问号，在句式本身为疑问句的时候，更应该禁用问号；除非表达反语的意义，否则尽量不使用引号。

5．标题要具有外在的形式美

标题要用标准简化汉字书写，且应排列整齐，尽量不折行，不裂句，显示出标题的节奏韵律；迫不得已转行的时候，要注意单独成行的内容要意义完整，不引起歧义。

五、编写新闻提要

（一）新闻提要与新闻回报

新闻提要是为了突出重大新闻事件、吸引观众收视而采用的一种编排技巧，既可以体现编辑意图，又可以为观众提供指导和预告。电视的特点是顺时传播，转瞬即逝，如果没有可靠的节目预告，观众将以被动态度和迷茫心情来收看电视。在电视与其他媒介，电视与电视之间的竞争还不明显的时候，观众由于没有太多的选择余地，只得接受电视的强行传播。而目前电视媒体为了争夺和留住观众，就不得不改进服务，尽可能弥补自身的缺点。而电视节目预告的节目化播出，电视新闻提要意识增强，都是电视媒体改进服务的标志。正因为新闻提要起着收视指南的重要作用，多从观众的信息需求出发选择和撰写新闻提要，就成了提高节目收视率的一个有效手段。美国的晚间新闻在节目开始和每个新闻段结束时都安排新闻提要。节目开始时，选播本次新闻节目中最重要的新闻，吸引观众收看；每个新闻段结束时的新闻提要，则强调以下新闻的重要内容，引导观众转换注意力，劝阻观众们不要在广告时段转换频道。

另一种形式的新闻提要是新闻回报。即在全部节目即将结束的时候，由播音员或主持人再播报一次全部新闻或部分重要新闻的题目，加深观众的印象和记忆。由于新闻回报带有概略重播的性质，对于中途收视的观众来说，是一种有效的信息补偿。

（二）新闻提要的写作要领

新闻提要是新闻节目的开场白，要求用简洁明快的语言把本次节目中最重要、最新鲜、最具有吸引力的内容概括出来，以突出节目重点，指导观众收视。其写作要领主要是：

1．精心选材

新闻提要的题材要选择那些对观众影响大或者观众比较感兴趣的内容，会议、生产成就和经验的新闻，若无特别的新闻价值，一般不宜写入新闻提要。

2．突出要点

“提要”，即“提取要点”。是否提取了将要播报的新闻的要点，是评价一则新闻提要的写作是否符合质量要求的关键指标。“要点”必须是具体实在的，是新闻中的精华内容，是对读者最具有吸引力的新闻要素。而那些泛泛而谈的内容，绝不是新闻提要。

3. 语言简练

新闻提要的文字不能长，许多提要就是在新闻标题的基础上略加扩展。写作新闻提要语言一定要简洁概括，要言不烦。

六、配发言论

电视新闻传播追求权威性、指导性，同时还要追求可接受性，让观众能够轻易地理解报道的内容和意义。为此，需要电视新闻编辑在适当的时候为报道配发言论或资料。配发言论就是电视新闻编辑站在电视台的整体立场上，对某一报道反映的问题直接表明观点和看法，既让观众听到电视台明确的声音，也使新闻形成正确的舆论对现实发挥指导作用。这些言论有的偏重于解释宣传某项方针、政策，配合中心工作；有的偏重于批评某种错误行为和不良倾向；有的引导观众形成积极的社会舆论，等等。无论哪种言论，都要紧紧依托于报道，从而使言论能够融入整个新闻节目之中。

读一读　议一议

美国 ABC 电视台晚间新闻的结构模式

片头，主持人开场

第一个新闻段：
- 画面精彩、重要的硬新闻
- 与头条新闻相关的背景新闻（或对重要新闻的后续报道）
- 预告以下新闻

（广告时间—1）

第二个新闻段：
- 重要性稍稍次于头条新闻的报道——国际或国内新闻
- 软新闻，或新闻事件特写
- 新闻人物或事件特写
- 预告接下来的节目，吸引观众不要走开或关上电视机

（广告时间—2）

第三个新闻段：
- 重要性稍次的国际或国内新闻
- 新闻特写、特别报道
- 已预告接下来的节目

（广告时间—3）

第四个新闻段：
- 重要性再次的社会新闻
- 较轻松的社会新闻
- 已预告接下来的节目

（广告时间一4）

第五个新闻段：● 多数是一条调查性事件特写或人情味新闻或人物特写
● 主持人道“晚安”
● 片尾：字幕

广东电视台卫星频道《财经在线》2008年8月8日节目编排

（时长：10分钟）

【正文】

各位好！今天是一个万众瞩目的日子，百年期盼，七年筹办，北京奥运会今晚8点将隆重开幕，让我们共同见证“同一个世界，同一个梦想”。今晚将从19点开始，广东卫视频道同步转播中央电视台新闻节目及北京奥运会开幕式，敬请留意收看。下面来看今天《财经在线》的主要内容。

【正文】节目导视

奥运开幕 深沪股市如何表现

奥运热情带动高清电视销售猛增

奥运特许运动服饰广州热卖

全球商业地产投资放缓 中国则仍受青睐

财经要闻：

【导语】国家信息中心今天发布“三季度宏观经济预测报告”，预计今年第三季度GDP增长10.2%与二季度大体持平：居民消费价格指数上涨6.6%，比上半年回落1.3个百分点。报告认为，三季度，国民经济总体呈现经济增速企稳、物价涨幅趋缓的态势。再来开今天深沪股市的表现。两市股指在经历上午震荡整理盘整之后，午后出现深幅下挫，深成指创出调整新低。

【正文】由于原油价格的反弹和美股的下跌，A股早盘小幅调整，但在午后股指开始单边跳水下行，市场再现非理性的抛售，沪指连破2700点和2600点关口，收盘勉强守住2600点，报2605.72，跌了121.86点，跌幅4.47%，深成指则创出8647点调整新低，收报8658.87点，跌了376.51点，跌幅4.17%。两市个股仅31家上涨，近200家个股跌停，500多家个股跌幅超过9%。

【导语】北京奥运会为国内液晶电视的销售带来井喷行情，记者从家电连锁行业了解到，广州不少家电连锁卖场7月份液晶电视的销售额同比增长幅度超过了4倍。

【正文】奥运会期间，广州大部分市民都不能亲临现场感同身受赛事，只能透过电视转播来观看，于是购买一台高清液晶电视观看奥运，成了不少市民的选择，这使得广州家电卖场液晶电视的销量大幅增长。

【同期声】苏宁电器广州天河店店长 潘湖兰

从销售数据来分析，销售上涨了450%，大部分顾客集中消费在40寸左右，价格是

7000块左右，很多顾客都急着要买，礼拜天买了，要求周一周二就要送货，礼拜三、礼拜四调试，大部分都是为了看奥运的开幕式和体育赛程，奥运给商家带来了一定的契机。

【正文】由于本次北京奥运会电视转播都将采用高清信号进行，使得全高清电视的销售比例大幅增加。商家表示，此前已经预计到奥运可能对液晶电视的销量形成拉动作用，于是在存货和备货方面都做好了准备，但销售数据还是高出了预期。店长告诉记者，随着奥运会的开幕，高清液晶电视的热销度还将继续，预计8月份的销量将维持在7月份的高位水平。

【导语】北京奥运会的热潮也带动了广州运动用品的热销，特别是一些奥运特许运动服饰，在最近一个月销售情况非常火爆。

【正文】今天《财经在线》记者在广州天河城百货五楼的运动营看到，不少市民前来购买运动服饰。据商场负责人介绍，在今年的五月，商场就陆续开辟了一些售卖奥运服饰的专柜，随着奥运的临近，整个运动营的销售量与去年同期相比上涨了12%，专门针对奥运设计的运动服饰，销售量更提升了30%以上，其中600元以下的服饰和1000元左右的运动鞋系列，因为价钱适中和具有特别意义最受消费者欢迎。而这套某大品牌推出的全球只有2008套、售价2008元的限量版纪念服，在开店短短3个小时内就售出了三套。今天是北京奥运会开幕日，对于今天上架销售的中国运动员领奖服的克隆版，更是吸引了不少年轻人的眼球。

据了解，在奥运期间，不少商家都会推出不同程度的优惠，来保持奥运相关产品的强劲销售态势。

【导语】仲量联行最新发表的全球资本流动报告显示，与去年同期相比，2008上半年全球商业房地产市场直接投资额大幅下降41%。而亚太地区仍旧保持强劲的增长态势，中国的房产投资交易量继续呈上升趋势。

【正文】

业内专家分析，尽管全球资本流动放缓，但是之前筹集的相当部分房产基金还没有完全投资出去，使得这些投资者仍然热衷在中国积极寻找合适的投资机会。

【同期声】仲量联行深圳董事总经理 珠三角区资本市场投资部主管 钟德尧

中国情况还是可以，主要是因为世界其他的欧美的投资环境比较差，但是中国还是在资本投资上面还是比较好的，中长线来看还是有个增长的势头，所以那些房地产资金还是愿意在中国地区做直接投资的。

【正文】他指出，目前由于资金紧缺的问题日益突出，本地发展商已经扭转观念积极与海外房产基金合作。

【同期声】仲量联行深圳董事总经理 珠三角区资本市场投资部主管 钟德尧

内地的发展商他是愿意开放自己，把一些项目拿出来，跟一些外国的房地产投资资金共同去发展。还有一个情况可能有一些开发商已经在募集资金上比较困难，所以他可能把现在已有的一些比较好的资产卖掉，可能也买一部分，把那些卖出去的钱拿来做它本身其他商务发展之用。

【正文】钟德尧认为，目前进入中国的海外房产基金，基本上是采取中长线的投资策略，追求稳健的收益，因此，这些海外房产基金并不会影响中国房地产市场的稳定性，反而能够提供给本地发展商一个新的融资渠道。

财经短讯：

【导语口播】

北京市劳动保障局出台通知，8 月 8 日的假期，在京企业应视同职工正常劳动支付工资。对于确因工作需要不能放假的劳动者，企业应当安排补休。2008 年北京奥运期间遇有上述类似情况的，均照此办理。接下来看其他消息。

【正文】北京奥运会今天开幕，目前，有限的团队名额已经难以满足“老广”参团观赛的需求，奥运观赛自由行成为新热点。目前广州各大旅行社都开通了系列奥运自由行线路，价格集中在 4900 元至 12000 元之间，费用包含往返机票、一晚酒店以及一场赛事。

【正文】从 8 月 8 日开始，北京出发的国内机票价格大幅走低，有些航线的机票价格甚至低于平时。其实，北京到武汉，北京到沈阳的机票最低折扣都在 2 折内；北京去海口和昆明的机票最低折扣则是两到五折不等。

【正文】全球企业对北京奥运会的兴趣超过以往任何一届，专家预计，北京奥运会将使今年全球广告市场增长 6.7%，达到 4856 亿美元，中国广告市场预计将增长 24%，达到 420 亿美元。

【导语】问：投资连线青睐自身分析人张旭晖。张旭晖你好，在奥运开幕日股市出现了大跌，这超乎了许多人的预料，对于今天的走势你是怎样评价的呢？

答：你好，对奥运行情的预测已经持续了一段时间了，但我们看到并没有一些实际的利好支持也没有看到主力机构的做多动作，所以在奥运开幕的这一天市场方面由之前的一种逐步看空赚抛导致了更多出货的一种意图，所以形成了破位的格局，那么我们说这是之前盘久之后必跌行情，这一轮的下跌展开也为下行空间的打开创造了空投情绪。

问：那么你估计在奥运期间大盘会怎样运行呢？

答：奥运行情之前的这种预期的失败对奥运这一段时间的稳定应该说很难维持，除非有利好出来，包括今天行情的出现也为短期的下行创造了条件。如果没有一个外围的因素政策支持，那么在震荡中进一步的下行估计是难以避免，但是股市自有它的规律，急跌一段时间必须会回稳和反弹，所以在奥运的后期应该会实现一个反弹。

【导语】谢谢张旭晖的分析。今晚，我们将迎来北京奥运会开幕。而在昨天下午，国际奥委会主席罗格满怀激情地说：“我们一起与北京筹备了 7 年，现在我们热切期待着奥运的到来。”节目的最后我们来听听罗格是怎么说的。再次提醒您，今晚从 19 点开始，广东卫视频道同步转播中央电视台节目及北京奥运会开幕式，我们共同期待。

【财经语录】罗格说：北京奥运会的举办对于中国有着非常重大的意义；中国对世界上大部分人来说还有一点神秘，这讽刺他们会看到这个国家有五千年的传统和文化、会看到一个非常出色的国家，这会让世界更好地感受中国的变化。

第四单元

电视新闻播出

◆ 电视新闻播出是电视新闻传播流程最后一个环节，但是在电视新闻选题策划阶段，记者和编导们就已经在考虑该选题适合制作成为哪一类新闻产品，适合以什么样的方式播出，打算在什么栏目播出，以及选择什么时机播出，等等。在采编完成之后，编导、总编室主任、新闻中心主任、分管台长们还要考虑如何对新闻进行编排，并在其后评估新闻的播出效果。因此，电视新闻的播出实际上是贯穿电视新闻传播流程始终的一个长线环节。

第一章 电视新闻播出要求

第一节 播出内容要求

电视新闻在制作过程中，报道思想、框架设计、采访摄像、编辑制作等方面有时候难免会出现一些误差，导致其内容可能偏离新闻事实，或者和原来的报道设计有了出入，需要作必要的矫正。具体方法是通过看和听，对电视节目的内容是否真实，导向是否正确，细节是否准确，图像结构是否合理，技术指标是否符合现行规范等进行检查、评估，并决定该电视节目是否可以进入播出程序。这项工作也叫审片。电视新闻“审片”还在客观上对电视新闻生产内容发挥了巨大的引导作用——引导电视媒体多制作和传播一些新闻，减少和控制另一些新闻的传播。

一、多播对观众有用的新闻

对观众无用的新闻有三大特征：一是播出内容和观众无关。不仅和观众本人的生活、工作、健康没有直接关系，和观众家人的利害得失也没有直接关系，观众是否看到了这条新闻，对其工作和生活基本没有影响。这样的新闻对观众没有知悉意义，观众当然不爱看。二是观众对播出内容看不懂。包括因为新闻的内容过于抽象，本身就不适合电视传播，观众因而看不懂。三是虽然能看懂，但是新闻的内容平淡无聊，让观众觉得滑稽好笑，进而引发观众换台的行为。

对观众有用的新闻有以下几个特征：

（一）内容新鲜

刚刚发生的事实，如果又是观众感兴趣的新闻事实，对其加以报道，尤其是进行同步直播报道，能够让观众获得强烈的新鲜感，并由此满足观众的知悉要求，这样的新闻对观众就有用。例如2009年9月20日晚8点55分，在北京奥运期间因伤退赛的男子跨栏运动员刘翔复出，中央电视台和上海本地的电视台作了同步报道，吸引了众多观众。2009年12月28日，广州地铁五号线开通，广东电视台卫星频道做了现场直播报道，因其内容新鲜，也吸引了广州本地的大批观众。

（二）信息量大

有信息，对观众就有用；信息量大，对观众的用处就大。例如凤凰卫视中文台的《凤凰早班车》2009年5月1日播出的是关于甲型H1N1流感报道，内容有以下八个片段：

- 世卫将猪流感疫情更名为“A型流感”
- 中国红十字会向墨西哥捐款对抗甲型流感
- 墨西哥首都封城5日 呼吁民众留家中
- 奥巴马访墨随行人员证实感染甲型流感
- 纽约市长预计甲型流感确诊病例将持续增加
- 美加州医院搭帐篷安置甲型流感疑似患者
- 美专家：甲型流感病毒威力不如普通流感
- 猪流感扩散 线上游戏“扎飞猪”苦中作乐

次日，凤凰卫视中文台《午间特快》又播发了“A型流感”的相关信息：

- 香港追踪酒店未返回住客 百人体检
- 香港警方封锁猪流感患者曾住酒店
- 上海追踪墨西哥航班人员 防止疫情扩散
- 沪采取紧急措施应对甲型流感疫情
- 加拿大甲型流感患者攀升 无死亡比例

5月3日，凤凰卫视中文台《晨早播报》连续推出关于“A型流感”的信息：

- 加拿大首次发现甲型流感疫情
- 世卫组织向72发展中国家分发240万剂抗流感药
- 意大利等3国新增甲型流感确诊病例
- 香港无新增流感病例 曾入住酒店继续封锁
- 港确诊甲型流感患者曾入住酒店又一住客入院
- 墨西哥人苦中作乐 黑色幽默对抗甲型流感
- 墨西哥批评中国检疫措施不公

凤凰卫视的上述报道快人一步，信息量大，观众看了就有收获，急欲了解“A型流感”发展动态的需求就能得到满足。这样的新闻自然能够获得好的收视。

（三）知识性强

知识性强的电视新闻主要集中在新闻专题节目中。例如中央电视台新闻频道《人物新周刊》栏目在2007年5月12日播出的由张泉灵和阿丘主持的《营养学家赵霖 教您“吃”的学问》知识性就很强，满足了观众通过电视媒体汲取科学知识的需要。节目内容是请卫生部的首席健康教育专家赵霖先生介绍吃的学问——讲究营养，讲究搭配，不仅吃出美味，还能吃出健康。下面是从节目中截取的对话片段，从中不难发现观众为什么会喜欢这类节目。

…………

赵霖：你看我举个例子。为什么阿丘这么矮？咱们现在好多人都希望孩子要长高个。

张泉灵：对，对，对！

阿丘：遗传，遗传！

赵霖：那么孩子要长高个，他的遗传占了多少，占70%，但你还有30%的机会，是你从食物和运动中获得的，对吧？所以孩子应该怎么吃呢？首先特别要注意的，就是孩子绝对不能性早熟，现在这种洋快餐，就这种大量的肉类，最近这个天津这个儿童院就发现，有一些小孩来看病，五岁的女孩就有分泌物，七岁的孩子，男孩就变声，为什么呢？就因为天天吃炸鸡，就是说由于他性早熟，他的骨头里就形成了骨骺线，而这骨骺线就使得他生长停滞，所以我们中国有一句话，叫欲得小儿安，须待三分饥和寒。

…………

赵霖：那么早上最好是喝豆浆，因为这个牛奶有个问题，就是喝了以后容易产生血清素，人容易疲倦。所以如果孩子今天要考试，你最好让他喝豆浆，还有一个呢，就是我觉得包括早饭，都可以给他吃一些蔬菜汁，你比如说胡萝卜。北京有一个女同志，脸上净是黄褐斑，然后我们建议，我说你早上能不能榨胡萝卜汁。后来我就出国了，后来她爱人是一个厨师，每天给她买两斤胡萝卜，先榨，榨成汁，喝了仨月，我仨月回来以后，她脸上黄褐斑全没了，她喝得很合理。后来另外一个上海的女同志也学会了，回去也喝，玩命的喝，没过几天给我打电话，说赵教授，我怎么黄了？因为胡萝卜素都是黄颜色的，你喝多了以后，这个手心、脚心就会先黄，但是没有关系。它会自动排出去，咱们现在像鸡蛋为什么特别黄，就是因为这鸡吃了这东西了，吃胡萝卜素了。那么同时呢，早上我觉得还可以适当的安排一根香蕉，因为香蕉这个东西吃了高兴，香蕉和土豆是含钾最高的食物，而钾高了对心脏有保护作用，同时香蕉里边含的纤体，它可以使人松弛，所以你们家如果你们的爱人，哪天不高兴了，你赶紧给他吃根香蕉，这个问题就解决了。再吃一个鸡蛋，我想早餐也就齐了，对吧？

…………

赵霖：为什么这孩子他死活要吃这个洋快餐，就是因为洋快餐具有强烈的成瘾性，洋快餐吃了以后，它对抗我们体内一个激素叫瘦素，这个瘦素是操纵着我们的饮食行为的，正因为它对抗瘦素，所以使得吃的人他不能控制进食量，这个孩子只要吃了一次，他肯定要吃第二次，所以这就是洋快餐一个很致命的问题。

张泉灵：那您的意思是一次都不能让他吃。

赵霖：我是这么认为，就加拿大的研究发现，洋快餐可以损害儿童，他的幼小的脑神经的通道，对智力造成永久性的伤害，我现在在北京看到很多肥胖的孩子，我就想哭，因为我没有能力帮助他，洋快餐在国际上，营销学里有两个词，垃圾食品和能量炸弹，为什么叫能量炸弹呢，这个食物它三高三低：高蛋白、高脂肪、高热量，低膳食纤维、低维生素、低矿物质，那么你吃一顿洋快餐，你获得的热量，就是你一天需要热量的下限，所以叫能量炸弹。所以你可以想象如果你们家的孩子，天天在那儿吃炸弹，这孩子能好吗？北京现在你们知道多少孩子肥胖吗？现在北京40%的儿童肥胖，洋快餐“功”不可没啊。

张泉灵：但是它有一点好。它比较干净，我有证据，我拿给您看。这是我专门研究过的，您看这是我们一块传统的桃酥，我拿一纸巾捏着它，你看，你看。

阿丘：油。

张泉灵：油吧，油吧，这油吃多了不好。你别看这炸鸡拿油炸的。

阿丘：没多少油。

张泉灵：还可以。所以我觉得吧。

赵霖：你知道为什么吧，就是说我们东西方饮食文化的差异，使得我们中国人民对于这种氢化油，和反式脂肪酸就没有概念

张泉灵：啥叫什么反式脂肪酸？

赵霖：就是说啊炸薯条，他用的油是什么油呢，是氢化油，就是起酥油，这个油怎么做的呢？就是把这个普通的植物油变成了所谓的氢化油，所以它就不容易氧化，它不会哈了，它有很好的风味。那么这个油里边呢，最高的可以含到38%的反式脂肪酸，这个反式脂肪酸是自然界不存在的，就由于这种工业文明这种方法制造出来的，普通的脂肪到我们体内，大概7天就可以代谢了，反式脂肪酸代谢的时间是51天。所以从去年开始，美国的肯德基就全面禁用了氢化油，美国5500家肯德基店全部禁用了。

张泉灵：那咱们这儿呢？

赵霖：咱们这儿还不承认有呢。那么纽约最近刚刚通过法律，纽约的几万家饭店，全部禁止含有反式脂肪酸的油，而且美国、丹麦、加拿大都对反式脂肪酸给予了非常严格的限制，现在我们还有一个大的问题，面临的反式脂肪酸是什么呢，就是蛋糕。我到北京很多蛋糕店去过，我就问，我说小姐您用的是什么油啊？奶油啊。我说能让我看看吗？啪，拿出来一看，植物奶油。

张泉灵：植物的不比动物的好吗？

赵霖：植物奶油就是氢化油，植物奶油就含有反式脂肪酸，所以幸亏咱们一年才过一次生日，否则你天天吃这玩意，你要吃多少反式脂肪酸？

阿丘：咱们市场上有没有卖这个氢化油的。

张泉灵：有。

赵霖：有的卖。

张泉灵：超市里都有。

赵霖：植物黄油，植物奶油。

张泉灵：我一直以为那东西比动物黄油好。

阿丘：好。

赵霖：这是个误区。

…………

可以确信这样的节目播出之后对观众就有用，因为节目的内容知识性很强。

二、多播对社会有益的新闻

鉴于电视媒体独特的传播特性，一些内容报纸可以做，电视却不可以做；有些现场报纸可以描绘，电视却不宜实拍。电视城乡皆宜，老少关注，进入的门槛很低，稍不注意，将对某些观众构成直接的或潜在的伤害。为此，世界各国对电视媒体播出内容的约束都较报纸的力度要大。

（一）哪些内容对社会有益

1. 正面报道

正面报道是关于建设的新成就、工作的新经验以及各条战线上的优秀人物的报道。例如第106次中国进出口商品交易会于2009年10月15日在广州开幕，电视媒体确立了本次交易会“人气回暖”的报道主题。而实际上和一年前相比，106次交易会的成交额依然是下降的，但是和2009年4月举行的第105次进出口商品交易会相比，宾客又的确增多了。在报道人气回暖和报道成交额持续下滑都符合事实的情况下，媒体选择了“人气回暖”。这就是正面报道。

正面报道有利于鼓舞社会的士气，激励观众对健康生活和美好未来的信念。作为党、政府、人民的喉舌和重要的思想文化阵地，我国的电视媒体应该坚持以正面报道为主，不断提振人民群众对生活的信心，增强观众战胜困难的勇气，指引他们看到光明的未来，满怀信心地迎接每一个早晨。

2. 传播主流舆论

我国的电视事业属于上层建筑中的意识形态领域，反映我国的经济基础和社会制度，必须坚持为广大观众服务的宗旨，积极传播主流舆论，成为引领社会、稳定社会的重要工具。中央电视台“2006十佳栏目”评选首次采用了绿色视听率概念，综合节目视听率以及社会公益性两方面因素，最后评出《新闻联播》、《焦点访谈》、《百家讲坛》、《今日说法》、《天下足球》、《第一时间》、《海峡两岸》等栏目为十佳栏目，显示了我国的电视节目虽然重视收视率，但始终坚持把社会效益摆在第一位的立场。

3. 具有理性、建设性

电视新闻并不忌讳报道“负面”的内容。有些舆论监督类的批评性报道播出后，既能够促进当事人的反省，又能够引起相关部门的注意，还动员了社会舆论对不良现象形成强大的压力，对推进社会进步有积极的意义。但是，批评性报道也一定要有理性、建设性的内容。其目的不应是为了招引观众来看“官腐民败”的“事实”，而是动员舆论帮助寻找克服某些不良现象的途径、方法。为此，批评性报道一要保证真实、准确，二要积极摆事实、讲道理，查原因，求对策，而不能让精英意识、权力意识、无冕皇帝的意识肆意膨胀，以免在报道中以救世主自居，讽刺挖苦、指手画脚一番了事。

（二）哪些新闻对社会无益

有些内容对社会不仅无益，甚至有害，不应在电视新闻中加以传播。例如：

1. 内容虚假

那些编造的、甚至导演的“新闻”，毫无疑问都是对社会无益的。例如，鲁珀特·默多克新闻集团麾下的英国天空电视台24小时滚动新闻频道2003年3月31日至4月1日一直在播放一组令英国民众十分自豪的电视画面：英国皇家海军最先进的导弹核潜艇“卓越号”犹如一条水中蛟龙，耀武扬威地航行在伊拉克附近的深海之中。艇里的官兵们在接到向伊拉克境内的目标发射导弹的命令后，以最快的速度做好导弹的发射准备，装弹、发射一气呵成。只见一枚枚威风凛凛的导弹蓦地从潜艇发射舱中弹出，刹那间跃出海面，拖着长长的火龙飞向预定的目标！这一蔚为壮观的景象在伊拉克战争正酣之际令许多英国民众感到欢欣鼓舞激动万分。不幸的是到了7月16日，天空电视台的主管突然接到英国《卫报》打来的一个令人不寒而栗的电话，称该报从英国广播公司BBC的一位摄影记者那里获悉，该台播放的那组潜射导弹的画面纯系伪造。BBC的记者告诉《卫报》称，天空电视台的摄影记者在拍摄英国皇家海军“卓越号”时，本人就在他身边。实际的情况是：拍摄时，那艘核潜艇根本没有出海，更没有在水下行驶。

现年40岁的詹姆斯·福朗是一位已效力天空电视台10年的老资格摄影记者。对于BBC记者的指控，该台负责人起初认为BBC长期以来一直是天空电视台的竞争对手，两台在报道伊拉克战争风云方面争夺十分激烈，会不会是BBC出于同行的妒忌而故意找茬儿呢？天空电视台首先向英国国防部询问了那段时间该艘核潜艇的所在位置，它是否参与了对伊拉克的军事打击。英国国防部立即作出回答，当时那艘核潜艇停在某个港口休整，因此，根本谈不上参加对伊的导弹袭击。之后，天空电视台主管又找来福朗和他的搭档路西·查特，对情况进行对质。福朗立即承认这是他自己的一念之差，将静态的核潜艇与英国国防部下发的其他潜艇游弋大海的录像资料以及图书馆中的图片资料进行了编辑和整合，最终炮制了那组英国人家喻户晓的核潜艇从水下向伊拉克发射导弹的假新闻。①

---

① 参见《英天空电视台记者造假 拼接画面报道伊战新闻》新华网2003-07-21 11:21:56，http://news.xinhuanet.com/newmedia/2003-07/21/content_985339.htm。

类似的假新闻不仅国外有，国内也有。它欺骗舆论，挑战正义，对社会的危害极大，必须坚决反对。

2. 伤害当事人且与维护社会公益无关

有些新闻貌似伸张正义，却挑战了社会公理，对无辜者构成了伤害，对社会的健康和公益也有害无益。例如在2010年初夏，深圳富士康科技集团连续发生多起员工跳楼自杀事件，一些媒体把报道的重点放在了跳楼记录的创新上，“第三跳”、“第七跳”、“第十三跳”之类的语词频繁见于报端、屏幕。这样的报道无论对生者、死者、还是社会，都是无益的。

曾经担任过几任美国总统的高级顾问和国家安全事务助理的布热津斯基在充分注意到电视的吸引力和影响力的同时，断言“电视——大众文化的主要提供者——越来越把幸福生活的定义说成是更普遍地获得商品和立即得到自我满足。乌托邦的狂热就这样被欲壑难填的消费挥霍所取代。”布热津斯基认为：“西方的电视逐步地越来越成为感官的、性的和轰动性的。”“电视在破坏代代继承的传统和价值观念方面起了特别大的作用。电视的娱乐节目——甚至新闻节目——都拼命渲染现实，使之产生脱离道德支柱的有新奇感的刺激，同时把物质或性欲的自我满足描绘成正当的，甚至是值得赞扬的行为。”①

新闻的传播要有情感的参与。情感因素是新闻报道中既独立又融合的构成因素。独立在于它可以传递相对完整而个体的信息；融合在于它渗透在报道的每一个环节。电视新闻有声有画，为情感表达提供了理想的平台。任何一个电视画面，任何一个电视声音，都可以传递情感的因子。正因为如此，电视新闻节目在表达媒体情感的同时一定要注意不要伤害了无辜者的情感，不要用预期理由，不要用“可能”存在的事实去迫使当事人就范。即便为了维护社会公众的利益而需要对某些行为加以谴责，也要注意维护当事人的人格权益，在构建有效沟通模式，建设和谐社会方面，电视媒体应该为全体社会成员做出榜样。

3. 播出时机不当

对社会有益的报道是最有适宜性，即最适合时势和情势需要的报道，否则，于社会就可能有害而无益。播出时机不当的电视新闻节目通常有三种表现：一是时机不适宜；二是对象不适宜；三是情感不适宜。例如，一些法制新闻恶意炒作案件，或是在案情尚处在侦察阶段的时候就先期进行媒介审判，导致报道时机不适宜；在教育类新闻和面向青少年的对象性节目中播出血腥、恐怖的特写画面，导致对象不适宜；有些电视台唯收视率是从，新闻栏目也一味迎合部分观众的低级趣味，造成节目的低俗、庸俗、媚俗，导致情感不适宜。

不适宜报道的内容被电视新闻传播出去之后，其危害往往让传播者始料不及。解决适宜性问题关键是要求记者、编辑要增强政治意识和全局观念，处理好电视新闻报道内容“抢”和“压”的关系。

---

① 参见［美］兹比格涅夫·布热津斯基（Zbigniew Brzezinski）：《大失控与大混乱》，中国社会科学出版社1995年版。

三、多用观众喜爱的形式播报新闻

新闻节目的传播效果不仅和新闻的内容有关，也和播报形式关系密切。观众对电视新闻的一般要求是报道内容真实、新鲜、公正，报道角度多元，同时还要求播报形式丰富多样。播报形式僵化，将直接影响新闻的传播效果。例如，时政新闻往往涉及关乎国家前途命运的大政方针，如重要的会议、党和国家领导人与外国来宾会见等，这些题材都会有很多信息，并会对社会生活产生影响，观众对这类新闻本应有较强的兴趣，有关方面也希望通过媒体向社会宣传此类内容。但是单调的形式却常常淹没、干扰了那些重要信息的传播。在报道中不能很好根据媒介特点采访、加工信息，在新闻中看不到人的思维、感情，听到的是不易懂的书面语言以及虽没什么错误但也没有什么特点的句子，且画面又单调乏味。这样的新闻让观众感到与自己的关系不大、距离太远，观众因而很难喜欢。

从收视反映看，电视媒体在新闻播报形式上最需要在两个方面做出改进，以满足观众的收视需求：一个是努力加大现场直播报道新闻的比重；二是进一步形成多样化的新闻播报风格。

电视新闻传播最有魅力、最受观众欢迎的还是现场直播报道。现场直播报道是电视记者在新闻事件现场面向观众做出的实时报道。典型的现场报道是记者在新闻事件的现场，手执话筒，面向观众，在镜头前对事件做简要的介绍，随后转入事件现场让观众观看真实情景，最后又回到记者对事件的简要归纳或评述。现场直播报道时效性强、信息量大。由于是直播，传播者带领受众同时介入了现场，通过电视视听兼备、声画同步的优势，使观众产生强烈的现场感和参与感，获得了真实的现场感受。因此，直播最能体现、发挥电视传播的特点和优势。

以往人们普遍认为的电视直播仅仅是体育比赛。从 1998 年起，中央电视台开始不断扩展各项直播报道的领域，中央电视台 2 套的《证券时间》，每天通过先进的直播卫星设备将演播室、上海证交所、深圳证交所等联系起来，虽然传送的信息较单一，但已使受众能第一时间接受最新的信息。本世纪以来，直播节目渐渐从专业报道、特别报道向常态报道转变，组织水平也逐步提高。虽然纯粹的电视新闻直播报道在我国还不普遍，只在一些重大题材的报道中采用，但是直播新闻节目的发展速度依然令人振奋。

1998 年 4 月 1 日，凤凰卫视早间新闻节目《凤凰早班车》开播，节目采用了“说”新闻的传播手段，逐步被观众接受和喜爱。说新闻最大的特点在于主持人以半口语化的方式播报新闻。半口语化是介于播新闻与口播主持之间的新闻播报方式，更强调交代新闻的主旨，同时又没有其他口语节目主持的随意性，而是在保证新闻事实真实性的基础上亲切、自然、通俗地叙述新闻事实。说新闻的表达形式淡化了传媒高高在上的形象，改善了电视媒体和观众之间的关系，是值得继续加以完善并适宜在相应的新闻播报中积极采用的传播模式。

读一读　议一议

意媒体刊发戴妃临终照片

本报综合报道　英国媒体昨日报道说，7月13日，意大利杂志《Chi》和一份报纸《Corriere della Sera》分别刊登了英国已故王妃戴安娜出车祸后的照片，英国人愤怒了。

不成文“禁令”被打破

1997年8月31日，戴安娜和她的男友多迪乘坐一辆银色马赛地轿车，在巴黎出了车祸，二人和司机亨利·保罗都未能生还。

一张黑白照片显示，戴安娜受致命伤后躺在那里，头偏向一边，医护人员正给她戴氧气面罩；《Chi》杂志还刊登了一些关于戴安娜去世后伤口解剖的图片。

关于这些照片，在国际媒体中有一条不成文的“禁令”，但意大利媒体打破了它。在此之前，这些照片从未在欧洲媒体刊登过，只有美国哥伦比亚广播公司（CBS）曾公开过类似照片。

这些照片来自一本新书的插图，该书的素材取自法国对戴妃之死的调查行动，作者是法国犯罪小说作家吉恩·麦克尔·卡拉蒂奇，将于本月末出版。卡拉蒂奇也认为，戴妃车祸的照片是“骇人的”，“不适合出现在公共领域”。

“太恐怖了！”

英国《太阳报》昨日大标题是“可耻（Shame On You）”。该报说，戴安娜去世即将满9周年，对她的孩子威廉王子和哈里王子来说，这是很大的打击，据说他们二人获知后感到“惊骇和厌恶”。

英国王室拒绝发表评论，但《太阳报》援引王室消息人士的话说：“这是骇人听闻的消息。但是从法律上来说，现在要阻止这些照片公开，没有什么能做的了。”

多迪的父亲法耶德说：“生产这种卑劣印刷品的人，丧心病狂地捞钱，给自己带来了耻辱。我既难过又气愤。”

美国有线电视新闻网报道说，王室传记作家潘尼·朱诺怒不可遏：“这真是毫无品位。如果一个人的母亲已经离世，谁愿看到这样的照片？太恐怖了！我难以相信有人这么做。”

英国《镜报》说，《Chi》杂志和同样刊登了这些可怕图片的西班牙杂志《Interviu》，很快就要在英国上街了。《苏格兰人》报称，英国媒体强烈呼吁抵制《Chi》杂志。

（摘自2006年7月15日《南方都市报》）

第二节　播出技术要求

电视新闻节目的质量要求不仅包括内容质量的要求，还包括播出技术质量的要求。技术质量是指观众接收到电视信号的物理质量。技术质量是由许多因素决定的，这是因为电视节目从录制、编辑、播出、传送到观众的收视要经过许多环节。

电视台进行电视节目的技术质量评价一般从两个方面入手：一是根据客观的物理量指标，即对播出节目的信号抽样进行物理量测量，根据国家广播电视技术标准要求进行合格率检验；二是由技术专家从电视音频视频信号的技术指标角度对电视节目进行主观的技术评分，例如中央电视台就规定所有的电视节目在播出之前都要进行技术审查，以确保播出质量。许多地方电视台也同样有类似的规定。在播出片子的技术审查中，对新闻节目的审查最为严格。

播出之前的技术审查主要由审片人和技术部门来执行，但是审查中发现的问题，依然要由采访、编辑部门来承担。因此，节目技术质量的提高不仅仅是技术部门的事，采编播人员在新闻的采编制作阶段就必须要树立技术质量意识，自觉执行正确的工艺流程，建立和健全技术审查和监督机制。

一、一般技术要求

电视新闻节目必须严格按规定录制，幅度、电平必须达到规定的技术指标，节目引带、正式节目和带尾的幅度、电平都必须要达到播出标准。例如，图像中不能出现彩条和彩底；不能有明显的杂乱信号以及闪烁、掉色、拉道、拉毛、波纹、花屏、马赛克、不同步等；磁迹不可中断、不可偏磁；声音要清晰，不可有失真现象，不得有噪声干扰；时间码要连续，并在引带彩条信号开始点置零。

电视节目的技术质量既受设备因素、操作因素的影响，也受选题因素和编导因素的制约，还和制作人员的工作态度有关。硬件设备齐全了，还需要技术人员认真调整，以便使所有设备和电视系统的各项技术指标达到正常。有了质量意识、精品意识，还要严格按技术标准和规范去操作。

电视媒体有新闻节目录制技术质量考核机制。有的电视台在审片时将电视新闻的技术质量分为 A、B、C、D、E 五个等级。多了不利于拉开差别，少了很难对记者的能力、责任心和片子采制过程中记者付出的劳动做出准确评价，创造了很好的经验。5 级中 A 级和 E 级位居两头，大部分节目属于中间的三个等级的水平。重大报道、重要动态消息和社会新闻的优秀片可以定为 B 级；一般性消息定为 D 级；B 级片中做得不好的下降一个等级到 C 级去，D 级片做得好、做出新意或有突破的则可提升一级到 C 级来。A 级和 E 级主要起调节作用，有 A 则奖，评 E 则罚。

二、画面质量

电视新闻播出画面质量的基本要求是清晰、完整、稳定。具体评价指标有客观测量和主观评价两类。画面清晰度、有无杂波和干扰、亮度层次、彩色保真度等，都是重要的观测内容。为保证画面质量，需要在以下几个方面着重努力。

1. 保证信号源质量

在前期录制中，影响电视节目技术质量的首要因素是摄像机。摄像机技术状态不佳，信号源的质量不好，技术人员在后期节目制作中无论如何努力也无法完全补救。

摄像机拍摄前不仅需要自动调整黑、白平衡，还要对光圈、底电平进行手动调整，进行伽玛校正、轮廓校正、拐点校正及白切割校正等。调整黑、白平衡是为了保证摄像机红、绿、蓝三基色电视信号分别在传输黑电平和白电平信号时具有一致性，以防止彩色失真。节目开拍前还需要对所有摄像机做统一调整。拍摄中摄像人员在注意光线运用、构图、曝光、同期声录制的同时，还要注意根据不同的拍摄场景调整不同的拍摄参数。

为了制作出达到播出要求的视频信号，技术人员要在电视节目制作系统中使用专门的设备实时监视和控制摄录的视频质量。例如使用波形监视器采用图形方式来测量并显示其视频亮度等级，使用矢量示波器实时监测视频的色度信号。视频信号的最大和最小幅度应时刻控制在限定范围内，以保证电平不超标，保证画面的彩色平衡、对比度和亮度。在新闻节目编辑中，技术人员要认真地对白平衡、黑平衡、底电平、视频幅度进行调整，使视频信号的幅度保持正常，以确保录制电视图像的技术质量。

2. 合理布光

灯光是无声的语言。拍摄人员应知道电视技术标准，把光照度控制在摄像机需要的光比范围内，并保证整个场景光照度平衡。拍摄人员还要善于用色相的饱和度和色相与色相之间的明度差，体现照度的落差变化，来表达场景中的层次。

拍摄人员应紧密配合，对每个节目的灯光进行细致研究，并采取相应对策。例如面光不够会影响人物的肤色，太强又易超幅；不适当的效果光加到脸上看起来会感到不舒服；同色的光打在服装上会使清晰度下降；背景光弱容易造成色度超标，高饱和度的黄色、青色容易使色度超标；电脑灯一晃，视频幅度就超标，而色灯一照，色度就高。对此应该早做预案，科学应对。面光、顶光、侧光、逆光、背景光、追光、色光、电脑灯、激光灯都具有直接参与画面构图的功能，正确运用这些光可以强化新闻主题的表达，烘托电视画面的整体气氛，但运用不当则会对报道的真实性、客观性造成损害，需要准确把握。

3. 注意细节

在节目制作中应严格执行操作规程，前后期视频和音频技术人员每天要对每台设备做使用前的检测、维护，并应定期对所有前、后期设备进行保养，使所有设备能够保持在最佳状态。

三、声音质量

电视新闻中的声音包括人声、音乐和音响，是电视节目中不可缺少的信息之一。声音质量的主观评价指标包括音量、音质、声音协调、艺术效果处理、制作技巧和整体效果。一般按照有关技术标准，使用声音信号监视器等设备对声音信号质量进行监视。

为了保证声音质量，拍摄中应熟练掌握各种音频设备的特点、性能、功用，并在视频和音频的采录、制作、播出过程中严格按照声音制作的技术参数来录制声音。前期声音录制时话筒的选择、话筒的摆放、音量的大小、音质的好坏，都直接影响现场录音质量，并决定后期制作的质量。

声音质量的主观评定是对电视节目磁带中正式节目的主声道声音质量进行评定。评定标准参照国家广播电影电视总局 GB/T 16463—1996《广播节目声音质量主观评价方法和技术指标要求》。有些电视台根据声音质量主观感觉的综合优劣和声音质量受损程度，采用5分制对电视节目磁带的声音质量进行评分，有一定参考价值。声音质量极佳，无可觉察的失真和噪，5分；声音质量好，仅出现短暂的不明显失真或噪声，4分；声音质量一般，偶尔有明显的失真或噪声，3分；多次出现明显的失真或噪声，2分。

四、其他技术问题

后期制作人员从保护带、引带、正式节目到带尾的制作，以及声道的分配、对电平的要求等方面，都要严格按照国家广播电影电视总局颁布的标清和高清节目的录制规范操作。

后期制作领域中软、硬件系统的种类都非常多。不同硬件支持下的编辑系统所用到的素材格式、操作方法都不太一样，相互之间一般无法直接共享素材，如何在各编辑制作系统之间高质量地传递素材是保证节目质量的一个关键。

除了按技术标准和技术规范为节目部门提供服务外，技术人员还必须监督节目部门在节目制作过程中技术标准和技术规范的执行情况，并注意引带、片头片花、夜景超标、色度超标、插播广告等几个小问题。

读一读　议一议

电视新闻采制传输的装备与技术

一、摄像机的发展

早期的电视摄录机以电子真空摄像管作为摄像器件。电子摄像管在工作之前必须进行预热，而且时间稍长工作状态就容易发生漂移。同时，这种电视摄录机非常笨重，不易携带。后来使用16毫米电影摄影机拍摄新闻，但拍摄时间短，拍摄的素材需要经过冲洗、剪接后才能使用，很难保证新闻的时效性。发展到今天，情况则有了翻天覆地的变化。

（一）从扫描圆盘到飞点扫描器

1884年，德国学生 Paul Gottlieb Nipkow 设计出一个系统，其核心装置是一个扫描圆盘，后来被称为 Nipkow 盘，盘上呈螺旋状排列着几十个等间距的小孔。圆盘高速旋转后，图像被分解为一个个像素并逐次传递，实现了图像的串联传输。

此外，一种被称作飞点（flying spot）的方法也曾用于电视节目制作。飞点法要求被摄者处于全黑的演播室中，而后用一个很窄的光束去照射，在被摄物体上形成一个亮点，光束通过旋转的 Nipkow 圆盘，即可实现由左至右、由上及下的有规律的飞点扫描，频率可超过16次/秒。“扫描”技术为后来的电子影像以及当代投影技术的发展奠定了基础。

（二）从真空摄像器件到固态影像传感器

1927年，美国发明家Philo Taylor Farnsworth演示了他的全电子电视装置，并申请了专利。该装置利用了一种称作光电析像管（image dissector）的器件来采集影像，但由于灵敏度较低，不适合电视广播，而主要用于胶片扫描。同年，美籍俄罗斯发明家Vladimir Kozmich Zworykin改进了Farnsworth的设计，发明了映像管（Iconoscope），并在1931年申请了专利。该映像管更容易制造，其灵敏度约为析像管的1000倍，清晰度也大幅提高。

1938年，美国无线电公司（RCA）的Harley Ambrose Iams与Alberts Rose开发了正析摄像管（orthicon），并在1940年开始用于电视广播。几年后，超正析像管（image orthicon）又出现了，其灵敏度高，采集的图像精细自然，后来被广泛使用于早期彩色电视摄像机中。

1950年，视像管（Vidicon）诞生，这是一种以三硫化二锑为靶面材料的电荷存储型摄像管，容易产生视像管颤噪现象（vidicon microphony），但与超正析像管相比，成本较低，便于大规模生产与普及。20世纪70年代末，采用小型视像管的消费用摄像机开始出现。

摄录一体机的出现对摄像机的体积、质量、功耗等都提出了更高的要求，也正在此时，固体影像传感器走进了人们的视线。1969年，贝尔实验室的Willard Boyle与George E. Smith发明了CCD（电荷耦合器件）。CCD是积蓄电荷并进行内部转送的一个半导体元件。在此后的30余年时间里，CCD的结构设计与生产工艺也得到了长足的发展。

实际上在CCD诞生之前，互补金属氧化物半导体（CMOS）就已经出现了。现在，CMOS已经成为制造集成电路的主流技术。此外，随着影像采集设备对体积、质量、功耗、速度、成本等不断提出新的要求，使用CMOS技术制造固体影像传感器也已经成为一种趋势。

（三）从黑白到彩色

真空与固体传感器都只能感应光的强弱，因此，早期的电视摄像机都是黑白摄像机。后来，在颜色科学与电子技术基础上，摄像机普遍采用二色性的滤光片（dichroic filter）或三色棱镜（trichroic prism）将来自镜头的自然光分解为红、绿、蓝三种基色，分别进行感应或处理，获得了相对准确的色彩还原、较高的光能利用率与较高的清晰度。但成本高，难普及。后来，索尼公司设计了采用电子指引相位分离方式的彩色摄像管，使用垂直排列的红、绿、蓝三种彩色条纹滤色器，在光学上实施了彩色编码。进入固态摄像器件时代，单片CCD或CMOS上都可以附加一层滤色矩阵（CFA），实现了比较理想的色彩还原。

（四）从模拟机到数字机

20世纪90年代前，绝大多数摄像机都是模拟摄像机，即模拟处理、模拟输出。随着数字图像处理算法、数字图像处理技术以及半导体芯片的进步，加之ITU-R601等标准的逐步推广，数字处理、数字输出的摄像机渐成主流。除了极小一部分不便于采用数字处理的步骤，现在的摄像机产品已将大部分处理工作集成到一枚专用芯片（如ASIC）中。而且，数字处理不仅可以抑制噪声的干扰，更可以实现许多模拟处理无法完成的工作。目前，部分高清摄像机产品的数字处理精度已达到14比特。1984年，日本索尼公司开发出了高清晰度摄像机。

二、非线性编辑系统

传统的线性编辑系统以磁带为存贮介质，素材的搜索和节目的编辑必须按照一定的顺序。线性编辑系统可分为一对一系统、二对一编辑系统、多机编辑系统等。一对一编辑系统是最简单最常用的编辑系统，由一台放机、一台录机、一个编辑控制器和相应的两个监视器组成，能够完成镜头之间的直接切换。二对一编辑系统除了具备直接切换的功能外，还可以实现特技切换和字幕，它需要两个放机和一个录机，如果要做特技，还需要一个特技切换台，如果需要配字幕就再要增加字幕机。多机编辑系统则可以实现全自动编辑。线性编辑系统局限性很明显，操作机器的功能比较单一，此外，在磁带上必须由头至尾按照顺序制作节目；在制作复杂效果时，如果要用到同一条素材，就需要将其复制多次；磁带本身容易受到外部损伤，磁带的损伤也就造成了画面的永久损伤；受到放机和特技机的限制，当制作复杂效果时，多版制作使效果的精确度受到了限制。

在数字电视阶段，出现了改变电视节目制作方式的非线性编辑系统与非线性编辑网络。非线性编辑指的是可以对画面进行任意顺序的组接而不必按镜头稿本顺序编辑影视节目的方式。非线性编辑系统有一台录像机和具有非线性编辑功能的计算机（非线性编辑机）组成，集录像机、切换台、数字特技、图文创作系统、三维和二维创作系统、多轨录音机、调音台等一身，避免工作时的重复换位、重复设置等问题。非线性编辑机实际上就是一台专用的多媒体计算机。录像机负责素材的上载和下载，其余编辑工作则完全由非线性编辑机来完成。如果素材是以数字的方式存在存储器上，非线性编辑机只需要用网络方式与该存储器连接即可，连录像机也不需要。在非编系统中，编辑者可以随意修改编号的节目而不会影响到原素材的质量，可以随意添加和修改各种数字特技和字幕，它使编辑者更能发挥创造性。

非线性编辑系统的工作过程大致是这样的：它首先对输入的信号进行模/数转换，即将视、音频信号经过模/数转换接口、视频卡、音频卡转换成数字信号，然后利用多媒体软件对这一数字化的视、音频信号进行交互式综合处理，包括非线性编辑和各种特殊效果处理，节目完成以后，可经数/模转换接口录制到录像带上或者以数字化格式存储在硬盘上。

非线性编辑系统的优点是：

① 非线性编辑系统把众多设备的功能集合在一台计算机中，以板卡形式实现，外部只需要一台录像机、一台彩色监视器即可。与传统的线性编辑系统相比，它可将设备减至最少，从而改变了过去庞大、复杂的设备连接方式。系统高度集成化，既降低了设备投资，又减小了由于设备之间连接所造成的图像信号衰减和系统故障，并且图像信号损失小，系统运行费用低，可以实现资源共享。

② 非线性编辑系统采用硬磁盘为记录载体，它的记录检索方式为随机存取，利用时间地址码检索，节省了卷带时间，提高了编辑速度，使声画对位准确，节目编辑精确度高、编辑修改方便、特技效果丰富多彩、节目制作手段多样灵活。

三、电视信号传输技术

用于电视节目信号远距离传输的技术主要有三种：微波传输、光纤传输和卫星传输。

（一）微波传输

微波的波长范围为1m~1mm，对应频率范围为300MHz~300GMHz的电磁波。微波用于传输电视信号具有如下特点：

1. 频带宽、通信容量大

全部长、中、短波段的总频带不到30 MHz，而微波段的频带几乎是前者的104倍。占有频带可以容纳的信号路数越多，载频越高，绝对通频带越宽。例如，当载频为3GHz时，若相对通频带为1%，则绝对通频带可达30 MHz。

2. 直线传播与定向收发

微波是波长很短的无线电波，类似于光的传播特性，在自由空间沿直线传播。微波的绕射能力差，只能在视距内传播，传输距离在几十千米以内。如果要实现远距离传输，则需要进行中继放大。由于微波波长短，所以要有抛物天线，以收到增益高、方向性强的效果。

3. 投资小

微波传输与同容量的同轴电缆相比，图像质量相当，但初期投资小，建成速度快，特别适合用于不易架设电缆（光缆）地区的电视信号传输。

（二）光纤传输

光纤的传输以光缆为介质，以光波为载体。① 光纤传输最初被运用到通讯领域，随后进入广播电视业。近年来，有线电视系统中普遍采用光缆、同轴电缆混合传输的结构。电视信号通过光纤传输，其优越性主要表现为传输信息量很大，传播的质量高、距离远。一根光纤的潜在带宽可以到达20THz，这个数字意味着只需要一秒钟的时间，就可以将古今中外全部文字资料传送完毕。同时，光纤是一种耐高温、不怕核辐射和耐锈蚀的材料，在传播过程中的保密性能好，信号干扰小，损耗非常低，是非常理想的材料。但光纤传播技术存在着安装难度，光纤制造费用和维护费用高，构建运输线路的成本高、周期长等不利因素。

（三）卫星传输

卫星通讯是指地球站之间的无线电通讯是利用人造卫星的信号转发来实现的通讯方式，是第二次世界大战之后发展起来的传播技术。② 电视信号卫星传输的途径是：地面上行站把无线电磁波信号发射到处于太空中的通讯卫星，卫星在空中把地面上行站发送上来的信号经过处理并放大后，再反送到地面接收站。地面接收站接收了卫星传送来的无线电波信

---

① 1966年，高锟发表了一篇题为《光频率介质纤维表面波导》的论文，开创性地提出光导纤维在通信上应用的基本原理，描述了长程及高信息量光通信所需绝缘性纤维的结构和材料特性。2009年，高锟因在“有关光在纤维中的传输以用于光学通信方面”取得了突破性成果而获得了诺贝尔物理学奖，被誉为“光纤之父”。

② 卫星通讯涉及到地球上行站、通讯卫星和地面接收站三个环节。其中，地球上行站和地面接收站都可以统称为“地球站”。地球上行站，就是指发送无线信号的发送起点；通讯卫星，就是指在太空中接收这些无线信号的卫星；地面接收站，就是指接收由通讯卫星发送过来的信号的接收点。

号后，经过放大和适当的处理转换成广播电视上的图像和声音，这样就实现了远距离的电视信号传送。

用卫星传输电视信号有很多优点。首先，卫星传输技术的通讯距离远，通讯覆盖面积大。一颗静止的通讯卫星能覆盖地球总面积的40%左右，在此区域内的地球站都可以利用卫星转发信号通讯。其次，卫星传输信号的灵活性比较大，只要在卫星的覆盖范围内，不论是地面、海上，还是丛林、高山，每一个角落每一个地点，都可以接收到卫星转发的信号。只需要一颗卫星，就可以把信号提供给四面八方各个地球站，使得信号得到有效的传播。再者，卫星通讯容量大，传输质量高，且通讯成本与通讯距离无关。同时，卫星通讯可以很快建成。因此，对于长距离的信号传播，甚至是边远的地区，卫星传播信号都非常有优势。

卫星传播技术也有一些不足。突出表现在卫星是由许多非常复杂的零件组成的，每一个零件都可能发生故障。一旦出现了故常，出于太空的卫星难以被修复。每一个零件部分的失灵，都会导致整个卫星失去功效。卫星传播的整个系统的技术比较复杂，需要有先进的空间技术和电子技术，才能很好地运用到卫星传播系统中。此外，卫星的信号传播具有较大的传输延时。

第三节　播出安全要求

电视节目播出是节目系统中重要的输出环节。节目制作完成后，要通过播出环节的管理操作，进行节目审查、节目播出编辑、节目宣传，并按排定的节目表发送节目，供观众接收。播出环节是电视台节目系统与外部社会联系最直接的纽带。播出系统也是广播电视系统“守土有责”的最后一道关口，因此必须确保播出安全。提升广播电视安全播出与安全保障能力，一要加强安全播出调度指挥机构的建设；二要调整安全播出管理方式，完善安全播出应急预案和应急协调方案；三要加强安全播出技术措施和基础设施建设，提高抗干扰能力。

一、严格执行播出管理制度

新闻中心或新闻频道、栏目要保证传播的新闻节目坚持正确的方向和严正的立场，避免不符合国家政策、法令以及低俗、不健康的内容出现。为此，必须建立节目播前审查制度，以保证节目内容安全。

（一）严格审片制度

严格执行组、部、台播出节目的三级审片制度，坚持重播重审。选题重大的片子应送分管台长审定，把握不准的内容要报上级宣传部门审查。

一般应采取分类审片制度。自办节目由分管新闻工作的副台长或其委托的人主审，总编室主任、该节目所在部门主任、该节目制片人、责任编辑参与播出前审查。直播节目应该在具体节目直播之前将策划方案、节目结构、主要内容、谈话提纲等文字材料报分管新闻工作的副台长审查，报总编室主任和节目所在部门主任备案。特殊情况下，需要请有关部门人员亲自审查。

日播类节目由制片人根据当天节目完成时间等情况，提请主审人和参审人到审片机房审片，并根据主审人的意见安排编辑或对节目进行修改，或在主审人签字同意播出后将节目上载到播出线。

直播类节目应该在播出一周前，由制片人或部门主任将有关文字材料送主审人和参审人审查备案，由主审人确认。节目直播时，主审人或参审人应该在直播现场进行监督。

审片时应依据中华人民共和国宪法及有关法律、法规、政策，依据中共中央宣传部、国家广电总局关于新闻、电视节目制作播出、电视工作人员行为等规范性文件，对电视新闻片的播出安全作出判断。审片时的主要责任由主审人承担，次要责任由参审人共同承担。

审片中需要“审”的主要内容是：

① 节目内容是否符合党的路线、方针、政策；

② 节目内容是否有利于安定团结；

③ 节目内容对敏感话题的处理是否得当；

④ 节目内容是否有不良导向；

⑤ 节目内容是否适应时代的要求；

⑥ 节目内容是否为观众所需要；

⑦ 文艺性节目内容是否健康有益，有关的镜头表现是否适当；

⑧ 节目的技术标准是否符合有关规定。

审片由总编室制作统一的“节目审查登记表”，作为登载审片意见的档案，留存备查。“登记表”应该有节目名称、播出日期、制片人、主创人员、责任编辑、主审人、参审人、审片意见等主要内容，发各节目部门使用。主审人和参审人在审片后均应该在“节目审查登记表”上签字确认是否同意播出，参审人可以签署与主审人不同的意见。

（二）建立健全资料带管理制度

未经审查或审查不合格的资料带不得带进节目库。严禁播出未经审查的境外节目，严禁传输境外卫星节目。用子带播出的，播完后的播出带必须放回磁带库保存。

（三）完善播出环节的技术调度管理

加强播出环节技术保障，各环节都要明确责任，紧密衔接，相互呼应，协调一致，严格操作规程。播出过程中必须坚守岗位，严格机房管理。严禁无关人员进入机房。严禁播出线路与非播出线路混合使用。杜绝非播出节目信号进入播出通道。

严格执行重大播出事故报告制度。发生重大播出事故的台，应在事故发生后48小时之内经上级主管部门报省级广播电视行政部门。省级广播电视行政部门应在三日内将事故的详细情况报国家广播电影电视总局，并将处理结果及时上报。

二、现场直播安全

直播与录播是两种最基本的播出方式。录播的时间比较充足，尤其适合在非事件性新闻报道中采用。例如在专题性新闻节目、深度报道和新闻评论等追求深度和质量的新闻节目中，采用录播可以为采编人员提供从容制作的时间，节目质量和播音的质量都有了时间保障。但是，最能体现电视传播优势的还是现场直播。

（一）从直播到录播再到直播

早期的电视由于技术条件的限制，只能选择直播的播出方式。在设备条件不完备、操作规范不健全的情况下，早期的直播优势往往被频繁出现的混乱与故障抵消了，电视新闻节目的制作成本和生产效率受到了严重的制约。在美国，直到1953年前，“80%的电视网节目是直播，因而错误频出：演员忘了台词；‘尸体’爬起来走出景外；一位舞台人员跨出窗户——在剧中这扇窗户位于25层高楼上。”[①] 这对电视新闻的形象，尤其是新闻的真实性、可靠性，无疑是一个损害。

随着电子录像技术的成熟，录播终于日渐取代直播。1956年11月30日，美国哥伦比亚广播公司用录播的方式将其《晚间新闻》录像后延迟三小时向位于西海岸的观众播放，从而揭开电视发展史上新的一页。磁带录像的方式不仅克服了电视转瞬即逝的缺点，可以对节目保存和重放，也为通过后期制作提高电视节目的品质开拓了广阔空间。今天，录播依然是各电视台普遍采用的播出方式。

开始于20世纪60年代的直播是“在现场把新闻事实的图像、声音及记者报道、采访等转换为电信号直接发射的即时播出方式”。[②] 直播可以大致区分为演播室直播与现场直播。现场直播是一种完完全全、严格意义上的直播，它是一种最先进、最能体现电视优势的报道和播出方式。

1993年3月召开的八届全国人大一次会议的最后一项议程是选举产生新一届国家领导人，其重要性不言而喻。海内外舆论对其广为关注，仅报道这一活动的境外记者就近千人。中央电视台派出了阵容强大的报道组，对选举产生国家领导人这一议程的报道更是精心策划、组织和准备。由于选举历时三个多小时，跨度长，涉及机构、领导人名多，中央电视台首次成功地进行了滚动播出。由于选举结果产生时已接近《新闻联播》时间，台领导果断决定对选举结果这一新闻进行直播，让亿万观众尽早了解这一历史性的盛况，也让海外观众尽早听到、看到中国新闻媒体的报道。邢质斌回忆说：美联社电视台的驻京记者评价说：中央电视台对这次会议的报道如此及时、全面、准确，我们几乎不用去现场，看电视

---

① 朱羽君等主编：《中国应用电视学》，北京师范大学出版社1993年版，第12页。

② 朱羽君等主编：《中国应用电视学》，北京师范大学出版社1993年版。

转播一点不影响发新闻。这次报道的成功，无疑使中央电视台的决策者和众多参与这次报道的编辑记者对搞好今后的电视新闻直播拥有了信心。两年后，也就是1995年，中央电视台对除《新闻联播》以外的所有正点新闻节目进行了直播，为最终实行《新闻联播》的直播作了进一步的铺垫。[①]

1997年“香港回归”直播报道、南海一号沉船打捞直播报道，以及汶川地震救援等一系列直播报道，一次次把观众带入事件发生的最前沿，从自然事件到社会事件，从单点直播到多点直播，接连不断的现场直播报道大大拓宽了新闻直播的领域。

（二）直播的特点

电视直播时形成的独特的传播场，可以使观众如身临其境，耳闻目睹正在发生的事情和正在进行的活动，从而产生现场感、参与感、动态感、新鲜感。且直播的画面连续，没有或很少有空间断缺，具有较强的现场情节纪实性，缩短了新闻事件与观众之间的心理距离，给观众传递了不容置疑的现场；客观性强，新闻原汁原味。其特点可以概括为：

1. 同步性

时间是所有新闻媒介无法回避的一个至关重要的评价标尺。为了自身的生存与发展，各种新闻媒介都千方百计争分夺秒，尽力缩短新闻报道与新闻发生之间的时间差。而这种时效追求的最高境界便是消除时间差，使新闻事件在发生发展的同时，也分秒不差地报道给千千万万的受众。而用录播的方式，无论电视新闻工作者效率有多高，其间经过采访、摄像、撰写文字稿、剪接图像、配音等一整套工序，新闻的发生与新闻节目的播出之间必然产生或大或小的时间差。现场直播正是通过对这一套复杂工序进行压缩，实现了对新闻事件的同步传播。

现场直播能使观众以最快捷的方式获得自己所关注的信息，能有效地满足观众先睹为快的心理欲求，所以备受观众喜爱。一些重大体育赛事，如奥运会、世界杯足球赛，现场直播常常使得万人空巷。

3. 现场感

同步性是电子媒介的特性，广播通过直播也能实现新闻报道与新闻事实的同步，但是广播却无法提供与电视一争高下的现场画面。

从电视中获得的现场感建立在观众相信眼前发生的一切是真实的基础之上。现场直播不像录播那样需要进行后期编配录制才能将报道传送给观众，它是将新闻事实的发展过程同步展示给观众，这样就在很大程度上排除了歪曲和干预事件发展的可能性。事实是第一性的，新闻是第二性的，当事件没有按照报道者的主观愿望发展时，录播就有可能进行一些“合理”的加工和处理，而现场直播则别无选择——除非放弃播出，只能在原原本本地将事件记录下来的同时，也原原本本地向观众播出，从而为观众提供丰满实在的原初信息。中央电视台曾经直播过火箭发射出人意料地失败，现场观众目睹火箭爆炸的画面。如果换

① 邢质斌：《浅析〈新闻联播〉的直播》，《电视研究》1998年第9期。

作录播，就有了为淡化失败阴影而只发一条简短的口播稿的选择。“有闻必录”增强了新闻的可信度，这也是观众喜爱现场直播的另一个心理基础。

3. 参与性

电视新闻现场直播所具有的强烈的现场感，也极大地增强了观众对电视新闻节目的参与性。因为它不同于录播是对新近发生并已完成的事实的报道，而是报道正在发生还没有结束的事实，换言之，新闻事件正处于发展变化的过程中，“真相尚未大白”，那许许多多等待解开的悬念就吸引着观众坐在电视机前，带着焦灼、兴奋不安的心情守候着新闻事件的终局。这种心情与真正置身现场时的心情是一致的，它集中体现了观众对新闻事件的注意程度与参与程度。

（三）现场直播中的安全重点

电视新闻直播牵涉的人员众多，需要导播、播音、调音、摄像、录像、切换、美工、字幕、特技、灯光等许多工种协同作战，而且节目又必须一次成型，出错的风险性无时不在，且一旦出了差错，就会在观众面前显示出来，导致“一失足成千古恨”。为了把直播中的差错降低到最小限度，必须从技术、管理多方面共同努力。

1. 严格筛选直播题材

电视新闻现场直播拥有强烈的技术依赖性，而且常常是“大兵团作战”。通常进行一次现场直播，要出动一部有时甚至是几部电视转播车，要动用近十台摄像机，需要几十甚至上百名工作人员通力合作，另外还要根据情况调整已经排定的时间表。因而现场直播虽然能最好地满足观众的信息需求，但对于电视台而言直播的投入太大，一般的台还无法做到新闻直播常态化。

从我国目前的实践来看，现场直播一般用于对重要的、群众关切程度高的新闻事件的报道。杨伟光先生早在1989年就提出了现场直播应具备的两个必要条件：一是重大的政治事件或突发事件；二是观众关心的新闻事件。他指出“一般的新闻事件，只要求发生后及时播出就可以了”，“美国电视发展中期，现场直播非常盛行，泛滥成灾了，观众就厌烦了”。[①] 重大的政治事件是指全国性的党代会、全国人大政协会议，每次会议的开幕式及一些重要的新闻发布会，中央电视台都进行现场直播。另外还有国家层面上的重要活动也应该考虑现场直播。其次是体育赛事、大型文艺晚会和节日活动，如春节联欢晚会，国庆庆典等。中央台春节联欢晚会的现场直播收视率就高达百分之五十多。另外，现在许多电视台开办“法庭直击”栏目，对一些群众关注的刑事案件的审理过程进行现场直播，像广州台1997年7月对一个在全国都有影响的冰毒案的审理过程的现场直播，既满足了观众的信息需要，也宣传了法律的威严。

电视新闻现场直播除了要求题材重大，对具体的新闻事件还需要可以预知。这同样是因为现场直播需要调配大量的人力物力，同时还需要一定的时间进行准备。那种持续时间

① 杨伟光：《电视改革论集》人民出版社1995年版。

很短的突发事件因目前的技术条件限制而很难获得成功的现场直播。

2．可靠的技术装备保障

从技术的角度看，电视新闻现场直播的工作过程可以简化为通过摄像机记录新闻现场的实况，这种实况以音频信号和视频信号为载体，再通过小功率的微波发射器发送到电视台，电视台最后再用大功率的发射机把信号发送到观众那里。

现场直播的核心设备是电视转播车。它往往被称作小型的“流动电视台”，在车里面，凡是电视台中心机房和导演室内应有的主要设备它也一应俱全，车顶上装有发射机和发射天线。正是通过这些设备，电视转播车将电子采访设备传过来的现场信号传回电视台，完成信号的中转作用。电视转播车价格昂贵，一般小型规模的电视台无力拥有。除此之外，制约现场直播的因素还有现场的交通、电源、通讯等条件，还牵涉到租用卫星线路等问题。这一切技术装备条件是现场直播的基本保障。

3．精湛的业务技能

现场直播对任何差错都不能容忍。在现场直播中，记者的地位十分突出。在录播的时候，记者也进行现场报道，也进行现场采访，但记者说错了话可以重新再拍，提错了问题也可以补问，甚而可以将记者的提问在剪辑时弃而不用，但是，现场直播时记者的一点点失误都将在电视观众面前暴露无遗。这就要求记者首先应具备良好的口头表达能力、较高的采访能力和现场控制能力。记者只有事前经过精心的准备，包括预先拟好文字稿的大致轮廓，做到胸中有数，才能在新闻事件现场面对摄像机应对自如。在准备充分的基础上，还需要记者有临场应变能力。

现场直播对摄像师也是一个考验。录播可以随意拍摄，回来慢慢剪辑，但是现场直播要求每一个画面本身以及它与另一个画面之间的联系都要有清晰的逻辑交代，每个摄像人员都应为转播车的编辑台提供最佳画面，才能缓解编辑台的压力，保证节目的整体质量。

三、演播室播出安全

演播室播出即由“新闻播音员”在电视台新闻演播室的播音桌前播出新闻。演播室播出的新闻有的是直播，有的是录播。

（一）电视新闻演播室播出的特点

演播室播出的新闻有两种不同的风格：一种是传统的端庄严肃的播报风格；另一种是相对随性的“说”新闻，甚至是“聊”新闻。前者如中央电视台新闻联播、正点播报的风格；后者如主持人专访节目的风格。

演播室里播报新闻和说新闻、聊新闻的不同是：

（1）身份不同。播新闻的是播音员，说新闻的是主持人。播新闻以记者、编辑提供的文字稿件为依据，以声音语言为载体，向公众转述新闻信息，是客观性活动。说新闻是“我”与观众对话，是用亲切自然的语言习惯说话。“说”者是节目的设计、组织、指挥、操作者，有一定的主导节目的权力，能够驾驭主持形式、节目内容、现场气氛。

（2）稿源不同。播新闻是将记者、编辑提供的新闻稿“掰开揉碎、反复琢磨”，进行“二度创作”；说新闻的“主持人”可以用记者、编辑提供的文字稿件，也可以用自己的腹稿；可以由别人写，也可以自己写，“说”自己的直接感受或自己的创造性思维成果。

（3）听众、观众对象不同。你“播”我听音；你“说”我看神态。因此，播音员心目中的对象抽象，听者心目中的形象也未必清晰；主持人面对的观众比较清晰、具体。他（她）自己在观众心目中的形象也很清晰、具体。

（4）感觉亲疏不同。播音员面对摄像机独立完成严谨、规范的新闻播报，在播出环节没有与他人的有声语言联系，而主持人却有着与合作者的密切联系，节目亲和力增强。其发展趋势是“我们一起说新闻”；可以在说的时候加入其他非语言符号元素来说，例如加入音乐；可以进行特技处理，模拟再现新闻。

正是由于以上变化，才催生了新的节目制作机制和节目播出形态。以往的字正腔圆、有板有眼、正统严肃的“正襟危坐式”播音风格和播音员形象定位悄悄发生了变化，传播者内在的素质和技巧，传播者的个性化特征，成了吸引公众的重要元素。

（二）影响演播室安全播出的因素

1．电话连线

当代电视新闻中的电话连线运用日益广泛。但是，在和观众、嘉宾通过电话连线互动的时候，必须加强安全意识。其中包括：

- 对连线对方要尽量在事先有所沟通，对其基本立场要了解清楚；
- 在电话连线中，主持人一定要善于引导话题，能够控制交流进程；
- 新闻节目采用电话连线时要尽量使用延时播出技术，以之作为安全播出的最后一道防线。

2．后续内容的应变

在演播室直播中，影响安全播出的另一个因素是：前面一条消息快播完了，后面一条稿子还没有送上来。或者是播出了“下面我们看在现场的记者李央为我们带来什么消息”，结果是不仅没有接着看到李央在现场所做的报道，甚至连现场画面也没有出现——没信号了。在美国，新闻主播或新闻报道人员都经历了记者生涯的磨炼，有着丰富的新闻经验，碰上类似的情况能够从容应对。而我国的电视新闻节目播音员或主持人多数缺乏新闻采编经验，尤其是地方台的新闻节目主持人，碰到上述情况往往手忙脚乱，容易导致播出事故。因此，演播室直播时一定要对可能出现的各种“断粮”情况事先作好预案，碰到情况能够处变不惊，妥善应对。

3．嘉宾引导

演播室直播的访谈类和互动类新闻节目越来越多。其中有的节目嘉宾之间的争论言辞犀利、交锋激烈，擦枪走火时有发生。例如凤凰卫视的《一虎一席谈》嘉宾之间的争论就时常充满火药味。主持人在这类节目中一定要始终处于强势，并应有出色的话语引导能力，否则也容易出现播出事故。

4. 导播与主播的配合

在演播室直播新闻节目中，导播与主持人需要配合默契。导播的提示语一定要及时、准确，否则主持人以为在切现场画面，结果自己伸懒腰、打哈欠、挖鼻子，各种小动作都出来了，不料全被导播切了出去，结果闹出了播出事故。

读一读 议一议

关于确保各级广播电视台（站）播出安全的通知

广发社字［1996］789号

（1996年11月12日 广播电影电视部发布）

为贯彻落实党的十四届六中全会精神，切实加强广播电视播出管理，严防发生各种播出事故，现将有关事项通知如下：

一、广播电视部门各级领导都要从政治的高度，充分认识广播电视宣传工作的重要性，牢固树立政治意识、大局意识和责任意识。播出系统是广播电视部门“守土有责”的最后一道关口。各级领导要居安思危，树立一丝不苟的严谨作风，依靠科学的管理和严密的防范措施，把好播出系统的各个环节，确保广播电视节目播出安全。

二、各级广播电台、电视台、有线电视台必须建立并严格执行播出节目的组、部（室）、台三级审查制度。重要节目要经主管厅、局领导审查。对把握不准的节目，要及时报当地党委宣传部门审查。重播节目必须重审。各类直播节目的选题应由各台主管领导审定；编播部门应在节目播出前认真准备，周密部署，并制定和完善处理突发事故的紧急预案：节目播出过程中要有严格的监控手段，发现问题及时采取补救措施。

三、各级广播电台、电视台、有线电视台要建立健全资料带的管理制度，未经审查或经审查不能用于播出的资料带不得进入节目库；对此类资料带要清理登记，严格管理。严禁擅自播出未经审查批准的境外广播电视节目（含传送境外卫星节目）。

四、必须完善节目播出各环节的技术调度管理，切实加强节目播出的各项技术保障工作。节目播出各技术环节要明确职责，紧密衔接，相互呼应，协调一致；与节目播出有关的人员必须严格按操作规程操作，节目播出过程中必须始终坚守岗位，不得擅离职守；严禁播出线路与非播出线路混合使用，坚决杜绝非播出节目信号进入播出通道。

五、各级广播电台、电视台、有线电视台都应严格加强对播出机房的管理，严禁非机房工作人员随意进入播出机房，严禁将与播出无关的资料带携入机房。

六、严格执行重大播出事故报告制度。发生重大播出事故的台，应在事故发生后48小时之内经上级主管部门报省级广播电视行政部门。省级广播电视行政部门应在三日内将事故的详细情况报广播电影电视部，并将处理结果及时上报。

第二章
电视新闻播出效果优化

第一节　播出流程编排

电视播出流程编排就是科学地确定节目的播出时间和播出次序，并赋予一个节目特定的职能并将其有计划、有意图地融入到一套节目的播出流程中去。这项工作是节目编辑的核心内容。

播出流程编排直接关系到节目的收视。同一个节目融入不同的编排流程将产生不同的收视效果。譬如一档中学生节目编在上午 9 点钟播出，就很难有理想的收视率。同一个节目由于编排手法和策略不一样，所能发挥的功能也有很大的差别。因为有上述差别，播出流程编排经常被当做重要的竞争手段使用。科学的流程编排不仅能够调控节目质量，充分使用频道资源，提高本台的竞争力，而且还能改善节目的收视水平，以获得更好的传播效果。

一、科学性编排

节目播出流程编排的出发点和最高原则都应该是更好地服务观众，减轻其收视疲劳，增加其收视乐趣，最大限度满足观众的收视需求。那种只考虑媒体自身的利益而不顾观众实际利益的编辑思想和编排手法，都难以长期收到成效。

科学性编排需要具有三个前提条件：一是从观众利益和观众的需要出发，而不是只考虑媒体自身的利益或一味地迁就投资商的意见；二是科学地认识并合理安排时段；三是播出流程编排人员对所编节目的质量以及对本覆盖区域内外台同类节目的竞争力，必须具有准确的判断。

（一）服务于观众

无论是基于提高自身播出管理水平的需要还是培养观众品牌忠诚的需要，电视台都应该在固定的播出时段按照固定的时间长度播出固定的电视节目。但是电视媒体首先必须清楚：既以服务观众为原则，就要坚持研究节目与节目对象的关系，研究重点观众与一般观众的收视特征，研究面对庞大的目标群体，你在固定的时段以固定时间长度播出的内容在多大程度上满足了重点观众的需要。

譬如，公务人员、企事业管理人员、科技教育人员，尤其是科处以上的领导干部，都是中央电视台《新闻联播》节目比较稳定的收视群体。紧随中央电视台《新闻联播》之后安排全省新闻联播或本地的时政新闻节目，就为上述人员的收视提供了方便。早行上班的人群集中在7：00－7：30时之间离开家门，如果在6：55时安排一档包括天气预报和交通信息指引在内的节目，到7：10时再重播一次，许多观众就享受到了电视新闻栏目提供的“贴身”服务。面向老年群体的新闻专题节目适宜安排在10：00－11：00时和14：00－16：00时播出。而报道家长如何和孩子沟通，尤其是讨论隔代教育方法、策略之类的节目内容，最好也是安排在9：00－11：00时，而不宜安排在18时前后播出。18时前后为青少年准备的新闻资讯类节目更宜突出励志的、尊老敬贤的内容。中央电视台新闻频道2006年6月5日第四次改版时，把《社会记录》由原先22：00调整到22：30播出。此时大部分观众即将休息，更适宜收看内容有趣、表现形式轻松、节奏感不强的节目，《社会记录》恰恰是这种类型节目的代表，结果就获得了更多观众的青睐。

此外，无论你的连续报道或新闻专题、多集纪录片的内容是如何精彩，当需要连续播出超过2集的内容时，都应该慎重考虑。

（二）认识时段

科学性编排的重要内容就是为不同节目寻求最佳的“时间定位”，为各个播出时段安排最恰当的节目。为此就要认识时段的价值，认识时段之间的关系。

电视媒体节目播出编排遵循的就是时段价值原则。最有价值的时段被称为黄金时段。黄金时段均用来安排播出重点节目。城市观众每天的收视黄金时间段是19：00－21：30时，在西部地区和广州这样的典型城市，21：30－23：30时则是第二段黄金时段。在一天中，收视率最低的时段是13：30至16：30时。中小学生收看电视节目的时间主要集中在16：30－19：00时这个时段。而在一周中，收视率最高的时段是周五的晚上，其次是星期日，星期一收视率最低。

“黄金时段”又是动态的概念，因季节不同，地理位置不同，其具体内涵也不一样。冬季的播出流程不能搬到夏季来用，西部地区的播出流程也不能搬到东部来用，暑期和非暑期对于学生观众来说，时段价值就有了极大的差异。随着社会的发展，人们生活习惯也在改变，越来越多的观众开始在非黄金时间打开电视机，“非黄金时间”的价值也有了升值的空间。例如16：00－18：30时用来安排针对性较强的少儿节目，也能够获得良好的收视效果。再如上午9点钟一般会被认为是“垃圾”时间，而南方电视台的卫星频道用来安排对欧美观众播出新闻专题节目。“垃圾”时间就有可能被为“最佳播出时间”。所谓“最佳播出时间”就是那些能够和特定观众的收视行为相吻合的时间。有些对象性节目硬要跻身黄金时间播出，反而会因曲高和寡或是专业性太强而缺乏竞争力。所以，能够基于不同对象对不同类型节目的需求，合理调配时段，才是真正认识了时段——既认识了时段的动态价值，又认识了不同时段之间的关系。

（三）把握自身所处的生态环境

有了服务观众的编排思想并能够将其付诸实践，又有了对播出时段的科学认识，实现科学编排就有了良好的基础。但这只是有了基础。科学编排还需要关注媒体的族群生态环境——在你所在的区域还有没有其他电视台的同类节目？他们是在什么时段播出的？本台的节目是和其他错峰竞争还是正面冲撞？如果他们的节目具有良好的收视率，本台的节目是否可以紧随其后播出，以便分享对方创造的收视环境？在知己知彼之后科学决策，科学编排才能够实现。

二、竞争性编排

科学性编排对观众的收视是比较有益的，但是媒体自身的利益却不一定总能得到维护。今天，观众打开电视机已经可以在上百套电视节目之间任意选择自己喜欢的节目。有了如此宽广的选择面，观众为什么一定非要选择你的节目？希望观众在众多的栏目中选择你的栏目，你就得奋起竞争，就要考虑采用竞争性的节目播出编排手法。为此，播出编排人员必须清楚自己的主要竞争对手在哪里，必须了解自己的竞争对手究竟有多强大，以便在知己知彼的基础上形成最佳播出编排对策——或与其合作，共享市场；或避其所长，补其所失，积极培育自己的市场；或与其积极竞争，共同在竞争中成长；或与其全面对抗，以守护自己的市场空间。无论最终如何决策，前提条件都是必须要知己知彼。

（一）研究竞争对手

研究竞争对手，就是要知彼。知彼之后，就清楚了自己的长处和差距，知道了应该向人家学习什么，也知道了自己应该放弃什么，坚持什么。对竞争对手的了解，应该力求做到：

- 对方分别拥有哪些强档节目？节目的内容特色如何？
- 在同一时段中，对方同类节目的收视率是高于本台，还是低于本台？仅仅是这个节目高，还是普遍都高？
- 对方节目的收视率为什么会高，赢得高收视的关键因素是哪些？
- 对方赢得高收视的关键元素是垄断性的吗？如果是，他们是怎么获得的？如果不是，我们为什么不去占有？

（二）摆正自己的位置

摆正自己的位置就是知己。真正知己了，才会把握求变的先机，主动去检讨本台的节目播出流程，以保证本台节目播出的竞争力。

1. 摸清自家的资源

- 本台拥有哪些节目，这些节目的内容特色如何，收视表现如何。
- 本台的节目，尤其是重点节目及大型节目，所安排的播出时段是否适当，有没有遭受他人的阻击。

• 本台的节目与对手相比有哪些竞争优势，有哪些劣势；优势有没有机会扩大，劣势有没有机会消除。

• 本台对节目的宣传是否得当、足够，是否已经引起了观众的兴趣。

2. 协调自家的立场

许多大中型电视台都拥有两套或两套以上的节目，理应保留一套综合性节目，其余的频道则应开办专业化、对象化的节目。而目前各电视台的多套节目几乎都是综合性节目，造成节目编排上的冲突和困难。由于形成专业台系列的条件还有待成熟，在未来一段时期内，一台多套综合性节目带来的节目编排的矛盾还将存在。在这样的背景下，如果能够在台的层面上协调自家的立场，统一配置本台不同频道的节目资源，避免本台内部各套节目之间的恶性竞争和对抗，就有可能对各套节目的竞争性编排形成强大的支持。

在台内需要重点协调的立场是：

其一，在同一时段各套节目中应安排不同类型的节目，以便互相呼应，互为补充。譬如在同一时段有一套节目在播新闻，另一套节目可以安排文艺节目，第三套则安排服务性节目。这样可以适应不同观众的收视需求，使他们在本台几个频道中总能找到一个喜欢看的节目，以提高本台节目的收视机会。

其二，各套节目中收视表现突出的“王牌节目”应避免安排在同一时段播出。高收视的“王牌节目”如果安排在同一时段播出，观众只能顾此失彼，不利于本台传播力的最大化，也不利于提高本台节目的整体收视水平。通过错时编排，把一部分观众的注意力吸引在本台的其他节目上，也就把本台的其他节目变成了支持自己竞争的潜在资源，并同时利用台内的优质资源对竞争对手形成了封锁。

（三）选择编排策略

在收视份额竞争激烈的地方，电视台可以在知己知彼的基础上，有目的、有针对性地设计节目播出的框架，选择不同的编排策略。

1. 反向编排

反向编排是避开主要竞争对手的锋芒，并攻其后方，争取对方未能覆盖或忽略覆盖的那部分收视群体的竞争性编排策略。如果竞争对手已经用收视率极高的名牌节目完全控制了某一时段的收视，而自己又无力与其正面竞争时，可以考虑在同一时间段里安排一个风格、内容截然不同的节目。这可能是一种既能保存实力，又能提高节目资源利用率的竞争手法。例如竞争对手的全省新闻联播栏目在本地同一时段播出的新闻节目中已经稳居收视第一，那么和其竞争的方法之一就是上一档民生新闻栏目，或者上一档儿童节目，让孙子、孙女去和他们的爷爷奶奶争夺电视机的遥控器。

在同一时段里观众对节目的需求是各不相同的，所以无论对手的节目如何受欢迎，其适应的对象中往往还是会有一部分观众被漏掉，如果能够及时发现这部分观众，并在这一时段播放他们喜爱的节目，就可能收到一定的收视效果。

2. 对抗性编排

是一种硬碰硬的编排策略。对抗性编排是以同类强势节目与竞争对象在相同时段争夺同一类观众群体的编排策略。例如在2001年，亚视本港台在黄金时段推出游戏《百万富翁》不久，香港无线翡翠台立即高调高打，在同一时段推出一档相似的节目《一笔OUT消》，与《百万富翁》相对抗。采用对抗性编排的目的，有的是为了获得一定的市场份额，有的是为了削弱对方，有的是为了掩护本台的其他栏目扩大播出效果。

对抗性编排策略具有一定的风险。在同一时段里，两强相遇，观众只可择其一，另一个就可能因为观众不得不割爱而得不到应有的收视率。最糟的情况就是两败俱伤，导致竞争双方的节目收视率同时下降。

3. 封锁式编排

即在特定的时段里，安排一个强势的、收视率高的、历时90至120分钟的节目，以求持续吸引观众，与竞争对手由较短节目组成的板块对抗。这类节目通常是在对手的节目板块尚未开始前就抢先一步播出，比如安排每周定期的系列节目、专栏电视节目或一次性的特别节目等等。其目的在于及早抓住观众，并使其保持对本频道节目的注意，从而削弱对手节目的收视占有率。目前一些电视新闻频道的大板块编排手法，就有封锁竞争对手的意图。

4. 导入式编排

也叫强行倒入法，是在一个较大的时段里，以强势节目为开端，以造成先入为主的心理效应，然后再接着安排强势相当的类似节目，以争取锁定本节目、本频道的观众逐渐增多，并最大限度地降低观众向其他频道流出。该策略要求正在播出的节目或专门安排的先导节目对下一个节目的收视能够有显著的积极影响。如果前一个节目的收视率很高，接下来的节目无疑会得益。反之如果前一个节目的收视率比较低，接下来的节目同样会受到影响。

5. 调配式编排

适用于安排新节目或收视率不太高的节目。通常是将其安排在两个强档节目之间，以期产生“调配”作用。把新节目放在两个播出效果较好的节目之间，形成“吊床”，这时中间的节目会因第一个节目的高收视率而获得一个相对较高的起点，同时又由于观众对后一个节目的期待而驻留在同一个频道上，这样中间的节目就是最大的得益者，待观众充分了解这个新节目后，再将它移到一个相对固定的时段播出，而此时，那些习惯了收看该节目的观众就会跟过来，形成新的收视格局。

6. “支柱”式编排策略

与“吊床”正好相反，“支柱”式编排策略是把一个收视率高的节目安排在两个影响比较弱的节目中间，以期望第一个节目的收视率会因人们对第二个节目的期待心理而呈现上升趋势，而第三个节目也将会受益于第二个节目的高收视率。一般当本频道某一时段在竞争中处于弱势，而又不能做更大的版面改动时，采用这种编排策略可以改善在这一时段的收视率。

竞争性节目编排的技巧还有很多，例如从观众份额被等分的地方着手。争取从几个台中的每一个台都能吸引少量观众，这比通过一个节目吸引大量的观众容易得多。重播也是一种编排策略。电视节目的重播增加了传播频率，强化了传播的威力，这是印刷媒介所难做到的，同时也是电视最大限度地满足观众收视需要的手段。除原有节目不加修改、编辑直接拿来重播外，还可以在原有节目基础上进行编辑、压缩后重播。有些电视台开设了“一周新闻综述”之类的栏目，其内容就是取材于本周已经播出的新闻节目。还有些节目播出时反应强烈，观众要求重播的呼声很高，这类节目的重播一般应安排在黄金时间或次黄金时间，若能在重播时邀请专家或观众来发表评论，举行座谈，使观众在重看时有新的收获，更能发挥重播的效益。

读一读 议一议

美国三大电视网早间新闻节目特色及背景分析

以《今天》和《早安，美国》为例，在两小时节目时间内播出两档新闻，一般是在主持人简单开场之后，节目播出5－6分钟的重要新闻，然后天气预报主持人登场。此后，《今天》再连续播出22分钟的新闻信息，然后插播广告，而《早安、美国》是在播出广告之后再连续播出19分钟的新闻，两节目播出的新闻内容相差无几，而新闻以外的板块多以专题和访谈等形式为主，内容也随节目进行而逐渐变“软”，最后以外景拍摄的内容结束。

三家早间新闻节目在前半小时的新闻、信息之后的播出内容五花八门、包罗万象，涉及名人、家庭、娱乐、时尚、天气、旅游等许多方面，内容相对较“软”，而服务性、娱乐性较强。而ABC早间节目制片人史蒂夫·弗莱德曼（Steve Friedman）在1999年11月1日推出《清晨秀》时也明确表示：“我们喜爱已有的新闻、信息、娱乐相结合的早间节目版式，因为它很奏效，我们不会重创新的模式，而只是增加更多的谈话内容。”[①] 因此，早间新闻节目完完全全成了新闻＋信息＋娱乐的混合物，成了电视网为观众精心准备的一桌大杂烩式的新闻信息早餐。

“鱼缸概念”——争夺观众

各电视网在对其早间节目内容和播出形式花样翻新的同时，还在演播室的风格设计上排演了一场以“鱼缸概念”争夺观众的竞赛。

1994年，《今天》节目率先在纽约洛克菲勒广场建造了开放式的玻璃结构演播室，新的演播室不但利于行人（观众）一睹主持人的风采，看清演播室内工作人员的一举一动，以及节目的进展情况，也可以使演播室内的摄像机透过玻璃幕墙录下并播出围观游人的行为举动。一时间，“鱼缸式”的演播室本身吸引了众多游人（观众）前来围观，而全新概

① Encyclopedia of Television , edited by Horace Newcomb, Fitzroy Dearborn Publishers, Chicago and London, 1997.

念的演播室因此也成了纽约观光客们（他们或许有机会在电视上“露一脸”）必去的一个景点。这也正“中”了早间节目制作人员的“圈套”——吸引更多的观众。在“鱼缸式”演播室概念的基础上，为进一步争取观众，《今天》的主持人还不时地走出演播室随机采访路人，或把游人请进演播室，协助完成一些访谈内容的节目，NBC 在演播室设计上可谓是先声夺人，独领风骚，而《今天》节目的收视率与其首创的玻璃演播室一样领先在前。

随后，ABC 在时代广场、CBS 在中央公园也分别建造了更大、更好的玻璃体的透明演播室。ABC 的《早安，美国》节目的透明演播室的正面建筑还以百老汇风格为特色，演播室外有可供游客行人观看的超大电视屏幕，并在演播室内设有休闲式的采访区，摆放有新闻书报和休息长椅，以营造清晨轻松的家居氛围。三大广播公司的透明演播室成了纽约的一道独特风景[①]，而节目竞争因此也愈演愈烈。

打主持人战

三大电视网的早间新闻节目在形式上、内容上乃至演播室风格上都日趋相近的情况下，观众区分并选择不同节目，在一定意义上就取决于节目当家主持人的功夫，主持人的能力和个人魅力因此就显得尤为突出，至关重要。《今晨》的节目主持人詹姆·罗比利特（JAME ROBELET）认为：“两小时的早间电视直播颇具挑战性，在两小时的节目时间内，世界上任何地方发生的任何事件都有可能成为马上要报道的内容，这使主持人始终感到身后有着某种压力。同时，早间节目主持人又要是多面手，既能播新闻，又能主持如烹调等软性内容板块。”也就是说，观众在起床之后不但要通过早间节目了解新闻和天气，同时还盼望清晨时分能如约见到让他们感到心情愉快的伙伴或朋友（节目主持人）。事实上，电视网十分注重其主持人个性、才能与节目特色的有机搭配。

《早安，美国》在一年间（1997 - 1998）就三次更换其节目主持人，在都没有收到预期效果的情况下，ABC 启用了该电视网的台标式的腕级主持人——黛安·索耶（Diane Sawyer）和查尔斯·吉布森（Charles Gibson），以提升《早安，美国》的节目竞争力，两人的成功搭档果真使 ABC 的早间市场份额增加了 24 个百分点，而居美国早间节目收视率排行第二，[②] 这又一次证明了名牌主持人的魔力和功效所在。而《今天》节目的制片人杰弗·佐克（Jeff Zacker）认为，《今天》节目的成功首先要归功于才能超群的主持人布赖恩特·加姆保（Bryant Gumbel）和凯蒂（Katte）的绝妙搭配。虽市场排名长期位居第三，但 CBS 从未放弃过对其早间节目的努力。1999 年 11 月，CBS 重金招募曾在 NBC《今天》做过 15 年的节目主持（1982 - 1997）且业绩斐然的布赖恩特·加姆堡加盟入主其早间节目。

（参见张艳秋《美国电视新闻节目透视——美国三大电视网早间新闻节目特色及背景分析》节选，《现代传播》2002 年第 2 期）

---

① More than Good Morning, 75067019990107 The NewYork Times Jan 7, 1999.

② Lawrie Mifflin, An Old Hand' s View of TV news; Not Good, 06303159980322 proQuest - The NewYork Times.

第二节　视听信号优化

“包装”本是指对产品进行包裹，其目的是为了保护、装潢、美化产品，或是为了使产品便于搬运、携带。随着市场经济的发展，“包装”的审美和提示功能不断得到强化。到本世纪初，“电视节目包装”的概念开始出现。

“电视节目包装”有广狭两个概念。广义上的“电视节目包装”包括节目的整体定位、节目外在形象的塑造以及节目播出过程中的广告插播等。狭义的“电视节目包装”是指借助计算机技术、三维动画技术、图像合成技术以及其他一些手段制作节目片头、片尾、节目预告、节目标示、节目中的字幕，以期加强观众对播出内容的注意。

本书不采用“电视节目包装”的概念，也不采用“电视新闻包装”的概念。但是本书同样主张在节目内容播出前，需要对视听信号进行强化与美化，实现播出信号的优化，以提高观众收视电视节目的舒适度，减轻观众的收视疲劳，力求获得更好的播出效果。

一、优化原则

（一）真实性原则

对电视新闻视听信号进行优化，必须坚持真实性原则。电视媒体优化新闻节目的播出信号，是为了通过吸引观众的视听注意，提高节目的收视率，以期达到更好地实现节目的信息传播功能和宣传教育功能的目的。而这一切正当的目的都不应成为可以违背新闻真实的理由。

2009 年 6 月 7 日，中央电视台《新闻联播》以《高考第一天 考场内外贴心服务》为题，报道了高考第一天社会各界为保证高考考生有一个良好的应考状态所做的各种努力。报道中有一个画面：悬挂在一辆“为高考服务”的公交车车头的标语牌上赫然写着“距 2008 奥运会开幕还有 63 天”。按照时间推算，上述画面是 2008 年 6 月 7 日拍摄的镜头，可见《新闻联播》用了一年前的资料片冒充当日的新闻。后据《新闻联播》栏目解释：当天，江西电视台准备拍摄一条南昌交警专门为高考开辟临时停车绿色通道的新闻。为此，江西台记者作了实地采访，但是在完成大部分画面拍摄后，南昌下起了阵雨，记者就商请南昌市交警部门的通讯员协助补充部分画面。交警通讯员将画面送来后，值班编辑未发现送来的是去年拍摄的资料画面，便将其直接编入了新闻栏目，并同时上传到中央电视台。遗憾的是中央电视台《新闻联播》栏目也没能发现问题，在当天的《新闻联播》中播出了这条消息，造成了重大失误。

就单条新闻而言，上述失误失在新闻事实出现了声画背离。《高考第一天 考场内外贴心服务》并不差一个镜头，编辑人员为什么一定要插入南昌街头的一个镜头呢？原因之一是编辑希望进一步强化播出信号，结果却出现了差错，导致预期的播出效果尽失。

遵循电视新闻节目播出信号优化的真实性原则，还要求编辑人员努力杜绝以下现象：

- 片头语承诺的是“第一时间”，而播出的却是昨日新闻；
- 新闻导视部分出的是主持人 A 的肖像，实际出现的主持人却是 B；
- 注释性文字和所注释的画面发生错位。

（二）整体性原则

电视新闻视听信号的强化与美化，要坚持整体性原则，追求播出的整体效果。一个新闻栏目，从新闻选题策划、采访编辑，到后期制作，再到信号强化、美化，需要有整体设计。栏目的片头、片花、片尾、标识、字幕、音乐、色彩等元素，应该指向共同的目标，主播或节目主持人的风格和栏目的风格也一定要保持一致。对新闻频道而言，播出信号的强化与美化不仅是要追求节目内容与形式之间的和谐，还需要追求节目、栏目、频道整体风格的和谐。

以中央电视台《新闻联播》的栏目片头设计为例：《新闻联播》是中央电视台新闻频道乃至中央电视台全台的标志节目。其栏目头从背景构成到栏目名称，从音效到字幕，所体现的是宽阔的新闻视野，权威、庄重的大台气派。《新闻联播》的栏目头以蓝色为主色调，寓意理性、客观。动态地球图案寓意其报道全球范围内正在发生的重大新闻。“新闻联播”四个正体压图大字更显得庄重、大气，体现了国家大台的风范和主流话语的特质。栏目头之后接着呈现的播音人员同样具有端庄、高雅的特质，并且无一例外地是在字正腔圆地“播”新闻，而不是“说”新闻，且所“播”的内容也以时政要闻为主。播音人员的形象特征、播音方式、播报的内容，都一次次强化了新闻的真实、客观、可信，并且和国家大台权威、理性的整体风格完全一致。

（三）个性化原则

随着数字电视的普及，电视频道资源有了极大的丰富，如今城市居民家中的电视机已经能够收到超过 100 套的电视节目。但是，实际上大多数家庭的电视机每周锁定的频道通常却不会超过 10 个。当今社会的生活节奏比以往快了很多，受众与媒体约会的时间变得少了。与此同时，各类大众传媒“百花齐放”、“百家争鸣”。报纸、杂志、广播、电视、互联网等在传播媒介快速发展的今天，无时无刻不在展开一轮又一轮的激烈竞争。守在电视机前的“受众”也较以前少了很多，更多的受众已经转向从新兴媒体中获取信息。而在电视传媒内部，各层级电视台之间、各大新闻频道之间、各个新闻栏目与节目之间的竞争日趋白热化，都在不断适应与满足受众新的需求。在这样的背景下，电视新闻栏目只有通过对视听信号的强化与美化，让台标、宣传片、节目预告片更引人注目，让栏目的标识、栏目中的提示和转接图像更具有视觉冲击力，让栏目的播音员、主持人更富有个性魅力，才能有效吸引自己的目标观众。

二、优化对象

电视新闻视听信号优化的对象，包括强化新闻节目内容，制造强势电视形态，传播栏目及其频道理念，强化并美化新闻播音与新闻节目主持人，等等。

（一）节目内容信号强化

强化节目内容的方式有以下几种：

1. 节目预告

主要是用于预告现场直播报道以及某些新闻专题类节目。在重大事件报道、连续报道和系列报道播出前，节目预告片能够提前给观众一个收视提示，有利于观众记住节目名称，了解节目的大概内容，冀望以此来激发观众的收视欲望。

2. 宣传片

宣传片是比较详细的节目预告，适宜在深度报道中使用。与节目预告不同的是，宣传片通常应有可以展示的节目内容，让观众提前预知新闻的某些图像。这是引导观众视线，拉近观众与节目距离的有效方法。制作新闻节目的宣传片不宜采用呐喊的方式向观众做宣传，而应以生动的现场图像去强化观众的记忆，劝诱他们收看所宣传的节目。

3. 提示语

对于刚刚在电视机前坐下来的观众来说，提示语是在告诉他们正在播出什么新闻专题，还将继续播出什么内容。对于已经在电视机前看完了先前的播出内容的观众来说，提示语是在预报将要播出的精彩内容，劝慰他们不要走开。一句个性化的提示往往能够激起众多观众的收视兴趣。提示语一定要简洁，一般只用一句话即可。例如“正在播出的是……”、“……请收看焦点访谈”。

4. 字幕

并不是任何时候都适宜用声音符号来提示新闻的内容，有时候声音符号恰恰容易干扰观众的注意力，为他们暂时离开电视机制造了提示性理由。每当此时，采用电子字幕信息提示可能是更妥当的选择。一条有声的电子字幕不仅可以提示新闻内容，还能够制造气氛，进而通过播出内容的强化继续把观众留在电视机前。

（二）栏目美化

栏目推广是电视媒体经营的重要内容。为了有效地推广栏目，就有必要通过栏目头、栏目形象代言人或代言物体，对栏目先期进行美化。

1. 栏目头视觉形象

栏目头设计的主要目的是用视觉形象传递给观众一个记忆，期望观众只要一看到栏目头或一听到其音乐，就能够产生联想，知道是哪个栏目，并进而期望观众能够即刻选定收看该栏目。

早期的电视新闻是不着“外衣”的“裸体”节目。以中央电视台为例，直到1978年5

月以后，新闻节目才增强了“美化”意识，中央电视台《新闻联播》栏目着手设计制作了大型中国地图浮雕模型，个性鲜亮的栏目头随后作为栏目的标志符号，渐渐为广大观众所熟悉，《新闻联播》由此向品牌栏目培育迈出了重要一步，也为各省市一级电视台新闻栏目的美化提供了经验。

2. 栏目传播理念

一个电视新闻栏目要努力塑造自身的形象，如果形象鲜明生动，观众就容易记住。广东南方电视台《城事特搜》在广州地区属于人气比较旺的一个新闻栏目。该栏目用一个素描卡通人物爬上脚手架，拿着一把大的油漆刷一刷，随即刷出两行蓝黄相配的字幕：蓝月亮 S 城事特搜，闪亮换装，让人一下子记住了这个栏目的新形象。《城事特搜》还有一个宣传片——电视画面出现一道道色、香、味俱全的菜肴，一位厨师挥舞着道具麻利熟练地切菜配料，看到这里让人误以为是一档美食节目，出乎意料，厨师端着一碗菜出来对着屏幕前的观众说：“有料，你就放马过来。”“等加料，你今天报料了没?”让人恍然大悟，原来是《城事特搜》的新闻征集宣传。这样的宣传向观众传递的是为其代言，帮他们说话的栏目理念，积极传播这样的理念，显然有助于拉近栏目与观众之间的距离。

（三）主持人美化

主持人直接面对观众，是观众与节目的直接接触点。观众对新闻节目的印象、认识、判断，往往与对主持人的认知倾向密切相关。一个节目如果有了观众认同的主持人，就有机会在众多的同类节目中脱颖而出。因此，主持人的美化是新闻节目品牌培育不可忽视的环节。

主持人美化有两种策略：

1. 直接展示主持人

其目的还是要利用主持人的公众形象和美誉度来推荐节目。如果主持人有比较高的知名度和良好的美誉度，是“明星主持”，那么主持人本身就是栏目的代言人，主持人的音容笑貌就会成为栏目的标志性符号，这个符号一出现就会引起观众的注意。一个品牌栏目可以把主持人聚焦为明星主持，一个明星主持也可以通过观众对他（她）本人的认同而带动一个栏目的人气。如中央电视台的《艺术人生》、《小崔说事》；凤凰卫视的《小莉看时事》、《凤凰早班车》、《锵锵三人行》、《时事直通车》、《军情观察室》等各具特色的栏目，无不和主持人互为表里，相得益彰。

2. 美化主持人

如果栏目和主持人都还处在成长过程之初，就应该为主持人的进一步成长积极创造条件，以提高其美誉度。经常使用的方法如下：

(1) 提高主持人的认知度

譬如在节目中增加主持人的出镜率，让主持人在片头中多和观众打打招呼，在媒体网站上加强对主持人的推介，设计栏目推广活动让其和观众见面。有些新闻栏目让固定的主持人走到台前，与观众面对面交流，增强了电视节目的亲切感。通过诸如此类的努力以提高观众对主持人的知晓率。

（2）为主持人设计台词

例如广东南方电视台《城事特搜》设计了这样的片花：先是由女主持人的造型加上画面音“聚焦城中百姓生活”，随后是男主持人的造型加画面音“捕捉身边奇离怪事”，最后出现一行字幕“新改变新视角。”字幕下面是栏目的标志性符号——“蓝月亮”加上大写的“S”城事特搜。这样的设计有聚集栏目和主持人双重影响力的效果。

（3）通过评选活动引导观众关注主持人

例如央视国际网站2008年就举行了“你最喜欢的《新闻联播》的新主播”票选，网民共投了350978票，其中康辉获119568票，排名第一，郭志坚紧随其后，获113107票，李梓萌获89483票。有网民在博文中写道：“当知性大方的李梓萌出现在面前的时候，就好像是一株幽香的兰花，飘来一阵清新的空气，节目的内容似乎更加鲜活了起来，央视新闻居然会这个样子！”评选活动为观众评价主持人搭建了平台。

（4）为主持人的风格形成提供适宜的环境

不同的主持人形象代表了不同栏目风格。李瑞英端庄、稳重，吴小莉星光璀璨，杨锦麟咄咄逼人……主持人不同风格的形成有自身的先天因素，也需要电视媒体为其提供适宜的成长环境。包括先进的管理理念、宽松的舆论环境和鼓励革新的媒体氛围。

三、优化材料

对视听信号进行强化与美化，无非是在栏目头、片花、片尾、字幕上做文章。用于做这些文章的材料，则主要是色彩、音效、字幕和一些特技。

（一）色彩

色彩是用于对电视视听信号进行强化与美化的重要材料，担负着渲染气氛、表达情感、传递主题的重任。不同的色彩能分别给人不同的冷暖感、轻重感、软硬感、强弱感、明快和忧郁感、兴奋和沉静感、华丽与质朴感。色彩之间的组合方式又有中性组合、冲突色彩组合、分裂色彩组合等多种。不同的栏目或频道定位，乃至不同的节目内容，都需要借助不同的色彩及其组合方式来加以体现。

中央电视台的《新闻联播》以象征理性的蓝色调为主，体现新闻的冷静与理性，《东方时空》以蓝色为基础色，符合中央电视台的沉稳精神，并适当添加橙色、红色的色调定位，传递了栏目的精神内涵。而凤凰卫视面向全球华人，高品位、时代感、震撼性、感染力是其追求的目标。它采用了飞舞的金黄色凤凰作为台标，用淡黄色为基本色调，朱雀、红色代表南方的“地红色”人文精神，将凤凰鸟理念化、平面化贯穿于整个基调色中，深刻地展现了中华文化的精神内涵，民族精神理念，也营造了更显独特的地域文化特性。其《时事直通车》栏目标识基本上以橙黄色基调为主，图案充满现代气息，代表了它高贵的品牌气质、追求高品位的目标以及朝气蓬勃的时代活力。《凤凰早班车》则采用黄绿搭档的色调，其中黄绿色调贯穿于整个播出时间。在开始播出新闻之前，“凤凰早班车”几个字是通过几条绿黄色条组成的，在节目播出过程中，大部分新闻画面都被圈在一个由绿色三角形切割后和黄色底边组成的多边形内，让观众感受到黄绿色彩的渲染。湖南卫视的栏目设计以橙色为主色调，添加时尚动感的元素，围绕娱乐，增强个性互动色彩，整体凸显"快乐中国"的定位。

（二）音效

视觉塑造形象，听觉包装品牌。电视从画面诞生起就有了声音的陪伴，新闻节目视听信号的强化与美化，自然也离不开音效的参与。音乐可以烘托气氛，渲染并升华主题，丰富节目的感染力。在一些新闻专题片中，音乐的辅助增添了新闻的真实感和佐证力。

一个要想创造出自己品牌的电视新闻栏目应该要有自己独特风格的栏目音乐，恰当的音响效果和背景音乐的运用能增强新闻的传播效果，把观众吸引到节目中来。电视新闻的栏目音乐一般在总栏目头中播出。中央电视台的《新闻联播》采用著名作曲家孟卫东为其量身打造的开头曲作为其品牌的听觉识别，乐曲旋律优美、节奏明快、富有美感，与该栏目庄重严肃的风格相统一，令人百听不厌，创立了《新闻联播》独具一格的品牌特点，观众只闻其声，就知道正在播出的节目是中央电视台的《新闻联播》。凤凰电视台的开头曲则采用富有节奏感的乐曲，主持人的语速也相对快捷，且时代感强，让人感受到该栏目所传递的资讯与世界同步、与时代同行，符合其"为受众传递最新最快资讯"的理念。凤凰卫视的《军情观察室》强调大信息量与快节奏，即使是专题内容，也辅之以快节奏的音乐，制造出紧张气氛。广州电视台的晚间新闻还时常在栏目的中间插入与新闻内容匹配的音乐，起到提示新闻内容和提震观众精神的作用。

栏目片头中的栏目定位语也是栏目品牌塑造的重要元素。如中央电视台新闻频道的新闻人物专访栏目《面对面》片头中的配音是"在聆听中交流、在交流中探询，在探询中求证，在求证中解读，与人物为伴，与新闻同行，面对面，传递真诚的声音。"《百姓故事》"讲述老百姓自己的故事"，以及《东方之子》"浓缩人生精华"……这些出色的栏目定位语不仅是指引观众识别栏目的音效，也是栏目理念的表白。

（三）字幕

作为电视图像构成元素的文字，一般是指出现在电视机屏幕上的文字。包括电视画面内的文字和根据图像内容表达的需要，后期制作时叠加在屏幕上的文字。

传统的"看"电视只是看电视的画面，屏幕文字的加入使看电视成了集看画面与看文字于一体的一种信息接收方式。文字也已经成为电视新闻传播中的一种传播符号。在上世纪 90 年代初，屏幕文字在电视新闻中的使用率约占新闻总条数的 60% 左右，到 1997 年已接近 100%。今天，屏幕文字的运用水平已经成为衡量一条电视新闻制作质量和水平的指标之一。

合理地运用好屏幕文字，可以增加电视节目的信息量。在电视节目的制作中，屏幕文字的运用形式、字数的多少、字体字型、颜色的选择、字的分布位置，包括屏幕文字以何种方式进出画面，都应与电视节目的风格和谐统一，以保证电视节目的主题突出和完美。

（四）特技

日新月异的电视技术给电视新闻视听信号优化提供了广阔的活动舞台，数码特技、非线性编辑系统和电脑三维动画的应用，让电视人在对自己的作品作强化处理时，从来没有像今天这样得心应手。复杂的运动轨迹、绚丽的舞美光效、流光溢彩的金字，变速运动的镜头，随时飞入观众的眼帘，让包括电视新闻在内的电视节目变得更加好看。在凤凰卫视的《军情观察室》的片花中，核弹在屏幕上主持人的胸前爆出，航空母舰围着主持人在转圈，动画特技效果为观众带来了前所未有的视觉欢悦。

四、优化的关键程序

（一）流程设计

成功的视听信号优化能够发挥导视介绍功能、宣传解读功能和窗口形象功能。为保证信号优化的成功，需要先期做好整体策划，精心设计优化流程。

优化流程的工作模块如下：研究观众—分析新闻品牌现状—竞争对手研究—栏目初步定位—整体设计—优化实施—栏目维护—效果评估。

通过各种前期调查工作（包括观众研究、品牌现状研究、竞争对手现状研究）找准其定位，继而进行总体策划和设计，然后进行具体实践。还要注重日常的维护更新跟进，并成立评估系统以对效果等及时作出反馈调整。离播优化具体可以通过广播、报纸、网络或者是新闻所在电视频道进行广告宣传。在播优化具体可以通过栏目标识、形象代言（主持人、标志物）、听觉识别（音乐、人声、效果音）、视觉识别（字体、色彩、画面风格）等视觉听觉并重手法打造电视新闻品牌形象。

前期策划做好了，还要写出比较翔实的文案，以规范操作过程。

（二）形象设计

在整体策划的基础上，接着是要从栏目宣传片、栏目片头、字幕，到主持人风格定位、再到背景板设置等，作整体的形象设计。

1. 理念

理念是最重要的设计内容。本栏目究竟要向观众传播什么，传播意图究竟与别人有什么不同，通过传播希望达到什么目的，等等，要通过设计表达出来并不容易。不仅形象地表达抽象的理念本身不容易，把栏目的理念融入到频道和电视台的整体构思中去更不容易。凤凰卫视是要“拉近全球华人的距离”，其《军情观察室》就紧贴每周的全球军事热点，以华人关心的话题，来“与您一起冷眼看世界”，这是一个节目的理念与一套节目的整体理念实现融合的范例。

2. 规范

本栏目如何一如既往地实施传播计划。譬如每次节目如何开头，如何结尾，使用什么样的片花过渡，广告插播在什么位置等，都应该有具体的规定。新闻播音员或栏目主持人由于体型不同、脸型不同，和摄像机镜头之间的距离、高度、角度关系都需要精心测量，以期获得最佳视觉效果。

3. 识别

所有设计都需要以让观众容易识别为前提。设计者要努力构建栏目视觉识别系统，让观众看了就能够记住；要努力构建片头音效识别系统，让观众听了就难以忘记；要善于布光造型，让观众随时能够感觉到栏目独特的存在。既同中求异，又异中见同，应是形象设计追求的目标。

下面选取中央电视台、凤凰卫视和汕头电视台三家电视台的各一个新闻栏目的片头比较并略作评点如下：

三个新闻栏目的片头比较

电视台名称	中央电视台	凤凰卫视	汕头电视台
新闻栏目名称	新闻联播	时事直通车	今日视线
栏目识别			
栏目音乐	旋律优美，格调清新，庄重、大度	音乐节奏紧凑、充满时代气息	旋律较活泼、轻松
主持人形象	端庄、稳重	现代感较强、穿着较正式	随和、轻松
色彩	蓝色	橙黄色	橙红色
画面风格	庄重、严肃、权威	正式、当代感、高贵、富有亲和力	轻松、活泼、平易近人、亲近受众
整体评价	国家大台，理性、权威	新闻性、形象化	心理接近性、轻松

（三）效果评估

电视新闻视听信号优化是否达到了预期目的，可以由评估结果来证明。最重要的评估指标是知晓率、收视率和美誉度。通过信号的强化、美化，实现视听信号的优化，目的无外乎希望观众在众多的同类节目中能够认识你的栏目，不但认识了，还能够牢牢记住，你的优化就取得了初步的成功。能牢牢记住，自然会经常收看，观众的选择性就会在栏目的收视率上表现出来。再进一步，收看了节目的观众议论起来，对栏目的理念、主持人的气质形象、整个节目的风格、乃至节目的内容观点，都能够认可，那么，我们对视听信号的强化与美化就真正达到了优化的境界，也就取得了巨大的成功。

1. 知晓率

知晓率是重要的。知晓是认同的基础，有广泛的知晓才能产生广泛的认同。影响节目知晓率提升的因素很多，但最重要的还是——

（1）进入了宣传误区

许多栏目把视听信号的强化的重点放在了宣传上，有些宣传既不能具象，又缺少信息，主打的是某个观念，而这个观念却又是媒体的，并不是观众的。这样的宣传不能有效地优化视听信号。

（2）只想让观众知道好的

知晓率需要有信息的支撑。但是一些媒体在强化视听信号时把大量的信息隐藏了起来，譬如为了美化栏目的主持人，只把她或他的几个最富有美感的造型摆出来，而观众想知道的却是她从哪里来，以前做过什么，有过什么成就，有什么新的思路来做这个栏目，等等。但是媒体只让观众看到一个躯壳。媒体的考虑可能是“只想让观众知道最好的、最美的”，但是却忽略了当还没有达到最好和最美的时候，又把信息隐藏了起来，那么还能和观众说些什么？

（3）忽视播出预告

2010年11月12日第16届亚运会在广州举行。而早在2007年，广州的街头乃至公交车上就张贴出了标语——广州欢迎您。但是到了2010年初召开的人大、政协“两会”上，一些委员和新闻媒体却在为多数市民还并不知道亚运会具体何时来临而忧虑。问题出在哪儿？出在我们热衷于情感表达，而往往忽略了事实的逻辑。在视听信号强化的过程中，前期的播出预告是重要的，具体的、准确的节目预告不仅会减少观众的“频道漫游”，还是引导观众参与的重要手段。

2．收视率

你可以骂收视率是万恶之源，但是你却不能不为收视率的下降而忧心。收视率是节目质量和水平的重要评价指标。没有收视率，哪来的美誉度？

但是在根据收视率对栏目进行评价的时候有两个问题必须要牢记：

一个是收视率并不等于影响力。因此，栏目的主持人和团队成员们未必应该为收视率的增长而狂欢，也未必需要为收视率在低位徘徊而心绪不宁。对新闻栏目来说，影响力和收视率并不总是同步的，影响力的意义并不比收视率小，至少是和收视率一样重要。

二是要追求目标观众的收视率。既然收视率并不等于影响力，那么就要找出和影响力关系密切的那些收视率来。在分众趋势日趋明显的情况下，目标观众的高收视才应该是电视栏目追求的目标。

3．美誉度

对新闻栏目而言，高收视率为新闻宣传效果的实现准备了必要的条件，也是电视新闻信息对接收终端覆盖能力和水平的检验指标。但是电视新闻媒体所追求的最终目标却是美誉度，而不是收视率，收视率只是通向美誉度的桥梁。美誉度验证着传播效果，尤其是新闻宣传功能的实现程度。因此，对视听信号的强化与美化进行效果评估，就不能不评估优化对象所获得的美誉度。

美誉度可以通过专门的测量获得。主要测量指标是观众对栏目形象的接受、喜爱和参与程度。

首先是接受程度。包括对色彩的选择，音效的处理，节奏和时间的把握，以及整体形象构图的评价。要测量观众对栏目形象是勉强接受、基本接受、还是完全接受。

其次是喜爱程度。接受不等于就喜爱。喜爱与否以及喜爱程度可以通过测量对优化项目的首选因素、收看节目的时间、对栏目的忠诚度等获得。

再次是参与程度。即测量观众是否已经参与或准备参与栏目举办的一些活动，譬如主持人与观众的见面会活动，“我最喜爱的主持人”评选活动，以及有无参与栏目改进的行动或愿望。

视听信号的强化与美化能够改善新闻内容的传播环境，加深电视观众对栏目的记忆，但是单纯依靠视听信号的优化却并不能为新闻栏目赢得高美誉度。当今的电视新闻观众并不会在电视技术与艺术营造的片头、片花、音效、特技中陶醉，其视听的触角已经伸进了电视新闻节目内容的深处。只有新闻内容和载播形式的完美结合，才能在观众心目中获得并保持高美誉度。

读一读　议一议

信号优化与 CIS 导入

电视新闻视听信号的强化与美化可以导入 CIS（corporate identity system）——企业识别系统，建立起完整的电视新闻宣传体系。

CIS 主要是通过组织理念的塑造、组织行为的规范和外在标识系统的统一化来提升组织形象，注入新鲜感，以赢得内外公众认同的方法或策略。包括理念识别（Mind Identity）、行为识别（Behavior Identity）、视觉识别（Visual Identity）三大要素。三者关系如下：

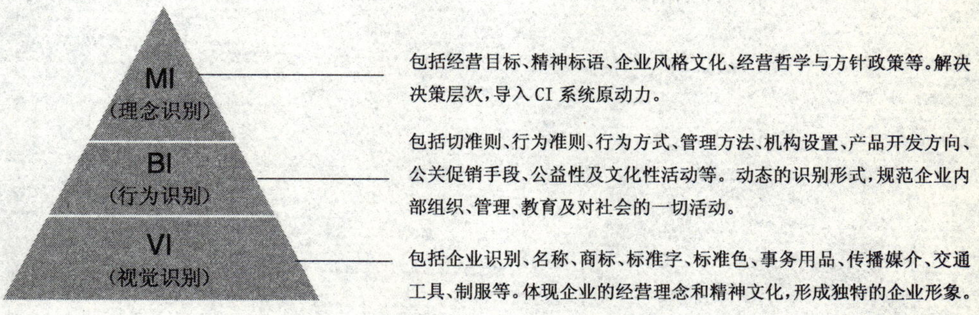

导入 CIS 系统之后，电视新闻视听信号的优化就需要在以下几个方面多做努力：

- 确立电视新闻视听信号的优化的定位，并应使你的定位更具有先进性，更具有独家性，让观众更容易识别你的传播理念。

- 规范电视新闻播出行为，包括板块结构、栏目长度、播出时段，不要轻易改变。栏目主持人、栏目风格更不可频繁调整。增加了电视观众的识别难度，也就加重了节目失败的风险。
- 记得运用电视视觉效果打造电视新闻品牌。栏目色彩、标识、构图的视觉识别一旦出了问题，栏目的生命就将要终止了。

第五单元

电视新闻创新与发展

第一章 电视新闻创新

第一节 电视新闻需要创新的几个理由

自1958年起，我国电视新闻节目的观念、形态以及节目的制作与传播技术，一直处在持续创新的进程中，并取得了巨大的进步。今天，电视新闻节目依然不能停下创新的脚步。主要原因如下。

一、科学技术改变电视

科学技术的进步为电视事业的发展和电视新闻节目的创新提供了动力。例如，电视摄像、节目编辑、图像传送技术和装备水平的提高，推动电视新闻的报道观念、内容结构、节目形态、播报方式发生了重大变革。中央电视台1978年12月开始采用电子新闻采集方式（Electronic News Gathering，ENG），实现了摄录同步、声画同步，所录制的新闻节目两三个小时之后即可播出，改变了以前用电影胶片制作新闻的技术状态，大大提高了电视新闻的时效性，并因此而提高了电视新闻的竞争力。

进入本世纪以来，数字电视技术飞速发展不仅对观众的收视方式产生直接影响，而且也带动了电视媒体包括新闻节目在内的节目生产和经营发生积极变化。从2003年起，我国53个城市和地区先后开展有线数字电视试点。至2009年3月，全国有229个城市进行了数字电视整体转换，省级以上电台、电视台制播系统数字化达到90%以上。数字电视的普及不断刺激着电视观众的收视需求，在引发了观众对节目数量以及节目内容与形式进一步丰富的强烈要求之后，又迅速培养了观众移动收视、时移收视的观念。国家网络电视台在2009年12月28日正式开播，就是对观众新的收视需求的积极回应。电视技术刺激了观众的需求，观众新的需求又为电视传媒的发展提供了更为广阔的市场。

数字技术的介入还带来了电视节目生产与收视的轻便化、无线化和智能化以及不同媒介之间的融合。在美伊战争期间，我国电视观众在电视屏幕上多次看到了美国士兵的头盔上配置的微型摄像机。这种数码摄像机轻便小巧，可用胶带固定在头盔上，戴上头盔便可自动进行拍摄。由此引发了我们对未来的丰富想象——如果再借助机器人和生物技术，地球上乃至宇宙间还有什么隐蔽的角落或惊险之地是数码微型摄像机拍不到的？

数字技术打造的轻便化的录像技术正在为我们营造一个奇异的影像时代，并同时培养着庞大的手机影像部落。这个部落的成员都可能成为“记者”，因为他们更有可能在第一时间拍摄到最真实、最有震撼力的瞬间。例如2005年7月的伦敦地铁爆炸案，我们在电视里看到的那些震撼人心的爆炸场面，许多都是普通乘客用手机拍摄下来的。与之相应的是，长度仅为30秒、60秒的电视短片日渐增多。新华社与中国联通合作打造的30秒时长的口播电视新闻——新华视讯，以近景镜头为主，字幕字号更大，是数字技术为电视观众呈现的又一种新的电视新闻节目形态。

无线化经常和轻便化相伴而生。目前，带有强大拍摄功能的手机已经被应用于无线直播。美国哥伦比亚大学的工程师们甚至开发出了一种可以背在身上的移动工作站，以便记者能采集多种形式的内容。这个系统包括可佩戴在腰上的电脑、头戴式相机、用来获取和处理新闻信息的头戴式透明显示器，还包括一个可以传送动态视频和音频的个人宽带通讯设备。

电视节目生产的智能化让电视新闻记者、编辑成了计算机技术应用的工程师。早期的智能化集中体现在计算机技术介入电视的制作、播出上。非线性编辑技术、计算机制图技术、虚拟演播室技术不仅提高电视新闻的生产效率，而且让电视节目变得更加好看。未来的智能化趋势包括在电视新闻的拍摄制作过程中大量使用智能机器人、智能控制专家系统以及模式识别等技术。

二、新媒体持续分割传统媒体市场

新的数字技术在为电视节目的创新提供强大动力的同时，又为电视媒体制造了强大的竞争对手。

在过去的十多年里，数字技术打造的新媒体一直在持续分割着传统媒体的受众市场。2009年，美国多家老牌报社轰然倒下，虽然和金融风暴的影响有关，但是受众持续向新媒体市场转移也是重要原因。当代越来越多的人群，特别是被称为社会精英的大学生群体正在远离电视，转而通过互联网获取资讯。截至2009年6月30日，我国网民规模已经达到3.38亿人，数量位居世界第一。但是我国互联网的普及率2009年仅为12.3%，低于全球17.6%的平均水平，更远低于冰岛86.3%、美国69.9%、日本67.1%的水平。放眼未来，我国网民人数的上升空间仍然巨大，也意味着对传统电视媒体用户市场的分割力度仍将持续增大，更多的观众将选择在电脑的屏幕上浏览新闻，选择用手机看电视。随着受众接触传统电视的时间进一步下降，电视新闻收视人群的持续萎缩以及收视时间的进一步减少，都将是无可避免的。有人甚至担心电视有演变为老人媒体的危险。电视新闻节目想要留住观众，没有别的办法，只有奋起革新。

三、娱乐化倾向挑战电视新闻的主体地位

在电视传播中，新闻节目、综艺娱乐节目、影视剧节目是把观众吸引到电视机前的三大节目类型。“新闻立台”的媒体经营战略曾经让新闻节目获得了超过影视剧节目、娱乐节目的收视份额和社会影响力。但是从2006年开始，全国电视台的黄金时间让度给电视剧和综艺娱乐节目的现象越来越多。在观众收看电视新闻的时间持续下降的同时，电视新闻中的娱乐元素开始增多。在一些省级电视台和许多城市电视台播出的新闻中，民生新闻、说新闻、戏说新闻、新闻情景再现相继涌起；软新闻流行，硬新闻软化，新闻娱乐化倾向大有愈演愈烈之势。在收视率的导向下，虽然有些电视新闻的确好看了许多，但是与此同时，一些电视台的新闻节目对公众利益的洞察和关注却开始减少，有些媒体播出的电视新闻的新闻性甚至开始隐没。面对上述现象，如不奋起革新，电视新闻节目就有可能从政治的标向变成私人的兴趣，由理性的评论变成感性的叙事，由国家的世界变成个性化的天地；电视新闻在社会公共领域的建构作用将有消失的危险。

四、单向传播导致电视观众持续流失

迄今为止，传统电视新闻单向传播的特性基本没变，这成了电视在与网络媒体的竞争中最为人诟病的软肋，也是影响电视新闻传播效果的主要因素。公司白领、在校大学生追捧网络媒体，青睐手机的媒体功能，主要是因为它们使用方便并具有互动功能。电视节目是线性的，播放之后不能回放，想要回看只能等重播；电视节目又是有时间性的，每天的固定时刻播放固定节目，过期不候。看电视又是有地点限制的，想看电视往往要等到回家，大学生的宿舍里，公司的办公室里，都没有电视机。而上网查找信息，既可以随时查看，随时搜索，看了之后还可以任意回放、复制。因此，电视虽然具有节目数量大、收视效果好的特点，却抵挡不了受众对网络的需求。要想改变这样的状况，必须在观念变革、创新技术的前提下，推动电视新闻节目形态的变革，建立起与受众互动的传播模式，以延缓电视新闻受众转移的速度。

读一读　议一议

电视实际收视下降

尼尔森（Nielsen）2008年6月初公布的一项研究发现：电视频道实际收视率已经下降到该公司1980年代开始跟踪收视率变化以来的最低点。一方面，美国家庭平均所能收看的电视频道数目2007年达到创纪录的118.6个频道，然而观众实际收看的频道平均只是16个。同比，2006年平均收看频道数为15.7，2005年15.4，2004年15.0。这项报告的发现表明，尽管可供选择的媒体平台数量在增长，但电视观众对电视的关注度或已达到了最高点，从而不能指望再有增长了。上述结论基于Nielsen公司提供人们如何收看电视综合统计

数据的“电视观众”（Television Audience）年度报告。报告显示：2007 年美国家庭平均收看的电视频道占可接收频道的比例，下降到了 13.5%。2006 年这一比例是 15.1%，而 2005 年和 2004 年则分别是 16.0% 和 16.2%。

还有数据显示，我国网民 2007 年上半年的月均上网花费为 75.1 元，与历年上网费用相比，费用在逐年下降，而同期城镇居民的月均可支配收入则呈现逐年高速增长的趋势。居民收入的持续增加和上网费用的不断下降，预示着互联网业务还将快速发展，从而进一步分流电视观众。

第二节　新闻观念创新

电视新闻内容本身就是新近发生或发现的新闻事实。但是在电视新闻生产过程中还有许多陈旧的思维在制约着媒体对“新近发生或发现的新闻事实”价值的判断。例如那些重复罗列成就的报道、工作汇报式的报道、应景式的没有新闻内容的会议“新闻”，至今依然经常在一些电视屏幕上出现，所反映的正是电视新闻观念的陈旧。

创新是一个动态的、连续不断的过程，且永无止境。以下观念就是已经处在创新的旅途中，并需要持续努力寻求更大突破的电视新闻观念。

一、服务新闻观

在数字技术的引导下，社会信息流量不断增大，信息交换速度日益加快，促进社会文化向多元方向发展。在这样的背景下，关于新闻价值的传统判断已经不能为所有社会成员所接受，某些传统的新闻观念甚至将不得不逐渐消失。与此同时，另一些新的电视新闻传播观念将浮出水面，并将引导电视新闻的实践。服务新闻观就是其中的一个。

与服务新闻观相对的传统新闻观念对新闻的理解是通报政策、传递指示、宣传群众，是居高临下地“告诉”观众。这类电视新闻的形态往往比较单一，大多是解说词加画面，且声画往往难以有效互证。

在数字技术已经赋予并将继续赋予电视新闻观众更多选择性的今天，观众对自己不喜欢的那些内容必然转身而去。面对这样的形势，尽快形成服务新闻观就显得特别迫切。服务新闻观要求电视媒体先要转变职能，即首先由宣传群众转向服务群众，在服务的过程中再去谋求宣传意图的实现。为此，电视新闻栏目不能仅满足于上级要我报道什么。还必须及时了解观众想看到什么，希望电视报道哪些新闻。在了解观众需求的基础上，新闻栏目要积极为观众提供对其有知悉意义的新闻，满足他们的信息资讯需求。服务新闻观还要求电视新闻不能仅仅满足于把新闻事实播报出去，还应该采用观众喜闻乐见的方式报道新闻，研究如何充分调动电视画面、解说词、同期声、音响、字幕等元素，使新闻更加生动、形象，让观众的轻松收视的心理需求得到满足。

二、互动传播观

单向传播、互动不足始终是制约电视媒体发展的短板。传统的电视媒体和观众之间并非没有互动，但是电视观众和电视媒体之间的互动主要是通过观众给电视台写信、发邮件、发短信或打电话来表达自己对节目的意见，然后等待电视台的反馈来实现的。这种互动的主要缺陷是不具有即时性，因而也就缺乏现场感，不能体现电视的特征。另一个缺陷是观众始终处于被动状态，即便电视台能够及时回应观众的意见，也是一个在说，一个在听，双方始终处于不平等状态。

互动传播是一种技术。在目前单向传播的电视网络系统中，真正的互动传播难以实现。而在计算机网络和手机媒体网络中，受众可以在交换区根据自己的需要自主选择信息，或者主动向传播者预订自己所需要的资讯，而不再是被动地接受信息。“受众”还可以在交换区发布自己采制的信息，供其他受众或者供电视媒体选用。这样，受传者就有机会转换成传播者，传播者则变成了受众，新闻资讯的传播过程将因此而变得更加完整。韩国 OhmyNews 网站曾经推出过一个概念，叫做“市民记者”（citizen journalists）。该网站创办于 2000 年 2 月，主打口号是“每个公民都是记者”。“市民记者”是在新闻事件的报道和传播中发挥记者作用的非专业新闻传播者，所体现的就是互动、参与的新闻传播理念。2009 年 12 月 28 日开播的中国网络电视台就设置了视频下载、视频交换等互动平台。随着有线电视双向传播网络改造进程的加快，电视媒体的双向互动传播将在不久的将来获得技术条件的支持。

互动传播不仅是一种技术，还需要有观念的支持。在传统的电视系统中，控制处于中心地位，直接制约着互动。随着公民社会脚步的临近，控制将逐渐从中心位置撤出，代之而起的是互动传播模式。当相应的互动机制建立起来之后，即使在目前的技术条件下，电视新闻传播依然可以通过多个途径增强与观众的互动。例如，电视媒体可以加大直播新闻的比重，并在直播中采用电话连线、微博客实现和观众的在线交流。电视媒体还可以通过直播观众的意见，让其他观众参与到在线交流中来，进而实现多向互动。此外，有了互动观念的支持，电视媒体才有可能从新闻的选题策划开始，充分听取观众意见，主动吸引观众参与到电视新闻采制、传播的全部过程中来。

三、记者本位观

在以往的电视新闻传播中，一些学者曾经提出过、一些媒体也曾经形成过编辑本位观、群体本位观、节目本位观，唯独没有谁倡导记者本位观，没有提出过以记者为中心。迄今为止，记者在电视新闻生产和传播中依然处于从属的地位。一些媒体担心让记者主导新闻生产容易使新闻采制的管理处于失控状态，尤其顾虑如果遇上业务水平低的记者，可能导致平庸的报道，甚至还会出现导向偏差或者有偿新闻。反对记者主导的另一个理由是担心难以使新闻节目形成鲜明的品牌特色。因为记者选题视角各不相同，采制方式也不一样，节目不容易形成整体风格。但是，今天看来，无论是节目本位、群体本位，还是编辑本位，其局限都是非常明显的。

1. 节目本位观

节目本位的观念要求采、录、编、制等一切业务活动都以节目的需要为转移，都要围绕提高节目质量、增强节目播出效果这一目标来策划和组织。包括按既定的节目方针选择、梳理、取舍材料，确定相应的表现形式；按有序化原则组织、安排稿件；按节目整体化原则串联稿件；按本次节目的特定意图处理播音、剪辑、合成等后期制作工作。节目本位观为提高节目质量、增强节目播出效果提供了重要的条件。但是，节目本位观在新闻媒体激烈的市场竞争面前却好听而不中用——新闻节目从哪来呢？假如记者不能及时出现在第一现场，不能有效地发出有价值的声像素材，怎么能够制作出高水平的新闻节目？

2. 编辑本位观

目前比较流行的还是编辑本位观。电视新闻采制由编辑主导，编辑是厨师，记者充其量只是采购员——采购回来的原料是供厨师配餐用的。许多媒体还进一步规定由编辑确定报道选题，记者根据编辑的意见负责采访，完成采访后将素材交给编辑由其负责写解说词，再由编辑人员负责新闻节目的制作；并认为这样才能够有效地控制电视新闻生产的流程。

如果没有网络媒体的挑战，上述思路也许至今都是无懈可击的。而在今天，由于编辑不能像记者一样深入到新闻事件的现场，由于现场直播报道已经逐渐呈现出常态化的发展趋势，编辑本位观引导下的电视新闻生产就有可能导致这样的后果——牺牲了新闻的时效与生动，剩下的往往是观念化的旧闻。

3. 群体本位观

电视新闻不是个人的独白，而是群体的合唱。贝尔纳瓦尔纳说过：“电视新闻，尤其是取消了像读报一样念稿子的‘广播员’以后，看起来很像是一个人的作品，但实际上它更加依赖于一个大多数人不露面的集体。因此很难说谁是这个节目的真正作者。”① 这使得群体本位观有了立足的基础。但是接着我们就不难发现，确立了群体本位很容易导致最终谁也不是中心，谁也不愿意对新闻节目失去竞争力负责的局面。

发现了上述节目本位、编辑本位、群体本位的弊端之后，更坚定了我们探讨记者本位的信心。记者本位并不是要取消编辑环节，而是要求调整编辑、记者的分工，加大记者在新闻生产中的责任，赋予记者更大的权力。否则，提高电视新闻时效性的各种努力都只能是纸上谈兵。而没有时效，不能在第一时间提供第一现场，电视新闻的竞争力乃至生命力就将丧失。

建立记者本位观，在电视新闻生产中赋予记者更大的权力，也是应对“市民记者”时代到来的积极措施。美国“9·11事件”、“伦敦地铁爆炸”等重大突发性事件相继为“市

---

① ［法］贝尔纳瓦尔纳：《当代新闻学》，新华出版社1986年版，第64页。

民记者”提供了一个展示自我的绝妙平台。在这些事件发生时，出自现场的第一手报道，几乎全都来自拥有数码摄像机或摄像手机的普通市民。互联网为“市民记者”的兴起创造了条件。目前日渐流行的“DV 新闻”，就是市民自己用家用摄像机来拍摄身边的新闻，然后被电视台有选择地播出的一种新闻式样。这些作品正在从题材选择、采写、报道角度、报道方式，甚至是在新闻理念等方面，深刻影响着电视新闻形态的演变过程，加速着主流电视媒体的变革。

全面进入数字时代之后，电视新闻记者也将随之完成自身的数字化进程，成为新型的“数字化记者”——能够娴熟地应用数字化技术装备采访和传送电视新闻，以担当起数字化时代赋予电视新闻记者的特殊使命。

读一读　议一议

CNN 的新闻生产

美国 CNN 电视新闻网有 8 个频道，4000 多名员工，其中记者为 800 人，分布在国外 24 个记者站和 9 个国内报道分部。驻外记者站一般都分布在热点地区，同时兼顾周边地区。各记者站的记者不隶属于哪一个频道、哪一个部门、哪一个栏目，他们属于整个 CNN 网络。CNN 制作新闻报道的过程就像做菜，驻外记者是采购员，频道和栏目是餐厅，频道和栏目负责人是厨师。采购员担负两项任务，一是猎取当地最新货物并主动向各餐厅提供，至于是否需要则是各餐厅自己的事。二是根据不同餐厅的个别要求采购货物。CNN 的每个栏目都有撰稿人，专门负责写导语、提要，并根据制片人的意图处理稿件。CNN 也配有专门的画面编辑，他们也是根据记者或制片人的要求来剪辑。为了配合完成节目，CNN 还设有嘉宾预约部，被预约的嘉宾多是名人、专家或新闻人物。预约部的职责是了解这些嘉宾的背景资料，掌握这些人此刻的下落，落实采访方式，并向制片人、主持人提供完备的参考问题。

第三节　新闻内容创新

一、由信息到观点

信息不等于新闻，但是新闻越来越需要信息。中国的电视新闻是在我国传统的新闻报道模式下成长的。这种模式没有设置新闻与宣传的边界，而且经常把宣传当做新闻，导致许多电视新闻的宣传味道过浓，信息传递功能衰弱，在解说新的新闻现象的时候往往缺乏说服力。作为现代传媒之一的电视媒体，其新闻报道，就应该是信息采集、传递与接受的过程。美国特德、怀特等人在其所著的《广播电视新闻报道写作与制作》一书中，把电视新闻的价值要素归纳为四个，信息就是其中之一。这反映了现代新闻价值观的一种发展，表明电视新闻已经开始打破以往的新闻价值观念。从本世纪初开始，我国的电视新闻栏目在革新中普遍加大了信息传播力度，扩大了新闻采集的边界，增强了传播内容的客观性和接近性，增强了新闻传播的效果。

于是，有人开始为栏目改版的成功而欣喜，有人开始介绍由宣传转向传播信息的经验。但就在这时，数字技术的介入又向电视新闻传播提出了新的挑战。

数字技术首先带来了海量信息。信息论的奠基人美国数学家申农认为，“信息是不确定程度的减少量”，也就是说减少受众认识中的“不确定性”程度越多，即告诉受众未知事情越多，信息量就越大。但是，当信息量大到“海量”的时候，电视观众，也就是信息的用户如何从“海量”的信息中捞出自己所需要的那一点点信息呢？为了捞取所需要的那一点点信息，他们可能会花费多大的成本呢？而且还有一个现象：真正需要信息的人往往缺乏足够的空余时间，他们更注重用最简单、便捷的方式获取最有价值的信息，而有足够空余时间的很多人却不需要从电视新闻中得到满足，因为他们获取信息的渠道相对较多。为了降低那些有需要的人从电视新闻中获得信息的成本，并以此增强他们对电视媒体的信心，电视新闻栏目需要对准备传播的新闻信息进一步加以分拣，向对象化观众传播对他们有用和有效的信息。

数字技术还开始塑造并将继续塑造大批“市民记者”。“市民记者”提供的“新闻”有的非常珍贵，有些则难免冗杂，还有些根本就是信息垃圾。而普通受众却未必就有能力判断出哪些是珍贵的信息，哪些是信息垃圾，媒体有责任为他们指点迷津。

面对上述新的情况，电视新闻传播需要进行二次创业——在实现了由以宣传为主向以传播信息为主的转变之后，继续进行由传播信息到传播观点的转变。为普通观众的信息消费提供“搜索引擎”的指引和服务——截留一部分冗余内容，放行那些有价值的内容，满足观众只选择收看自己感兴趣的那部分新闻的要求。在这个过程中，电视媒体需要进一步增强社会责任意识，努力提高知识传播的能力，积极依靠专家系统，把最科学的知识、最合理的解释、最有参考价值的观点及时传送给电视观众。

二、由单点到多点

传统的电视新闻乃至当今的电视新闻内容“单点”的特征比较明显。例如只提供一种声音，只交代一个消息源，一个题材只呈现一种节目形态，并且对同一个事件只提供本电视台一家的报道而不提供甚至有意识地封锁其他媒体的报道。这种状况需要转变。

实现内容传播由单点到多点的转变具体包含多层意思：

1. 内容多点采集

电视新闻突破报纸媒体和新媒体双重夹击的对策之一就是创新栏目，创优节目，拉长优势链，利用新媒体技术在信息采集与传播上实现由单点到多点的转变。具体措施包括推进媒体聚合，尤其是推进电视新闻、报纸新闻与网络新闻内容的聚合，实现电视新闻的多点采集。电视读报节目以及凤凰卫视的《时事亮亮点》栏目在聚合报纸信息方面已经取得了一些经验，但是对网络信息的采集以及联动多种媒体新闻资源的能力依然有待突破。

2. 节目多样呈现

当代电视观众不仅希望通过电视目睹事件现场，更希望对事件有全方位的系统了解，从而促进电视新闻的报道从单一模式向复合模式，即从单一消息的报道向综合消息、背景、分析、综述的报道样式转变。但是按照电视台现行的电视新闻的生产分工，新闻部的记者一般不会去做专题节目，专题部的也不会去做动态消息。这样，对一个新闻事件的报道往往只能以一种新闻节目式样加以呈现，新闻资源的利用不仅达不到最大化，观众的收视需求也得不到满足。数字技术的介入使得多个来源的文字、图像、声音的综合编排和输出变得简单易行，对新闻资源的深度开发和利用已经没有技术上的困难。如果能对深度开发和多样呈现予以制度化的设计，使之成为当代新闻节目内容创新的重要形式，电视新闻节目内容将因此而得到极大的丰富，同一个事件将有机会以动态消息、新闻专题、新闻评述、深度报道和主题策划类节目的式样加以呈现，个体收视需要的满足程度也将得到进一步的改善。

3. 观点多家争鸣

当代社会和商品出现了细分化的趋势，必然导致传播领域的细分。在电视新闻中，综艺娱乐新闻报道和体育新闻等分类新闻的发展，使得新闻观众被进一步细分为不同的群体。对时政新闻的细分则催生了时事要闻、经济新闻、政法新闻、评论性栏目，并继而实现了滚动播出。细分还催生了个性化经营和差异化服务。细分的最终结果是个性化的分众传播以及小众化甚至个人化的视频传播局面的形成。

但是，个性化的新闻传播在个体精神上获得充分自由的同时，灵魂却有可能变得更加孤独。因为过分的个性化的新闻传播将导致人们之间可以分享的共同的观念、共同话题和共同兴趣的逐渐丧失，从而造成未来的人们在公共场合不容易找到彼此都有兴趣的交流话题。这对社会的和谐和进步显然是巨大的负面因素。为了避免不幸的发生，从现在开始引导多元思维，遏制极端个人化倾向，应该很有必要。而通过电视新闻同时呈现对同一事物、同一新闻事件的几种不同判断与评价，让观众自己在选择中去了解和接受他人的不同意见，这不仅对电视新闻的健康发展，而且对整个社会的健康发展也是有利的。

三、由“唱戏”到“搭台”

以往的电视新闻比较强调媒体自身究竟采集了多少新闻，传播出多少内容，是不是“占领了制高点”。“内容为王”的传播经营思想本身就是典型的以我为尊、独我为大的管理思维。打造电视新闻名主持、名栏目的品牌培育的思路所体现的也是精英文化意识，其典型特征就是希望依靠少数传媒精英来支撑媒体的竞争和发展。诸如此类的思维有一个共性——用名人来打天下。我们将其称之为“唱戏”意识。在过去的几千年里，“唱戏”意识屡屡得胜。

但是，网络时代的“世界是平的”，网络世界里的每一个结点都是一个中心。草根代替了救世主，“我才是最优秀的”代替了明星崇拜。这样的观念所冲击的正是传统的精英文化。湖南卫视《超级女声》火爆的背后，正是精英文化的潮退和大众文化的潮起。在这样的背景下，无论什么样的名人登台“唱戏”，也都不可能再像当初那样倾倒众人。任何表演大师也都无法满足所有观众的口味。“唱戏”必须让位于“搭台”。

所谓“唱戏”是媒体自我表演，吸引观众来看；而“搭台”则是媒体不出节目，或只出一部分节目，其余时间就组织观众登台表演他们自己喜爱的节目。对电视新闻节目而言，“唱戏”是新闻主播播新闻，“搭台”则是主持人主持新闻栏目，吸引嘉宾、观众前来了解、交流、交换新闻。换句话说，“搭台”是网络时代草根崛起的个性需求所孕育的受众需求，是电视媒体的资源汇集战略，是数字技术培育的先进的电视媒体经营观念。

读一读　议一议

《世界是平的》

弗里德曼（Thomas Friedman）在《世界是平的》一书中，一次次不厌其烦地这样强调：在一个因信息技术而紧密、方便的互联世界中，“市场也是平的”。

在平行的世界里，必须选择互动。

弗里德曼是美国《纽约时报》专栏记者，三次获普利策奖。他的《世界是平的》以深入浅出的语言揭示出经济全球化已经成为不可逆转的必然规律，影响广泛，已被译成32种语言。2008年8月26日弗里德曼访问广州时有记者问他：《世界是平的》出版后引起广泛争论。有人建议你将书发在互联网上，像开源软件一样，所有人都能将自己的观点加入到书中，这是真的吗？弗里德曼回答：的确如此。我两周后即将出版的新书《炎热、平坦和拥挤》有十八章，但是印刷出来的只有十七章，我准备把第十八章发布在网上，让所有的网友来和我一起写第十八章。

（参见2008年8月27日《南方日报》头版）

第四节　播出形式创新

电视新闻形式没有一成不变的模式。对比1958年北京电视台播出的新闻，可以发现今天的电视新闻结构式样、声画元素运用、播音主持风格以及节目编排策略，都有了重大变化。就播出形式来看，当代电视新闻传播依然面临以下创新要求：

一、现场直播报道

新闻采制直播式是指在新闻事件的现场进行采访制作，实时发射播出的报道方式。评价一家电视媒体的报道是否权威，关键看该媒体的记者是否在新闻事件的现场。记者在现场直接报道本身就是媒体报道权威性的一种体现。而现场实时传送出的新闻更能维护和巩固这种权威。我国电视新闻改革中的一项重大举措，就是努力让电视新闻直播报道变成日常新闻报道的常态形式。

（一）直播常态化是网络时代的必然要求

人类追求新异的本性决定了带有接近性特点的现场直播电视新闻节目对社会公众永远是极大的诱惑。

对重大事件在第一时间做出现场同步报道，这是新闻发展、更是高科技武装后的电视新闻发展中不可逆转的趋势。在数字技术条件下，电视观众对新闻时效性的要求已由追求“今日的消息今日报道”转向了追求“现在的消息现在播报”。追求新闻事件的现场同步报道，扩充单位时间内的新闻信息含量，满足观众的现场同步感受和参与，是现代电视新闻的基本特征。实现直播常态化，就可以让公众看到、听到刚刚发生，甚至是正在发生的新闻事实。而且现场报道信息的衰减可以减少到最低程度，从而在时间轴线上最大限度地接近了新闻本源。

在以往，我国电视观众熟悉的电视直播通常只有体育赛事。“现场直播”的字样也只有在足球赛、排球赛或奥运会的赛事转播中才能看到。目前这样的局面已经有了巨大的改变。从 1998 年起，中央电视台开始不断扩展各项直播报道的领域，直播节目渐渐从专业报道、特别报道向常态报道转变；播出效果也日趋顺畅自然、完美和谐。中央电视台第二套节目中的《证券时间》，每天通过先进的直播卫星设备将演播室、上海证交所、深圳证交所等联系起来，虽然传送的信息较单一，但已基本满足了受众第一时间了解最新信息的渴望。上海的东方卫视的《看东方》《东方快报》《城际连线》《环球新闻站》《直播上海》《东方夜新闻》等，均为新闻直播节目。早上 7 点开始的《看东方》直接借鉴了国外早间电视新闻节目的成熟模式，注重新闻性和实用性服务资讯的结合。《东方快报》则全天 8 档整点滚动播报。上午 10 点的《环球新闻站》放眼世界，既有国际时政的组合报道、深度报道，也有新闻人物特写和文体类软新闻的集束报道。《城际连线》则是东方卫视与 17 个“长三角”兄弟城市台联手打造的节目，内容是全国范围内的城市新闻，不仅较多采用了流行的连线报道样式，还与城市台的主持人联动合作。到了晚上，21 点的《直播上海》则对全天上海新闻进行精选回顾，让观众只花 10 钟时间，就能集中浏览上海一天的新闻。再如 2008 年汶川地震救援直播，2009 年 7 月 22 日长江流域多个省市电视台对 500 年一遇的日全食的直播，收视率统计数据显示，这些直播新闻都获得了观众的热烈追捧。

在加大直播比重的同时，许多电视新闻还实行滚动播出，对重要新闻反复播放——或补充最新信息，或变换不同角度报道；不仅强化了新闻的时效性和时新性，也弥补了电视“稍纵即逝”的不足，增大了电视新闻节目的信息量。

（二）现场直播报道是最新的电视新闻技术

从科技的发展来看，注重应用最新的科学技术是现代电视传播的一大特色。和报纸、广播相比，电视传播的科技含量最高。正是现代科技的发展在推动着电视新闻报道的直播常态化。而能否进行现场直播报道以及现场直播报道水平，又反过来成为评价媒体技术装备水平的标尺。

从时态上看，我们日常接触的电视新闻播出方式有录播与直播。和直播相关的有现场直播、现场报道、现场直播报道三个概念。其中现场直播报道既需要有直播平台，又需要有记者在新闻现场实时采拍，然后在直播的平台上将记者采拍的新闻同步传播到收视终端。完成这个过程就需要有强大的技术手段的支持。现场直播报道的竞争在一定程度上甚至表现为技术装备水平的竞争。目前世界各大电视台无不以最先进的技术装备新闻采播部门，先进的卫星新闻采集系统也开始在一些电视媒体中得到应用。这种系统在可移动的运载转播车上安装了小型地面卫星发射和接收装置，车上的装备还包括摄像和编辑设施。当遇到突发性事件时，卫星新闻采集车在到达现场后，只需接通线路，调整天线，直接与卫星接通，就能进行即时播出。不仅是突发性事件，体育赛事或其他大型活动的现场直播也是科技实力的展示。以中央电视台 2009 年 4 月 5 日制作的世界斯诺克中国公开赛直播为例：此次直播的视频系统就用了 10 讯道数字转播车、主播车、Hokey eye 数字实时模拟系统、新奥特 A8 字幕系统、新奥特非线模拟系统，动用了 12 部摄像机，其中高速摄像机（55 倍）1 部、广角 1 部、遥控摄像机 1 部、微型口袋摄像机 2 部、10 米吊臂 1 部，还动用了一套普通 EVS（四入两出）和一套高速 EVS 慢动作系统。音频部分则动用了 24 通道录音车和中型录音车各一辆、普通指向话筒 11 支、微型话筒 3 支，此外还配备了评论席一套。此次直播的机位设置见下页图示。

在直播中，Hokey eye 数字实时模拟系统适时模拟了球员的视角，向电视观众呈现了在比赛现场无法体验的视角感受。直播团队还用自主研发的球路预测画线系统，实时勾画出复杂的球路关系。正是因为有了高科技和电视艺术的完美结合，电视观众才获得了远远超越“身临其境”所能获得的视听艺术享受。

（三）直播常态化是电视媒体参与媒介竞争的独特手段

电视新闻用能够在第一时间报道新闻来和报纸争天下，依靠能够提供新闻现场画面吸引了大批原本追听广播的受众。网络既能够同步报道新闻，还能够提供丰富的现场图像，在一段时间里压制了电视新闻。但是电视新闻依然有实力和网络抗衡。除了在公信力、采制能力上具有明显的优势之外，电视新闻现场直播报道既是战胜报纸、广播的独特手段，也是对抗网络媒体的有效武器。其优势具体表现在：

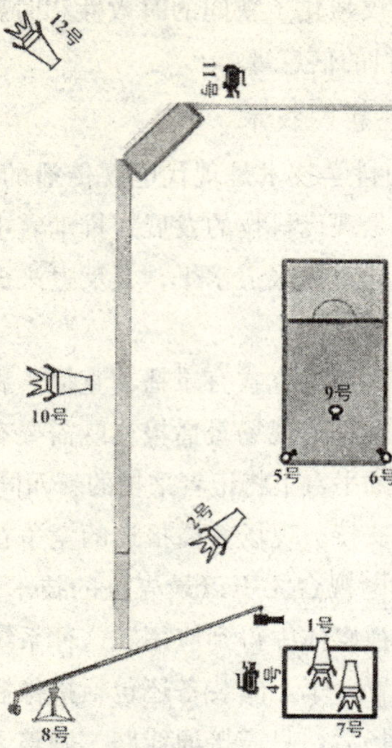

机位简述

1号机：球台；2号机：主机位；3号机：主机位；4号机：入场/观众；

5号机：角袋；6号机：角袋；7号机：球台局部；8号机：观众/入场；

9号机：遥控微型；10号机：球路/特写；11号机：反角度；12号机：全景

2009 年世界斯诺克中国公开赛电视转播机位图

1. 满足了观众第一时间知情的心理需求

现场直播报道在时间上有同步性，空间上有接近性，能够通过生动可见的现场图像把人际传播中的心灵沟通、情感互动、归属认同等，融入到大众传播中，把新闻的客观真实性提高到一个新的层面。现场直播报道还形成了独特的传播场，使观众耳闻目睹正在发生的事情，正在进行的活动，从而产生现场感、参与感、动态感和新鲜感，观众会因而觉得新闻更好看。正是因为采用了现场直播报道方式，电视新闻栏目才能够骄傲地作出“第一时间”把正在发生的新闻同步报道给观众的承诺，也使得电视在与报纸媒体的竞争中不仅具有了新闻现场画面的独特优势，而且进一步获得了新闻时效的先机。这是电视在与其他新闻媒体竞争中能够立于不败之地的重要原因之一。

2. 锻炼了电视新闻工作团队

现场直播报道有利于培育一支招之即来、来之能战、战之能胜的高水平的团队，团队成员中包括导播、播音、调音、摄像、录像、切换、美工、字幕、特技、灯光等各类技术人员。直播报道促使播音人员格外集中精力，最大限度地调动自己的声音、经验、表情，使所播的新闻内容更具真实性、客观性、公正性，更容易被观众所接受。直播报道要求出镜记者平时做足功课，采访时能够明察秋毫，深入背景，句句到位。直播报道前移了编辑的工作岗位，压缩了编辑的工作周期，使其灵敏度、判断力、工作作风随之得到改善，新闻的现场感也将因此而显著加强。

当然，直播报道是让现场直接与观众见面，不像录播有回旋的余地，因此，势必会给播音员、出镜记者、新闻摄像和团队其他人员造成较大的压力，也增加了各环节出错的概率。但也正因为如此，直播才更加充满魅力。

3. 提高了播出质量

目前录像所使用的大部分还是模拟技术。与数字技术相比，模拟技术在信息的复制过程中的损耗程度复制次数成正比。录播时记者拍摄的素材是第一版，经过编辑处理准备播出的带子是第二版，播音员播报给观众看的已经是第三版了，图像信号和声音信号的损失在所难免。另外，有时在编辑串联过程中由于粗心没有消净多余的声音，或者出现了掉音、掉字，也势必会影响观众收看。而直播则没有这样的担忧。演播室直播播音员播报的新闻是第一版，观众看到的是第二版，比录播少了一道复制程序，其声音信号和图像信号损失也相对较小。如果是现场直播报道，观众就能直接看到第一版，图像信号损失更小，节目的外在品质得到了保证，新闻节目的播出质量自然就高。

此外，演播室直播要求团队人员在节目开始前半小时左右进入新闻演播室即可。节目播完后，全部工作人员可以即刻离开演播室，其他节目又可接着使用演播室。

由于具有上述优势，直播已经成为电视媒体竞争的重要手段。中央电视台《新闻联播》从 1996 年 1 月 1 日起开始直播，不仅表明中央电视台经过 40 年的发展，尤其是改革开放 20 年来日新月异的变化，同时还标志着中央电视台正逐渐缩小与国际知名电视台的差距，向着新的目标迈进。

二、说新闻与聊新闻

以中央电视台《新闻联播》为代表的新闻播报风格，字正腔圆，端庄严肃，显示了新闻的权威性，几十年来始终为全国各地方电视媒体的《新闻联播》节目所仿效。就今天来看，“播新闻”的风格依然没有过时。

到上世纪 80 年代，我国播音界才开始探索电视新闻播报形式革新的可能。先是中央人民广播电台广播主持人徐曼在《空中之友》栏目中尝试用轻柔甜美、自然清新的语言主持节目，接着是中央电视台《中国新闻》播音员徐俐以简洁、明快、激情、活泼的语言主持节目，均增加了亲切，但也都未失去端庄。两人的探索受到广大受众的欢迎，也鼓励了更多的人在电视新闻播报的革新之路上走得更远。

（一）说新闻

上世纪 90 年代，一些电视媒体积极尝试以记者、主持人出镜的方式直接和观众交流，让观众在获知新闻事件本身的信息之外，进一步获得记者或主持人对事件的态度，进而形成了“说”新闻的播报形式。

说新闻（talk show）是记者或主播对新闻内容进行口语化的报道、评论、交谈的一种播报形式，曾经在欧美广泛流行。1992年，我国上海东方电视台《东方直播室》开设了全国第一个谈话类电视新闻节目。1993年中央电视台《东方时空》板块设立了《东方之子》栏目，并采用主持人访谈的形式结构节目，“说”新闻的播报形式由此逐步形成。进入本世纪，“说”新闻还派生出多种不同的“说”的方法。白岩松说，他主持新闻节目的最大优势就在于评论。于是从中央台到地方台，“客观事实+主持人主观评论”的电视新闻播报形式日益走红，并成为“说”新闻的一种具体说法。《有报天天读》、《新闻日日睇》的“读报+点评”的模式，则是“说”新闻的另一种说法。2008年以来，中央电视台的张泉灵、李晓萌在主持人和记者之间频繁转换，用亲切的口语“说”着每天的新闻，并在无意间开创着知性、娴静的“说”的风格。

“说新闻”带动了电视新闻传播一系列环节的变革。例如提升了记者的地位，用记者的现场口播替代播音员的幕后配播，用记者型主持逐渐替代播音型主持，用记者的现场形象打动观众，感染观众。一方面使观众对新闻内容，新闻的分析感到确实可信，另一方面能通过记者的权威唤起观众的正义和责任、良知和感悟。“说”新闻还缩短了新闻的制作时间，提高了新闻的播出时效。最重要的是，观众从“说”新闻里增加了对电视媒体的亲近。

（二）聊新闻

聊新闻更具有情境性和发挥性，比说新闻又进了一步。说新闻毕竟还是要按照事先准备的稿件和纲要进行叙述、解读，而聊新闻却充满着不确定和无设计性。说新闻由一个人进行，聊新闻则需要两个人以上的人才能开聊。“聊”新闻也有多种聊法。除了凤凰卫视《铿锵三人行》海阔天空的聊法之外，内地“聊”新闻颇有影响的，晚间新闻要数湖南卫视的《晚间新闻》，早间新闻则要数安徽卫视台的《超级新闻场》。1999年，湖南卫视《晚间新闻》在改版时放弃了以往正襟危坐的播报风格，增加了说讲聊天的元素，开始为观众讲“有意思的新闻”，给人以清新的感觉。直到2008年4月栏目停播，其间栏目的播报风格广受业界好评。安徽卫视的《超级新闻场》是一档大型新闻栏目，由三个板块构成，“阳光聊天室”是其中的一个重要板块。节目迄今仍然保持良好的发展势头。

“聊”新闻用观众热爱的生活语言来报道新闻，而不是居高临下地播读新闻，让新闻和观众离得更近，感觉更亲，既保留了电视新闻的原貌、原汁、原味，也为互动新闻时代的到来准备了观众基础。

三、聚合多媒体新闻

所谓聚合多媒体新闻是可以指以某一个媒体为平台，通过电视、报纸、杂志、广播以及互联网、手机终端辐射式地传播新闻的立体传播形态。优米网（http：//www. umiwi.

com）就具有这样的全媒体呈现功能。但是我们更愿意把聚合多媒体新闻理解为观众可以看到的聚合在电视屏幕里的来自不同媒体的新闻式样。在电视上听主持人读报纸——这是观众比较熟悉的“多媒体新闻”样式之一。电视读报节目由于增加了主持人的声音语言，特别是由于增加了主持人的解读，因而比直接看报更受观众欢迎。至于打开电视听广播节目，打开电视机收看网络视频，也都在数字电视的支持下变成了现实。

美国的 CNN 原本是电视传媒公司，现在其 CNN Interactive（互动有线新闻网络）不但提供广播和视像信息，还使用网络图文媒体的超文本技术，让读者通过多层次全球性链接获得丰富的内容，包括新闻、娱乐、购物、旅游、体育等信息服务。CNN 还在试验将新闻直接推入到用户的电子信箱的服务。此外，美国的微软公司（Microsoft）和全国广播公司（NBC）合作创立的 MSNBC 则提供一种“新闻提示”（News Alert）服务，上网的用户可通过免费下载软件获得提示；当日重大新闻标题将自动出现在电脑桌面上，并可获得 24 小时不断的更新内容。CNN Interactive 可以被作为传统的图文媒介和声音、视像媒介相互融合的雏形，也为我国的电视媒体聚合更加丰富的多媒体新闻资源提供了借鉴。

读一读 议一议

电视直播

美国有线电视新闻网（CNN）正式开播前的 1980 年 3 月，在美国亚特兰大市泰克伍街，特纳对闻风而至的记者侃侃而谈：“CNN 要一直播出，直到世界末日——即使到了世界末日，有线新闻网也要现场直播那一刻。”新闻直播是电视最富表现力和冲击力的播出形态。“信息、情感、个性”是国外电视新闻界对成功的电视节目提出的三个标准。新闻事件的零信息损耗、零时差的传播时效都要靠直播来实现。能够随时随地直播突发事件是新闻频道追求的目标，即实现直播常态化是新闻频道能够生存、发展的唯一理由。

我国中央电视台、凤凰卫视、东方卫视的直播节目不断向观众展示着电视的魅力。我们至今还无法忘记纽约世贸双塔遭受摧毁的那幅画面。这是凤凰卫视向我们传送的“9·11”的第一现场，即正在发生的事实的画面。还有 2003 年伊拉克战争期间美军攻克巴格达后那位在萨达姆塑像的脖子上套上绳索，让坦克拉倒塑像的画面。这些画面都曾经让我们震撼过。2003 年 8 月 15 日早晨 6 点多钟，凤凰卫视直播了大约 1 个小时之前发生在美国东北部和加拿大渥太华、多伦多等地的大停电事件。CCTV 在“新闻早 8 点”播出了纽约停电现场的电视画面。这些画面当时都让观众震撼不已。但是，今天再看纽约世贸双塔遗址，再临巴格达街头曾经矗立过萨达姆塑像的广场，就不那么容易被震撼了，因为这些都已经不再是“第一现场”，留下的只有历史的记忆。

第五节　新闻形态创新

电视新闻节目形态就是观众在电视屏幕上看到的电视新闻的样子。是“电视新闻传播的基本载体和表现样式。”① 是“电视新闻节目内容、形式、品质的自然延伸和个性化拓展，即由叙事、新闻、题材、视听等元素构成的电视新闻节目设计模版”② 电视新闻节目形态是电视新闻媒体在长期的实践中形成的。其不断发展、完善的过程，是电视新闻媒体的传播意愿和电视观众的接受意愿之间不断磨合直至达成阶段性一致的过程。20 世纪 90 年代以来，电视新闻节目形态越来越被人们所重视，关注电视新闻节目的发展实际上主要就是关注电视新闻节目形态的发展。

电视新闻节目形态不同于电视新闻节目类型。电视新闻节目类型指的是具有相同特征的新闻节目所形成的种类。由于划分标准不同，某些具有相同特征的节目往往被归为不同的节目类型。譬如同一个电视新闻节目，有的将其看做是新闻调查，有的将其归为新闻专题，还有的认为是深度报道，但是其节目形态却只有一个。一条早间新闻，播音员坐着播报是一种形态，站着播报又是一种形态；用“播”的方式报道是选择了庄重的形态，用“说”的方式报则是选择了轻松的、生活化的形态。形态虽然不同，但是传播的还是同一个品种的节目——电视消息。从理论上说，有多少种电视新闻节目元素的排列组合或编码方式，就会有多少种电视新闻节目形态。

电视新闻节目形态更不只是电视新闻节目的形式，它还和内容关系密切。以凤凰卫视的《军情观察室》为例：主持人急促的语言节奏、紧张快捷的电子声效，营造了军情紧急的栏目片头效果，所衬托的正是节目“军情”的内容。

一、新闻节目形态创新的历史

孙宝国认为，电视新闻节目形态的创新方式大体有三种。“第一种是新元素，旧组合、旧编码；第二种是旧元素，新组合、新编码；第三种是新元素，新组合、新编码。”③ 不同电视新闻节目形态的元素相互交叉，互为文本，这又成为当代电视新闻节目形态发展和演变的一个重要特征。

最近 30 年来，中国电视新闻形态经历了几次大的变革：

1978 年 1 月 1 日中央电视台开办的《全国电视台新闻联播》，开创了用端庄严肃、气派大方的播音风格宣传党的方针、政策，传达政府的指令、号召的全新形态。这样的主流

① 参见王启祥《复合与多元：中国电视新闻节目形态演变特征分析》，《中国广播电视学刊》2006 年第 11 期。

② 孙宝国：《电视新闻节目形态的定义与元素》，《东南传播》2008 年 11 期。

③ 孙宝国：《中国电视节目形态研究》，新华出版社 2007 年版，第 2 页。

形态，又对接下来中国化的电视新闻节目产生了深远的影响。

1993 年 5 月 1 日，中央电视台将一档 40 分钟的杂志型新闻节目《东方时空》展现在观众眼前，改变了我国电视观众的收视习惯，与同时期风行的《焦点访谈》共同开创了电视新闻媒体积极履行舆论监督职能的节目形态。

1997 年“香港回归”，中央电视台抓住这一历史时刻，做了连续 72 小时的直播报道，对我国电视新闻直播节目形态的形成作出了重大贡献。从此，现场直播逐渐成为我国电视新闻报道的重要式样，目前正在发展演变为电视新闻的主要播出方式。

20 世纪末叶，国内多家电视新闻栏目开始尝试“说”的新闻节目播报方式。例如：1998 年 4 月，凤凰卫视《凤凰早班车》主持人陈鲁豫在温和的气氛中将当日最新的消息资讯向观众娓娓道来，因更加贴近观众，获得了理想的收视效果。

2002 年元旦，江苏广播电视总台城市频道的《南京零距离》亮相，引领了电视民生新闻节目潮流，丰富了电视新闻节目形态。

…………

对电视新闻形态的研究和创新，从电视新闻出现之初就开始了，并且从来没有间断过。传统的电视新闻形态，如中央电视台的《新闻联播》开创的电视新闻主流播报形态，虽然拥有庞大的收视群体，但也只是多种形态中的一个品种。省市一级电视媒体由于不具有中央台的权威性和覆盖能力，要想提高收视率，就必须另辟蹊径。如今，数字技术的迅速发展又在推进电视新闻开始新一轮的变革。观众深度参与的、双向互动的、让观众在愉悦的状态下获得新闻资讯的新的节目形态正在酝酿并相继推出之中。

二、内容与形式的新形态

新形态电视新闻是相对的。有人主张从内容上来认识新形态电视新闻，认为中央电视台 1993 年《东方时空》改革所带动的所有革新后的新闻节目形态都可以算是新形态，因为它们都突破了原有的节目内容选取角度以及播报方式。例如关注民生的新闻性节目，以及以娱乐形态出现的新闻节目、以深度报道和评论方式出现的新闻节目，等等。有人则主张重点从形式上区分新形态电视新闻，譬如有人不同意将电视深度报道列入新形态新闻，认为“电视深度报道是相对于简单、快捷的电视消息报道而言的，它不是一种节目形态，而是一种电视制作的理念；它不是对事件、现象简单的、浅层的记录和描述，而是要全方位地从深层次上报道事件的前因后果，挖掘新闻背后的新闻。”但是却同时认为：从外部表现形式上看，电视深度报道可表现为多篇式连续报道、系列报道、组合报道和单篇式的新闻专题、新闻评论、新闻调查、新闻专访、新闻谈话等等。这也是新的形态。还有学者认为，当前中国电视新闻节目形态总体上呈现出“信息的深度化、理念的民生化、功能的娱乐化、报道的连线化四个发展走向。”①

---

① 参见孙宝国《电视新闻节目形态发展走向刍议》，《北方传媒研究》2008 年 5 月。

不少专家学者在谈及电视新闻节目形态创新时，都习惯提及江苏电视台城市频道的《南京零距离》。这档节目着力倡导报道民生，鲜明地提出“打造中国电视新闻新模式”的节目理念。它不仅仅内容贴近百姓生活，同时还推出了具有鲜明的外形特征的主持人，并以独特的主持人评点来吸引观众。综合来看，那些直播新闻、读报节目、用方言“说新闻”、用辩论的方式报道新闻、拿着茶杯谈新闻、扇着纸扇说新闻——在内容上、或者在形式上有所创新的电视新闻传播样态，都被、或者都曾经被称作新形态电视新闻节目。新形态节目不仅丰富、多样、复杂，而且还是动态的、处于持续革新过程中的节目样态。

三、传播途径的新形态

新生的网络电视新闻、移动电视新闻是在数字技术基础上形成的通过新的途径传播新闻内容的电视新闻形态。其鲜明的特征是把电视节目请出了家庭，使之成为可以在办公室收看，可以在移动中接收的文化信息产品。“随时、随地”看电视的梦想已经成为现实。

通过网络看电视新闻，无论在目前还是以后，都可能是年轻一代的首选。通过网络看电视新闻可以随时看现场直播，也可以把想看的新闻栏目先储存起来，方便时再“回溯新闻”。这让受众有了更自由的选择空间。不仅可以自主选择、可以互动，上网看电视深受年轻一代青睐的还有另一个重要原因——大学生的寝室、教室里都没有电视机，但是却都有电脑；办公室里一般也没有电视，但是公司白领几乎人人手中都有手机。

以数字技术为基础生成的新的传播形态也为电视传播带来了不少新问题，例如随网络而来的传播内容的低俗化、庸俗化倾向以及从内容到形式上的趋同化现象。一些由商人制作和传播的节目为了迎合大众消费需求，竭力削平审美和思想上的深度模式，降低艺术的审美品位和新闻的现实批判功能，舍弃文化的启蒙职责，加重了人文危机。目前我国正在积极制定国家传播战略以及相应的行动策略和执行步骤，细化数字媒体的管理办法，研发相关的监管技术，促进视频博客、网络视频、手机电视等新的传播途径的健康发展。

此外，电视新闻机制创新是新形态电视新闻发展的保证。机制创新主要是围绕提高节目质量，增强节目竞争力，实现社会效益和经济效益双丰收的目标而进行的一系列新颖、有效的管理、控制活动，它主要包括管理方式和人才使用的创新。管理方式的创新就是要按电视规律和新闻规律设置节目、管理节目，按市场规律经营节目。要以新闻宣传为中心，以电视观众为重点，调整组织机构和规章制度，使管理工作既引入行政管理的基本原则，又遵循电视和新闻的特殊规律；既引入现代企业经营观念，又符合电视和新闻的特殊要求。

读一读 议一议

徐俐风格

“徐俐风格”是同行人士感兴趣的话题。概括来说“徐俐风格”的基本构成有两个方面：

一是播音技巧的变异和调整。首先，播音员对稿件内容的把握和处理大体上都是一致的，在何处断句、换气，如何把握逻辑重音的变化等等，都有一些约定俗成的常规要求，也就是所说的“套路”或曰“模式化”。所以观众在收看电视新闻时会有一种声音语调都一样的感觉。徐俐播音时一个显著特点就是根据新闻稿件内容来重新调整语速、音律的变化，抑、扬、顿、挫，升调、降调变化得非常明显，给人一种跳动、奔放、激情的音韵美感。例如：“国家土地管理局最近出台十项措施，要求进一步保护和利用好有限的土地，造福子孙后代”。常规的播音处理方法是只将例句中的“十项”和“进一步”作为逻辑重音，播音员在播音时在这两个地方加重语气。而徐俐却将例句中的“十项”“进一步”“利用好”“造福子孙后代”分别加注逻辑重音予以强调播出。这样一来就使整个句子听起来富有活力，一种流畅的音律美悦然入耳——在新闻播出时将逻辑重音进行加密是“徐俐风格”的典型特色之一。其次，高音值的充分使用，使她播出的新闻极富灵动性。徐俐在播出新闻时完全剪除了低音素，平音音素亦很少用，几乎全部是高昂饱满的高调音值，听起来给人一种蓬勃向上，激越练达的畅快感。一改那种观众早已耳熟的平淡、沉闷、缺乏活力的播音习惯。

二是态势语言的利用和发挥。态势语言是指面部表情、手势动作等。态势语言在外国电视播音同行中运用、发挥得淋漓尽致，近几年才被我国的电视播音同行引入，但其效果和作用尚不显著。徐俐在借鉴使用态势语言方面也是颇有心得和收获的。只要是口播新闻，那么徐俐的播出总会给人一种极丰富、得体的面部表情。一个眼神，一个动作，都尽可能地与所播新闻内容有机地结合起来。有人说收看徐俐播出的新闻只看不听不行，只听不看也不行，只有既看又听，才能感受到她整体的播音风格的魅力。

徐俐在利用和发挥面部态势语言过程中，都以一种评述性姿态展示给观众。因为只有这样，才能体现出自己的个性，自己的风格；所播出的新闻才能给人以可看性、可信性，这也是“徐俐风格”的又一个显著特色。

用评述性口吻播出新闻的另一好处就是能够抓住观众。例如：“一年一度的洛阳牡丹花会最近吸引了成千上万的中外游客。那么今年的洛阳牡丹花会同以往又有哪些不同呢？请看报道”。这段口播新闻，如果用常规的播音方式播出，不会给人以特别的感觉和印象。但徐俐播出时又是借助丰富的态势语言，使播出效果增色不少。她是这样处理的，在播出句首“一年一度的洛阳牡丹花会”时，有一个先微微低头，再抬头，再提示性的点头这样连续完成的三个态势语言动作，这便给观众一种“要告诉我什么”的概念，而不是像以往那样“要我听”的被动播出。

结尾一句：“那么今年的洛阳牡丹花会同以往又有哪些不同呢？”播出这句话的时候，徐俐将双眼向上微微一挑，然后是一个悬念式的停顿，接下来播出的后一句“请看道”——可以说，这种播音方式已把观众的胃口完全吊了起来，到了“非看个结果不行”的地步，足见恰到好处的态势语言所能发挥的奇妙作用。

（参见《南方电视学刊》1997 年第 2 期）

第二章 新媒体与电视新闻

从传播内容演变来看，我国电视新闻传播经历了三次大的变革。第一次是以 1978 年 1 月中央电视台开始播出的《新闻联播》，开始了“时政新闻”时代。第二次以 1993 年 5 月 1 日中央电视台创办的新闻杂志《东方时空》和 1994 年 4 月 1 日的《焦点访谈》、1999 年 5 月 17 日的《新闻调查》为代表的“调查新闻”、“深度新闻”改变了电视新闻的简单、平面、单调、僵硬模式，提高了电视新闻的权威性、主流性、导向性和综合性。第三次变革是“民生新闻”的出现。数字技术引导的变革和上述变革不同。数字技术已经改变了电视的基本功能，改变了电视新闻的基本样态和主持样态，也改变了电视新闻的传播方式。基于数字技术的网络电视、手机电视，更是对传统电视及其电视新闻构成了严峻的挑战。

第一节 网络电视新闻

一、网络电视与网络电视台

（一）网络电视及其特征

网络电视（IPTV）是基于电子计算机互联网传输手段实施的电视传播内容服务形式。它集互联网、多媒体、通讯等多种技术于一体，通过互联网络协议向用户提供包括数字电视在内的多种交互式数字媒体服务。网络电视用户在家中、在宿舍、公寓、办公室或者其他地方，通过个人电脑就能够接收电视节目。

网络电视能够提供大量的节目和频道，其基本特征是专业化、个性化和互动性。

1. 专业化

这里的专业化特征有三个内涵：一是指网络电视节目的内容主要来自传统的电视媒体，通过计算机网络看到的电视节目，其采编制作都是专业制作，而不是网民自己制作的用于自娱自乐的视频；二是指网络电视新闻是由正规的电视媒体按照专业化的频道分类原则传播的电视新闻；三是指由于网络电视新闻需要在互联网上借助电子计算机收视，这可不像在家里开电视那样简单，需要有一定的专业知识才能收看。

2. 个性化

收看网络电视，不受时间、空间的限制，一般是单个人在自己的个人计算机上看，较之传统电视家庭成员集体收看的收视模式，个性化色彩有了明显的增强。不仅是收看模式，与传统电视相比，网络电视提供的视频内容更加多元、丰富，为网民个性化的收视需求提供了更多的选择。一些网络电视新闻在节目内容上也具有了鲜明的对象性，追求目标受众的到达率。例如，由王利芬创办的优米网（http：//www. umiwi. com）基本定位就是“致力于打造与精英阶层和年轻一代对接的媒体。”其主打栏目《在路上》、《创业门诊》、《创新中国》三个栏目均为新闻产品，受众对象非常清晰。

3. 互动性

互动性是指网络电视从根本上改变了传统电视一对多的单向传播模式，满足了观众随时收看自己喜欢的电视节目的需要。首先，网络电视可以进行视频下载，网民因此可以选择自己方便的时候来看电视，传统电视定时收看的收视模式被打破了。其次，网络电视可以进行视频交换，优米网就有分享、转贴、评论功能，互动传播特征鲜明。网络电视的分享功能还可以在媒体之间进行，这样不仅实现了观众与观众的互动、观众与内容的互动，媒体与媒体之间的互动也有了可能。再次，通过视频交换，观众与媒体之间的互动也开始了。相比前两类互动，观众与媒体之间的互动更有价值，因为有了这样的互动，传者与受者之间可以实现转换。

以中国网络电视台的播客台为例：该台集电视特性与互联网属性于一身，其目标是打造高水平的视频上传、分享、搜索及播放的开放平台。《我的电视》、《我拍电视》、《我上电视》等视频分享与互动平台都是播客台开设的核心栏目。这些栏目鼓励网友创作、编辑和分享健康优质的网络视频。优秀的网络作品还有机会在央视栏目中展现。播客台将视频分享与互动社区结合在一起，不仅让网友体验了“互动式网络电视”的乐趣，还为网友之间的沟通与分享搭建了平台。

（二）网络电视台

网络电视台是专门提供网络电视节目播出服务的新闻媒体。网络电视台是在网络电视不断发展、壮大、成熟的基础上设置的，两者渊源深厚，却又有不同。首先，网络电视是电视传播内容的服务形式，也是收视电视节目的一种方式，而网络电视台则是一种新型的媒体。其次，网络电视虽然是收视电视节目的一种新的方式，但是从节目内容、制作、播出各个方面来看，网络电视都还需要依附于相应的传统电视，而网络电视台则具有独立性，是被迅猛发展的数字技术催生的独立存在的、能够独立提供电视节目的新媒体。

2001 年 6 月，由新华社上海分社和上海电信公司通过各自下属实体共同投资组建的上海新华电信网络电视有限公司在上海成立，其属下的新华电信宽频网（www. xintv. com）同时开通。这是一家可称之为通过网络实现新闻、人物、财经和科技节目传送的网络电视台。在中国国内，IPTV 的正式运营是从 2005 年 5 月 10 日上海文广获得首张 IPTV 牌照开始的。2006 年 4 月，国家广电总局批准中央电视台开办信息网络传播新业务，获得第二张 IPTV 的牌照，接着牌照的分发开始增速，到了2006年底，已有上海文广、央视国际、南方广播影视传媒集团、中国国际广播电台和中国人民广播电台等拿到了IPTV的牌照。

2009年12月28日，中国网络电视台正式开播（英文简称CNTV，域名www.cntv.cn）。中国网络电视台是依托中央电视台、在央视网基础上依法创办的国家级综合网络视频公共服务平台。该台以视听互动为核心，融网络特色与电视特色于一体，是全球化、多语种、多终端的立体化传播平台。中国网络电视台开播时已经建成了5个海外镜像点，覆盖了欧洲、北美洲、东南亚、中东、俄罗斯等国家和地区。首期上线的包括新闻台、体育台、综艺台、播客台、搜视台和首页、客户端共7个产品。供网民通过视频播放客户端收看。既然可以收看直播的内容，也可以进行视频点播。从2010年起，中国网络电视台将陆续上线电影、电视剧、纪录片、财经、探索、健康、气象、家居、旅游、教育、民族、音乐等系列内容服务。

首期上线的5大台中的播客台、搜视台是两个视频网站，分别定位为在线直播和用户分享。央视网的新闻频道、体育频道则直接链接了中国网络电视台的新闻台、体育台。网友最关注的综艺内容区大致分为央视精品和卫视优选、影视剧、电影等四部分。开通初期，中国网络电视台采用“台网捆绑”的形式，即让中央电视台20个频道的节目全部实现实时网络直播，并加入点播、搜索、下载及互动评论等功能。由此，国家网络电视台可提供日均750小时的海量节目。

由中国网络电视台的开播现状，可以对网络电视台的特征作以下概括：

首先，网络电视台是新闻机构，而不是计算机服务商，更不是通信运营商。由于属新闻机构，中国网络电视台就具有了新闻媒体的属性，而且属于新型新闻媒体。

其次，网络电视台按照新闻媒体的管控模式运营。新闻媒体是事业单位，以追求社会效益为第一选择。实际上开播不久的国家网络电视台，其目的也不是、至少主要不是为了获得更多的经营利润，而是落实国家传播战略的一项实施措施，其目的是要抢占视频资源的制高点，在与手机电视、网络视频等新媒体的竞争中，抢占先机。

再次，网络电视的赢利模式和新闻媒体的赢利模式一致。即主要依靠网络广告和网络转播权分销获得收益，一般不按照信息流量或以上网户口向用户收取费用。

二、登录网络看电视新闻

网络电视新闻首先是用户登录计算机网络看到的电视新闻。用户登录计算机网络看到的电视新闻既有可能是网络电视台播出的新闻，也有可能是传统电视媒体的网站点播电视新闻栏目的新闻内容。在目前网络电视台还没有普及的情况下，用户登录计算机网络看到的电视新闻大部分还是传统电视媒体的新闻栏目播出的新闻。

央视国际（cctv.com）自2006年4月28日改版以来，增强了视频信息的传播与搜索功能，在将电视新闻与网络电视的结合方面迈出了新的步伐。各地方电视台网站以及各大商业门户网站在网络电视尤其是宽频信息的传播方面也有了不俗的表现。观众可以便捷地通过网络收看各类视频新闻，获得更好的选择性和参与性，并逐步形成传受之间的良性互动。

登录网络看电视新闻，计算机是收视终端，节目内容还是传统电视媒体提供的，仅仅是收视方式有了变化，这样是否还有意义呢？有意义。具体表现在：

其一，传统电视媒体因此获得了新的利润增长点。当上网看电视成为越来越多观众的收视习惯的时候，视频网站市场将极度增大。电视媒体将纷纷发力，努力做大自己的网站。上海文广集团此前还特意开通了名为“东方宽频”的网络电视台业务，湖南广电则将原来的新媒体业务金鹰网整合改名为芒果TV。网络视频将成为观众新的聚集点和电视媒体新的利润增长点。

其二，观众收视习惯的改变将加快电视新闻观念和节目创新的步伐，深刻影响电视新闻发展变革，有利于电视新闻传播新局面的形成。传统电视是稍纵即逝的“客厅媒体”，而新媒体能够有效突破传统电视节目固有的“时间围墙”（如可时移的IPTV）、“空间围墙”（如伴随性的手机电视），更具革命意义的是较大程度地实现了公众话语权的解放，突破了“身份围墙”（传统电视观众大都是看客而非参与者），这对年轻人、高端人群具有较强的吸引力。

其三，我国当代网民中的青少年网民约占56%。而电视观众的主体是中老年和儿童。这种分化趋势的发展，导致电视观众群呈现出“夕阳”特征和“弱智”特征。央视—索福瑞（CSM）2006年针对上海电视媒体的一份观众调查表明，几乎所有新闻栏目的观众都出现了年龄老化的趋势，观众集中在45岁以上。其中，主频道上海电视台新闻综合频道观众年龄老化的趋势更为严重。登录网络看电视新闻将有效解决几千万在校大学生不方便看电视的难题，电视观众的构成将因此得到改善和优化。

三、看网络电视台播出的新闻

看网络电视台播出的新闻也属于“上网看电视新闻”，但是已经不是在看传统电视媒体新闻栏目提供的新闻内容了。中国网络电视台新闻台以视听与互动为核心，24小时不间断提供新闻视听与互动服务。其中的“24小时播不停”是24小时全天候滚动播出的网络视频新闻频道。频道切分了24档数据查询库，全天候24小时滚动对外发布1000余条海量视频新闻资讯。“我在现场”则全方位还原新闻现场的真实面目。“民声在线”是提供草根话语的空间；“新闻名栏”汇聚了中央电视台100个新闻著名栏目和50个地方卫视新闻栏目。

（一）收视特征

网络电视台融合了电视与网络的特点，网络电视新闻也因此获得了双重收视特性。

1. 电视特性

首先，网络电视台播出的网络电视新闻是电视与网络的结合。即观众登录网络电视台看到的是电视新闻，而不是网络信息。理由是：其一，新闻的生产主体是电视新闻媒体，是合法的授权生产；其二，观众看到的是正在发生的真实的现场图像，新闻产品符合传统电视新闻的主要特征；其三，播出新闻的网络电视机构属于法定电视媒体的一个组织单元。

其次，观众登录网络电视台所看到的电视新闻是主流意识形态的话语表达。网络电视台播出的网络电视新闻严格按照新闻的生产规则制作，事实可证、可信，所报道的内容符合主流意识形态和主流舆论的要求，不再是“网上的那些不可靠的东西”，和电视台播出的新闻内容具有同等的公信力。

2. 网络特性

能够提供海量内容。这也是央视网首次披露其在网络视频领域的发展策略和思路。国家网络电视台可提供日均750小时的海量节目。将充分开掘央视常年积累的40万小时历史库存节目，建立一个“网上影像博物馆。”

该“博物馆”具有时移性特征。传统电视是线性传播，其实就是在特定的时间流里进行的顺序传播，观众只能即时同步收看。网络化的时移电视则有了新的突破。使用者可以通过宽带上网的电脑将现场直播信号自动贮存起来，随时观看已播放的实况，还可以“回溯”几天前的节目。具有“回溯”功能的电视节目播出形态，被我们称之为时移电视。

时移电视（Time - shifted TV）是在提供电视直播服务的同时，可以选择性地将电视直播频道内容通过网络保存在视频服务后台系统供用户点播，实现在任意时间收看固定时间播放的电视节目的一项新型业务。时移电视的出现使人们看电视不再受时间框的限制，同样将使电视服务开始一个新的纪元。

时移电视的基本业务可以分为两类：第一类是利用时移电视的功能为用户提供定制的电视节目，用户可以根据个人的喜好有选择地观看电视节目，从根本上实现由被动看电视到主动选择看电视节目的转变。第二类是利用“追时”的功能实现目前DVD播放机所实现的功能，体现以人为本的服务方式，提高用户的满意度。例如正在播放的某一场球赛，当有需要暂时离开几分钟，当回到电视机前的时候可以利用该功能“回顾”刚才的比赛内容并通过“快进”功能追时到目前的实时现场直播。

“时移电视”播出的新闻，我们称之为时移电视新闻。电视新闻节目的时移，其意义就不仅仅是方便了观众自行安排时间随意观看，更深刻的意义还在于“时移电视新闻”使“一次过”的易碎品变成了能够无限次播出的耐用品，新闻宣传群众、传播信息、引导舆论的功能将因此得到极大的提升。此外，信息的分拣效率也将因此大大提高。新闻编导可以很方便地从此前播出的新闻中找到现在所需要的背景新闻。研究人员也很容易找到不同媒体播出的相关新闻节目作比较研究。

该“博物馆”又具有互动性特征。实际上时移电视也会有互动功能，而互动电视不仅有电视点播、节目录制功能，也必定有电视回看功能，能够满足观众重新收看已经播放的电视节目的需要。从这个意义上看，互动电视就是时移电视，互动电视新闻也就是时移电视新闻。

但是，我们还是把互动电视新闻和时移电视新闻分开来谈。这是基于这样的考虑：在时移电视中，观众还是在看新闻，包括看已经播出多时的新闻。而在互动电视中，观众不仅可以看到新闻，还可以追问新闻、评论新闻，补充新闻背景，参与新闻的传播，甚至报道自己采拍的新闻。

技术的进步正在改变电子显像管的形状，电视机的屏幕将因此而变得很薄，可以像镜子一样挂在墙上。由于悬挂方便，并且播出的是高清晰画面，耗电又低，因此，动员一个家庭多配置几台电视，让每个家庭成员都有条件独享自己喜欢的节目，已经变得比较容易。旅行中的人也可以像今天人们携带随身听和笔记本电脑一样随身携带自己又轻又薄的电视机。这意味着由分众到一对一的互动完全有了可能。而且，在观念更新、制度完备的前提下，网络互动电视技术完全可以支持观众实现身份转换——由视频信息的接收者变成视频信息的传播者

在网络电视新闻中，每个“观众”都有能力把自己看到的、听到的新闻写下来，拍下来，并且传出去。从这个角度来说，每个人都有“权力”，也有能力来发布新闻，每个人都有机会成为“电视新闻记者”或者“电视新闻编辑”。电视新闻传播将因此而成为“公众传播”。电视新闻传播的自由度在网络的支持下，将达到前所未有的水平。

人人可以在网络上自由发布消息，不仅对新闻记者的职业造成毁灭性的威胁，而且美国人传统意义上的“社区”概念将逐渐被人们淡忘。因为通过网络的连接，空间的距离已经不再是人们交流和交谈的障碍，而空间的邻近也未必是人们交流和交谈的便利条件。

（二）发展趋势

对观众而言，在“看网络电视台播出的新闻”的过程中，对新闻的选择意识将在潜移默化中快速增长。在数字技术的引导下，他们正在学习如何告诉媒体，“我选择看什么新闻”。至于网络电视媒体自身，除了将自身的业务打包上线之外，国家网络电视台的发展趋势必然会扮演全国电视节目资源的整合商的角色，然后再向各地方电视台以及拥有合法社会资质的制作机构开放平台，让他们在这个平台上打造自己的品牌。对社会公众，国家网络电视台将会在多种渠道下提供多种终端服务——PC、手机电视、IP 电视、互联网电视，还有公交地铁、机场以及户外广场大屏幕，都可能成为传播终端。

当然，国家网络电视台不可能独享市场。目前国内广电系统的电视台纷纷准备进军网络视频。2005 年 5 月，上海文广旗下的上海电视台就获得了广电总局颁发的第一张 IPTV、手机电视全业务牌照。随后，上海文广还投资组建了百视通、东方宽频等公司，发展以网络视频为主的新媒体业务。进入 2010 年，上海、广东的网络电视台都已经在紧锣密鼓的筹划推出。

读一读　议一议

网络成上海大学生收看电视节目的第二大方式

在第二届上海大学生电视节发布的《“爱看电视”上海大学生电视关注度调研报告》显示，大学生平时接触最多的媒介是网络，网络已经成为大学生收看电视节目的第二大方式。

由华东师范大学负责的这项调查，在上海有代表性的18所高校共发放了3000份调研问卷进行抽样调研。结果显示，有93.6%的受访者表示平时能接触到网络媒介，其中77.7%的受访者表示平时接触最多的媒介是网络。在家里通过电视机收看电视节目仍是主要收看方式，网络成为大学生收看电视节目的第二大方式，有78.1%的受访者表示通过网络收看电视节目。

调查结果还显示，大学生观看电视节目的渠道呈现多样化的趋势，校园公共电视、移动电视、手机电视等新媒体接收终端在大学生中使用潜力巨大。部分大学生通过网络、手机、移动电视等收看电视节目的一般频率为每天至少一次。娱乐、新闻和资讯、电影、人物访谈和纪录片是大学生喜欢的主要节目类型。

（2009年6月11日 新华网 作者：张建松 李想）

第二节　移动电视新闻

移动电视是指利用数字广播电视地面传输技术播出节目信号、以满足流动人群的视听需求为主的新型媒体。时移电视是时间的推移，移动电视则是空间的转换。移动电视目前主要包括手机电视和车载电视，车载电视又包括公交移动电视、列车电视、地铁电视以及装在电梯中的电视。而移动电视新闻一般就是指通过移动电视平台传播的新闻。

一、移动电视

（一）车载电视

车载电视和传统电视具有一定的互补性，相比较而言，车载电视是白天的电视，传统电视是晚间的电视。高速移动状态下的车载电视是移动电视的主要载体。按目前的技术，只要加装一个专用接收器作为终端，便可在行驶的汽车上实时收看包括央视新闻频道在内的电视节目。列车上的有线电视系统也可望像无线电广播一样实时转播包括《新闻联播》在内的电视新闻节目。目前，北京、上海、广东等部分省市的车载移动数字电视业务发展势头良好。中央电视台采用互联网专网方式在全国近30个城市开展了公交车载电视业务。上海电视台等广播电视播出机构在哈尔滨、上海等试点城市设立了IP电视集成播出平台，用户规模达百万级。广东移动电视于2007年11月1日正式开播，每天播出18小时节目，定位于新闻、资讯、娱乐、服务，节目风格追求趣味性、平民性、信息量和短小精悍。目前，广东移动电视的信号已覆盖广州、佛山、东莞等地，并于2008年年开始覆盖广深高速、京珠高速广东段及整个珠三角地区。

（二）手机电视

手机电视是最典型的个人媒体。我国的手机电视2006年完成地面布点试验，2007年中期开始商用试验，2008年前后初步实现了由通信模式向媒体模式的转变，并在随后为北京奥运会提供了服务。而在那之前，电视节目中已经频繁出现短信互动元素。手机短信内容先是以民生新闻为突破口，到2009年，凤凰卫电视的许多谈话类节目和专题类新闻节目中，手机短信就经常被用来作为新闻源的实证或补充内容。今天，手机短信在电视新闻节目中已经频繁出现。短信在重大新闻事件的传播中超越了地域、时间和电脑终端设备等限制，受众知晓与事件发生发展几乎同步，它在传播效率和接收条件方面，表现出了传统媒体、互联网媒体与之无法比拟的优势。手机短信的新闻传播还只是刚刚开始，手机已经可以借助GPRS网络即时播放电视画面新闻。

说到手机电视就不能不提CMMB（China Mobile Multimedia Broadcasting），即中国移动多媒体广播。它是采用我国自主知识产权的数字移动广播电视技术研发的第一套面向手机、PDA、MP3、MP4、数码相机、笔记本电脑多种移动终端的系统。CMMB利用S波段信号及U波段地面增补信号实现“天地一体、星网结合、统一标准、全国漫游”，支持25套电视节目和30套广播节目的传输，技术达到了国际领先水平。2006年10月24日，国家广电总局正式颁布了中国移动多媒体广播（CMMB）行业标准，确定采用我国自主研发的移动多媒体广播行业标准。随后，国家广播电影电视总局陆续颁布了一系列具有自主知识产权的移动多媒体广播行业标准，涵盖“信源”、“扩展业务”、“协议和信令”、“信道”、“卫星”、“终端”以及“运营支撑”等十个部分。2007年7月，北京地区CMMB系统测试成功。目前，我国自主创新的移动多媒体广播电视取得了突破性进展，完成了技术研发、标准体系建立、设备产业化、服务奥运、规模试验、运营体系建立等工作。信号覆盖了手机、PDA、MP4、车载导航仪等多种便携式终端。截止到2009年底，全国337个地市级以上城市中，开通CMMB服务的已经达到了300个。超过200万手机用户正在体验通过移动通信网络提供的手机电视服务。目前，CMMB已经形成了完整的技术标准体系，其产业链也已经构建完备。

从用户使用认知角度看，手机最关键的功用是个人与他人的交流工具，用户通过手机进行交流的对象是由用户设定的，这属于个人的社交圈，属于个人的隐私领地。另一方面，从移动通信技术发展的角度看，技术革新的力量已经赋予了手机超越通话交流功能之外的系列拓展功能，如上网功能、多媒体内容服务功能、游戏娱乐功能、搜索定位功能、支付功能等。这些功能在手机终端的融合，已经将手机提升为能够捕捉用户生活轨迹，能够辅助用户采取全方位消费行动的个人决策、行动平台。手机电视作为脱胎于传统电视业的新媒体会有一个值得期待的明天。当手机电视重新诠释电视产业的商业意义和文化意义的时候，其意义不仅是电视业的成功突围，也是整个文明的进步。

二、移动电视新闻

移动电视新闻是移动电视媒体传播的新闻，也包括通过移动媒体收看到的电视新闻。2005年7月7日，伦敦地铁站发生了爆炸案。早上8时50分的爆炸发生后不久，互联网上的照片共享站点和博客网站已经开始跟踪报道整个恐怖袭击。英国广播公司（BBC）网站转贴了目击者拍摄的照片和视频，《卫报》也登出了目击者提交到博客上的现场回忆。在其后的几天，相关照片还在不断涌现。网站创建者 Caterina Fake 表示："这些拍摄者当时都是从地铁站拥挤出来的，他们的经历令人震撼，拍摄的照片很有动感。"其中不少图片就是用手机拍摄的新闻图像。

移动电视新闻的节目特征和收视特征分述如下。

（一）节目特征

移动电视新闻不仅是移动电视媒体播出的，以及通过移动媒体收看到的电视新闻。传播者需要牢记的是：移动电视新闻是给"移动中的人群"准备的电视新闻，其内容和形式都必须要符合"移动中的人群"的口味。

1．节目内容

移动电视新闻节目的内容应该集中在以下几个方面：

- 重大社会新闻。包括最新的政治、政策动态以及党和政府领导人的活动报道。
- 财经资讯。例如股市信息、期货市场行情、价格变动情况。
- 交通信息。特别是所在城市的道路交通信息，也包括火车、航班正点运行情况。
- 突发事件。主要指突然发生的社会性事件。例如公共安全事件、社会骚乱、群体纠纷等。
- 灾害报道。包括交通事故，以及水灾、火灾等危及公民人身安全并具有一定的接近性的事件报道。

2．节目样式

无论是手机移动媒体还是其他移动媒体，其屏幕尺寸都无法达到家用电视的水平。这就要求移动电视新闻应该以以下几种节目样式为主：

（1）现场图像。一般是指播放长度不超过 1 分钟的图像新闻。主要播出新闻现场近景图像。一般用文字串联，不出或者少出播音员的图像。

（2）字幕新闻。类似现在流行的手机短信。所不同的是移动媒体播放的字幕有的是信息，有的则是新闻，其传播者是电视媒体，所传播的字幕新闻的公信力也比较强。

（3）娱乐新闻短视频。是用娱乐手法表达的软性新闻。这样的新闻一般是放置在交换或点播区域，供观众随意选看。

（二）收视特征

移动电视新闻的具有社会收视或个体收视的鲜明特征，这和家用电视的家庭收视模式明显不同。所谓社会收视是指车载电视的收视模式，个体收视则是指手机电视的收视模式；前者是在公共场所看电视，后者是在私密空间看电视。收视模式不同，观众对节目内容的心理需求和对节目形态的适应状况也不一样，从而提醒移动电视的传播者转变传统的节目思维，根据新媒体的传播特性制作出适宜移动传播的视频作品，努力满足移动人群的收视需要。

读一读　议一议

二维码技术

二维码是一种条形码。是用某种特定的几何图形按一定规律在平面（二维方向上）分布的黑白相间的记录数据符号信息的图形。二维码可以通过手机摄取，也可以用手机来接收。

二维码首次实现了报纸、手机、电视、网络的互通聚合。手机是聚合媒体信息最强的收视终端。手机中的二维码连接的是一个网址代码，它可以链接已经结束的足球比赛、娱乐盛会，甚至你想浏览的一切深度新闻及相关的内容。报纸上任何形式的内容只要设置了二维码，读者对着报纸一拍，就可以在任何时间和任何地点对内容进行了解。

二维码

二维码可以打造全能记者。掌握了二维码技术的记者采访携带一部小型数码摄像机，记录画面和声音。在写完稿件之后，将拍摄的录像剪辑经处理后生成二维码，便可以印刷在报纸上，放在稿件的旁边。假如报道的是一起火灾，记者让读者看到的就不仅仅是文字，也不仅仅是图片，还有火灾烈焰腾起的过程，以及消防员冲入火海的动态镜头，并亲耳听到现场嘈杂的声音。借助二维码，报纸实现了与互联网、电视的融合，传统的记者成了融合文字记者、网络记者和电视记者于一体的新型记者。

二维码能有效提高报纸媒体的竞争力。譬如凌晨 6 点钟有重大新闻，而报纸 5 点就印刷完毕了。掌握了二维码技术，编辑就可以提前做出一个视频新闻预报，配上一个二维码。在报纸付印时，二维码所链接的内容是空白，但在早晨 6 点后报纸送达读者的这段时间，报社的技术人员便可以截取电视直播视频。读者就能够通过报纸上的二维码看到 6 点发生的新闻。这突破了报纸截稿时间的底线，对报纸具有重大意义。

在日本，二维码的认知度已经高达 96%。日本的海报、报纸杂志广告、游览手册、传单、折扣券、电子票证上都印有二维码，二维码已经成为日本手机用户登录网站以及获得广告商品信息的非常便捷的方式。二维码在我国的应用目前还处在起步阶段。2007 年 11 月 22 日，我国福建新大陆电脑股份有限公司拟募资 3.7 亿，完善行业信息化产品线，全面进军二维码技术和产品市场。2009 年，广州白云国际机场开通了二维码订票和二维码登机服务。而在此前，二维码报纸也已经在我国的四川等省出现。

后　记

本书在形成理念和成文出版的过程中，先后得到了广东南方电视台、广东电视台、广东省广播电视协会及区念中、佘瑞金、徐惠如和梁浩泉同志的热情支持与帮助。黄匡宇教授对本书的框架设计和一些内容的表述，多次提出过宝贵意见和建议，并多为本书所采纳。我所服务的学校以及我的同事林渊渊、列文淦、王媛，还有我的研究生唐佳雯、王弘、邱维波、隋飞、任栋，也都为本书的出版作出过贡献。在书稿出版之际，谨志之，以为谢。

王首程

2010 年 8 月